HUMANITIES AND SOCIETY

理解海德格尔
范式的转变
Thomas Sheehan

［美国］托马斯·希恩 著 邓定 译

译林出版社

图书在版编目（CIP）数据

理解海德格尔：范式的转变／（美）托马斯·希恩（Thomas Sheehan）著；邓定译.—南京：译林出版社，2022.2（2023.2重印）
（人文与社会译丛／刘东主编）
书名原文：Making Sense of Heidegger: A Paradigm Shift
ISBN 978-7-5447-8839-7

Ⅰ.①理… Ⅱ.①托…②邓… Ⅲ.①海德格尔（Heidegger, Martin 1889–1976）- 哲学思想 - 研究 Ⅳ.①B712.59②B516.5

中国版本图书馆 CIP 数据核字（2021）第 184061 号

Making Sense of Heidegger: A Paradigm Shift by Thomas Sheehan
Copyright © 2015 by Thomas Sheehan
Simplified Chinese translation copyright © 2022 by Yilin Press, Ltd
All rights reserved.

著作权合同登记号 图字：10-2017-065 号

理解海德格尔：范式的转变 ［美国］托马斯·希恩／著 邓 定／译

责任编辑	刘 静
装帧设计	胡 苨
校 对	王 敏
责任印制	单 莉

原文出版	Rowman & Littlefield International Ltd.
出版发行	译林出版社
地 址	南京市湖南路 1 号 A 楼
邮 箱	yilin@yilin.com
网 址	www.yilin.com
市场热线	025-86633278
排 版	南京展望文化发展有限公司
印 刷	江苏凤凰通达印刷有限公司
开 本	880 毫米 ×1230 毫米 1/32
印 张	15.875
插 页	2
版 次	2022 年 2 月第 1 版
印 次	2023 年 2 月第 3 次印刷
书 号	ISBN 978-7-5447-8839-7
定 价	89.00 元

版权所有 · 侵权必究

译林版图书若有印装错误可向出版社调换。质量热线：025-83658316

主 编 的 话

刘 东

总算不负几年来的苦心——该为这套书写篇短序了。

此项翻译工程的缘起，先要追溯到自己内心的某些变化。虽说越来越惯于乡间的生活，每天只打一两通电话，但这种离群索居并不意味着我已修炼到了出家遁世的地步。毋宁说，坚守沉默少语的状态，倒是为了咬定问题不放，而且在当下的世道中，若还有哪路学说能引我出神，就不能只是玄妙得叫人着魔，还要有助于思入所属的社群。如此嘈嘈切切鼓荡难平的心气，或不免受了世事的恶刺激，不过也恰是这道底线，帮我部分摆脱了中西"精神分裂症"——至少我可以倚仗着中国文化的本根，去参验外缘的社会学说了，既然儒学作为一种本真的心向，正是要从对现世生活的终极肯定出发，把人间问题当成全部灵感的源头。

不宁惟是，这种从人文思入社会的诉求，还同国际学界的发展不期相合。擅长把捉非确定性问题的哲学，看来有点走出自我围闭的低潮，而这又跟它把焦点对准了社会不无关系。现行通则的加速崩解和相互证伪，使得就算今后仍有普适的基准可言，也要有待于更加透辟的思力，正是在文明的此一根基处，批判的事业又有了用武之地。由此就决定了，尽管同在关注世俗的事务与规则，但跟既定框架内的策论不同，真正体现出人文关怀的社会学说，决不会是医头医脚式的小修小补，而必须以激进亢奋的姿态，去怀疑、颠覆和重估全部的价值预设。有意思的是，也许再没有哪个时代，会有这么多书生想要焕发制度智慧，这既凸显了文明的深层危机，又表达了超越的不竭潜力。

于是自然就想到翻译——把这些制度智慧引进汉语世界来。需要说明的是，尽管此类翻译向称严肃的学业，无论编者、译者还是读者，都会因其理论色彩和语言风格而备尝艰涩，但该工程却绝非寻常意义上的"纯学术"。此中辩谈的话题和学理，将会贴近我们的伦常日用，渗入我们的表象世界，改铸我们的公民文化，根本不容任何学院人垄断。同样，尽管这些选题大多分量厚重，且多为国外学府指定的必读书，也不必将其标榜为"新经典"。此类方生方成的思想实验，仍要应付尖刻的批判围攻，保持着知识创化时的紧张度，尚没有资格被当成享受保护的"老残遗产"。所以说白了：除非来此对话者早已功力尽失，这里就只有激活思想的马刺。

主持此类工程之烦难，足以让任何聪明人望而却步，大约也惟有愚钝如我者，才会在十年苦熬之余再作冯妇。然则晨钟暮鼓黄卷青灯中，毕竟尚有历代的高僧暗中相伴，他们和我声应气求，不甘心被宿命贬低为人类的亚种，遂把移译工作当成了日常功课，要以艰难的咀嚼咬穿文化的篱笆。师法着这些先烈，当初酝酿这套丛书时，我曾在哈佛费正清中心放胆讲道："在作者、编者和读者间初步形成的这种'良性循环'景象，作为整个社会多元分化进程的缩影，偏巧正跟我们的国运连在一起，如果我们至少眼下尚无理由否认，今后中国历史的主要变因之一，仍然在于大陆知识阶层的一念之中，那么我们就总还有权想象，在孔老夫子的故乡，中华民族其实就靠这么写着读着，而默默修持着自己的心念，而默默挑战着自身的极限！"惟愿认同此道者日众，则华夏一族虽历经劫难，终不致因我辈而沦为文化小国。

一九九九年六月于京郊溪翁庄

常引德文原著简称及其中英译名

SZ = *Being and Time*(Macquarrie-Robinson)(《存在与时间》,麦夸里-鲁宾逊译本)

GA 2 = *Being and Time*(Stambaugh)(《存在与时间》,斯坦博译本)

GA 3 = *Kant and the Problem of Metaphysics*(《康德与形而上学疑难》)

GA 4 = *Elucidations of Hölderlin's Poetry*(《荷尔德林诗的阐释》)

GA 5 = *Off the Beaten Track*(《林中路》)

GA 6 = *Nietzsche*(《尼采》)

GA 8 = *What Is Called Thinking?*(《什么叫思想?》)

GA 9 = *Pathmarks*(《路标》)

GA 10 = *The Principle of Reason*(《根据律》)

GA 11 = *Identity and Difference*(《同一与差异》)

GA 12 = *On the Way to Language*(《在通向语言的途中》)

GA 14 = *On Time and Being*(《面向思的事情》)

GA 15 = *Heraclitus Seminar 1966/67* and *Four Seminars*(《赫拉克利特》和《四个讨论班》)

GA 17 = *Introduction to Phenomenological Research*(《现象学研究引论》)

GA 18 = *Basic Concepts of Aristotelian Philosophy*(《亚里士多德哲学的基本概念》)

GA 19 = *Plato's Sophist*(《柏拉图的〈智者〉》)

GA 20 = *History of the Concept of Time*(《时间概念史导论》)

GA 21 = *Logic：The Question of Truth*(《逻辑：追问真理》)

GA 22 = *Basic Concepts of Ancient Philosophy*(《古代哲学的基本概念》)

GA 24 = *The Basic Problems of Phenomenology*(《现象学之基本问题》)

GA 25 = *Phenomenological Interpretation of Kant's Critique of Pure Reason*(《康德〈纯粹理性批判〉的现象学阐释》)

GA 26 = *The Metaphysical Foundations of Logic*(《逻辑的形而上学基石》)

GA 27 = *Introduction to Philosophy*(《哲学导论》)

GA 29/30 = *The Fundamental Concepts of Metaphysics*(《形而上学的基本概念》)

GA 31 = *The Essence of Human Freedom*(《论人类自由的本质》)

GA 32 = *Hegel's Phenomenology of Spirit*(《黑格尔的〈精神现象学〉》)

GA 33 = *Aristotle's Metaphysics Θ 1—3*(《论亚里士多德〈形而上学〉Θ 1—3》)

GA 34 = *The Essence of Truth：On Plato's Cave Allegory and the Theaetetus*(《真理的本质：论柏拉图的洞穴喻以及〈泰阿泰德〉》)

GA 36/37 = *Being and Truth*(《存在与真理》)

GA 38 = *Logic as the Question Concerning the Essence of Language*(《作为语言本质问题的逻辑》)

GA 39 = *Hölderlin's Hymn "Germanien" and "Der Rhein"*(《荷尔德林的颂歌〈日耳曼尼亚〉与〈莱茵河〉》)

GA 40 = *Introduction to Metaphysics*(《形而上学导论》)

GA 41 = *What Is a Thing？*(《对物之追问》)

GA 42 = *Schelling's Treatise on the Essence of Human Freedom*(《谢

林：论人类自由的本质》）

GA 45 = *Basic Questions of Philosophy: Selected "Problems" of "Logic"*（《哲学之基本问题：若干"逻辑""问题"》）

GA 50 = *Introduction to Philosophy—Thinking and Poetizing*（《哲学导论——思与诗》）

GA 51 = *Basic Concepts*（《基本概念》）

GA 53 = *Hölderlin's Hymn "The Ister"*（《荷尔德林的颂歌〈伊斯忒河〉》）

GA 54 = *Parmenides*（《巴门尼德》）

GA 56/57 = *Towards the Definition of Philosophy*（《论哲学的规定》）

GA 58 = *Basic Problems of Phenomenology: Winter Semester 1919/20*（《现象学之基本问题：1919年至1920年冬季学期课程讲稿》）

GA 59 = *Phenomenology of Intuition and Expression*（《直观与表达之现象学》）

GA 60 = *Phenomenology of Religious Life*（《宗教生活现象学》）

GA 61 = *Phenomenological Interpretations of Aristotle*（《亚里士多德的现象学阐释》）

GA 63 = *Ontology: Hermeneutics of Facticity*（《存在论：实际性的解释学》）

GA 64 = *The Concept of Time: The First Draft of Being and Time*（《时间概念：〈存在与时间〉初稿》）

GA 65 = *Contributions to Philosophy: Of the Event*（《哲学论稿：从本有而来》）

GA 66 = *Mindfulness*（《沉思》）

GA 71 = *The Event*（《本有》）

GA 77 = *Country Path Conversations*（《乡间路上的谈话》）

GA 79 = *Bremen and Freiburg Lectures*（《不莱梅和弗莱堡演讲》）

GA 85 = *On the Essence of Language*（《论语言的本质》）

中译本序言

由衷感谢清华大学哲学系宋继杰教授引荐、促成了《理解海德格尔》一书的翻译工作；由衷感谢清华大学邓定博士辛苦付出，将全书不易通晓的英文（以及若干古希腊文）转译成晓畅易懂的汉语。笔者深感荣幸和愉悦，能将此书真诚地引介给中国读者，寄望于深度的学术切磋。本书试图转换海德格尔思想研究方面的现有范式，我在这篇序言里首先尝试综述海德格尔思想的中心论题。

想要理解海德格尔，我们首先要认识到，他的一切著作都是现象学的，因此与意义、显现、可理知性有关，同时与独立于思想之外的事物的"实在"（通常所谓的"存在"）无关。在他的现象学语境中，某物"存在"意味着某物"对于某人的意义显现"（sein = bedeutsam sein），而不只是"在宇宙之中独立外在"。与我们照面的任何事物向来已经产生意义（即便我们尚未完全理解它们），因为就本质而言，我们自己就是意义场域。在意义场域中显现的任何事物都是可理知、有意义以及可显现的存在者。

然而，上述内容只构成海德格尔哲学工作的起点，他所聚焦的最终论题其实是澄明之境（die Lichtung），它由"绽出之生存"（Da-sein）持守，让事物的可理知性及意义得以既可能又必要。海德格尔曾做出断

理解海德格尔：范式的转变

言，由于澄明之境本然"隐藏"，换言之，它的始因无法被理知，于是，自柏拉图以降的西方形而上学始终无视澄明之境。它之所以无法被理知，源于它乃是作为人类的我们得以可能从事一切活动的终极预设与基本条件。因此，一旦不去利用澄明之境，我们便无法解释它的根据，而这样就构成了"循环论证"（begging the question）谬误。虽然无法理解澄明之境的原因以及源头，我们仍能在畏或者惊诧这样的特殊瞬间，从潜伏于我们生命的无根基状态中体验到它。

* * *

关于海德格尔思想的中心论题，学界向来莫衷一是。有些学者认为答案呼之欲出：海德格尔的整个哲学都围绕着"存在"（Sein），尽管他亲口说过"存在"不是自己思想的最终焦点。关于自己的思想内核，海德格尔明确说道：

> 将不再有任何位置留给"存在"这个术语了。（GA 15: 365.17—18[*]）
>
> "存在"不再是运思的合适对象。（GA 14: 50.2—3）
> 我不想再使用"存在"这个名称。（GA 15: 20.8—9）
> "存在"只是暂且使用的一个术语。（GA 7: 234.13）

有些学者则认为，海德格尔的"实事本身"就是 ἀλήθεια（揭蔽）。

---

[*] 托马斯·希恩教授结合德语原文与对应的英语译文的页码和行数（行数跟在句号后面）来引用海德格尔的相关著作。例如SZ 385.31 = 437.25—26，表示海德格尔的《存在与时间》（德文版）第385页，第31行，对应于（"="）《存在与时间》（麦夸里-鲁宾逊所译的英文版）第437页，第25至26行。关于海德格尔《全集》所有卷册及其英文翻译的参考索引，见本书"参考文献"部分。——译者注

但究竟是哪一种ἀλήθεια？在他的思想语境中，这个术语至少呈现出三种殊异含义：(1)澄明之境；(2)与我们照面的某种事物的意义显现（无论真假）；(3)判断命题的正确性；更不用说(4)动物与人类皆有的感官知觉(αἴσθησις)方面直接的真实(ἀλήθεια)(SZ 33：30—32)。

此外，还有学者认为，对于那个问题，连试图寻找答案都是不可能完成的任务。谁有能力将《全集》(Gesamtausgabe)这个1 500万字的浩瀚珍宝揣度、凝练而成某类海德格尔思想的综括呢？不过，海德格尔本人坚持认为自己的哲学工作始终是关于某个简明论题的。

然而，他未曾使后学易于找到那个论题及其通达的方式。他的哲学诉诸艰涩又独特的语言，经常未曾为自己的立场观点提供论证。他似乎仅满足于叙述一个故事(μῦθόν τινα διηγεῖσθαι)，这个故事与一个隐秘的存在者有关，它既对我们隐藏自身，又向我们显露自身。有鉴于此，海德格尔并未费心于对它的成因给予合理解释(λόγον διδόναι)。难道针对一个古希腊概念随兴的词源学考据就构成了哲学论证吗？是否要求论证解释就标志着陷入"演算思维"之中？

下面列举的十二个论题只是触及海德格尔哲学中那些更为突出的要素，在此过程中，我亦接受了他的建议：花一些时间研究亚里士多德，将会受益匪浅(GA 8：78.9)。

统括之，关于海德格尔的思想目标，他提出的基础问题与如下两个环节有关：

- 作为"意蕴性"(Bedeutsamkeit)的"存在"(Sein)的含义；
- 为什么兹有意蕴性，也就是说，为什么"兹有存在"(es gibt Sein)？

海德格尔通达上述目标的道路由解析与劝导两个环节构成，我们可借由品达的名言加以阐明："学习并成为你向来所是。"(γένοι᾽ οἷος

中译本序言

007

理解海德格尔：范式的转变

ἐσσὶ μαθών,《皮托凯歌》II, 72）

- 解析环节（μαθών, 学习）旨在阐明：首先, 绽出之生存如何就是澄明之境（见 SZ I.1—2）；其次, 作为澄明之境, 绽出之生存具体展开了什么内容（见 SZ I.3）。
- 劝导环节（γένοιο, 成为）旨在劝导个体成为"绽出之生存"并本真地开展由绽出之生存赋予的可能的生存活动。除了《存在与时间》, 这一劝导式环节常隐没于文本背景之中, 尽管它是海德格尔一切哲学的最终目标。

解析环节主要关注如下十二个论题：

1. Existenz：先行被抛而开敞
2. Lichtung：开敞之域, 澄明之境, 意义世界
3. ἀλήθεια-1/λόγος-1：所有意义和语言的源头
4. Sorge：关于意义的操心
5. Differenz：存在论差异
6. Verborgenheit：本然隐藏的澄明之境
7. Zeitlichkeit：实存论上的"先行-返回"运动
8. Eignung："带向-本己"（bringing-ad-proprium）的运动
9. Ereignis：绽出之生存即先天"被带向-本己", 同时作为有终结、有死亡的澄明之境
10. Phänomenologie：我们同照面的任何事物之间的实存论关联
11. Seinsvergessenheit：对本然隐藏着的澄明之境的忽视
12. Kehre：在动态的同一性中, 由"此之在"（Da-*sein*）到"此之在"（*Da*-sein）

中译本序言

在 SZ I.3(《存在与时间》未曾发表的部分,以"时间与存在"为题)中,海德格尔通过阐明以下几点完成解析环节:

- 澄明之境或者开敞状态(也被称为"时间",Zeit);
- 它由开抛活动(也被称为"时间性",Zeitlichkeit)而保持自身所是;
- 为我们所遭遇的任何事物赋予意义(也被称为"存在",Sein)。

1927年,海德格尔并未将 SZ I.3 的内容公之于众,但随后的半个世纪,他始终尝试以不同的形式[他后来称为"澄明之境与意义显现"(GA 14:90.2)]来廓清"时间与存在"问题。1962年,他将这个写作计划的成果概括为:

> 本然隐藏的澄明之境("时间")让意义显现("存在")得以可能。(GA 11:151.27—28)

关于"什么'给出'澄明之境"(GA 14:90.3)这个进一步的问题,海德格尔这样回答:绽出之生存(Da-sein)。相应地,"绽出之生存"自身所是的意义世界让各种形式的意义得以可能(亦即"给出")。

> 世界"给出"存在,绽出之生存是个体化的"它":它给出,它实现,它是"兹有"。(GA 73,1:642.28—29)

经由阐明上面列出的十二个论题,以下内容旨在解答"海德格尔曾关注什么"这一疑难。

理解海德格尔：范式的转变

* * *

1. 绽出之生存

海德格尔曾做出如下区分：

- 实存，即 Da-sein：人之（实存论，existenti*al*）结构；
- 以这一结构为可能根据的具体个人和活动（existenti*el*）。

按照他的提示（GA 80, 1: 71.22），我将 Existenz/Da-sein 译为"绽出之生存"（ex-sistence）。我有意改写这个术语并用连字符连接，旨在突显它的词源学根据（ἐξ-ἵστημι，"站到……之外"）。绽出之生存乃是让自身站出并超越自身。对它而言，没有什么东西"在里面"（SZ 162.27）。

海德格尔从未超脱"绽出之生存"，他无须这样做；即使他想这样做，亦不可能做到。他只是寻求人的智慧（ἀνθρωπίνη σοφία，《申辩》20d8），纵览其哲学生涯，他始终停留、聚焦在人自身（τὸ ἀνθρώπινον，《尼各马可伦理学》1094b6—7）。正是在这个过程中，他完成了在《存在与时间》中曾拟订的计划。

2. 绽出之生存即意义世界

绽出之生存是一个超越者，作为可能意义的场域先行被抛。海德格尔称之为"澄明之境"、"开敞状态"、"意义世界"、"无"或"原初现象"（Urphänomen）（GA 14: 81.13），有时亦称为"存有"（Seyn）。

作为澄明之境，绽出之生存是 ἀλήθεια-1 或者 λόγος-1，即 ἀλήθεια

或者 λόγος 的基本构型，它意指可能的可理知事域，在《存在与时间》中也被称为 Rede（话语）/λόγος-1（SZ 349.32）。这个实存论结构让我们在实存状态层面上（existentielly）能够：

- "打开事物"，即赋予它们意义（= ἀλήθεια-2 或者 λόγος-2）；
- "正确地打开它们"，即对它们做出真的陈述（= ἀλήθεια-3 或者 λόγος-3）。

"在-世界之中-存在"这个专业术语可能会引起这样的误读，仿佛绽出之生存只是"居于"时空之中，只是"位于"物质宇宙之中。但是，对海德格尔而言，"居于……之中"意指"熟稔于……"，与此同时，"世界"就意指意蕴性（SZ 87.19—20）。作为绽出之生存，我们在结构上就熟稔诸般意蕴性（Bedeutsamkeit）以及一系列附于所遭遇的任何事物之上的可能意义（Bedeutungen）。

海德格尔认为，意义呈现在整体之中，即在这样的诸情境或"诸世界"之中（SZ 65.5—6, 68.24—25）：(1) 在实存论上，诸情境或诸世界以绽出之生存的开抛活动为可能根据；(2) 在实存状态中，它们由个体的旨趣和关切塑形；(3) 在实存状态中，它们同时为特定情境之中的事物赋义。比如，依托不同的情境，石头既可能成为好用的镇纸，也可能成为人造的槌，还可能成为致命的武器。通常而言，诸意义世界并不引人瞩目。然而，如果某个目标遭到阻挠或者某个工具遭到毁坏，那么，它们就能成为主题对象。确切地说，它们能经由我们的反思而变成主题对象，比如现象学还原。

既然绽出之生存就是意义世界（SZ 364.34；GA 9: 154.18—19），意义世界又是澄明之境（GA 9: 326.15—16），我们就不需要某种"关联"来填平绽出之生存与澄明之境之间的"罅隙"。所谓的"关联"就是澄明之境本身，与此同时，绽出之生存也是这一"关联"。

这一关联并非置于存有与人之间,仿佛存有与人在那之前乃是毫无关联的两个东西。毋宁说,这一关联就是存有自身,人本质上亦是同一关联。(GA 73,1: 790.5—8)

3. 绽出之生存让意义世界保持开敞

作为"先行被抛",绽出之生存持守着(aussteht)意义世界或者让意义世界保持开敞(offenhält)。

- "被抛状态"表明了现身情态(Befindlichkeit),即我们在情感上适应于意义世界,也适应于在其中所遭遇的任何事物这一先天实事。
- "先行"则指向了领会(Verstehen),它不是关于实存状态层面的具体活动的"理解",而是我们"超越"所遭遇的个人和事物并熟稔附于其上的各种意义这一先天实事。

现身情态与领会是属于同一个实存论结构的不可拆分的环节。二者呈现了海德格尔如何克服了"心-身"分裂这个灾难。绽出之生存既是关于意义的情感意向(affective minding),同时又是关于意义的意向情态(mindful attunement)。

4. 绽出之生存是关于意义的操心

绽出之生存既"被抛先行于"人与物,同时又"当下显现于"人与物。

- "先行-被抛"表明绽出之生存的实际性乃是可能性。
- "当下显现"则表明作为可能性,绽出之生存能够为自己以及所遭遇的任何存在者赋义。

先行与当下显现，也就是（1）"向来先行"（immer schon vorweg）与（2）"寓于……存在"（sein bei）这类双向结构（SZ 192.36—37），将绽出之生存建构为"关于意义的操心"（Sorge）。因此，绽出之生存同时意味着：

- 作为（实存论层面的）意义可能性，先行到（实存状态层面的）诸多意义可能性之中。
- 经由从自身的先行状态中"返回"，从而将某个可能的意义连接到当下显现的任何存在者（包括它自身）之上（GA 21：147.24；SZ 366.17），绽出之生存就先天地显现于所遭遇的任何事物面前，换言之，能够赋予它们意义。

通过"将它们作为"承载了某个意义的存在者，或者照搬海德格尔的术语，通过"将存在者朝向"某个可能的意义"抛投"，（在实存论层面上）关于意义的操心就能让我们（在实存状态层面上）赋予所遭遇的任何存在者意义。由于在实存论层面上已经被先行抛投（already projected），我们才能在实存状态层面上将与自己照面的存在者"朝向"某个意义抛投。"将……作为"或者"朝向……抛投"（entwerfen auf）这类结构导致了意义而不是必然真理的产生。

5. 迂回的意义与存在论差异

与形而上学的"神"不同，绽出之生存被认定为"存在-论的"（onto-logical）（GA 3：280.30—31）。我们不得不赋予存在者意义（λέγειν τὰ ὄντα），而无法理智直观它们的所是。我们的认知活动是迂回

理解海德格尔：范式的转变

的(discursive)，即我们不得不在可能的意义与显现的所是之间"来回运作"(dis-currere)，以便在两者之间拿捏合适的分寸。

- 在实践知识方面，我们前瞻某个任务，估量器具的适合程度，然后决定使用或者弃用它。
- 在理论知识方面，我们向来已经"先行"即熟稔一系列可能的意义（谓词）。我们从谓词"回溯"到显现的存在者（主词），然后将某个谓词与主词连接起来。

在这个过程中，我们总易受其骗，不过，无论处于何种情形，总有意义被输出，哪怕是错误的意义。（说"苏格拉底是底比斯人"是有意义的，尽管它并不正确。）借用形而上学语言，这就是说，我们所思的对象正是存在者各自的当下"存在"（所是与所成，das jeweilige Sein des Seienden）。不过，这个"存在"总是可变的，并非必然为真，这一点显而易见，比如我们可以纠正自己，而说"苏格拉底是雅典人"。因此，并不存在某个东西能作为任何存在者（单一而不变的）"这个"存在。每个存在者皆有诸多可能的"存在"（即意义），根据不同情境，其中有些是正确的。

绽出之生存是"综合－分离"活动(σύνθεσις καὶ διαίρεσις, compositio et divisio)发生的场域，因此，它只是意义的中转站（GA 21：135—142）。从经典形而上学的范式规定出发，绽出之生存更是分离的场域，即它在存在者（ens）及其存在（esse），换言之，在存在者与我们的"作为"活动之间做出了"存在-论"区分。

6. 澄明之境本然隐藏

直到1930年，海德格尔才提出了澄明之境得以本然"隐藏"这个重要洞见(GA 80, 1: 371.29—30；见 GA 9: 193.24—27)。这个观点经常遭到误解,宛若有某个被称为"存在"的超级存在者主动对我们"隐藏自身"。然而,海德格尔其实另有所指。

所有的人类知识都是关于存在者及其可能意义的"综合-分离"。为了让这两个关联项彼此关联,我们必须"贯穿一个开敞之域"(海德格尔自己的说法),即澄明之境。"综合-分离"活动就在其中发生(GA 15: 380.6)。

澄明之境乃是一切人之活动的最终前提。因此,若要追问澄明之境的始因,我们不得不再次预设我们正在追问的澄明之境。这样就陷入了"循环归因"或者"循环论证"的谬误之中(《前分析篇》57b,64b)。我们无法理知澄明之境的成因(τὴν αἰτίαν γιγνώσκειν, 同前,71b10—11),这就是海德格尔所指的"本然隐藏"。(他对反身动词 *sich verbergen* 的使用并不意味着这一开敞之域能够"隐藏自身",就好像它在实现某种力量。)他将这一事态称为"绽出之生存的隐藏之谜"(GA 9: 195.23, 197.26)。

尽管本然隐藏着的澄明之境无法得到理知,但它能在个体对于缺失根基这一根基状态的情发瞬间得到直接体验(SZ 136.1—5)。在《存在与时间》中,这一情态被称为"畏"(Angst),意指人在实存状态层面上认识到自身的有限性。这一有限性在我们的有死状态之中得到具象。"畏"预示了终结一切可能性这个可能性。对个体而言,承担自身的有死性,向死而生,此乃海德格尔所谓的"本真性"。

7. 绽出之生存乃是实存论运动,即"时间性"

作为"先行"与"显现"同时发生的关于意义的操心,绽出之生存被构建为某个独特的实存论运动(GA 21: 147.24)。在《存在与时间》

中，它被称为"时间性"，这是一个令人费解的术语。1928年，海德格尔将这种"先行–返回"的同步运动通过下图进行演示：

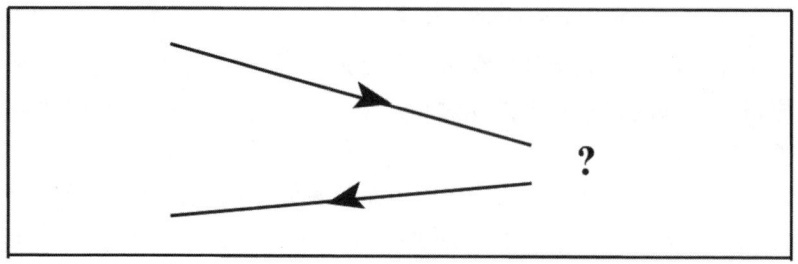

我们亦可演示为另一个等价示意图：

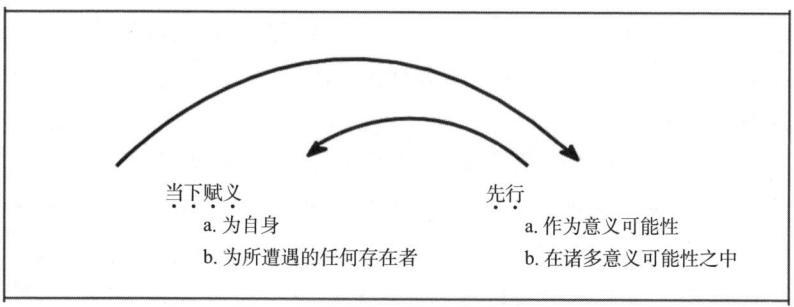

8. 运动与归本

海德格尔将绽出之生存的实际性描述为可能性，就此而言，他借鉴了亚里士多德的"运动"观念，也就是被视为未完成的实现活动（ἐνέργεια ἀτελής）的运动（κίνησις）。运动是事物实在（ἐν ἔργῳ）的存在论境况，但尚未完成（ἀ-τελές），换言之，在某种程度上，实现活动就意味着仍处于走向自身的过程之中：

- 实现（ἐνέργεια）乃是事物的本质活动（Im-Werk-stehen），它的运作方式如下：
  要么完全居于目的（τέλος）之中（如果运动已经完成），
  要么仍处于朝向目的的运动中（如果运动尚未完成）。
- 潜能（δύναμις）则是处于运动中的事物的归本（Eignung）（GA 9：285.25；GA 19：265.14等），它的条件如下：
  走向自身（eigen）即归本（coming-*ad-proprium*），
  通过并根据它的目的而本有（ap-*propri*-ated）。

举两个例子，一个源于自然（φύσις），一个源于人为的"知道-如何"（τέχνη，技艺）：

第一，在自然方面，每个橡子皆有成为橡树的潜能（δύναμις/Eignung）。通过它的目的（τέλος），即"橡树"，橡子被"引向"自身的整体性。这一目的就植根于橡子之中，同时也是橡子运动的始因（ἀρχή）。换言之，橡子在其目的之中已经居有自身（ἐν τέλει ἔχει），但尚不完全。橡子的实在（现实性）就含有"在-目的-之中-居有"而"未-完成"（ἐν-τελ-έχεια ἀ-τελής）这一形式。

第二，在技艺方面，木橱的构造规划是木匠的"知道-如何"（τέχνη）。它始于事先选择形式（εἶδος προαιρετόν），这个始点同时被视作创制活动的目的（τέλος，终点）。木材则被选为本身就适合这一类事务的质料，然后经历归本（Eignung）过程而成为木橱。在上述情况中，这个过程不是由某个内在目的引导（如橡子那样），而是由某个外在目的牵引。这个目的植根于第一个设计出形式的木匠的思想之中（GA 9：191—193；《马克思恩格斯全集》II 5，129.31—36）。

简言之，归本（Eignung）意指存在者的实在，它处于归本（brought-*ad-proprium*）的过程中，同时朝向自身完整的本来状态。

9. 本有

归本（Eignung，潜能）针对人造物与橡子，本有（Ereignis）则针对绽出之生存，在二者之间不断发生重要捻动。本有必须与运动有关，而运动又必须与未完成状态相关。不过，本有仅单独适于实存论运动。

绽出之生存的独特之处在于：在自己的未完成状态中却向来已经"完成"，从未成为整体却向来已经是"整体"。在自己的未完成状态中，绽出之生存向来已经是完满的"完成"，因为它没有能力让自身达成完全一致。在《存在与时间》中，海德格尔用"被抛"来解释绽出之生存的有限性（它的"开敞-已终结"对比于"彻底地显现自身"）。1936年，海德格尔将被抛称为"本己-居有"（Er-eignis，ap-propri-ation），这其实参照了"归本"概念。

本有还被用于命名如下事实，即绽出之生存已经被先天地引向自己的本有活动之中（er-eignet），本有亦被视为有终结、有死亡的澄明之境（GA 73，1：226.26；GA 12：128.29—30；248.16；249.5—6）。"本有"概念再次廓清了在《存在与时间》中被称为"被抛"的这个"绽出之生存"的基本结构（GA 65：34.8—9；239.5；252.23—25；322.7—8 及 SZ 325.37；GA 9：377注释d；GA 73，1：642.28—29等）。本有地"绽出之生存"就是"去-存在"（Zu-sein），即作为一般可能性，绽出之生存总是居于生成的处境中。海德格尔曾借用赫拉克利特极其罕见的术语"始终趋近"（Ἀγχιβασίη，《残篇》122）来为这类"绽出之生存"的渐近处境命名。

从这个概念的任何层面出发，本有都不是"事件"（GA 14：25.33；GA 11：45.19—20；GA 70.17—19）。本有是实存论层面的事实，也是绽出之生存的实际性。

中译本序言

10. 现象学

海德格尔曾明确提出,从1919年开始直到他离世的一切哲学工作都是现象学的(见GA 14:54.2—14;147.16)。现象学是"关联研究",就此而言,它关乎意义,尤其关乎同我们照面的存在者的意义显现(Anwesen)(GA 64:23—25)。

从自然态度出发,我们通常"穿过"(并忽视了)"意义-建构"关联。如果将这一关联略微进行主题阐明,我们就能揭示他的哲学焦点曾发生怎样的转变,即从对客体的特别关注中抽离而聚焦于关联本身。

胡塞尔与海德格尔的现象学差异就始于这一点。对胡塞尔来说,这一关联植根于构建意义的主体与被有意义地构建的客体之间。但对海德格尔而言,这一关联则植根于构建意义的抛投者(eject)与所遭遇的任一存在者之间(GA 14:131.16—17)。下面列出的图表阐明了这一根本差异。

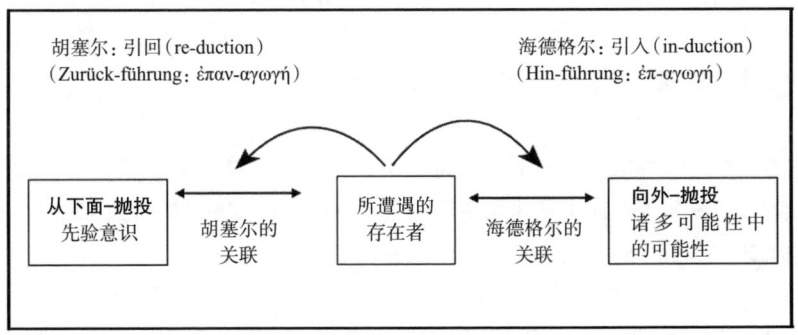

胡塞尔认为,人有主体性,无论是在心理学层面还是在(最终的)先验层面。现象学关联植根于赋予意义的主体与它的客体之间。因此,在胡塞尔那里,现象学将目光重新聚焦于还原(引回,Zurück-führung:

019

ἐπαν-αγωγή）之上，即将目光重新引回主体与客体的关联上。

海德格尔则坚持，人的本质不是主体性（sub-jectivity，"从下面-抛投"），而是抛投性（e-jectivity，"向外-抛投"），换言之，作为一般可能性，绽出之生存被先行抛入诸多可能性之中。从具体的实存状态层面出发，这些可能性关乎我们自身的目的、旨趣与欲求。海德格尔认为，现象学关联植根于同我们照面的存在者与我们所生存的意义可能性之间。因此，他没有将现象学的目光重新聚焦于引回活动（ἐπαν-αγωγή），而是关注引入活动（ἐπ-αγωγή），即所遭遇的存在者与操心之间的关联（GA 62：131—132, 191—192；GA 22：250.29；GA 9：244.12—35）。

我们只要铭记"将焦点引'回'……"意指将焦点回溯到我们向来存在之处，即作为一般可能性先行到诸多可能性之中，那么，其实也可以将海德格尔关注的内容称为"还原"，他事实上也曾这样做过（GA 24：29.15）。

针对海德格尔的现象学家身份，不少学者提出异议，大致有如下三种：将他视为一个现象学家，这意味着重新退回到胡塞尔式的先验主体性之中；他只是在举例层面提出了现象学还原，但从未正式运用过它；他最终放弃了现象学，而从事"存在之思"。

上述异议无视海德格尔本人关于"现象学"、"主体性"以及"绽出之生存"这些概念的表述，也无视了他关于"超越"及"超越的"这些概念的理解，他其实从未放弃这类理解（GA 11：150.10—12；GA 12：91.3—6, 114.25—27；GA 89：238.21—24；286.2—14等）。

11. 存在之遗忘：无视澄明之境

意蕴性（Bedeutsamkeit，或者照搬形而上学语言，Sein）究竟如何产生？这是海德格尔提出的基础问题。在他早期的哲学著作中，经由绽出之生存的开抛活动,意义得以可能。不过,在其中后期的著作中,他逐渐将这一可能根据表述为绽出之生存的本有。他的"存在历史之思"(seinsgeschichtliches Denken,常被误译成"存在历史学之思")这个概念正是关于本有的绽出之生存如何在日常生活以及形而上学史中遭到无视,尽管正是它让澄明之境的殊异样态得以可能("派定")。

开抛的绽出之生存无法被理知,也就是说,它保持着"本然隐藏",或者照搬海德格尔的术语"悬置"(= in ἐποχή)。这也导致我们沉湎于(日常生活中的)或者(形而上学层面的)事物的各自"存在",从而忽视了让事物及其各自"存在"得以可能的开抛活动。如果聚焦于以任何一种形式(εἶδος、ἐνέργεια、esse等)呈现的"存在",同时无视本有的澄明之境,这就是海德格尔所说的形而上学"悬置"(epoch,见 ἐποχή)。"悬置"并非意指某段时期,而是意指对澄明之境的悬置。形而上学(比如柏拉图、亚里士多德)的"悬置"可能相互叠加,从而让整个形而上学史被视为整一的"悬置史"。

严格说来,我们无法"摆脱"形而上学,因为每当绽出之生存超越存在者而被抛至存在者的意义,它都是"后-物理"的(GA 9: 122.12—13; GA 80, 1: 345.13—15)。不过,我们仍可以经由承担自身的本有,向外跃出而生存(die Einkehr in das Ereignis, GA 14: 51.33),从而避免受制于作为"悬置"的形而上学。

12."转向"

关于"转向"不应意指什么,海德格尔曾予以廓清;但对它究竟意指什么,他却从未予以阐明。而且,直到哲学生涯末期,他才指明了"转向"不是什么。与诸多学者的观点大相径庭,转向

- 与他始于20世纪30年代在《哲学论稿》(GA 65)中所开展的工

理解海德格尔：范式的转变

作无关（GA 13：149.29—30）；
- 不是指他始于20世纪30年代与基础问题的思考方式有关的转变——关于这一方面的变化，他没有称为Kehre，而是称为Wendung（转变）或者Wandel im Denken（运思中的转折）（GA 13：149.21—22）；
- 不是指《存在与时间》基本立场的变化（GA 13：149.23）；
- 不是指与他的基础问题，即"如何解释一般存在的意义问题"有关的变化（GA 9：201.30—32）；
- 不是指与这一基础问题的回答，即绽出之生存就是本有的澄明之境有关的变化（GA 9：202.5—9）；
- 它也因此没有贬低与澄明之境（又称"存在本身"）相关的绽出之生存。

关于转向究竟意指什么，主要有两类可能解释。

其一，转向指曾在《存在与时间》初拟计划方面所发生的焦点转换。在余下五十年的哲学生涯里，海德格尔一直尝试将焦点

- 由"此之在"（SZ I.1—2），即绽出之生存如何存在以及如何让澄明之境开敞，
- 转向"此之在"（SZ I.3），即作为澄明之境，绽出之生存如何为同自己照面的任何存在者赋义（SZ 17.32—33；18.32—34）。

其二，这类解释很容易与第一种解释结合。转向就是"此之在"与"此之在"之间动态的同一（Gegenschwung，映振，见 GA 65：29.15各处；GA 70：126.18；GA 75：59.15等；GA 26：270.4—5）。

"转向"究竟应该被如何界定？这个问题其实对海德格尔来说可能并没那么重要，它不应引起学界如此程度的关注。1962年，海德格尔曾

中译本序言

评论道:

> 停止那些毫无根据、无休无止的关于"转向"的争论吧！如果人们致力于研究之前提及的主题(即"开敞之域"与"意义现前"),定将更有建设性并会取得更加丰硕的成果。(GA 11: 150.3—5)

* * *

现今,无论欧洲或者美国,海德格尔研究学界都正陷入危机之中。海德格尔离世已近五十年,离其主要论著的出版亦已近一个世纪,专家们仍未能在两个基本问题上达成一致:第一,海德格尔究竟如何推进自己的哲学工作?第二,这一工作的核心主题又是什么?

关于第一个问题:他究竟是否将自己的工作视为现象学?倘若如此,又会是哪种现象学?还是说,他的哲学只是聚焦在某类被称为"存在"之上的存在论实在论?

关于第二个问题(且举一例):是否像某些学者认为的那样,巴门尼德与赫拉克利特其实已经熟稔"实事本身"(die Sache selbst)?二者关于揭蔽(ἀλήθεια)与涌现(φύσις)的讨论即可做证?还是如海德格尔所言,他们实际上错过了"实事本身"的实质(GA 15: 366.31—32)?

诚然,海德格尔是一个复杂艰深的思想者,康德、黑格尔同样如此。诚然,每个伟大哲学家的工作都必然经历无穷无尽的解释、再解释乃至理解方面的重大转折,但是,上述一切都无法为现今学界所处的令人羞耻的状态辩护。

本书旨在转变关于海德格尔思想的现有解释框架,主要包括:(1)在现象学的框架之内尝试重新阐明海德格尔哲学,换言之,我放弃了传统存在论及其对"存在"的聚焦这个框架;(2)以忠于《全集》原典的语言风格重新廓清海德格尔的整个研究计划。

是否如愿达成初衷,恳请诸位指正。

托马斯·希恩

2018年9月30日

于旧金山教会区奥克伍德街道

谨向无与伦比的绅士、学者、耶稣会会士

威廉·J.理查德森先生

致以敬意与感谢

来自真正的智慧,即他哲学地、健康地实践智慧
(ἀπὸ τῆς ἀληθινῆς σοφίας, ἣν φιλοσόφως τε καὶ ὑγιῶς ἐπήσκησεν)

目　录

前　言 ……………………………………………………… 001

引　论

第一章　切　题 …………………………………………… 003

第一部分　开端：亚里士多德主义者

第二章　海德格尔对亚里士多德的继承 ………………… 041
第三章　海德格尔对亚里士多德的超越 ………………… 090

第二部分　海德格尔前期思想

第四章　现象学与问题架构 ……………………………… 147
第五章　绽出之生存，作为开敞之域 …………………… 177
第六章　生成开敞之域 …………………………………… 205

第三部分　海德格尔后期思想

第七章　过渡：从《存在与时间》到隐藏的澄明之境 …………　249
第八章　本有与转向 ……………………………………………　303
第九章　存在之历史 ……………………………………………　324

第四部分　结　论

第十章　批判与反思 ……………………………………………　353

附　录

一　关于开敞活动与操心的实存论构成要素 …………………　387
二　亚里士多德的"灵魂"、"创制的努斯"
　　以及阿奎那思想中的"自然之光"概念 …………………　391
三　古希腊文的语法以及"现在完成"时态 …………………　395

参考文献

海德格尔德文原著及其英文译本 ………………………………　401
一、《全集》中的相关著作 ………………………………………　401
二、《全集》之外的海德格尔著作 ………………………………　422
其他引用文献 ……………………………………………………　424

德、英、拉丁文术语索引 ………………………………………　430
古希腊文术语索引 ………………………………………………　447

译者附记 …………………………………………………………　452

前　言

　　我尝试展开海德格尔思想阐释方面的范式转换工作。它得益于我一生的老师、督导以及挚友威廉·J.理查德森先生孜孜不倦的指教。约五十年前，其不朽鸿著《海德格尔：从现象学到运思》开启了我通往海德格尔思想的大门。以下场景我至今仍记忆犹新：作为哲学专业四年级本科生，我初次读到其首篇关于海德格尔的论文，它于1963年以"海德格尔及其思想问题"为题发表在《鲁汶哲学评论》上。那篇论文当时得到单独发表，随后被用作理查德森教授那部鸿著的引论。彼时我正苦于缺少可用的研究材料，手边只有《存在与时间》的最新译本（1962年）以及当时可以找到的所有英法二手文献，它们参差不齐，让人喜忧参半，这一窘况已持续两年有余。随后，那篇论文刹那间驱散了所有阴霾，仿效亚历山大·蒲柏的诗句就是：

　　海德格尔及其著作隐藏在黑暗之中。
　　神说："让理查德森出世吧！"
　　于是一切豁然开朗。

　　为了全面了解他的著作，我于1964年夏前往其彼时任教的福特汉姆大学，接受指导。那是一段不同寻常的经历，对于自那以来持续多年的友谊、相互扶持以及同事间的互动，我始终心怀感激。

倘若没有理查德森教授那部通透、深刻而又富有指导意义的鸿著（它也是当时首部试图理解海德格尔整体思想并适用于非德语母语读者的为人所知的作品），目前开展的研究工作亦将不可能完成。受其浩瀚博学、颇具批判性的洞察力等品质的指引，开始研究海德格尔的思想时，我得以从完全不同的起点出发，目前的研究工作正奠基于他巨大的成就之上。但是，我并不奢求他会赞同这里论述的全部内容。本书向他致敬，体现在：我得益于他的哲学洞察与全情鼓励，虽然在进行此项工作时，他偶尔严肃表达过保留意见的地方。

关于本书标题，我尝试这样理解海德格尔思想：其前后期所有著作并非关于"存在"这个西方哲学已经探讨逾二十五个世纪的概念；相反地，它们实则关注一般存在的意义，即意蕴性及其产生的源头。从形式上看，呈现为如下三点：

1. 我将严格按照海德格尔主张的方式，即现象学视角解读他的著作。这也意味着海德格尔只关注一个对象：意义（sense）或者含义（meaning）（这里先不做区分），既关乎它自身，也关乎它产生的源头。
2. 海德格尔将传统形而上学探讨的"存在状态"（Seiendheit）与他自己的研究对象"存在"（Sein）在形式上理解为同一个东西。[1] 二者都是针对存在者之"实在"的形式显示。[2] 身为现象学家，海德格尔认为上述两种同义表述——无论是以隐微方式（传统

---

[1] 见第二章注释11。
[2] 我仍在海德格尔称为"传统的"（仍是形式显示性的）"存在"含义层面使用"实在"这个概念，见SZ 211.26 = 254.32—33。亦见第二章注释6。

形而上学)还是以显性方式(海德格尔自身的研究)——皆与存在者之显现(Anwesen)有关：在充满人的关切和旨趣的世界里，存在者得以显现自身的意义，无论是以理论、实践、美学、宗教还是其他方式。

3. 海德格尔始终探求诸般意义显现的源头(无论那个源头呈现为何种内容)。仅当我们认识到这一点时，他的哲学工作才达成最终目的。如果换作形式显示的语言，那个源头使我们仅以迂回的方式理解存在者这一活动得以可能而又必要。所谓迂回的方式，即只能从存在者之意义显现出发理解存在者，无论它们以何种形式显现。海德格尔认为，这一源头最终就是所谓的"本有的澄明之境"(die ereignete Lichtung)，[3]它与开抛活动(das geworfene)以及人的本有的绽出之生存(ereignete Da-sein)乃是一回事。

过去半个世纪主导海德格尔学术研究的"存在"论争或者"Sein"学说已经遭遇瓶颈。自1989年海德格尔《哲学论稿》出版以来，有一点愈发明晰：过去五十年来，学界理解海德格尔思想的各种主流方法(我称之为"经典范式")已经不再适用于讨论《全集》中已出版的讲稿与论著所涉及的所有论域。曾与我共事的理查德·罗蒂建议我："如果你的论述走入死胡同，那么尝试另辟蹊径。"目前的研究工作正严肃采纳了他的建议。秉承亚里士多德的"分类"思想，[4]尤其是现在，我们不得不另辟蹊径，因为学界关于"存在"的论争已经耗尽了自身的解释力。

有些同事(更别提我的三个儿子)亦曾建议我：是时候跳出目前学

3　GA 71：211.9 = 180.1—2。
4　《形而上学》，X 6, 1048a26："我们将进行分类。"所有亚里士多德的希腊原典引文均来自 *Aristotelis opera*, ed. Immanuel Bekker。

理解海德格尔：范式的转变

界稍显狭窄的研究范围，进入更为广阔的哲学天地，甚至可以涉猎更有分量的主题，比如经济、社会和政治。我认同那些建议。然而，如果我们试图超越海德格尔，必须首先肯定：超越的对象正是海德格尔思想本身，而不是针对其哲学漫画般的戏仿。在总共102卷的《全集》里，也许最终无法找出驱动海德格尔哲学思考的"真正主线"，但我仍决定姑且一试。近些年来，为了搜索、理解海德格尔所谓引导其六十余年哲学生涯的"纯粹思想"，我竭尽所能，精读了《全集》里尽可能多的卷次。本书展现了我所认为的思想主线以及由此衍生的哲学分支。

本书的内容是否就能构成"范式转换"？如果能，这一范式是否就比旧有范式的解释更好？读者自会判断。鉴于目前关于海德格尔思想形形色色的解释，前述问题理应得到肯定回答，下列论述将尽可能证明这一点。

本书将重点引用海德格尔原典，而较少借鉴任何语言的二手文献。理由有二。首先，本书关于海德格尔思想的解释会在许多学者那里引起争议，甚至会遭到全盘否定，当然他们说得也许有理。因此，我将尽可能全面展现自己的解释在多大程度上植根于海德格尔原典，而不是其他学者的研究，无论那些研究工作多么出色。(但在脚注里会有所引用，正如理查德森教授所言，"星点血斑昭示着前人勇攀峻岩时留下的足迹"。)[5] 其次，本书内容曾受惠于全世界学者关于海德格尔思想极为出色的研究成果，我对此心怀感激(尤其对于学术圈里的那些同人)。不过，我仍须为自己撰写的全部内容，尤其是那些可能的错误完全负责。

关于原典引用，我列出了海德格尔文本的页码和行数(中间以句点连接)，包括德文《全集》与相应的英译本。位于本书末尾的参考文献部分列举了德文原典的标题及其英译名。仅有一处例外：关于《存在

---

5 Richardson, *Heidegger*, xxviii.9—10; 707.2.

与时间》，我并未引用德文《全集》第2卷（GA 2）的页码，而采用了由马克斯·尼迈尔出版社于1967年发行的第11版（未修订），因为后者在读者中更通用。我缩写了《存在与时间》已经出版以及计划撰写的内容章节，如下：SZ I.1, I.2, I.3 与 II.1, II.2, II.3（参见本书第五章所列表格）。我常不经意间使用自己的译文，或者更改并采纳现有的英译文。所有引用的古希腊与拉丁文术语均在文本或者脚注里得到注解。关于亚里士多德的著作，我有时列出英文标题，有时则采用传统拉丁文。例如引用《论灵魂》以及《解释篇》时，我列出 *De anima* 和 *De interpretatione* 这类标题，而不是相应的英文译名，因为我认为 soul 并不是 ψυχή 的合适译名，同样，interpretation 也不适于翻译亚里士多德想要通过 ἑρμηνεία 这个概念传达的意思。拉丁文 anima 和 interpretatio 可能更好：它们能够帮助我们摆脱惯常译名的桎梏，直指隐藏其后的古希腊原义。

xiii

关于若干术语和译文的评述

海德格尔的思想术语库极易令人产生疑惑，不单由于他常赋予通常概念以特殊含义，更关键的是，众所周知，海德格尔并未廓清自己如何使用"存在"（Sein）这个基本概念。在第一章中，我将详述如何翻译那个词，这里仅予以简述，或许对读者有所助益。

纵观其五十年的哲学生涯，海德格尔并未始终一致地使用"存在"概念，这一点令人愕然。它已经困扰了学界八十余年。然而，海德格尔始终坚持一点：无论"存在"在某个哲学家那里以何种形式出现（例如柏拉图的 εἶδος，亚里士多德的 ἐνέργεια，或者阿奎那的 esse），它始终意指对于那个哲学家而言构成存在者"实在"的东西，或者海德格尔所谓的实体"存在"或者"存在状态"。一方面，海德格尔曾廓清："存在"与"存在状态"是一回事，是具有形式显示功能的名称，它们意指在某个哲学家那里构成存在者实在的任何内容。另一方面，他的做法又让人疑

理解海德格尔：范式的转变

窦丛生：他同时用"存在"指称开拋的澄明之境。为避免上述对于"存在"截然不同的两类用法所引起的疑惑，我用"存在"这个术语特指存在者的存在。

如此一来，我们便可以更进一步。作为现象学家，海德格尔借助所有历史性的摹本理解存在，那些摹本被视为存在者对于人的意义显现（Anwesen），即在充满人的旨趣与关切的殊异情境之中不断变化的存在者意义。将存在视为存在者的意义显现，这不仅适用于通常无视那一实事的传统形而上学，也适用于海德格尔自己的哲学工作。因此纵观全书，"存在"、"存在状态"、"意义显现"、"意蕴性"以及"可理知性"（Sein、Seiendheit、Anwesen、Bedeutsamkeit 以及 Verständlichkeit）这些术语均可交替使用，它们关乎同一个东西，即现象学家海德格尔所理解的存在者之"实在"，它属于诠释学范畴。对海德格尔而言，存在者在多大程度上对人显现它的意义，它们就有多实在（参见第二章中海德格尔关于《形而上学》IX 10 的解释）。尽管海德格尔所秉持的"存在 = 实在 = 意蕴性"这一立场无法使所有学者满意，但它至少能够消除由海德格尔对于存在概念不拘一格的使用所引发的令人头疼的诸多疑惑。

然而，将存在视为意义显现，这一现象学解释仅仅迈出了第一步。驱使海德格尔展开哲学工作的纯粹主题并非作为意义显现的存在，而是诸般意义显现的源头或者始因，海德格尔称之为"意义显现的来源"（die Herkunft von Anwesen）。他还将那个源头命名为"澄明之境"（die Lichtung），或者更确切地说，"开拋的或者本有的澄明之境"（die ereignete Lichtung）。与此相反，诸多海德格尔学者则认为"存在本身"（das Sein selbst）就是海德格尔哲学的"实事本身"。然而，海德格尔实际上在原初而本真的层面使用那个术语，即"存在本身"不是任何一种存在。它甚至不是某种现象，遑论某种终极现象或者某些二手文献里所隐喻的"超级存在"。"存在本身"或者"一般存在"仅为某种言说

"存在本质"的方式,上面提到的三个术语仅为引向海德格尔问题之回答的形式显示与诠释学指代。换言之,无论存在的"本质"最终被认定是什么,它都必须解释何为一般的意义显现之源头或者始因。它最终就是"本有的澄明之境",或者简言之,就是"本有"(Ereignis),这两个术语也是海德格尔后期对于前期被称为"被抛状态"(Geworfenheit)或者"被抛的开抛状态"(der geworfene Entwurf)概念的重新诠释。如果用隐喻的方式来描述,作为开抛活动(即本有),人的存在就是"开敞场域"或者澄明之境,存在者的意义显现在其中得以发生。一言以蔽之,"作为开抛活动(即本有)的人"就囊括了海德格尔哲学的要义。海德格尔的术语库中,下述概念(尚未罗列完全)皆是关于同一个现象的殊异命名:

Ereignis	本有
Geworfenheit	被抛状态
der geworfene Entwurf	被抛的开抛状态
der Entwurfbereich	开抛的事域
Existenz 或者 Da-sein	人之存在的本质
die Lichtung	澄明之境
die ereignete Lichtung	本有的澄明之境
das Offene	开敞状态

xv

它们均以相同的方式为形式显示性的术语"存在本身"、"一般存在"或者"存在的本质"命名,并在形式上显示如下对象,即存在者在人类世界中得以"存在"或者意义显现的源发根据。基于上述原因,写完第一章后,我将竭力避免"存在本身"这类表达。相反地,我将采用上面列出的某些概念来对应"存在本身"这个诠释学术语[或者海德格尔不经意间用过的类似"存在"(Sein)或者"存有"

007

(Seyn)这种与"存在本身"(Sein selbst)同义的概念]。我在本书随后的论述过程中将不再特别注明这一点，即使关涉到海德格尔原典的英译。

具体而言，我们可以用现象学术语而不是存在论概念来重述海德格尔的基础问题(Grundfrage)：

1. 对象(Befragtes)：问题的实质对象(而不是目的)乃是存在者的可理知性(Anwesen，显现或者意义显现)。
2. 选取视角(Gefragtes)：针对那个对象，海德格尔同时提出如下问题："诸般意义显现的源头究竟是什么？"
3. 解释结果(Erfragtes)：以上问题探求的答案最终呈现为"本有的澄明之境"(或者其他同义表述)。

* * *

海德格尔常常区分Dasein与Da-sein(或者Existenz)。严格来说，前者意指任何实存状态层面的具体的个人，另外两个术语则均指人之存在的"本质"或者实存论上的结构。(我使用"实存状态层面的"这个形容词指称任何特殊的个体，同时用"实存论上的"指称人之存在的本质结构。)然而，海德格尔经常模糊这一重要区分：当实际上意指(实存论上的)Da-sein或者Existenz时，他却使用了(未加连字符的)Dasein这个术语。为了突出海德格尔想要通过(实存状态层面的)Dasein以及(实存论上的)Da-sein/Existenz所表达的含义，我将这三个术语均译为"绽出之生存"(ex-sistence)，中间的连字符旨在强调它们的词源学根据，即在三个术语中，海德格尔提示我们一个拉丁术语ex + sistere，人的"绽出(ex-)"或者"向外超越"这一维度就生成了开敞状态或者澄明之境，海德格尔称之为Da。(第五章将阐明Da绝不能译成"那里"、"这里"或者"此"。）[6]绽出之生存也并不意指"站到外面、超然于外"，仿佛我们自发地"立起来"。毋宁说，sistere是个使役动词："驱使某人或某物向外站出。"因此，正如海德格尔所借用的人之ex-sistere，它意指"被迫而向外站出"。由此可见，"实存"（Existenz）这个概念已经揭示了海德格尔前期提到的Geworfenheit和der geworfene Entwurf（我均译成"开抛状态"）以及后期阐发的Ereignis（本有）这些术语的含义。[7]

xvi

此外，我将海德格尔的Mensch概念译成"人类"、"人群"或者"人"，这里的"人"（man）意指人类（古希腊文 ἄνθρωπος），而不是特指男人。das Seiende则被译为"诸存在者"或者"某个存在者"，有时亦被译为"诸实体"或者"某个实体"，偶尔还被译为"诸存在"或者"某个存在"，在极少数情况下也被译作"实在"。Ereignis始终被译为"本有"，而绝不能译成"事件"或者"本有之事件"。Vorhanden则被译成"客观地显现"，与此同时，zuhanden被译为"有用的"或者"可用的"。本书还将阐明："先天的"意味着"向来已经运作"。我将尽可能地避免使用"绽出的"（ekstatisch）这个概念，有时候它被有意写成"绽-出"（ex-static），不过在大多数情况下我将直接使用"开抛"这个表述。

我还将所有与 ἀλήθεια 相关的德文术语（比如 Wahrheit、Entbergung、Entborgenheit、Unverborgenheit、Unverdecktsein 等概念及其衍生词）均译为不同形式的"揭蔽"，有时也加上连字符译成"揭-蔽"；同时还译成"开敞状态"，有时也稍显繁冗地写成"被开敞的状态"，旨在强调开敞状态（澄明之境）是开抛的。类似地，我亦将Unwahrheit和Verborgenheit两个概念及其衍生词解释成"隐藏状态"，它意指理论或

---

6 见GA 83: 72.23—24: "'生存-绽出'即人的实存的本质。"见GA 83: 69.4: "Exsistentia, ἔκστασις—distentia。"

7 见GA 65: 239.5 = 188.25。

者实践方面都不可理知。有些学者也许会提出质疑：倘若如此，那些术语之间的细微差别将会模糊不清。他们说得有理！然而，其实只要突出隐含在那些德文术语之中的"揭蔽"（即开敞）这层含义，它们就能得到根本廓清。与那些原有英文译名所具有的细节优势相比，前面那一点更为重要。

在《存在与时间》中，海德格尔模糊了（此后亦甚少关注）Entdecktheit（存在者的被揭蔽状态）与Erschlossenheit（澄明之境的无蔽状态或者开敞状态）之间的区别。[8]我将这两个术语均译成"无蔽状态"或者"开敞状态"，如果它们偶尔涉及事物，也被译成"适用性"。上述术语均与可理知性相关。我既在"努斯"（νοῦς）这一宽泛层面使用"理智"，也在"逻各斯"（λόγος）这一特殊层面解释"理智"，即它被理解成迂回的理智，处在与意义世界及其内容构成的关联之中。此外，我还使用"可理知的"这个表达意指"可通达理智"，无论是理论、实践、享乐还是其他任何方面。

海德格尔对于Sinn（意义）与Bedeutung（含义、指称）的使用不断发展，并非总是一致。但是，在任何情况下，他都并未按照弗雷格或者胡塞尔那样使用这些术语。Sinn不是指意义的观念统一体，即某个纯粹不变且不受任何心理领会活动影响的观念体，也不是胡塞尔所指的意向活动（noesis）的对象（noema）。与之类似，Bedeutung也不是"指称"（或者"所指"），如弗雷格认为的那样；它也不限于语言学层面的表述，如在胡塞尔的《逻辑研究》中所呈现的。在《存在与时间》中，Sinn和Bedeutung休戚相关，而且前者比后者的含义范围更广。二者通常可以互换，被译成"意义"与"意涵"。Bedeutung始终意指某个特定存在者的意义或者意涵。但对于Sinn，我们必须做出如下区分：

8　例如，SZ 226.28 = 269.21—22："揭蔽……展开。"

1. 如果Sinn与事物一同出现（实际上极其罕见），它就意指事物的意义、意蕴性或者可理知性。[9]
2. 如果它被用于存在（如der Sinn von Sein），Sinn乃是关于作为一般可理知性之源发根据的澄明之境的形式显示。[10]其他诸如此类的形式显示包括存在者之存在的"本质"、"场域"或者"真理"（Wesen, Ort/Ortschaft/τόπος, Wahrheit）。
3. 《存在与时间》的第二篇实际上讨论了形式显示性的术语Sinn所植根的语境，它最终呈现为开抛的视域，"存在"则在其中显现为可理知的东西。
4. 在其中后期著作中，海德格尔摒弃了《存在与时间》的"先验－视域"进路，Sinn这个概念也被一系列的同义术语所替代，上面已经列出若干："开敞者"（Offene）、"开抛的事域"（Entwurfbereich），[11]尤其是源发一切意义显现的"澄明之境"（Lichtung）。

海德格尔关于"存在意义"（der Sinn von Sein）的研究并非旨在探究关于存在的某个定义或者概念。正如他曾指出的那样，这个概念早就在自古希腊以来的整个西方哲学中至少通过隐微的方式而得到运用："存在"始终意指"显现"，按照海德格尔的现象学解释，它特指存在者对于人的意义显现。如前述，"存在意义"仅为一个形式显示性的

9　例如，GA 19: 205.13—14 = 141.33—34；SZ 151.22—24 = 192.35—37；以及GA 19: 12.14—15 = 32.23—24。

10　存在的可理知性意指任何特殊的存在者具有意义这个事实的解释根据。例如，SZ 151.29—31 = 193.6—8：我们就其可理知性来对待存在者（Sinn = Woraufhin des Entwurfs，以至于它们能够具有意义，即能够作为这或那而被理解（etwas als etwas verständlich wird）。

11　例如，见GA 9: 201.31 = 154.13；GA 14: 35.23—24 = 27.31—33；以及Heidegger, *Schellings Abhandlung*, 229.4 = 188.38。

理解海德格尔：范式的转变

术语，它指向海德格尔最终的研究结果，即任何可以源发以下实事的东西：如果我们与存在者相遇，它们能够且必须迂回地可被理知（即必须"居有存在"）。那个源发根据最终就是向来运作同时又本然隐藏的开抛活动，即本有的澄明之境。

* * *

上述关于海德格尔著作解译方面的创新并非无足轻重、肆意妄为，它们旨在打破学界固有的基础范式，而让海德格尔开口"说英语"，弥尔顿称之为"试探式风格"。[12] 以英语为母语的学者经常直接放弃翻译海德格尔的某些术语（比如Dasein、Ereignis、Geschick），或者诉诸德式英语（半英半德）这一佶屈聱牙的风格，听起来就像一个20世纪20年代的德美同盟者（本书将表明：在这方面，我是一个坚定的反对者）。还有一些学者只是鹦鹉学舌，不断重复海德格尔提出的那些概念，未加任何修饰，未经任何变更与解释，仿佛一首抵御分析哲学亦即保护原初思想的精神颂歌。上述做法将导致那些学者在某个角落里粉饰自身，彼此之间偶尔低语：

> 爱人散发着彼此气息的躯体，
> 无须语言就能具有相同的思想，
> 无须意义就能喃喃相同的语言。[13]

无论成功与否，本书试图脱离如此自我陶醉的咿呀学语，避免卡尔·雅

12　Milton, *Paradise Lost*, X, 20.
13　T. S. Eliot, "Dedication to My Wife", *The Complete Poems*, 206.

前言

斯贝尔斯所说的"海德格尔式的喋喋不休"（Heideggergegacker），[14]同时提出了关于海德格尔思想直接有效而又最终带有批判性的解释。

我尝试廓清范式转换的所有要素，它们对于理解《全集》的整体思想极其必要。我对海德格尔积极的哲学贡献予以肯定，同时摒弃了那些无益的内容。我并非全然无误，但已竭己所能。针对黑格尔的那句评价这里也同样适用：对于海德格尔的思想研究，无人可以称得上专家，而仅有不同程度的无知。秉持那种精神，我欢迎任何批评以及各种改善建议，乃至便于更好理解海德格尔整体工作并展现更为明晰的超越之路的甚佳解释。

我还要感谢自己的侄子和挚友迈克尔·瓦尔加斯，他协助解决了一个文本编辑方面的电脑难题。没有他的熟练操作，书稿将无法付梓。最后，我还要感谢斯科特·维尔茨先生，他付出了额外的心力筹建"海德格尔在斯坦福"网站。

托马斯·希恩

2014年7月15日

于旧金山教会区奥克伍德街道

14　Jaspers, *Notizien zu Martin Heidegger*, 207.35.

引 论

第一章
切 题

——我们将进行分类（διορίσωμεν）

海德格尔哲学究竟讨论了什么？自从威廉·J.理查德森与奥托·珀格勒于20世纪60年代早期确立了理解海德格尔思想极富睿智的主导范式之后，对于上述问题，我们通常这样回答——"存在"（das Sein）。但是，即使认定了"存在"概念，学界的游移不定仍并未因此减轻。实际上，马丁·海德格尔经由"存在"概念究竟表达了什么？这是我们必须面对的首要问题。

为了阐明古代以来就一直困扰着西方哲学家的存在问题，海德格尔于其鸿著《存在与时间》开篇引用了柏拉图《智者》中的片段，来自爱利亚的访客问其对话伙伴泰阿泰德与提奥多洛斯：

> 如何理解你们所说的"是"或"存在"（τὸ εἶναι）？……我们正陷入僵局，所以当你们说"是"或"存在"（ὄν）时，请解释它究竟意指什么。你们显然早就很熟悉这些词的意思，不过，虽然我们也曾以为自己是懂得的，现在却感到困惑

理解海德格尔：范式的转变

不安。[1]

在很大程度上，海德格尔也面临同样的情形。他可能已经明白"存在"所表达的意思，但未曾让它始终清晰地呈现出来。我们可能会向海德格尔发出请求，正如那个爱利亚的访客在《智者》中紧接着所做的那样："首先请您在这一点上教导我们，这样我们可以不必幻想自己已经理解您告诉我们的事情，而实际上却远远不能理解。"[2] 海德格尔也曾评注赫拉克利特《残篇》72的内容，以不同的表述方式提出了同一个问题："他们言说'是'，但并不知道'是'究竟表达什么。"[3] 不过，海德格尔没有注明上句中的"他们"究竟指谁。

这个难题直指海德格尔哲学工作的要核。因此，我们理应遵循亚里士多德的建议："切忌一刀切！"海德格尔的中心论题果真是"存在"吗？他的后期思想曾明确否认了那一点。当提到哲学工作之"实事本身"（die Sache selbst）时，他明确断言："将不再有任何位置留给'存在'这个术语了。"[4] 既然如此，那个论题直指"比存在更为本质的东西"（wesender als das Sein）吗？[5] "存在本身"（das Sein selbst）能否被理解为"某个为其自身而实存的东西，其独立性乃是'存在'之真实本质"？[6] 倘若如此，"存在本身"如何与作为存在者之存在（das Sein

---

1　《智者》243e2, 244a4—8。所有柏拉图的希腊原典引文均来自 *Platonis opera*, ed. John Burnet。

2　《智者》244a8—b1。

3　GA 15：277.17—18 = 5.7—8。

4　GA 15：365.17—18 = 60.9—10。至于"实事本身"（τὸ πρᾶγμα αὐτό），见柏拉图，《第七封信》，341c7；《普罗泰戈拉》，330d5，引自 GA 14：76.1—2 = 61.9。胡塞尔总使用"实事"的复数形式，例如，《逻辑研究》，*Husserliana* XIX/1, 10.13—14 = I, 252.11，"实事"在直观中直接被给予。

5　GA 73, 2：1319.23。

6　GA 33：31.9—10 = 25.12—13。亦见 GA 66：340.13—14 = 303.18—19。

004

des Seienden)的"存在"或者作为存在者之存在状态(die Seiendheit des Seienden)的"存在"相互区分？或者海德格尔的论题其实并不是"存在"(Sein)，而是"存有"(Seyn)，甚或"画叉的存有"(Seyn qua Seyn)？[7]总而言之，它究竟意指什么？

或者那个论题并非任何关于"存在"的图示或者画符，而是存在的意义(der Sinn von Sein)？经由他的阐述，我们已经明白究竟何为存在的意义。自古希腊以降，与"存在"相关的概念εἶναι、οὐσία、esse、das Sein等均指存在者"持久而稳定的在场"。[8]不过，尽管"在场"这个主题在海德格尔的思想中占据了重要位置，但它并不是最终的关注点。那么，海德格尔追问的对象究竟是存在的本质(das Wesen des Seins)，或者存在真理的本现(die Wesung der Wahrheit des Seins)，[9]还是存有本现的真理(die Wahrheit der Wesung des Seyns)？[10]或者上述内容都不是海德格尔思想的主旨，它实际上是澄明之境(die Lichtung)？或者"本有"(Ereignis)？或者揭蔽(ἀλήθεια)？或者嵌于揭蔽之中的"遗忘、遮蔽"(Λήθη)？还是意指存在论差异？[11]

对于海德格尔哲学的中心论域，我们尚存疑惑，值得深思，但这不应完全由学界担责。海德格尔本人亦曾指出："以'存在'之名所思的

---

7 GA 73, 2: 997.20.关于画叉的存有：见 GA 73, 2: 968.7; 1033.10; 1039.10; 1122.7 等；亦见 GA 9: 306(g) = 374(a): "画叉的存有……就是本有。"但在上述引文中，"存在亦作为本有"。在 GA 81: 76.18, 存在与存有同义，但在 GA 76: 49.15—19, 二者又截然相反。

8 GA 31: 113.22—23 = 79.18: "在场状态与持存状态。"

9 GA 65: 73.21 = 58.35—36.

10 GA 65: 78.26 = 63.4—5.

11 存在论差异是"海德格尔哲学的中心思想"，见 John Haugland, "Truth and Finitude," I, 47.这一观点可与下列文本对照：GA 15: 366.27—28 = 60.44—61.1: "与存在一起，存在论差异也一同消失了。"以及 GA 73, 2: 1344.13—14: "存在者与存在之间的'存在论差异'……赋予'存在-论'一个主题。"关于存在论差异的双重含义，见第七章。

东西,尚且晦暗不明。"[12] 在基于1953年至1954年的谈话而得到整理发表且部分虚构的《从一次关于语言的对话而来》中,作为海德格尔的谈话对象,东京帝国大学教授手冢富雄曾针对海德格尔思想要核的含混不清提出质疑。

> 手冢富雄:(那个难题)主要源于您对于"存在"概念模棱两可的使用而造成的疑惑。
> 海德格尔:您说得对。(但我的思想)清楚知道"作为存在者之存在"中的存在与就其本真含义(被揭蔽状态即澄明之境)而言的作为"存在本身"之存在的区别。
> 手冢富雄:既然如此,您为何不直接把"存在"概念仅限于形而上学的语言框架之内?您为何不同时在通往时间本质的道路上直接赋予所探寻的并被视为"存在意义"的那个东西某个专属名称呢?
> 海德格尔:我如何能给自己尚在探寻的东西一个专属名称?只有依赖于那个被指派来命名它的东西,我们才能找到尚在探寻的那个对象。
> 手冢富雄:既然如此,我们只得忍受不断滋生的疑虑。[13]

诚然,八十年来,在尝试严格廓清海德格尔的"存在"及其同源概念的过程中,海德格尔的阐释者不得不忍受上述疑虑带来的崩溃(我将试着阐明,那些疑虑其实毫无必要)。试想海德格尔围绕"存在"概念而曾用到的海量德语概念,我们如何才能逐一辨清?

12　GA 40: 34.34—35 = 35.23—24.
13　GA 12: 104.16—105.3 = 20.14—32.

第一章 切题

seiend[14]

"das Seiend", 当它等同于 "das Sein"[15]

"Seiend und seiend ist nicht ohne weiteres dasselbe."[16]

das Seiende[17]

das S̶e̶y̶e̶n̶d̶e̶[18]

das Nichtseiende[19]

seiender[20]

das Seiendere[21]

"Seienderes", 援引自短语 "es gibt 'Seienderes'", 带引号[22]

das Seiendste[23]

"Wassein als das Seiendste"[24]

"Das Seyn ist das Seiendste"[25]

"Gott ist ... das Seiendste"[26]

14　对于上述引自《智者》的内容中出现的ὄν,海德格尔译为seiend。
15　GA 83:155.14 和 162.12；GA 15:333.30 = 40.9。
16　GA 34:33.17—18 = 26.5。
17　GA 34:33.31—40.10 = 26.15—27。
18　GA 73,2:1046.18。
19　GA 15:349.3 = 49.40。
20　GA 5:40.2 = 30.3—4:"从存在者的方面来看,它(澄明之境)比存在者更为存在。"但在 GA 5:43.15 = 32.22,还有一种不同的解释:"任何存在者都更为存在。"另外,亦见 GA 34:33.16 = 26.4。
21　GA 34:33.22 = 26.9(原文为斜体)。
22　GA 34:33.35—34.1 = 26.19。
23　GA 45:85.25 = 76.28；GA 40:193.2—3 = 205.6；GA 34:66.32 = 49.30。见 GA 6.1:454.12 = 29.6—7: das Seiendste am Seienden。
24　GA 45:85.25 = 76.28。
25　GA 74:22.1。
26　GA 73,2:997.11,其中 Seiendste 为斜体。

das Seiend-seiende[27]

das seiende Sein[28]

das seiend-Sein[29]

das Seiendsein[30]

das Seiend-*sein*[31]

die Seiendheit

"Seiendheit ist das Sein"[32]

das Sein（四重殊异含义）[33]

das Sein des Seienden

das Sein selbst

das Sein als solches

"Sein",在如下概念中："Sein, Wahrheit, Sein, Ereignis"[34]

"Sein",援引自短语"'das Sein'（Austrag）",带引号[35]

"Sein",援引自短语"Sein disappears in Ereignis",不带引号[36]

27　GA 31：46.17 = 33.2.
28　GA 40：168.28 = 178.2.
29　GA 11：26.18 = 97.11.
30　GA 40：34.7 = 34.28,它被译为"在存在中存在"。见GA 15：344.16 = 46.39,它被译为"存在者存在"。在Carl Braig, *Die Grundzüge der Philosophie*, 43.5,海德格尔首次遇到这个概念。
31　GA 29/30：432.34 = 299.7,它被译为"某个存在者存在"。莫泽在《形而上学的基本概念》的"附言"中（575.34）直接写成Seiendsein。该"附言"可见于Simon Silverman Phenomenology Center（见参考文献）。
32　GA 74：6.3.
33　见GA 73,2：1041.1—9。
34　GA 9：369注释d = 280注释d。
35　GA 9：306注释f = 233注释f。
36　GA 14：27.8 = 22.3—4.

第一章 切 题

"Sein",援引自短语"'Sein' disappears in Wahrheit",带引号[37]

"Sein",援引自短语"'Sein' als Wahrheit des Seins",带引号[38]

das ~~Sein~~[39]

"Sein",援引自短语"Das Sein 'ist'—(*nicht* hat Sein)"[40]

"Sein"和"ist",如下表述之中:"~~Sein~~ | ~~ist~~"[41]

"Seinen",名词化的动名词[42]

das Seyn[43]

das Seyn,作为 das Seyende[44]

das Seyn,作为带引号的"das Seyende"[45]

"sey"和"sei",均为虚拟语气[46]

"Seyn—: Seiendes als Seiendes"[47]

das Seyn selbst[48]

das Seyn des Seyns[49]

37　GA 9:366注释a = 278注释a。

38　Heidegger, "Die 'Seinsfrage' in *Sein und Zeit*," 10.22—23.

39　GA 9:385.6 = 291.7.

40　GA 86:480.7.

41　GA 86:482.7.

42　GA 81:176.4.

43　GA 81:209.8:"本有活动……以前曾是存在。"见 GA 81:76.18:"存在就是存有。"但 GA 76:49.15—19 与之相反。在 GA 83:155.7,存有等同于"在最普遍的层面上被表象的存在者,即理性存在者"。[相关术语散见各处:Freyheit/Freiheit(自由), Daseyn/Dasein(绽出之生存), Seynsgeschichte/Seinsgeschichte(存在之历史)。]

44　GA 73,1:780.17.

45　GA 73,1:732.5.

46　GA 73,1:788.7 和 8。

47　GA 72,2:957.14.

48　GA 45:5.31 = 7.2.

49　GA 73,2:922.19.

理解海德格尔：范式的转变

"Seyn——ein Vorname seiner selbst" [50]

"Sein（Seyn）als Ereignis" [51]

"Seyn"，援引自短语"Das Seyn des Da——aber *transitiv*!" [52]

das ~~Seyn~~ [53]

das Wesen des ~~Seyns~~ [54]

"~~Seyn~~ ist ... das Ereignis" [55]

"Seyn *qua* Ereignis" [56]

"Sein ist Seyn" [57]

Sein ≠ Seyn [58]

"'Sein' als 'Seyn'"，两个术语均带引号 [59]

"Seyn als Seyn"，两个术语均不带引号 [60]

"Seyn *qua* ~~Seyn~~" [61]

"Seyn ist nicht ~~Seyn~~" [62]

"Seyn und Sein" [63]

50　GA 73，2：997.21.
51　GA 73，2：943.9.
52　GA 73，1：472.4.
53　GA 9：306 注释 g = 374 注释 a。GA 73，2：968.18；1033.10；1037.2；1122.7.
54　GA 73，2：1137.1—2.
55　GA 9：306 注释 g = 374 注释 a。
56　GA 9：306 注释 g = 374 注释 a。
57　GA 81：76.19.
58　GA 76：49.15—19.
59　GA 73，2：972.4.
60　GA 73，1：687.25.
61　GA 9：306 注释 g = 374 注释 a。
62　GA 73，2：997.20.
63　GA 73，1：687.30.

"das Seyn als die Wahrheit des Seyns" [64]

"das Seyn",援引自短语"die Wesung der Wahrheit des Seyns" [65]

"das Seyn",援引自短语"die Wahrheit der Wesung des Seyns" [66]

"Das Was-sein ist das Daß-sein" [67]

Erseyn [68]

erseyn,援引自短语"Das Da—erseyn",呈斜体 [69]

das Isten [70]

关于"存在",如毛泽东主席倡导的那样,海德格尔似乎赞同百花齐放,[71] 或者秉承了沃尔特·惠特曼的精神气质:

> 我自相矛盾吗?
> 很好,我就是自相矛盾吧。
> (我辽阔广大,我包罗万象。)[72]

很久以前,亚里士多德曾做出著名的断言:"存在"(他使用中性分词 ὄv,表达"实在"含义)乃是一个类比层面的概念,它包括多重含义,但其中仍有一种含义起主导作用。类比视角同样适用于海德格尔的哲学。然

64　GA 73,1: 788.10.

65　GA 65: 73.21 = 58.35—36.

66　GA 65: 78.26 = 63.4—5.关于以上所列的各种存在与存在者,可见GA 27: 71.26—72.1以及GA 29/30: 398.24—25 = 275.9—10。

67　GA 74: 6.5—6.

68　GA 73,1: 472.5.

69　GA 73,1: 472.4.

70　GA 73,1: 896.13.

71　关于毛泽东主席的"百花齐放"思想,见《关于正确处理人民内部矛盾的问题》(1957年2月27日在最高国务会议第十一次扩大会议上的讲话)。

72　Whitman, *Song of Myself*, 51.

理解海德格尔：范式的转变

而我们将会看到，即使海德格尔足够正确地将"存在"这个概念理解成"存在者经由人的理解力而揭蔽自身"，他仍未完成自己的工作目标，毕竟存在并不是他的终极论题。[73]

* * *

回到那个初始问题：海德格尔哲学究竟在讨论什么？在形成于1973年9月6日的《四个讨论班》中，我们能读到以下内容："推动海德格尔思想进展的唯一问题就是存在问题：存在的含义究竟是什么？"[74]在这里，我们显然陷入了难题："存在"（Sein）概念源自传统的实在论形而上学，它通常意指"实体"即本质或者实存，它与某个被理解为实在的存在者有关。然而，海德格尔从如下两个层面将自己的工作与传统形而上学对于"存在"的理解区分开来。

首先，海德格尔哲学并非探究一般的"存在"，而是存在的"从何所始"（das Woher des Seins），即"从何处并经由什么……存在得以发生"。[75]（在这种情况下，"存在"的含义具有令人沮丧的模棱两可性。它既可以指澄明之境，也可以指存在者的存在。我这里采用后一种含义。）海德格尔最初将"从何所始"称为存在的可理知性（= der Sinn von Sein）。数年之后，经过重新阐释，他又将之理解为派生出存在者之存在的"无蔽状态"、"场域"、"澄明之境"、"开敞状态"或者"开抛场域"，诸如此类。[76]海德格尔倾力让曾遭到古典存在论忽视与遗忘且

73　见 GA 14：27.8 = 22.3—4："存在消失在本有之中。"
74　GA 15：377.18—20 = 67.13—14.
75　GA 73, 1：82.15—16.
76　GA 15：335.11—16 = 41.5—9 和 344.29 = 47.7：意义（Sinn）、真理（Wahrheit）、场所/方位性（Ortschaft/Ortlichkeit/τόπος）。亦见 GA 15：345.15—16 = 47.24—25；403.32—404.1 = 94.28—29 以及 SZ 170.23—25 = 214.23—26。GA 16：424.21 = 5.（转下页）

本然隐藏的"从何所始"重现光明。相应地，经由殊异摹本显现的存在（Sein）则一直是形而上学的主题。另一方面，海德格尔亦追问存在的本质或源头，并因此探究形而上学的根基。

其次，早在《存在与时间》发表之前，海德格尔就高举现象学的旗帜，完成了一次哥白尼式的革命。他从青年时期极其痴迷的"亚里士多德-托马斯主义"存在论迈出了决定性的一步：开始关注人与存在之间的关联，并最终称之为"现象学的存在论"。[77]那也意味着：进入海德格尔哲学的唯一通道就是现象学还原。海德格尔学园的大门上仿佛镌刻着ἀφαινομενολέγητος μηδεὶς εἰσίτω，大致意思为"不会现象学还原？不得入内"。[78]

传统形而上学以实在的东西为对象，存在者的实在位于"思想之外并与之分离（即独立于思想）"（ἔξω ὂν καὶ χωριστόν）。[79]与之相对，现象学则这样看待存在者：经由我们的关注与运作，它们向我们显现自身的意义，亦即最宽泛层面的"对心灵显现"。[80]数年之前，阿伦·古尔维奇教授曾指出：一旦开始现象学还原（现象学工作的必备要素），那么，

（接上页）14—15："无蔽状态或者澄明之境（可理知状态）。" GA 65：295.3 = 232.30："存在的敞开性。"关于"开抛场域"（Entwurfbereich），见 GA 9：201.31 = 154.13以及 GA 14：35.23—24 = 27.31—33还有 GA 49：41.25—28："'开－抛'的意思是：开敞状态的打开与保持，澄明之境的照亮，在（澄明之境）中，我们命名为'存在'（不是存在者）并由此得到认识的东西就是作为存在而被敞开的东西。"

77　SZ 38.21 = 62.32。

78　关于柏拉图学院那条颇具传说性质的门禁铭文"不懂几何学者，不得入内"，见 Henri-Dominique Saffrey，"Ἀγεωμέτρητος μηδεὶς εἰσίτω"。亦见 Johannes Philoponus, *In Aristotelis de anima* in *Commentaria in Aristotelem Graeca*, XV, 117.16—17。

79　《形而上学》XI 8，1065a24。关于"（理知活动的）分离"，见《形而上学》VI 4，1028a2以及 1027b34—1028a1：在思想之"外"，即独立于思想。亦见 GA 6，2：380.2—13 = 16.17—26。

80　GA 83：80.8.阿奎那，《意见评论集》I, distinctio 3, quaestio 4, articulum 5, corpus："id quod est praesens intelligibile."

理解海德格尔：范式的转变

"除了意义、含义与指称这些概念，不会再有任何其他的哲学问题"。[81] 既然海德格尔哲学是现象学的（他终其一生始终坚持这一点），[82] 那么，它就与意义及其源头休戚相关。海德格尔将"心灵"的本质解释为"在世界之中存在"，"世界"意指被打开的绽出之生存的赋义境域。既然如此，回到手冢富雄教授曾提出的质疑：海德格尔为何在自己的现象学工作之中继续使用稍显冗余的形而上学存在论术语呢？比如，当海德格尔声称"存在让存在者显现"时，[83] 难道他是在宣称，存在使在人类诞生廿亿年前的元古代时期的变形虫"显现"吗？[84] 还是指在人类理解力的范围之内，亦即在"存在者能够与（人）照面"这个层面上，[85] 存在者得以显现？答案显然是后者。

在我们即人之中，存在开始运作。[86]

存在：仅仅在人之中显现自身，这一点尤为特别。[87]

81　Gurwitsch, 652.8—9（原文为斜体）。

82　见 GA 14：147.15—16 = 201.1："（关于存在本质的）更进一步的追问，也是我要求的作为现象学追问的问题。"见 GA 14：54.2—3 = 44.32—33："（在《存在与时间》中）实现的这些进展能被描述为现象学的。"

83　GA 15：363.24—26 = 59.3—4。

84　比照存在让变形虫"显现"这一观点，海德格尔关于显现（Anwesen）的理解则有所不同。他提到"一切系于存在者层面的因果关系之上的弦外之音都应该被排除出去"，见 GA 15：363.23—24 = 59.2。亦见 GA 15：363.30—31 = 59.7—8："'让'与'做'根本上是不同的。"还可见 GA 34：27.9—12 = 21.22—24：人类总是能够在其存在中展现自己，动物却不能。"在存在中"居有的东西只有面向人才会产生意义。

85　GA 19：205.7—10 = 141.27—30："只要存在者在此存在，正如我们所言，即只要存在者根本上能够（与我们）照面。"关于"此"（Da），它不只意指"在宇宙之中"，而且还意指"能够通过意义与人照面"。

86　GA 73, 1：90.28。

87　GA 73, 1：337。

> 没有人,就没有存在者的存在。[88]

同理,海德格尔还宣称:在现代世界中,"存在者肯定仍被给出……然而,存在已远离了它们"。这里的"远离"并不是指存在者"外在状态"[其实际存在(existentia)或者现成存在(Vorhandensein)]的消亡,而是指与存在者如何显现意义有关的理解力的匮乏:"争斗(πόλεμος)停止的地方,存在者当然并未消亡,但世界(即赋予意义的澄明之境)消失了。"[89]

综上所述,首先,存在不是海德格尔思想的最终主题;其次,海德格尔将存在理解为存在者的可理知性。有鉴于上述两个层面,他为何不(赶在可能造成其哲学晦涩难懂之前)直接省掉那个麻烦,反而继续沿用形而上学特有的"存在"概念,继而在现象学层面予以廓清呢? 不知出于何种原因,他没有放弃"存在"概念,由此打开了"潘多拉的盒子",里面充斥了阻碍其哲学工作的旁枝末节与各种误解。手冢富雄教授的看法确凿无误:(不仅对于分析哲学家而言,也对海德格尔学者来说)那些缠绕海德格尔哲学的疑惑,实则毫无必要,在很大程度上理应归咎于海德格尔自己。

试举一例。我们现在聚焦于海德格尔如何阐释希腊哲学。多数学者可能会将亚里士多德这个最受海德格尔推崇的哲学家视为传统客观存在论的代表人物。然而,在阐释亚里士多德思想的过程中,海德格尔实际上并未将他看作尚不成熟的实在论者,反而将他视为超前的现象学家。这一阐释并非海德格尔在亚里士多德思想中所发掘的"未尽之言的重演"(die Wiederholung des Ungesagten),毋宁说它与廓清一直遭到形而上学忽视的存在之根基有关,这一点值得注意。与此有关的现象学阐释植根于海德格尔的如下信念:自1921年至1922年冬季学期以来,他认为,亚里士多德的形而上学文本中,饱含了尚未主题化的各种

---

88 *Zollikon Seminare*,221.27—29 = 176.17—18.
89 关于上述两句引文,见 GA 40: 67.26—28 = 69.13—15 以及 67.3—4 = 68.15—16。

理解海德格尔：范式的转变

事例，这些事例引向了诸事物与对它们的理解方式之间所呈现的元现象学关联。参照海德格尔1939年关于亚里士多德《物理学》II 1中出现的"自然"（φύσις）概念的解释，他认为，亚里士多德始终将诸事物视为现象，即在人的解释与行动的事域范围内显现的东西。亚里士多德的术语τὸ ὂν λεγόμενον（在逻各斯中显现的存在者）意指这样的存在者：以某种方式被我们理知的存在者。[90] 换言之，因为人是有逻各斯的动物，所以亚里士多德总是（也许隐晦地）在事物与人及人类理智的现象学关联之中理解它们。我们不是经由身体感官加深对事物的理解，然后赋予它们意义。毋宁说，我们与它们之间存在某种先天的关联，这一关联并不是与事物的某个特殊意义有关，而是同其普遍的可理知性，即根据殊异情境被赋予不同意义的能力相关。海德格尔由此大胆断言：同康德一样，亚里士多德也是一个唯心论者。

> 如果"唯心论"意指这样一种领会：存在（即存在者的意义显现）绝不能由存在者得到澄清，因为对于任何存在者而言，存在总已经是"超越的东西"了，那么，我们只有经由唯心论才能正确地提出哲学问题。这样，和康德一样，亚里士多德也是一个唯心论者。[91]

海德格尔关于亚里士多德的阐释始终渗透着20世纪20年代从导师埃德蒙·胡塞尔那里继承的现象学方法。意蕴性这一难以回避的事实乃是现象学视野的基石。诚然，海德格尔沿用了亚里士多德的存在论语言，但他从现象学视角使用它们，这一点仍未得到学界充分的专题讨论。海德格尔始终在现象学的视域下开展哲学工作：从（根据

---

90 亚里士多德，《形而上学》VI 2, 1026a33。GA 19: 207.22—23 = 143.21—22. GA 22: 59.14 = 50.8: "被揭示的东西，被言说的东西（das Enthüllte, λεγόμενον）。" GA 6, 2: 317.8—9 = 212.23—24: "'作为这个东西'表明：存在者被揭蔽。"

91 SZ 208.3—7 = 251.35—39.

逻各斯的，κατὰ τὸν λόγον）人的角度（ad hominem），[92]亦即从人对事物的关注和旨趣这个视角来理解事物。由此揭示了一点：与我们照面的任何事物都先天地有其意义。[93]实际上，对日常生活和实践世界里那些有用的事物，海德格尔秉持了严格的现象学定位：假如脱离了人的旨趣，事物的"在自身之中"就无法在它们自身"之内"得到显现，毋宁说，器具的"在自身之中"就是与使用者的意向相关联的有用性。[94]海德格尔认为，要想书写任何形式的存在，都同时伴随着现象学的涂擦，即伴随着以下过程：经由现象学还原而使事物对人显现出自身的意义。

* * *

还是回到那个问题：海德格尔的哲学究竟在讨论什么？这个基本问题于传统存在论的框架之内在何种程度上与"存在本身"（das Sein selbst）相关？又在何种程度上与之无关？这个问题自始至终对学界造成困扰，对此，我们必须慎之又慎，逐个击破。我们将从任何问题的一般结构开始提问，然后深入探讨形而上学的"主导问题"（Leitfrage）以及海德格尔自己的"基础问题"（Grundfrage）。

海德格尔勾勒了任何问题的三个环节：问题的对象（Befragtes）、问题的形式（Gefragtes）以及问题的意义（Erfragtes）。这些术语分别对应

92　《物理学》II 1, 193a31。海德格尔的译文如下："那个对这种称呼自行显现出来的东西（存在者）。"见GA 9: 273.9 = 208.36，海德格尔接下来用了三页篇幅讨论这个论题。

93　见GA 56/57: 73.1—8 = 61.24—29："在周围世界中生活，它始终无处不在地对我产生意义。"

94　SZ 71.37—38 = 101.27—28："当下上手状态是存在者的如其'自在'的存在论的范畴上的规定。"（原文为斜体）亦见SZ 74.31—34 = 105.1—6。

理解海德格尔：范式的转变

问题的"对象"、"选取视角"以及"解释结果"。[95]

1. 所谓问题的对象（Befragtes），乃指被探究的存在者，中世纪经院哲学称之为"实质对象"（obiectum materiale quod）。
2. 所谓问题的选取视角（Gefragtes），乃指问者在探究实质对象的过程中采用的专题形式，任何问题都依循这一形式。[96]
3. 所谓问题的解释结果（Erfragtes），乃指经由将专题形式附于实质对象之上，提问者就获得了针对所预期答案的形式显示。

基于上述分析，我们就能区分形而上学的问题与海德格尔的"元形而上学"问题。形而上学将存在者（它们的实在、"居有存在"）[97]视为实质对象，然后追问使存在者实在的那个东西。根据亚里士多德形而上学的传统解释（在这里，我主要聚焦其存在论内容，而暂时悬置神学内容），上述问题就展现为如下层面。

1. 形而上学探讨的实质对象是存在者，即它的实在以及对"存在的居有"（τὸ ὄν）。
2. 廓清附于存在者之上的专题形式：就它们是真实的（ἧ ὄν）这一点而言。由此产生一个问题：它们的实在根据究竟是什么？
3. 那个问题的解释结果乃是一种形式显示：使存在者得以实在的

---

95 SZ 5.13—17 = 24.19—27. 亦见 GA 88：12.17—20；20.12—15 以及 23.25—26。
96 见 GA 20：423.8—11 = 306.33—35："从某个视角出发，它被看见并且应该这样被看见。"
97 GA 22：7.14—15 = 5.36："它存在，它居有存在（Es ist, es hat Sein）。"海德格尔将"居有"标为斜体。

任何东西。在不同形而上学家的眼里,形式显示的具体内容各不相同:对于柏拉图而言,它是"理念"(εἶδος);对于亚里士多德来说,它是"实现"(ἐνέργεια);对于阿奎那而言,它是"存在"(esse)或者"存在活动"(actus essendi),不一而足。[98]

形而上学的主导问题	
问题的(实质)对象:	实在的存在者——"居有存在"。
问题的选取视角:	存在者实在的根据是什么?
问题的解释结果:	它们的一般实在或者存在本身,呈现为 εἶδος、ἐνέργεια、esse 等。

根据上述结构,形而上学以存在者为问题对象,尤其从"为何"、"如何"以及"在何种程度上"这些视角追问存在者的实在。换言之,针对存在者,形而上学提出如下问题:它们的"本质"(即它们的存在、是、实在)究竟是什么?宽泛地说,使其实在的"所是"究竟是什么?形而上学始于存在者,而后"超越于"它们之上以殊异的历史演变形态揭示了它们的一般实在。[99]但是,形而上学最终仍要回到那些焕然一新的存在者之中。亚里士多德认为,形而上学断言了"属于存在者自身的东西",尤其是它们的"第一原则和最高原因"。[100]海德格尔指出,如下三个问题以同样的方式指明了亚里士多德形而上学的要核:

---

98 GA 22:60.3 = 50.21—22,传统形而上学的解释结果(Erfragtes)在形式上指向如下对象:"(它)即让存在者自身在它的存在中成为可通达的那个东西。"见GA 73,2:997.2:"esse = quo est."关于被视为存在状态(Seiendheit)的理念(ἰδέα),见GA 94:424.6—7。

99 GA 14:70.10—12 = 56.18—20:"它(形而上学之思)从在场者出发,在存在者的在场状态中表象这个存在者。"

100 《形而上学》IV 1,1003a21—22 和 26—27: ἀρχαί, ἀκρόταται αἰτίαι。

理解海德格尔：范式的转变

> "就其居有存在而言的存在者"是什么？
> 居于其存在之中的存在者是什么？
> 存在者的存在是什么？[101]

显而易见，形而上学是某种存在-论（onto-logy），它在问答之间来回运作（-logy），最终皆着眼于存在者（onto-）。

* * *

另一方面，海德格尔"元形而上学"式的探究得以在形而上学停滞的地方继续前进。经由存在者的一般实在（无论何种历史形式：理念、实现等），并将之视为全新问题的考察对象而置于显微镜下，海德格尔将主导问题原先的解释结果转化为自己的基础问题的实质对象。一般实在，即存在者"居有"的οὐσία，究竟意指什么呢？这个问题并不针对"是其所是"（ὂν ᾗ ὄν），而是关于"作为存在的存在"（οὐσία ᾗ οὐσία，Sein als Sein），尤其与如下问题有关："存在"一般地存在（即"居有"）这一实事的根据究竟为何？海德格尔关注：

> 存在作为存在，亦即追问一般的意义显现何以可能。[102]

> （存在者的）意义显现从何而来，又如何显现？[103]

> 基础问题：（任何存在者的）存在如何显现？[104]

---

101 GA 49: 169.16—18. 亦见 *Schellings Abhandlung*, 213.21—23 = 175.37—39。
102 GA 14: 86.24—87.1 = 70.9—10.
103 GA 15: 405.30 = 96.12.
104 GA 65: 78.22 = 62.30.

存在如何产生？[105]

这里尚存一个疑难：多数学者未能发现海德格尔的目标并不是一般的存在，而是存在的根据：

亦即为存在内在的可能性与必然性及其向我们开敞这一状态奠基的东西。[106]

什么构成了存在的开敞状态及其与人的关联，存在又植根于什么之中？[107]

存在或者一般实在总是存在者的存在或者一般实在，它们让存在者显现，[108]但是，形而上学向来遮蔽了这一点。海德格尔则追问："为何'存在'？""它如何以及为何显现？"我们可以借用传统存在论的语言重提海德格尔的问题。（随后我将以更为合适的现象学方式再次表述那个问题。）

以传统存在论的术语表述海德格尔的基础问题	
问题的（实质）对象：	（存在者）的存在，无论以何种形式呈现。
问题的选取视角：	存在者的存在何以可能与必要？
问题的解释结果：	（用"X"在形式上显示解释结果。）

我们暂时先不讨论"X"究竟能显示什么结果，转而强调任何样式的存在都不是海德格尔的基础问题的解释目标，而只是问题的实质对

105　GA 88: 9.7.
106　GA 16: 66.15—16.
107　GA 16: 423.3—15 = 4.3—14.
108　SZ 9.7 = 29.13："存在总是某种存在者的存在。"

理解海德格尔：范式的转变

象。至于问题的解释结果，仍悬而未决，仅由"X"在形式上予以显示。它旨在回答何以"存在"，即人活动的必要根据。通过以下类比，我们或许能够理解海德格尔的基础问题的大致论域：

	询问孩子	追问孩子的母亲
问题的（实质）对象：	史密斯的孩子	史密斯女士
问题的选取视角：	他们如何来到世上？	她如何来到世上？
问题的解释结果：	他们的妈妈（=X）	她的妈妈（=X）

暂且看表格左边：在某种程度上，形而上学好比追问"这些孩子是谁"，并试图通过找到他们的母亲来回答这个问题。那些孩子正是问题的实质对象，循着问题的解释线索（或者"X"），亦即"那些孩子的母亲，无论她可能是谁"，我们得以深入问题的背后。后者只是关于探索结果的形式显示，由于它只针对形式，因而不具有实质内容。但是，形式显示的实质内容最终得到充实：简·史密斯。由此可见，形式显示与最后得到充实的具体内容之间存在极其重要的区分。

1. 形式显示："史密斯的孩子的母亲"（形式上，她可能是任何一个人）
2. 得到充实的实质内容：简·史密斯

于是，上述问题发生整体转向，开始追问如何基于史密斯女士而规定她的孩子。

然而（转向上列表格的右侧），海德格尔的"元形而上学"就好比开始追问简·史密斯本人，而不是小史密斯的母亲（当然，她事实上一直拥有那个身份，尽管我们暂且悬置），确切地说，开始追问她的背景。史

第一章 切 题

密斯女士如今成为新问题的实质对象,循着新的解释线索"简·史密斯的母亲",我们得以继续深入这个问题的背后。海德格尔的基础问题就好比聚焦于史密斯女士的问题专场,而不包括她的孩子。换言之,问题的实质对象如今就是简·史密斯本人,并不与她的孩子发生任何关系。这一问题深入史密斯女士"背后",直抵她的源头,经由"简·史密斯的母亲,无论她可能是谁"而获得形式显示。最终,它的实质内容得到充实:琼斯女士。

就类比而言,海德格尔正是此意。他试图"放弃从存在者的存在这个视角思考存在"。[109] 换言之,海德格尔倾力思考存在本身(它通常指存在者的存在),解构它与存在者的关系。所谓"思考它"就意味着"揭示它的可能根据"。然而,那个得到强化的"本身"(das Sein selbst),会导致误解:它可能诱使我们认为,海德格尔正在探寻"存在"本真的实在形式,好比某人在鸡尾酒宴会上东张西望,寻找宴会的主人,并对旁边的搭档说"不,不是他,也不是他,还不是他",最终,"原来他在那里,那才是宴会主人"。但实际上,每当提到"存在本身"时,上述误解绝非海德格尔的本意。

由此,我们又陷入从一开始就困扰学界的那个难题:海德格尔在不同的两个层面使用"存在本身":一是视之为"元形而上学"的问题对象,另一则是问题的解释结果。

17

"存在本身"的双重含义	
作为问题对象,它意味着:	(存在者的)存在,作为海德格尔问题的实质对象。
作为解释结果,它是:	某种形式显示,即能够回答存在的解释根据问题的任何答案。

---

[109] GA 14:5.32—33 = 2.12—14.

理解海德格尔：范式的转变

　　至于第一种情况，即指代海德格尔问题的实质对象的"存在本身"，它原本意指存在者的存在，但现在只关注它自身，好比作为问题对象而得到询问的简·史密斯本人，而不是作为小史密斯的妈妈。[110] 在第二种情况中（尚存无法避免的疑惑），"存在本身"这一术语指代问题的解释结果。在这里，"存在本身"好似某个解释设备、某个形式显示器，正如用"X"指代任何问题正在探究的未知对象。在第二种情形中，"存在本身"乃是某种言说"存在本质"的方式，[111] 此处的"本质"意指"存在的源发根据"（Lassen von Anwesen）。[112] 因此，"存在本身"这一术语意指：超越存在（见 ἐπέκεινα τῆς οὐσίας）[113] 而朝向存在的"源头"（das Woher）："（始终作为存在者的）存在从中并经由它而得以显现的那个东西。"[114] 根本而言，这个"源头"就是"本有"，即绽出之生存在结构上本己地居有开抛的澄明之境这一本真状态。[115] 上述讨论旨在提醒我们：切勿将(1)作为问题对象的"存在本身"与(2)作为问题的解释结果即形式显示的"存在本身"相互混淆，就好比将简·史密斯与"简·史密斯的母亲"即琼斯女士相互混淆。谁都不想将母亲与女儿混为一谈，因为那样会极其尴尬，更别提还会犯下重大的范畴错误。

　　"居于自身的存在"乃是海德格尔为了揭示存在的产生根据而开始追问（befragen）的实质对象，由此得到的回答则是：由之而被打开的澄明之境即绽出之生存的本有。"本有让出开敞状态即澄明之境，存在者在之中得以持存即意义显现。"[116] 因此，作为海德格尔所探究的

110　"存在本身"具有这层含义，例如，见 SZ 152.11 = 193.31："追问它（即存在）本身。"亦见 GA 40：183.22 = 194.23；GA 73，1：82.11—17 等。

111　GA 73，1：108.14. GA 14：141.3—4："追问存在之本质与揭蔽的基础问题。"

112　GA 14：46.18 = 37.26.

113　《国家篇》VI 509b9。

114　GA 73，1：82.15—16. GA 94：249.5 和 19。

115　见本章注释129。

116　GA 12：247.2—4 = 127.18—19.

"X","存在本身"并不是居于自身之中的某个存在者,也不是某个"超级存在",它不是异于并优先于存在者之惯常存在的更高形式。毋宁说,"存在本身"意指使存在者得以存在的可能根据。海德格尔旨在探讨意义显现活动本身,追溯其在绽出之生存的本有之中的源头(auf das Ereignis zu ... gedacht),[117]亦即"给出"存在的澄明之境的所有构型且无法得到任何规定的"它"(es)(das Ereignis gibt die Lichtung)。海德格尔将这种追溯过程称为"从意义显现的地方回溯至本有"。[118]一旦抵达那里,海德格尔便认为:"将不再有任何位置留给'存在'这个术语了。"[119]

正如海德格尔与手冢富雄教授对谈时所承认的那样,上述疑惑在所难免。每当海德格尔将自己的中心论题界定为"居于其本质之中的存在本身"(das Sein selbst in dessen Wesen),[120]我们常能对其相关著作产生那些疑惑。"居于其本质之中的存在本身"这个表述蕴含了"存在本身"的两层含义。前三个单词(das Sein selbst,"存在本身")意指海德格尔的基础问题的实质对象,后三个单词(in dessen Wesen,"居于本质之中")则意指基础问题的解释结果。

海德格尔的这类表述方式极易造成困惑,对此,我们只得受其引诱而无奈咕哝:"弃绝一切希望吧!入门者!"或者如道奇森笔下的矮胖子先生那样喃喃自语:"当我说一个词语时,它的含义不多不少就来自我的选择。"[121]不过,倒也不必感到绝望,仍有一种方式可以将我们带离这种宛若爱丽丝梦游仙境一般的世界。

---

117 GA 14: 45.29—30 = 37.5—6. 见GA 12: 249.30—31 = 129.38—40:"与此相反,存在就其从本有而来的本质来源方面被思。"
118 GA 14: 55.8 = 45.32.
119 GA 15: 365.17—18 = 60.9—10.
120 GA 40: 183.22 = 194.23.
121 Carroll/Dodgson, *Through the Looking-Glass*, chapter 6, 66.21—24.

理解海德格尔：范式的转变

```
                        （1）存在本身    （2）居于本质之中
借用存在论术语：
实质对象＝存在本身                   亟待探究的（存在者之存在）。
解释结果＝居于本质之中               我们探寻本质，即一般存在的源头。

借用更为合适的现象学术语：
实质对象＝在场者本身                 亟待探究的存在者之可理知性。
解释结果＝居于源头之中               我们探寻这种可理知性的解释根据。
```

* * *

　　在海德格尔的后期著作中，尤其是自1960年直至1976年去世前这段时间，他逐渐明晰了自己的观点。他认为，关于"存在本身"的形式显示最终呈现为澄明之境，亦即开抛的澄明之境，海德格尔将之描述为自己一切工作的原初现象。[122]澄明之境乃是使存在者的存在（从现象学视角出发，就是存在者的可理知性）可能而必要的向来已经敞开的"场域"。海德格尔称之为"理知活动的开敞之域"以及"无蔽状态或者澄明之境（理解力）的事域"，[123]换言之，经由澄明之境，存在者得以在理知活动的开敞之域中被人理知。诠释学符号"X"由此得到具体而实在的内容，也就是说，先前仅能在形式上被显示的东西如今开始具有实质内容，并得到合适的称谓。那么，这一切究竟如何可能呢？

122　GA 14: 81.13—14 = 65.30—32: "原初现象"和"原初–实事"。
123　分别散见GA 9: 199.21 = 152.24: "把握活动的开敞之域。"（由约翰·萨利斯英译）以及GA 16: 424.20—21 = 5.19—20: "无蔽状态的场域或者澄明之境（可理知性）。""可理知性"（Verstehbarkeit）是新近被造的哲学术语，在格林兄弟编纂的《德语词典》中未曾出现过。

对我们来说,某个存在者的存在只能经由迂回的思想与行动得以显现,换言之,仅当我们将某个存在者视为"如此这般"或者"如此可能"的东西时,它的存在才显现出来。只要存在者被"作为"某个东西,无论是在理论层面还是在实践层面,我们就同时领会了它的存在,无论正确与否。海德格尔认为,"领会存在者的存在就等同于领会它们的内容与方式"。[124]这里的内容与方式意指柏拉图、亚里士多德以及其他形而上学家所谓的存在者之实在、本质(οὐσία)以及存在者之存在(das Sein des Seienden)。如果将那些存在论术语置于现象学的框架下,就呈现为如下论证:

1. 迂回地思想或者行动势必造成存在者与它的意义、器具与它适用的事务之间的"来回运作"(dis-currere),比如我们尝试理解这个存在者是否具有那种意义,或者这个器具是否适合那项事务。
2. 无论存在者被作为"这"或"那",还是被作为适用于某项事务的东西,我们都在(正确或错误地)领会存在者对于我们的当前意义,即在存在论层面上,我们领会了存在者的当前存在(das jeweilige Sein des Seienden)。
3. 然而,我们在器具与事务、存在者与它可能的意义之间的"开敞场域之中穿梭",[125]由此才能迂回地思考与行动。
4. 但是,那个场域(澄明之境)必须向来开敞并且开始运作,从而才具备"作为"或者"适用于"的可能性。换言之,倘若我们能够发现某个存在者的当前意义,在那些关联项(存在者与它的意义或者器具与它的事务)之间必定有某种可能的关联已然运作。

---

124 GA 9: 131.21—22 = 103.33—35.
125 GA 15: 380.6 = 68.43. 见 GA 14: 81.35 和 84.3—4 = 66.19 和 68.9 (durchmißt, durchmeßbaren),还有 GA 7: 19.12 = 18.32 (durchgeht)。

5. 因此，这种已然运作的可能性，即向来已经开抛的澄明之境，乃是所有意义（从存在论视角出发，意指与存在者之存在有关的一切事态）的源发根据。[126]
6. 综上所述，向来已经运作、开抛的澄明之境乃是海德格尔一切工作的"实事本身"。[127]

如前述，对于那些模棱两可的存在论术语，通过对其实际含义的现象学转换，我们便能廓清海德格尔对于"存在"及"存在本身"这些概念宛若爱丽丝梦游仙境式的使用。

1. 至于问题的实质对象：我们理应将曾经遭到误解的存在论概念——存在者的"存在"以及"存在本身"——始终理解为存在者的可理知性，即它们对于人的意义显现。
2. 至于问题的解释结果：与其聚焦仅具有形式显示功能的"存在本身"（海德格尔为阐明思想目标而起的通名），倒不如讨论"开抛活动"或者"开抛的澄明之境"，或者后期使用的术语"绽出之生存的本有"或者"本有的澄明之境"。上述概念均以相同的方式指代"存在本身"这个稍显勉强的术语，同时也为海德格尔最终追求的"实事本身"命名。

所以，有一个办法能够解决"存在本身"的"矮胖子主义"疑难：海德格

---

[126] 为何是"开抛活动"呢？答案如下：将Da-sein向外抛投的那个东西就是作为开敞状态的澄明之境、本真的绽出之生存。见SZ 276.16—17 = 321.11以及SZ 133.5 = 171.22。

[127] 我们接下来将阐明开抛或者本有敞开的澄明之境，与开抛或者本有的绽出之生存同义。见GA 73, 1: 585.19:"将我们在'此'居为己有。"亦见GA 73, 1: 585.27:"它（本有）在其中将我们在'此'居为己有。"

第一章 切题

尔关注的基础问题可分为如下三个环节：

1. 事域：存在者的可理知性，"显现自身"。
2. 论题：它的解释根据，即究竟是什么使存在者的可理知性得以可能而必要？
3. 最终结论：开抛或者本有的绽出之生存，即作为可理知性之根据的澄明之境。

诚然，有人可能会用一种"存在"在其中占压倒性地位的语言描述海德格尔的现象学工作（它正是当今学界的主流看法，这一点令人遗憾）。然而，即便如此，"存在"仍不是海德格尔追求的主题。我们再次援引那句话："一旦抵达那里，将不再有任何位置留给'存在'这个术语了。"[128] 与之相反，海德格尔的思想要核植根于他称为"本有的绽出之生存"[129] 或者"本有的澄明之境"[130] 的这些概念。海德格尔前期主要阐释绽出之生存（Da-sein），即被抛状态向来已经打开了澄明之境并保持澄明之境的开敞特征；而在后期著作中，他则主要讨论澄明之境（Da-sein），即澄明之境由开抛的绽出之生存所打开。但是，1962年4月，海德格尔向威廉·J.理查德森说明，这一讨论重点的改变绝不是暗示"某种立场的变化，遑论放弃《存在与时间》的基本论题"。[131]

有人可能对此提出异议：不能大而化之地认为，绽出之生存就是澄

128　GA 73, 2: 1319.21 和 23：本有敞开的澄明之境"比存在更根本"（wesender als das Sein）。

129　见 GA 12: 249.4—6 = 129.11—13："人的本己化……在人的本己状态中（释放出）人的本质。"换言之，绽出之生存，本己地居有其本真的状态，即作为澄明之境的开抛活动。亦见 GA 12: 247.2—4 = 127.18—19 以及 GA 12: 249.1—2 = 129.9；GA 14: 28.18—19 = 23.15—17；GA 65: 407 注释 = 322 注释 1；GA 94: 448.31。

130　GA 71: 211.9 = 180.1—2.

131　GA 11: 149.23—24 = xvi.27—28.

明之境，因为绽出之生存即使是澄明之境，也并不是澄明之境的全部。这个观点预设了如下前提：澄明之境在绽出之生存与"存在本身"之间得到共享。(实际上，这个论点找不到任何文本根据。)还有人援引了海德格尔的如下论述：人以"不是什么"的方式处于同澄明之境的关联之中。[132]海德格尔紧接着解释了自己的根本意图："人从澄明之境那里获得了自身的规定性。"[133]换言之，澄明之境正是人的存在根据(raison d'être 或者 οὗ ἕνεκα 或者 Worumwillen)。[134]澄明之境乃是绽出之生存能够实存的根本原因：它无非就是人自身的决定和定义。澄明之境被视为绽出之生存的目的(τέλος)，它从结构上规定了一般的绽出之生存的内容和原因。澄明之境与绽出之生存其实别无二致。

* * *

海德格尔关于开抛的澄明之境的专题研究为克服(überwinden)形而上学或者从形而上学那里得到解放(verwinden)这一主张奠定了基础。对于这个主张，本书在最后两章中提出了批评。与此同时，本书还讨论了三个论题：

1. 海德格尔的哲学工作从始至终都是现象学的。
2. 海德格尔所谓的"存在"意指存在者的可理知性，即它们对于努斯与逻各斯这类宽泛意义上的人类理智的意义显现，无论是在实践方面还是在理论方面。
3. 海德格尔的最终目标即所谓的"实事本身"，并不是可理知性，

132　GA 15: 390.9—11 = 75.4—5.
133　GA 15: 390.10—11 = 75.4—5.
134　《形而上学》XII 7, 1072b1—3，亚里士多德区分了"为他者考虑的善"(τὸ οὗ ἕνεκα τινί)与"为自己考虑的善"(τὸ οὗ ἕνεκα τινός)。这里意指后者。

第一章　切　题

而是可理知性的可能根据：就形式来说，就是"使之可能者"（das Ermöglichende）；就内容而言，就是绽出之生存即开抛的澄明之境。[135]

与海德格尔一样，本书将从古希腊思想开始着墨。第二章和第三章旨在展现海德格尔对于古希腊的形而上学家，尤其是亚里士多德曾达至的成就及其局限的讨论。读者或许会感觉这两章所占的篇幅过长，我对此事先致歉。不过，它们是通达海德格尔一般的问题范式以及展现其如何提出并回答自己的基础问题的根本路径。他还曾给予自己的学生关于尼采思想研究的建议，我们理应坚持这个建议，因为它同样适用于海德格尔本人的哲学研究："先花十到十五年时间，研习亚里士多德。"[136]

还有学者觉得，如果直接从第四章切题，将会更易上手，但是，倘若尚未理解海德格尔如何在一般层面上解释古希腊哲学，又如何在特殊层面上阐发亚里士多德的学说，他们将很难（我认为根本不可能）充分精准地把握海德格尔的思想。当今学界的很多争议实则毫无必要，这些争议之所以存在，其根源在于人们未能充分理解海德格尔如何经由对亚里士多德的思想阐释而直达他自己关注的基础问题。试举一例：要想通达海德格尔的现象学，尤其是阐明应如何理解《存在与时间》中所讨论的"存在"，关键在于认识到，他接受了亚里士多德的根本观点，即任何被给定的存在者"居有多大程度的存在（εἶναι），就得到多大程度的揭蔽（ἀλήθεια）"。[137] 通过睿智地阐释《形而上学》IX 10，海德格尔

135　仅在类比的层面，结合《国家篇》VI, 505a2以及VII, 517b8提到的"善"（τὸ ἀγαθόν），可见"善的实现者"（das Tauglichmachende）就等同于"使之可能者"（das Ermöglichende），见GA 6,2: 379.16—18 = 15.34—16.1。

136　GA 8: 78.9 = 73.33（海德格尔自己似乎就曾这样践行）。

137　《形而上学》II 1, 993b30—31。

回应了亚里士多德的那个论断。亚里士多德认为，在最严格的层面上（κυριώτατα），[138]存在意指领会与揭蔽所追问的任何存在者。[139]海德格尔由此断定，在《形而上学》的讨论范围内，亚里士多德早已发现了"元现象学"层面的如下事实：一切存在样式在类比上的统一，皆属于经由领会而达至揭蔽的整个活动。有鉴于此，海德格尔才超越了胡塞尔提出的范畴直观（《逻辑研究》VI/6）这一非凡创举，从而开始追问范畴直观的可能根据。以上两大创见，即作为全书高潮的《形而上学》IX 10以及作为探究顶点的《逻辑研究》VI/6，在海德格尔那里聚合，究其一生，他始终探求绽出之生存的本有即澄明之境。

海德格尔的上述洞见已经超出了亚里士多德与胡塞尔早期所能达到的思想程度。两位思想巨擘占据形而上学历史的首尾两端，却未能追问：我们为何能从理智上揭蔽可被理知的存在者呢？这个过程又如何可能而且必要？他们未能提问：存在者以"作为"这种形式来显现自身的意义这类活动如何产生？海德格尔还认为，上述基础问题既没有在前苏格拉底时期被提出，也未能在自那以降的任何哲学之思中被追问。可以肯定，形而上学将存在者的存在（无论 εἶδος、ἐνέργεια、esse 或者其他）回溯至某个最高的存在者那里，它通常被称为"神"，[140]因此，形而上学亦被视为存在-神-逻辑学而得到建构。然而，它仍然未能解答，实际上甚至未能提问"为何存在"。

为了廓清这个问题，海德格尔首先摒弃了实在论形而上学，而沿用现象学，如此一来，哲学的实质对象就由居于其存在之中的存在者，转向居于其可理知性之中的存在者。它同时揭示了我们究竟如何赋予存在者意义，这也是《存在与时间》的主要任务。然而，即便如此，也才迈

138　《形而上学》IX 10, 1051b1。
139　GA 73, 2: 975.24: "存在无法不去思存在者的可敞开状态。"
140　GA 72, 2: 991.13: "存在者的最高级是神。"

出了第一步而已。他接着迈出了第二步，也是关键的一步：将如此这般的意义显现（Anwesen als solches）回溯至本有，即可理知性的源发根据（Lassen des Anwesens）。正因受到亚里士多德《形而上学》的启发，海德格尔才能达成上面提到的双重任务。有鉴于此，即便某些学者对海德格尔关于亚里士多德思想的相关阐释了无兴趣，他们仍应对第二章和第三章的讨论内容予以关注，以便了解海德格尔如何又从何处将自己的问题立足于亚里士多德的形而上学之上。

* * *

全书的第一部分回顾了海德格尔是如何重新阐释希腊古典哲学的，他由此提出的问题将引导其逾半个世纪的哲学工作。第二章尝试廓清海德格尔关于亚里士多德思想的相关阐释。他将亚里士多德视为早已隐微地领会了如下要旨的元现象学家："实体"（οὐσία）乃是存在者经由逻各斯达成的理智显现或者意义显现（ἀλήθεια 与 παρουσία），因此，"实体"亦是存在者对于人的存在而言的开敞状态与适用性。海德格尔认为，上述洞见植根于自己关于《形而上学》IX 10 的思想阐释，它让存在不再囿于系词功能。他亦从胡塞尔的《逻辑研究》中发现了有关论述。这也使他能够聚焦于理智的揭蔽活动，由此提出古希腊人未曾追问的那个问题，即理智揭蔽活动产生的源头及其必然性问题。

第三章旨在展示海德格尔如何超越了亚里士多德主义的上述思想，即"实体"（οὐσία）被看作"意义显现"（παρουσία），而提出了"意义显现"的源头问题。这一章辨析了如下区分：(1) 形而上学追问的"主导问题"，它追问被视为"存在者之实在的确保者"的一般实在的殊异样态；(2) 海德格尔自己提出的"基础问题"，它追问被视为"可理知性"的一般实在的一切样态究竟如何可能。他对于亚里士多德思想的现象学阐释拓宽了形而上学历史上三个基本概念的解释视域："真理" 25

(ἀλήθεια)、"理念"(εἶδος)与"实体"(οὐσία)。他认为，这三个术语皆允诺了某种面向人类理智的意义关联，但在那些现象中，对于先天的开敞状态，也就是绽出之生存，亦即本有的澄明之境，尚未展开专题研究。正是它使上述关联可能而又必要。对于开敞状态，海德格尔最初解释为ἀ-λήθεια(dis-closedness,揭蔽从而开敞)，这也是它的原初含义，我称之为"揭蔽一"(ἀλήθεια-1)，海德格尔早期则称之为"存在论真理"(这个名称易遭致误解)。它亦指绽出之生存，即本有的澄明之境。经由"揭蔽一"，我们可能在前理论或者前判断的活动中让所遭遇的存在者得到理解。我将由此衍生的揭蔽活动称为"揭蔽二"(ἀλήθεια-2)，海德格尔早期称之为"存在者层次的真理"。[141]最后，还有一类关于某一给定事态的前判断的可理知性，它是理智与事态之间正确符合的必要条件(揭蔽三，ἀλήθεια-3)。仅在第三个层次，我们才适合使用"真理"这个概念。

全书的第二部分包含三章，讨论了《存在与时间》这部著作。第四章廓清了海德格尔的相关现象学解释：存在者的存在被视为对于人的意义显现，但并未否认脱离于人的揭蔽活动而在宇宙之中"独立于外"这类关于存在者的实存解释。这一章紧接着阐明了他对于在世界之中存在(In-der-Welt-sein)的绽出之生存(Da-sein)的相关解释：居于并持守澄明之境，确保自身迂回的或者论证式的可理知性。[142]

第五章从开抛状态或者本有方面探讨了如何持守澄明之境，它使

141　海德格尔在GA 9: 131.22—23 = 103.35中阐明了"揭蔽一"与"揭蔽二"的关联："唯存在者之被揭示状态才使存在者之可敞开状态成为可能。"原文为斜体。

142　关于"持守"，见 *Zollikoner Seminare*, 273.31—274.1 = 218.14—15："'实存'必须被译为'对某种开敞之域的持守'。"Ausstehen不应译为"经受"，如GA 9: 374.7和10—11 = 284.1和4的英译。海德格尔曾将人对于澄明之境的"持守"理解为"内立于其中"，比如，GA 9: 377.21—22 = 286.29："绽出的，亦即内立于敞开者之场域中的被抛的开抛活动。"

第一章 切 题

可理知性得以可能：绽出之生存被视为"被迫而外立"（ex + sistere），亦即"先行–返回"诸多可能性之中的一般可能性。经由对比一般的生命，尤其是动物生命，绽出之生存能由四个特征得到揭示：可能性与揭蔽自身、不得不存在、双向运动以及开敞状态。海德格尔认为，绽出之生存的运动，即在结构上超出存在者同时又返回存在者，在实存论上使澄明之境保持开敞，从而使存在者的诸特殊意义（Bedeutungen）得以可能。这种超出而又返回的运动结构在整体上被称为"话语"（Rede，λόγος），它也是"在世界之中存在"这一表述的别称。

第六章则讨论了我们如何经由海德格尔所谓的"先行到死的决断"而成为"整体"的自身。"先行到死的决断"这个术语意指完全熟稔并承担自身开抛活动的有终性与有死性。如果体验过一切意义世界罕有的瞬间崩塌，我们就能发现：绽出之生存即澄明之境，作为可理知性的源发根据，处于彻底的无根基状态，即"荒谬"。那种体验将我们抛回（见 abweisen）至事物之中，经由它们的可理知性，事物与我们必然发生关联，我们此时才会意识到什么才是真正紧要的，同时也具有了主导自己无根基而又有死的生命的可能性。海德格尔关于荒谬的开抛活动的假设揭示了个体如何成为有终结、有死亡的自身"所是"：我们与自己遭遇到的任何他人或者他物共同存在，并赋予它们意义。他还认为，一旦做出如此决断，我们就实现了"本真的时间性"，它反过来使"本真的历史性"得以可能。对于这两个术语，我们将重新予以界定。

全书的第三部分聚焦《存在与时间》之后的哲学思想，阐明了海德格尔前后期工作架构的统一与连续。第七章讨论了他从自己哲学计划的第一个环节（绽出之生存的结构，它持守着澄明之境即赋义活动的源发根据：SZ I.1—2）向第二个环节（开抛的澄明之境即一切意义显现的殊异样态的源头：SZ I.3）进展过程中曾面临的一些桎梏。对他而言，假如按照原初计划写就《存在与时间》，就意味着在先验框架内完成了"基础存在论"，同时为以"元存在论"这个名义进一步廓清特定事域内的存在论奠定了基础。不过,1930年12月,他发现本有的澄明之境处于本然隐藏的状态,由此迈入全新阶段,《存在与时间》的先验进路便不再适用于那项哲学计划。众所周知,他因此开始转换(Wandel),从先验主义的进路转向所谓"存在历史"的进路。在原初且严格的层面上,"存在历史"与"历史学"无关,而与如下要旨相关:纵贯西方形而上学,本有如何使("给出"、"派定"、"指派")澄明之境的殊异样态得以可能。

第八章廓清了"本有"概念以及遭到诸多误解的 die Kehre(通常译为"转向")概念。我试图阐明:《存在与时间》中提到的被抛状态与海德格尔后期关注的"本有"问题别无二致;同时认为"本有"概念揭示了一个原初实事:绽出之生存即澄明之境本然地开抛。这一章还阐明了"转向"的不同含义,论证了通常的解释(20世纪30年代从Dasein向Sein的转换)并不是 die Kehre本真的源始含义。

第九章讨论了海德格尔所说的"存在历史"(Seinsgeschichte),它其实有四层含义。首先,它属于某类直接的历史学解释,旨在阐明存在究竟是什么,以及在从前苏格拉底时期直至尼采的这些哲学家那里,存在究竟如何运作。其次,海德格尔认为,那些哲学家要么未能追问(前苏格拉底时期),要么忽视遗忘了(从柏拉图到胡塞尔)绽出之生存的本有。有鉴于此,存在历史同时也是"遗忘的历史"(Vergessenheitsgeschichte),但它不是遗忘"存在"的历史,毋宁说,它是遗忘"本有"的历史。再次,"存在历史"这个概念还指本有"向"海德格尔所认为的构成历史环节的哲学家"给出"或者"派生"了澄明之境的殊异历史构型(即使那些哲学家忽视了"给出"的源头)。最后,对本有的忽视与对各种澄明之境构型的"派定"相互结合,最终导致了西方文明的衰落历史。这个现象植根于对本有的忽视。而且,对本有的忽视日益严重,产生了一系列的连锁反应。海德格尔认为,它在现今全球化的模式下达至顶峰,尤其以科技方面的思想和创制活动为首,影响深远广泛,它们彻底涂抹掉"本有"的痕迹,导致了灾难性的后果。

在全书的结论部分即第十章中,我对海德格尔1953年的演讲《关于技艺的追问》展开批判反思。那篇演讲暴露了海德格尔后期哲学的重大局限,尤其体现在他对于历史的一般解释以及对于现代性的具体理解上。28

第一部分

开端：亚里士多德主义者

第二章

海德格尔对亚里士多德的继承

海德格尔曾云:"哲学是关于存在者本质的知识。"[1]哲学探究存在者的始因和原则,进而抵达解释存在者"是什么"、"为什么"以及"如何是"的最终因。得益于苏格拉底、柏拉图,哲学问题作为辩证式的探究开始在西方涌现。例如,在诸多美德之上探究美德本身(virtue-ness,《美诺》),或者在诸多虔行之上探究虔诚本身(pious-ness,《游叙弗伦》)。统括之,哲学追问所有X的X本身(X-ness)。这种"本身"(-ness)之维可被指称为X的本质,如果"本质"一词被宽泛使用且不考虑现有的本质/实存之分。

然而,哲学的最高形式(亚里士多德称为"第一哲学")[2]并不追问特殊事物或事域的本质(所有X的X本身,所有Y的Y本身)。它追问所有存在者的"存在"本身(is-ness),即让任何事物实在的"实在"本身(realness)。它是"关于整体和始因的合理论证",或者借用海德格尔的

---

[1] GA 45: 29.28—29 = 29.18—19.哲学关注事物的"本质"或存在(Sein),这也是哲学与科学的区别:"存在者能够通过不明确地追问存在这一方式被探究",GA 22: 8.11—12 = 6.20—21。

[2] 《形而上学》VI 1, 1026a30 和 XI 4, 1061b19:第一哲学(φιλοσοφία πρώτη)。亦见《论动物的运动》6, 700b9。

理解海德格尔：范式的转变

术语,关于"就其本源而言的整体"。[3]第一哲学关涉所有存在的事物,从最普遍的视角探究它们,即"实在"本身。就此而言,它不属于任何"部分的"或"事域性的"科学。[4]这类科学首先分割事物的属性,譬如运动(亚里士多德《物理学》),然后将事物置于其下展开研究。与此相反,第一哲学的问题始于"事物(任何实在的特殊事物)是什么"。亚里士多德认为,某个存在者(τὸ ὄν)就等同为某个"存在"或"居有存在"的事物,[5]即某个"实在"的事物。当然,这也导致对"实在"内涵的追问,它也是所有形而上学的核心问题:"什么组建了所有实在的'实在'本身?"为了厘清"所有实在的'实在'本身",与大多数哲学家一样,海德格尔使用了两个最具形式显示特征的术语:"存在"(das Sein)对应"'实在'本身"(realness),"存在者"(das Seiende)对应"某个实在"(the real)。作为形式显示,诸类术语(包括其他任何语言中的同义词)都仅是守位者或占位符,以便让亚里士多德、海德格尔或其他哲学家认为的所有实在之"实在"本身居于其中。柏拉图认为事物的一般实在是居于"理念的理智显现"(εἶδος),亚里士多德认为它植根于完成的实现或朝向完成的功能活动之中(ἐντελέχεια, ἐνέργεια),托马斯·阿奎那认为它居于事物经由神之创造而分有生命的过程之中。换言之,"'实在'本身"、"存在"(德文 Sein、拉丁文 esse、英文 being)这些概念仅是关于事物"'实在'本身"的内容或意义的形式显示(不同哲学家为此争论不休)。对海德格尔来说,"存在"是关于其内容的形式显示,亦即在人类理智之中或就理智而言的某物的意义显现。因此,接下来,我将存在、存在状态和"实在"本身这些术语视为关于那尚未论定的特殊内容(柏拉图、亚里士多德、阿奎那、海德格尔和我们自己迄今为止还在为此争

---

3 分别见 Thomas Prufer, "A Protreptric", 2;以及 GA 19: 212.2—3 = 146.32:"就其本源而言的整体。"

4 《形而上学》VI 1, 1003a22—23: ἐπιστῆμαι ἐν μέρει λεγόμεναι。

5 GA 22: 7.14—15 = 5.36:"它存在,它居有存在。"海德格尔将"居有"标为斜体。

论不休)⁶的形式显示(ex aequo)。

但是,这里存在明显的循环。对所有实在之"实在"本身的追问引出同一层次的新问题:事物所"有"而达致实在的"实在"本身究竟意指什么?或者究竟什么组建了"实在"本身?这又可以表述成如下两个问题:第一,什么是实在的事物?第二,什么是该事物所"有"的那个"实在"本身?这两个问题构成了传统存在论的任务。"什么是关于在其自身之中的实在的最高例证?"对该问题的解答是"自然"(亦即哲学式的)神学的工作。传统形而上学包括存在论(普遍的形而上学)和自然神学(特殊的形而上学),海德格尔称之为存在-神-逻辑学(ontotheology)。

自从宣称"有一门特定的科学,它探究实在的事物",⁷亚里士多德就开启了形而上学的存在论环节。然而,亚里士多德在《形而上学》VI伊始提示我们,上述第二个问题显得更为重要。如其所言,关于聚焦实在事物的第一个问题,我们将无法找到合适的答案,除非首先回答第二个问题:"一般实在"究竟意指什么?⁸

> 有个问题亘古常新,被反复提及,并始终令人疑惑,它就是"什么是存在"(τί τὸ ὄν),亦即"什么是一般实在"(τίς ἡ οὐσία)。⁹

如果关于一般实在的第二个问题曾被系统地提出,那么,将所有由一般

---

6 "'实在'本身"即实体的实存,也被认为是"事物的本质"。见 GA 84, 1: 396.9—10;以及 Suarez, *Disputationes metaphysicae*, XXXI, section I, 2: 关于"自然事物中的某种存在"(esse aliquid in rerum natura)与"某种真实的存在"(aliquid reale)的区分。

7 《形而上学》IV 1, 1003a21: 关于"存在之为存在"(τὸ ὄν ᾗ ὄν)的科学。亦见《形而上学》VI 1, 1026a31—32。

8 见 SZ 11.18—19 = 31. 25—26 对第二个问题的回答,这不但解释存在者层面的科学的先天(a priori)条件,还将廓清存在论本身的先天条件。

9 《形而上学》VI 1, 1028b2—4。

理解海德格尔：范式的转变

实在派生的实例回溯至最实在的实体，即最高的存在者——神那里，便是一个可能的解决方案。[10]然而，将一般实在锚定在某个物或人，即使是神学上最高神圣的物或人那里，对于解决"究竟是什么组建了该物（或人）的一般实在以及一般实在的本质"这个问题，仍于事无补。

倘若我们将亚里士多德的οὐσία概念译为"一般实在"，那么它究竟意指什么？要想廓清这个关键的哲学概念（亚里士多德那里是οὐσία，海德格尔那里是Seiendheit），需要简要回顾它的古希腊词源。

*　*　*

古希腊语词"是"（εἶναι）若变格为现在分词的主格，如下表：

阳性	阴性	中性
ὤν	οὖσα	ὄν
他,是(比如高的)	她,是(高的)	它,是(高的)

为了构成"存在者"这个概念，古希腊人将"是"的中性现在分词与相应的定冠词结合，从而产生名词τὸ ὄν，与之对应的新创的德语词为das Seiende，意大利语为l'ente，拉丁语为无冠词的ens。τὸ ὄν既可以表达单个的实在事物，也可以意指所有的实在事物。它被译为英文a thing、things或the real（如果它在一般层面指称"居有一般实在"的任何事物）。"所有的实在事物"有时候也用τὰ ὄντα（τὸ ὄν的复数形式）表达。

另一方面，为了理解这些事物所"居有"的一般实在，古希腊人将"是"的阴性现在分词οὖσα转化为名词οὐσία，意指"一般实在"（它使

10　GA 73, 2: 991.13:"存在者的最高级是神。"

044

第二章　海德格尔对亚里士多德的继承

存在者成为实在），或者俗称"存在状态"（being-ness, Seiend-heit）。如果拿树来类比，"树本身"使某物成为一棵树而非一块面包。在前引段落（《形而上学》VI 1, 1028b2—4）中，亚里士多德认为要回答"什么是实在的事物"这个问题，须先阐明一般实在或古希腊语词οὐσία（"某物是"的"是本身"，或者"居有存在"的"存在本身"）的含义。海德格尔反对οὐσία的通常译名，即源于拉丁文substantia的"实体"一词（尽管海德格尔可能并不反对它的词形变化，动词substo是substantia的基础，有"显现"的含义）。中世纪哲学家将οὐσία译为essentia〔"居有存在（esse）"的esse本身〕，以便将其理解为"本质"（essence），而与"实存"（existence）区别开来。然而，亚里士多德的οὐσία概念同时包含了本质和实存两者。因此，为了表达"τὸ ὄν的οὐσία"（所有实在的一般实在），同时避免那些翻译陷阱，海德格尔将οὐσία译为"属于所有存在者的存在状态"（die Seiendheit des Seienden），其传统含义与"存在者的存在"（das Sein des Seienden）严格一致。[11]但是，如果海德格尔将Sein/Seiendheit/realness这种用法移到亚里士多德和他自己的著作中，仍会遗留不少问题。

柏拉图和亚里士多德将οὐσία引入哲学之前，它只是一个通常的古希腊术语，原指单个事物或所有事物；但哲学家用它指称某物的一般实在。所以，我们必须在既定的语境中辨清两种用法，换言之，在柏拉图或亚里士多德的文本中，οὐσία或者意指某个特殊事物，或者意指该事物的一般实在。如果海德格尔提到οὐσία，则主要在第二个层面使用，即存在者的存在或一般实在。

11　见GA 15：344.13—15 = 46. 35—36："追问存在者的存在，换言之，就是追问存在者的存在状态。" GA 66：200.32 = 176.35："存在状态作为存在。" GA 66：316.25—27 = 281.31—33："存在者之无蔽状态以及存在者之开敞状态用希腊的方式来表述，就是显现即存在、存在状态以及一般存在者。"在关于《形而上学》VII, lectio 2, no. 35（1304）的解注里，托马斯·阿奎那将存在者本身称为entitas。

理解海德格尔：范式的转变

如果暂不考虑οὐσία作为某个存在者这个非哲学的用法以及作为所有存在者的一般实在这一哲学用法，在古希腊语中，οὐσία这个概念其实还有双重内涵：某物的显现（presence）和持存（stability），即某物持稳地显现而存在。这里的"显现"意指适用性，泛指对某个人的从属。οὐσία在前哲学的层面意指某个人的所有物，而且是以货物、财产、家畜、土地乃至器具等形式呈现的所有物。οὐσία指称某个人稳定的持有物，与之利益攸关的某物，正如约翰·洛克所言："在某物中置入所有权。"[12] 海德格尔对此的相关讨论值得引述。

> 古希腊文οὐσία意指存在者，但不是任意的存在者，而是以特定的方式在一般实在之中突显的存在者，即从属于某人的存在者，比如他的家产、房屋和庭院（所有物、财产），它们都可供使用。这类存在者（房屋、庭院）可供某人使用，因为它们被固定，随时上手可达，在最切近的周围环境之中显现……
>
> 这种突显者是什么呢？我们的家产随时可达。作为随时可用的存在者，它们也是我们的切近者，它们就在附近，在根底上，一直显现自身。它们是离我们最近的存在者。作为这种存在者，它们在特别的意义上是在手之物，显现于我们并在场。由于它们是突显的在场者，所以我们把房屋、庭院、财产都称为我们的所有物，这也是古希腊人使用οὐσία概念所表达的意思。[13] 其实οὐσία一词并

12　John Locke, *Two Treatises*, chapter V § 25, 111.

13　见柏拉图，《泰阿泰德》，144c7：泰阿泰德的父亲塞奥多洛留下了"极其丰厚的财产"（οὐσίαν μάλα πολλήν）。亦见《国家篇》VIII, 551b2—3：如果某人的财产或者所有物（οὐσία）没有达到足够的数量，他将无法承担城邦的公共事务（海德格尔关于该文本的评论见GA 34: 326.1—4 = 231.6—7）。海德格尔将《斐德罗》240a2出现的οὐσία，译为"现成可用的存在者"（das vorhandene Verfügbare），见GA 83: 118.8。"在场供使用的"（zur Verfügung anwesend）这一表述，则见GA 33: 179.25—26 = 154.6。

第二章 海德格尔对亚里士多德的继承

不意指别的什么，就是当下显现，这也是一般实在的含义。随时显现或显现的持续性就是"存在"一词的意思。"一般实在"这个概念与当下显现以及始终处于在手状态符合一致，这就是古希腊人在本己的意义上提到的存在者。[14]

显然，"显现"（存在者的显现或显现的存在者）不仅表明某物在我们面前"客观地出现"（vorhanden），它还指明某物与我们"本己地"相关：该物是我们与之关涉并切实占有的所有物。这一点尤为值得注意。它不仅在物理空间中显现于"我们之旁"（neben uns），而且居向于我们（bei uns），与我们利害攸关并使我们牵涉其中。[15] "显现"与休戚相关的某个"与格"（dative）有关，与某个牵涉其中的"承载者"相关联。基于οὐσία作为παρουσία（παρά + οὐσία，向……显现）这层理解，海德格尔洞见到古希腊哲学，尤其是亚里士多德那里存在隐秘的现象学关联，即追问某物是什么，就是追问它如何与某人发生关联，如何与之利害攸关，换言之，它如何对他产生意义。因此，"什么组建了椅子的οὐσία或一般实在"这个问题基于我们如何领会它与我们之间（通常隐秘的）关联。[16]海德格尔将οὐσία理解为某物在关联世界中对某人的依赖。所以，他将亚里士多德的οὐσία用法诠释为元现象学的方法。在这种视角下，事物的存在论境况不是"客观的"（与人无任何关涉的），而是现象学视野下的"显现"（个体经验到的关联和意义），即某物面向某人或者为了某人，伴随着某人在某物中所有的利益或旨趣。

如前述，海德格尔将亚里士多德解读为元现象学家。所以本章余

14　GA 31: 51.11—15 和 51.31—34 = 36.8—11 和 36.21—25。亦见 GA 9: 260.7—18 = 199. 20—29 以及 GA 40: 65.17—24 = 66.17—25。

15　在《存在与时间》英译本中，麦夸里–鲁宾逊将 Sein bei 译为"处在旁边"，斯坦博译为"与……一起存在"，他们都完全忽视了这一点。

16　GA 31: 56.13—16 = 39.23—25.

理解海德格尔：范式的转变

下的部分将基于亚里士多德将存在视为敞开性这一解释（他在《形而上学》IX 10中所开展的研究），经由探究海德格尔关于亚里士多德的关键概念（φύσις、ἀλήθεια、πέρας、ἀεί、εἶδος、ἐνέργεια以及ἐντελέχεια）的重新阐释，进而阐明海德格尔解读的特别之处。

* * *

对相对新近（公元前4世纪）出现的"柏拉图-亚里士多德"的οὐσία概念做出更精微的探究之前，我们将首先探讨海德格尔所说的最古老的一对哲学概念：涌现（φύσις）和揭蔽（ἀλήθεια）。[17]海德格尔提到"涌现和揭蔽之间的同一本质关联"。[18]他认为两者始终并行："涌现指向揭蔽本身。"[19]作为统一体，涌现/揭蔽揭示了某物（而不是涌现或揭蔽过程本身）的涌现，也就是从对我们而言遮蔽的状态朝向无蔽的状态，亦即显现与适用性。[20]因此，在接下来引用的文段中，海德格尔将存在者的适用性特征回溯至涌现/揭蔽。

> 西方哲学在古希腊时代最初决定性的演进中，对存在者整体

17　GA 4：56.15—16 = 79.1—2.关于"涌现"（φύσις）："自西方思想伊始，这个概念就是思想家（思考）的基本术语。"

18　GA 40：109.26—27 = 121.12—14.见GA 66：111.18—19 = 93.6—7："藏于第一个开端处的涌现和揭蔽'是'同一个东西。"

19　GA 15：344.5 = 46.30.见GA 45：68.7 = 61.25—26："持续涌现自身并显现自身的在场状态。"见GA 45：68.23—24 = 62.5—6：涌现着的、显现自身的在场（原文为斜体）。

20　GA 15：331.5—7 = 38.16—18："从遮蔽而来的（存在者的）涌现（在φύσις的意义上）"以及"存在者涌现而进入揭蔽状态"。关于存在者"从遮蔽状态中跃出"，见GA 40：109.16 = 112.3—4，亦见GA 40：122.4 = 126.8—9。关于"对我们而言"，见GA 38：80.17—18 = 69.1—3："'对我们而言为真'这类补充毫无意义，因为朝向我们自身的关联本来就属于真理。"

048

自身的追问被视为真正的开端。存在者被称为 φύσις……但 φύσις 究竟意指什么呢？它指涌现自身（譬如玫瑰花的绽放），亦即展开自身，在诸种展开活动中存在者显现自身，保持自身并持久现前。[21]

这里的 φύσις 有双重含义：一方面关涉存在者，另一方面关涉存在者的存在。海德格尔认为，自古希腊哲学伊始，φύσις 一方面为存在者命名，确切地说，为所有的存在者命名，无论是自然物还是人工物。另一方面，φύσις 又不是存在者，而是使一切存在者如其所是涌现的那个东西。他还指明了古希腊词根 φυ- 和 φα- 之间的词源学关联：它们分别是动词不定式 φύειν 和 φαίνεσθαι（生成、显现）的词根，φύειν 和 φαίνεσθαι 又衍生为 φύσις（存在者开显/涌现为可视和可用的东西）和 φαινόμενον（已开显/涌现为可视和可用的存在者）。以下两个文段关涉存在者的自我显现（本己的适用性），但不涉及 φύσις 的第二种含义，即存在者的存在。

> 近来，词根 φυ- 被置于与 φα- 及 φαίνεσθαι 的关联之中。φύσις 就是在光之中涌现，即 φύειν，照亮、发光从而显现。[22]

> 词根 φυ- 和 φα- 为同一个东西命名。φύειν 即涌现，在自身之中静默的涌现，亦即 φαίνεσθαι，照亮、自我显示和显现。[23]

21　GA 40：15.25—28；16.23—26 = 15.1—4；15.28—32. 见 GA 40：134.5—6 = 138.14—15：" 涌现着的持存。" GA 66：87.2—3 = 72.28—29："在第一个开端中：涌现（φύσις），即展开（打开）自身而在场。"

22　GA 40：76.13—16 = 78.19—22："在光之中涌现的东西"；"照亮"（leuchten）、"发光"（scheinen）、"显现"（erscheinen）。亦见 Friedrich Specht, "Beiträge zur griechischen Grammatik", 61.35—62.4："动词 φαύειν（= φάειν, 发光）和 φύειν 同义，因此也是 φύεσθαι（使存在者显现）的源动词。" Fried and Polt 在 GA 40 的译本，第 78 页注释 14，引用了此文章。

23　GA 40：108.9—11 = 110.20—22："在自身之中静默的涌现。"

理解海德格尔：范式的转变

换言之，φύσις 和 ἀλήθεια 亦具有相同的功能：

> 它使存在者显露自身。这也揭示了一点：（存在者的）存在，即显现，就是使其从隐藏处跃出。如果存在者是其所是，它就被置于并处在无蔽状态之中，即 ἀλήθεια。[24]

必须强调一点：展开、涌现和显现这些动词的施动者是存在者，而不是 φύσις 本身。海德格尔认为，在西方哲学的开端处，"φύσις 是（存在者）自身的展开、涌现，存在者通过涌现而是其所是"。[25] 他还提到一点：在古希腊早期，所有的存在者通常被看作从某种形式的隐藏处让自身涌现出来。亚里士多德后来将这种自身涌现仅限于自然物（φύσει ὄν），而不再是包括人工物（τέχνῃ ὄν）在内的所有存在者。然后，亚里士多德在"自然"领域中进一步区分了自然的存在者（φύσει ὄν）与让存在者涌现的自然本身（φύσις）。同样地，在"人工"领域中，他也区分了由技艺制造的存在者（τέχνῃ ὄν）和技艺本身（τέχνη）。

海德格尔从 φύσις 之中攫取了双重含义，并通过它与"揭蔽"的关联，强调 φύσις 是存在者的涌现、显现，亦即"自身"（self）显现的涌现。[26]

24　GA 40：109.15—18 = 112.3—5；见 147.21—22 = 154.17—18："存在意指立于光之中，显现自身，跃入无蔽状态。"所有这些动词都命名同一个东西，即存在者根据其 φύσις 而产生的行为、动作。

25　GA 73，1：85.18—20。

26　下面引用的文本都关于存在者出于其本质（φύσις）的"活动"（涌现、显现和在场）。GA 40：16.22—24 = 15.31—32："打开自身的自身展开活动，在这种展开活动中显现自身。" GA 40：65.34—35 = 67.5—6："涌现着的绽开自身，逗留在自身之中的展开活动。" GA 40：76.12—13 = 78.18—19："涌现，不断保持特定的在场、显现。" GA 40：117.8—9 = 120.15—16："涌现着的自身显现。" GA 40：122.4 = 126.8—9："涌现着的显现，从隐匿处跃出。" GA 40：122.31—123.1 = 127.7—8："涌现而显现，显现；非存在即不再显现。" GA 40：191.8 = 203.2："涌现着的显象。"（原文为斜体）GA 45：68.23—24 = 62.5—6："涌现着的、显现自身的在场。"（原文为斜体）

(反身代词"自身显现"意指存在者让自身本真地显现出来。)从古希腊视角出发,经由不可通达性到可通达性,存在者(物)对我们而言就成为敞开且可用的东西。所以,能够对人敞开自身,这一特征使事物这类存在者实在,并且对于人的认知和行动有用。[27]

* * *

除了涌现、显现,存在者还有一个明显的存在论特征,即持存(Ständigkeit):"φύσις 是(存在者的)涌现力量,它居于自身之内,即持存。"[28] 这个德文名词通常被译为"持久",然而,海德格尔侧重于该词在动词 stehen("站立")中的根源。如果存在者涌现并处于无蔽的状态之中,它就显立自身。"显立"有"站立在那儿"(standing there)和"持存在那儿"(staying there)这双重含义。这样的存在者之存在既有稳定性,又有持存力。

  古希腊语中的"存在"揭示了持存的双重意义:
  1. 居于自身,即(存在者的)涌出、显现(φύσις);
  2. 作为"持存",表停留、停驻(οὐσία)。[29]

我们首先讨论稳定性:存在是存在者内在固有的力量,它使存在者

---

27 既然海德格尔将存在(Sein/Seiendheit)称为"存在者的显现",他当然在现象学层面上理解存在。这样的显现活动只能发生在存在与人的关联之中,被理解为"有逻各斯",见 GA 5:74.3—4 = 55.26:"存在归人所有,不能脱离人。"SZ 152.11—12 = 193.31—32:海德格尔探究"……追问它自身(存在本身),只要存在置入绽出之生存的理知状态中"。

28 GA 40:191.21—22 = 203.14—15. 亦见 GA 40:189.32—33 = 201.10—11。

29 GA 40:68.7—10 = 70.1—4. 海德格尔在这里使用了"站-出"(Ent-stehendes)一词的双重含义:自然存在者(φύσει ὄν)的"外涌"与"显现"。

理解海德格尔：范式的转变

"立于自身"、"直立起来",[30]并显出自身,从而稳定地显现。古希腊人认为,稳定性意指在"被置于它的型式中"（μορφή）[31]的层面上,某个存在者"自身自由驰骋在其界限（πέρας）的必然性之内"。[32]这也意味着"自身"的界限,即存在者以"让其居于自身从而实在"这种方式"聚合在一起"。

界限（πέρας）不是从外部包围存在者的某种东西。它不是消极限制这个层面的缺乏,毋宁说（存在者）被归限在一起的"聚合"正源于（存在者的）界限,即让稳定的存在者聚在一起的"有本身",就是存在者的存在。它让存在者成其自身而不是一个非存在者。所以,使存在者显立就是使它获得自身的界限,从而限定自身。[33]

古希腊哲学的界限（πέρας）概念不是外部包围意义上的"边界",即存在者的终点。界限就是限定、定义、赋予根基和稳定性,存在者正发端于它并通过它而是其所是。[34]

因此,对于某个涌出而显现自身的存在者,它的稳定性就是它的"聚立"

30　GA 40: 68.24 = 70.17. GA 40: 116.11 = 119.13—14:"存在"意指"（存在者）直立于自身之中"。
31　GA 40: 67.7—8 = 68.18—19:"触及界限,即被置于它的型式中。"
32　GA 40: 64.18—20 = 65.15—17:"以这种方式站立并在自身之中持存的东西从自身出发自由地触碰到其界限（πέρας）的必然性。"
33　GA 40: 64.20—27 = 65.17—24. 见 Zollikoner Seminare 40.1—4 = 32.19—22; GA 7: 156.22—24 = 154.18—20; GA 36/37: 93.28—30 = 75.4—6。
34　GA 9: 269.21—24 = 206.9—12. 见普洛丁,《九章集》V 1: 7.25—26: 站立、稳定（στάσις）与划界（ὁρισμός）、型式（μορφή）同义。它们都与绽出（ὑπόστασις）有关。（所有《九章集》的引文均来自 Plotini opera, ed.Henry and Schwyzer。）至于"界限"以及与人之绽出相关的"划界"之间的关联,见 GA 15: 359.34—35 = 56.25—26:"但本质性的界限即有终性,可能就是真正的实存之条件。"

(con-stancy)，即聚合（con-）而立（晚期拉丁语 stare），聚合于"形"，即它的理智显现。这里的"聚立"（constancy）应首先被理解为显现的稳定性，而不是持久的显现。海德格尔将"持存"（Ständigkeit）和"揭蔽"（ἀλήθεια）放在一起讨论："（存在者的）'站立'乃是（存在者）的显象的稳定性。"[35]

> φύσις 即展开自身并涌现。存在者在涌现活动中并经由这种活动而是其所是。它是显现的稳立，也是显现的发生，即在场。它有双重含义：一是展开自身，居于自身，毫无缺乏；另一方面，所有的存在者皆具持存、持久性，即持留在自身之中。[36]

除了"显立"，海德格尔还从"持存"概念中攫取了第二层含义：持存能力。存在者首先显立于自身的界限和型式之中，然后"持留"片刻。"持存"并不必然昭示存在者永久的在场（尽管它也可能表达此意，如后述）。如果用于存在者的存在，稳定性则意指持存能力：存在者聚立而显现自身，并在那里"持留片刻"。[37]

海德格尔为此阐明了古希腊文副词 ἀεί 的含义，它常被译为"永远地"或"永恒地"。[38] 在《物理学》193a21—28 中，亚里士多德旗帜鲜明地对比了两个古希腊语词：ἀίδιον（常译为"永恒的"，源于 ἀεί）与 ἀπειράκις ["无限"：由否定前缀 ἀ 和 πέρας（界限）构成，拉丁语为 in-finities]。他认为，在《物理学》II 1 的语境下，ἀίδιον 不应被理解

35　GA 5：71.2—3 = 53.12—13. GA 5：21.30—31 = 16.15—16："存在者的存在进入它的显象的持存状态中。"
36　GA 73，1：85.20—22："（存在者的）自身展开而涌现却是在场者的稳立，也就是在场状态的发生——在场化。"
37　Verweilen 一词常被译成"逗留"或"暂驻"（当然，我在这里有些吹毛求疵）。
38　GA 9：268.18—270.13 = 205.17—206.32.

成"持存的、持续的"（das Fortwähren），[39]或者无限延续、永恒层面的"永久的"（everlasting），那是ἀπειράκις（无限）的含义，它与ἀεί截然相反。ἀΐδιον意指存在者在自身界限内的当下显现，即"在自身之内的显现"。[40]ἀΐδιον所描述的存在者并不是永远前行，而是保持在自身之内并且当下本真显现的存在者。埃斯库罗斯笔下的普罗米修斯将宙斯视为一个"ἀεί的统治者"（ὁ ἀεί κρατῶν），[41]但他实际上想说宙斯"是当前具有统治力的神"。普罗米修斯不可能将宙斯称为"永恒的统治者"，因为他预示宙斯的王权将很快被推翻。[42]同样地，希罗多德提到"一个ἀεί的埃及法老"（ὁ ἀεί βασιλεύων Αἰγύπτου），他亦未指某个"永恒的"埃及法老，而是"某个当时统治埃及的人"。[43]如果ἀεί和ἀΐδιον意指存在者的存在，那么它们并非表明时间上的持久，即"全时间的"，毋宁说，它们揭示了存在者当前在自身界限（πέρας）之内的稳定性。当然，在其他文本和相应语境之中，ἀΐδιον也能表达"永久的"这一含义。[44]

简言之，海德格尔将φύσις与ἀλήθεια并置，揭示了它们的两层含义：（1）某个存在者从"未显露处"的涌现自身，不论显现的结果如何；（2）它的持存，在自身界限之内的当前显现、显露，或者就现象学层面而言，产生意义而通达我们自身。

39　GA 73,1: 86.10.
40　GA 73,1: 86.10.海德格尔继续解释："永恒即瞬间（die Ewigkeit—das ἐξαίφνης,《巴门尼德》）"，见GA 73,1: 86.10—11。他阐明了自己对"永恒"的理解，并提到在柏拉图《巴门尼德》156d3出现的"瞬间"（ἐξαίφνης），它源于ἄφνω（突然、无意识、瞬间），是ἄφνω的名词化结果。
41　埃斯库罗斯，《被缚的普罗米修斯》，line 937: τὸν κρατοῦντ' ἀεί。
42　关于宙斯的王权被推翻，见上书，lines 907—910。
43　希罗多德，《历史》II, 98, 345: τοῦ αἰεὶ βασιλεύοντος Αἰγύπτου，见http://www.sacred-texts.com/cla/hh/hh2090.htm。在下埃及的安提拉城这语境里，它尤指"当时埃及的某个统治者之妻"。
44　GA 9: 269.13—16 = 206.3—5.

第二章　海德格尔对亚里士多德的继承

也就是说，基于（它的存在）力量而使显现自身的存在者立于无蔽（的状态）之中。这个无蔽的存在者站出而显现自身……揭蔽不是存在的附加物。[45]

* * *

柏拉图（亚里士多德随后亦然，只是在不同层面上）将存在者的涌现、揭蔽、持存以及自身界限内的显现释为"形式"（εἶδος）和"理念"（ἰδέα），即存在者的"理智显现"（εἶδος 源于 ἰδεῖν：看；对比 εἰδέναι："看"的完成时态，引申为知道）。[46]海德格尔认为，涌现活动在它与揭蔽活动的统一中通过理念而被遮蔽。[47]柏拉图将存在解释为 εἶδος，即存在者的理智显现或可知特性，从而让存在者能在自身的"所是"（whatness，存在者稳定地站出而显现自身）之中被"看"："在理智显现（εἶδος）之中，存在者得以显现并居于自身的内容和方式之中。"[48]不过，柏拉图对 εἶδος 的解释曾发生过一个微妙的转向，这也造成了些许不利的结果。ἰδέα 和 εἶδος 被视为任何居于自身的存在者与人之看活动的关联特征："古希腊语词 ἰδέα（意指）在观看活动中被看见的存在者，即理智显现，亦即存在

45　GA 40：109.31—32 = 112.17—18.
46　《形而上学》Ⅰ 1,980a1. 在卡里霞库山庄（Cassiciacum），奥古斯丁继承了将 εἴδη 视为理智显现的解释传统，于是把它称为 quae intelligibiliter lucent，即（事物的）永恒意义只在事物与理智的关联中显现，见 *Soliloquies* Ⅰ, 3, *Patrologia Latina* 32, 870.17—18。见 GA 19：70.1—5 = 48.17—20. 海德格尔在 Braig, *Die Grundzüge der Philosophie*, 20.1—10 中，第一次找到了 εἶδος 的词源学根据。
47　GA 65：222.12—14 = 174.4—6.
48　GA 40：190.2—3 = 201.14—16. 注意"揭蔽"（ἀλήθεια）、"界限/型式"（πέρας/μορφή）、"形式/理念"（εἶδος/ἰδέα）这些用来表述"存在/存在状态"的术语之间的结合（以及功能性的对等）："某物能够在它的轮廓（＝界限/型式）中显出，能够在它的'外观'（形式、理念）中显现自身，并且能够作为这个或者那个在场"，见 GA 4：56.28—30 = 79.13—14。

者被置于某人之前而显现自身。"[49]正如海德格尔的阐释,柏拉图将个别的存在者解释为理智显现,将它视为存在者显现自身的"前台"或"平台",从而让人看到:存在者如何以及作为"什么"而被理智地领会。[50]相应地,以始于公元前5世纪的这种"人本朝向"为基础,[51]柏拉图将"所是"看作为某种理智领会活动"所有"。"它是在带入(行为)中的所有,即某个在场者通过它的适用性而显现自身:οὐσία。"[52]柏拉图对"所是"含义理解的颠覆导致具体个别的存在者降到第二位,从而被遮蔽起来,与之相反,它的εἶδος,作为"属于存在者的最高的存在要素",则被视为"真正的实在"(ὄντως ὄν)。[53]海德格尔将柏拉图的这种存在者之存在方面的转向视为后来区分实存(existentia)和本质(essentia)的源头。

如果我们将ἰδέα即理智显现,理解为(存在者)的显现,这种显现就可以表达为具有双重含义的(存在者的)持存。一方面,理智显现意指从隐藏处绽出,即ἔστιν的质朴含义。另一方面,在理智显现中展露自身的存在者亦是某种被看见的存在者,即居于自身的存在者,τί ἔστιν(是其所是)。因此,ἰδέα(存在者的"所是"或本质)组建了存在者的存在。[54]

49　GA 42:158.15—17 = 91.37—39。
50　关于"前台"和"平台"(das Vordergründige, Vorderfläche, Oberfläche),见GA 40:191.1 = 201.13和191.29 = 203.22。
51　见Jaeger, *Paideia*, I, 237及以后和vol. II各处;亦见他的 *Humanism and Theology*, 42及以后。
52　GA 40:190.4—5 = 201.16—19。
53　GA 40:193.1—7 = 205.4—11。亦见GA 45:85.24—25 = 76.28。关于"真正的实在"(ὄντως ὄν),见诸如《蒂迈欧》28a3—4,《斐德罗》249c4,《斐利布》59d4,《国家篇》490b5等。关于"整全的实在"(τὸ παντελῶς ὄν),见《国家篇》V, 477a3。
54　GA 40:190.14—20 = 202.1—8。

第二章　海德格尔对亚里士多德的继承

如前述,古希腊人最初将存在者体验为显现者(φαινόμενα),它们从自身之内向外涌现,从而在它们的"光辉"(δόξα)之中"展露"出来。约翰·H.芬利教授在经典著作《希腊思想的四个阶段》中亦持这个观点。他将荷马的古希腊世界描述为"光辉的世界",它具有如下特征:在自身"明亮的殊质性"之中,"存在者得以显现并留下烙印"。[55] 柏拉图的 εἶδος 概念当然也是一种回应:"实际上,不可否认,将存在视为'理念'(ἰδέα)这种理解源于将存在视为'涌现'(φύσις)这种基本经验。"[56]

古希腊人将本质理解为存在者的"所是",原因在于:他们将存在者的存在(οὐσία)规定为聚集而立。在这个过程中,存在者稳定地现前,从而显现自身。这种自身显现生发出自身的理智显现,简言之,就是作为存在者之理智显现的理念(ἰδέα)。只有将存在理解为聚集而立的自身开显以及(存在者)让自身显现这种现前活动,存在者的存在(这种理解下的 οὐσία)才有可能也有必要被视为理念(ἰδέα)。[57]

尽管柏拉图将"自然"解读为"理念"符合本真的古希腊思想,但这种转换造成的后果,正如海德格尔所见,乃是决定性的,同时也是令人担忧的:"(现在)具有决定性的因素并不是将自然由理念来刻画这个事实,而是理念变成了关于存在的唯一确定的解释。"[58] 柏拉图认为,存在作为对事物的理智直观,必须以对理念(ἰδέα)的理智直观为前

55　*Four Stages*, 5.7; 31.29; 29.5—6.亦见上书, 29.3—4:"导向将行为照亮的光亮世界。"
56　GA 40：191.5—7 = 202.28—29.
57　GA 45：68.1—9 = 61.21—28.
58　GA 40：191.14—17 = 203.8—10.

理解海德格尔：范式的转变

提。巴门尼德已经为此做好铺垫：他将观者和被观者之间的共生关系与存在(τὸ εἶναι)和知觉(τὸ νοεῖν，广义的)之间的同时关联视为同一个东西(τὸ αὐτό)。[59]依据海德格尔的解释，古希腊人先前将"自然"视为存在者外涌、聚集、站立从而显现自身，柏拉图却将它视为可理知的理念，即被观对象的"所是"，并且"仅当超出自身而与(理智)观者相对，它才有可能获得持存的存在者的规定"。[60]"如果'所是'被刻画为某个被观的对象，那么只有通过我们与它相遇和领会的方式，即超出自身而面对我们，从而不再在其自身之内，它的'所是'才有可能得到规定。"[61]

因此，在柏拉图那里，"涌现"及"当下显现"这些概念都退隐幕后，与此同时，作为存在者的所是，οὐσία现在通常指永久显现，也就是在变化之中保持不变的永恒的"形式"(εἶδος)。如果存在者缺乏这种显现，它就相对地不是实在的(μὴ ὄν)。它就只是被观看到的实在的"影像"(εἴδωλον)，例如在镜中或梦中那样。[62]"实在"的哲学含义变为同一性、不变性以及永久在场，正如我们从柏拉图借由苏格拉底之口所提的那个问题(它预期得到某个肯定的回答)所见：

59　巴门尼德,《残篇》3:"因为思维与存在是同一的(τὸ γὰρ αὐτὸ νοεῖν ἐστίν τε καὶ εἶναι)."普洛丁在《九章集》V 1: 4.30—32中重构这一观点:"它们是同时而共存的……努斯与存在(ἅμα ἐκεῖνα καὶ συνυπάρχει ... νοῦς καὶ ὄν)."不过，海德格尔将它译为"存有与澄明之境是同一的"，见GA 66: 313.23 = 279.5。

60　GA 40: 191.23—24 = 203.15—17; GA 40: 191.31—192.8 = 203.23—204.2。海德格尔还提到了"前柏拉图"时期和柏拉图本人关于空间概念的不同理解：在"前柏拉图"时期，显现出来的存在者"为自身开创了空间"；而柏拉图则认为，存在者仅从一个"已经准备好的空间"，即"在某个确定的空间之维"里面涌现自身。

61　GA 45: 68.18—22 = 62.1—4。海德格尔强调"存在者的觉知即理智直观(ἰδεῖν)植根于存在者是某个自我显现者，即ἰδέα"，见GA 45: 68.25—27 = 62.7—9。

62　《智者》，240a7—8和266b6—8。柏拉图认为，"影像"是作为存在者实在的形式(εἶδος)的"减损"，见GA 34: 68.25—28 = 50.36—51.3。

第二章　海德格尔对亚里士多德的继承

οὐσία，即我们通过问答正在描述的存在者之存在(τὸ εἶναι)，总是在同一方式以及同一状态之中吗？[63]

柏拉图认为，如果存在者永恒不变且始终同一地对理智显现自身，它就具有了οὐσία。因此，存在者的οὐσία或存在亦可被称为存在者的"一般实在"，只要想起柏拉图所继承的巴门尼德的基本思想构架：实在意指蕴藏于自我同一之中的永久性。[64] 所以，"从严格的柏拉图主义思想出发，如果存在者与(个别的)现实性关联在一起，存在者的本质将会受损，因为它会丧失自身的纯粹性以及某种程度的普全性"。[65] 显然，柏拉图认为，οὐσία概念的外延包括实在的理念世界(εἶδη)，与之相对的是变动不居的世界之内的具体存在者。正如海德格尔所言：

> 正如"形式"概念的本质含义(关于存在者"所是"的理智显现)，柏拉图将之视为存在者的独立显现。因此，作为普遍(κοινόν)的存在者，形式与"居于诸种显现之中"的个别"存在者"相对。通过这种方式，个别存在者，作为本真而实在的理念的附属物，而被置于"非实在"这个定位之中。[66]

63　《斐多》, 78d1—3。
64　巴门尼德, 8, 4: "不动者"(ἀτρεμές)与"无终结者"(ἀτέλεστον); 8, 3: "非生成者"(ἀγένητον)与"非毁灭者"(ἀνώλεθρον); 8, 5—6: "它既非过去存在, 也非将来存在, 因为它是现在, 整全而一, 并且持续。"海德格尔将συνεχές译为"在自身之中聚在一起", 见GA 40: 145.8—9 = 151.16—17。普洛丁继承了巴门尼德的这一观点, 他将努斯(νοῦς)描述为"(它)只有现在是, 一直'是'", 见《九章集》V 1: 4.22。
65　GA 45: 69.14—17 = 62.27—29。
66　GA 9: 275.19—25 = 210.27—31。

理解海德格尔：范式的转变

* * *

　　同理，在亚里士多德的哲学中，οὐσία 也作"居于自身"与"持存"解。不过，他同时在根本上转换了 οὐσία 的使用范式。他也探究存在者的持存，例如，曾提到作为 συνιστάμενα 和 συνεστῶτα（皆可作"持存"理解）的存在者。[67] 但与柏拉图相左，在亚里士多德的视域内，运动和变化均被视为 ἐνέργεια τίς（某种实现），[68] 即通过自身特有的方式而实在。"实在"有程度之别。[69] 他还承认尚未完成的实在，即在它显现自身（见 εἶδος）并对我们产生意义（见 τὸ ὂν λεγόμενον）的层面，尚未完成的存在者总被认为是实在的。此外，他亦提及存在者的发光、照亮（δόξα：显现发光），即使它尚处于通达完满实现其本质的过程之中。亚里士多德认为，运动总朝向某个终点，因此运动中的事物总追求自身的整体显现与稳定聚立。[70] 他凭借自身的天赋窥见到：在通向完成或实现的途中，运动中的事物所具有的"尚未"之维可被视为"未完成"（ad perfectionem）。[71]

　　（"未完成"）这个表达并非简单纯粹的否定，而是一种特殊的

67　《物理学》II 1,192b13 和 193a36。
68　《物理学》III 2,201b31。
69　GA 34: 33.16—18 = 26.5: "存在者同样有等级之别！存在者与存在者无法轻易地达成同一。"
70　亚里士多德在这里意指适用于一切运动的丰富潜能。《论灵魂》III 9, 432b15—16: "因为运动总是基于它的目的（τέλος）。"亦见《论动物的部分》I 1, 640a18: "因为生成基于实体的存在。"《论题篇》VI 2,139b20: "生成就是将存在者带入实存。"
71　见托马斯·阿奎那，《意见评论集》IV, distinctio 47, quaestio 2, articulus 2, quaestiuncula 1, corpus: "motus, qui est via ad perfectionem." http://www.corpusthomisticum.org/snp4047.html。

060

第二章 海德格尔对亚里士多德的继承

否定。未完成与已完成之间并非毫无任何关系。相反地，它预先指向了已完成：在与已完成的关联之中，它尚未实现自身的所有潜能……所以，"未完成"意指：被它谓述的存在者尚未通达其能有、应有并欲有的完成状态。[72]

运动是存在者尚未完成的实现（ἐνέργεια ἀτελής），或者使存在者趋向完成的未完成。自主运动或被迫运动的存在者已被事先置于自身孜孜以求的整全显现的无蔽状态之中。与尼采类似，亚里士多德亦将生成的过程烙上存在特征。[73]他在"先天趋向"（πρός τι）完成这个层面解释"在途中"（unterwegs）和"复向"（re-lative）。赫拉克利特曾描述过"趋近"（ἀγχιβασίη）概念（见《残篇》122），即approximation，意指存在者对于自身完成的"趋向"或预期，即居于自身之中的实在。[74]他看到，就某种程度而言，使存在者趋向完成的那个东西已置于完成的护持之中。

亚里士多德并不关注脱离感性身体的理念和形式，而更关注具体特殊的"这一个"（τόδε τι）。这样的存在者总处于趋向某个目的的运动之中。海德格尔认为，亚里士多德是第一个将运动在概念上转化为一般实在的古希腊哲学家。与柏拉图相左，他没有将运动的存在者下降到实在程度更低的"非存在"（μὴ ὄν），也没有将形式归属于真正的实在

72　GA 19: 15.18—23 和 28—31 = 10.30—34 和 11.1—4。见托马斯·阿奎那,《神学大全》I, 5, 1, c.: "est autem perfectum unumquodque, inquantum est actu."

73　可以比照尼采提出的"为生成烙印存在的特征"这个观点, Nietzsche, *Sämliche Werke* VIII, 1, 320.15 = *The Will to Power* no. 617, 330.88。

74　关于"趋近"（ἀγχιβασίη），见 Bekker, *Suidae Lexicon*, 20a, s.v. ἀγχιβατεῖν。亦见 Diels-Kranz, *Die Fragmente der Vorsokratiker*, I, 178.6—7, no.122。进一步可参阅 Dreyfus and Wrathal, *A Companion to Heidegger*, 213n.71。GA 77: 152.18 及以后 = 99.37 及以后："趋近"（Herangehen）; GA 15: 215.25—26 = 133.9—10, 芬克："走近"（In die Nähe kommen）。

(ὄντως ὄν)。同样，与埃利亚的智者安提丰（约公元前410年）相左，他还发现运动的存在者（比如生长的树）或者被改变的存在者（比如建造的桌子）并未在存在畿域中遭到驱逐，毋宁说，它们也同属于存在者的存在。[75]所以，亚里士多德追问让这些正变化着的或者能变的存在者实现自身同一的显现或实在的根据。

亚里士多德让柏拉图的形式"落地"，也就是说，作为"潜能"或"动力"，这些形式被"掺入"事物之中。[76]不过，如果只是这样解释亚里士多德的哲学，未免太过简单，从而易生歧见。如果他想让柏拉图的形式"着地"，将它们"赋予"具体事物，他首先必须将具体事物视为实在。再者，想要将具体事物视为实在，他又必须事先对"一般实在"产生不同于柏拉图的哲学理解，即将运动和变化也纳入自身的同一性之中。所以，倘若将亚里士多德仅仅视为对于柏拉图哲学的简单倒置，势必会低估其哲学成就。为了避免上述谬见，我们必须审视他究竟如何将具体事物视为实在的原初载体，从而掀起了一场形而上学革命。接下来，我将首先阐明他如何将原初实在归属于具体的存在者，然后继续解释他又如何将运动视为实在。

* * *

亚里士多德认为，"存在"（ὄv）一词有多重含义，它既不是模棱两可的术语，也不是意义单一的概念，而毋宁说是类比意义上的（analogical）术语。换言之，它既不是同名异义，即同一名称意指多重含义，比如bark一词既可指犬吠声，也可指树皮；与此同时，它也不是同名同义，即适用于其下所有种的属名，比如"动物"适用于人和牛，区别在于人

---

75 《物理学》II 1, 193a9—28。
76 GA 6,2: 372.12—15 = 9.10—14.

第二章 海德格尔对亚里士多德的继承

有理性,而牛无理性。[77]"存在"(ὄν)虽有多重含义,但都指称同一个对象,即后来所谓的归因类比。[78]亚里士多德提到,"存在在多重意义上被言说,但都指向同一个本质"(πρὸς ἕν καὶ μίαν τινὰ φύσιν),即"指向同一个始因"(πρὸς μίαν ἀρχήν),它作为普遍的形式适用于其他与之相关的不同情形。[79]巴门尼德认为存在是无差别的"一"(ἕν),柏拉图认为存在是多之上的通属(γένος, τὸ κοινόν);与二者相左,亚里士多德关于存在的类比进路标志着整个问题的"转向"。[80]然而,他究竟如何在"存在"的单一指称下解释所有存在者呢(如果他确曾这样做的话)?[81]

47

在《形而上学》中,亚里士多德至少提到四种"存在"的言说方式。[82]为了廓清其区别,我们摘录了《形而上学》VI 2中的一段文本。他在里面提供了两类区分标准,二者彼此蕴含。第一类乃是泛指的四种"存在"言说方式;第二类则是关于十范畴的细分(如下面第3项所示)。以下选段里带有括号的数字由我所加。

---

77 《论题篇》VI 6, 144a6—b11。另外,在《形而上学》II, 3中,亚里士多德认为,尽管"存在"和"一"能谓述所有的存在者(998b20—21;见X 2, 1053b20—21),但二者都不是存在者的类属,因为倘若如此,这个类属的种差也必须分有"存在"和"一"的特征(998b23—24),然而这显然不合逻辑。

78 在《形而上学》IX 1, 1045b27,用于表达归因含义的动词是ἀναφέρω(追溯、回溯);而在XI 3, 1061b11,用于表达归因含义的名词是ἀναγωγή(引回、转回)。

79 《形而上学》IV 2, 1003a33—34。关于同一个原则,见《形而上学》IV 2, 1003b6;亦见IX 1, 1046a9:"朝向同一个形式(πρὸς τὸ αὐτὸ εἶδος)。"

80 GA 33:27.24—25 = 22.14—15。见SZ 3:23—24 = 22.26:"一个原则性的全新基础。"

81 GA 11:145.28—146.10 = x.7—20。

82 四重区分如下:只包含前两种(IX 1, 1045b28—34),即表谓述,表潜能和现实;包含了第三种(IX 10, 1051a34—1051b1),即表谓述,表潜能和现实,表真假;最后,包含了第四种(VI 2, 1026a34—1026b2),即表偶然,表真假,表谓述以及表潜能和现实。(在V 7, 1017a7及以后,亚里士多德同样给出了这四重区分,但排列顺序有所不同。)

理解海德格尔：范式的转变

> 被普遍言说的存在有多重含义：或者(1)表偶性，或者(2)表真(非存在则指称假)。除了这两重含义，还有(3)表谓述(比如某个实体、质、量、地点、时间以及其余类似的表达方式)。最后，除了上述含义，它还能(4)表达潜能和现实。[83]

然而，上述分类(包括"偶性"和"关于判断的真假")[84]在亚里士多德那里从未成体系，他亦未能解释四类区分之间的相互关联。[85]后来中世纪传统下关于"存在"的类比注释，以及19世纪关于同一主题的诠释，补足了这一工作。也许不甚确当，它们都在上述第三类区分，即"谓述"的层面阐明"存在"。亚里士多德区分了十个范畴(在《范畴篇》4，1b25—2a4，他描绘了完整的范畴表)。十范畴内部又可进一步分为两类：(1)谓述具体个别事物的实体范畴(οὐσία)；(2)依附于实体范畴(οὐσία)的其余九个范畴。[86]实体范畴是第一范畴，其余九个范畴都指涉它，因为假如我们要谓述"是这样或那样"，就必须首先关涉某个能够承载这些属性的基底。[87]因此：

> οὐσία在最初也是最严格的意义上既不谓述某个主词(μήτε καθ᾽ὑποκειμένου τινὸς λέγεται)，也不在某个载体之中(作为属性)，

---

83 《形而上学》VI 2，1026a34—1026b2。见GA 84，1：474.2—4："能力/实现"(potentia-actus, Eignung-Verwendung/Verwirklichung)。关于将潜能(potentia)理解为能力(Eignung)，见GA 83：12.15—22。

84 见《形而上学》XI 8，1065a21—26。

85 SZ 3.24—25 = 22.26—27："然而，他没有阐明这些范畴之间的关联的晦暗处。"见本章随后关于《形而上学》IX 10中"揭蔽"(ἀλήθεια)概念的论述。

86 所谓十范畴，分别是实体、量、质、关系、地点、时间、拥有、姿态、主动和被动。

87 见GA 33：42—48 = 34—39，海德格尔认为关于"存在"多重含义的两类区分都成问题，但我在这里暂且不予讨论。

第二章　海德格尔对亚里士多德的继承

而是诸如这个人、这匹马。[88]

第一实体就是最初、最重要的个别存在者，即"这一个"（τόδε τι），关于它才有偶然随附的谓述方式，比如量、质等。对亚里士多德而言，个别的存在者，而不是在理智世界中的理念或形式，才是原初的实在物。既然他将"这一个"视为实在的原初载体，他就必须同时考虑个别存在者的可变性与实在的持存性（古希腊人常持这个观点）之间明显的张力，如果二者并未分离的话。他还敏锐地洞见到"直到那时仍存在"这个革命性的理解层次，并由此追问："通过何种方式，尚未完成的存在者使自身的存在显现并得到确证呢？"[89]

* * *

海德格尔将亚里士多德的哲学工作视为关于前苏格拉底哲学的迟来的反思，前苏格拉底哲学关注涌现和发光显现，并将持存与显现看作存在的规定特征。然而，亚里士多德对持存的理解不同于柏拉图的解释，即永恒的不变性，他将变化也纳入持存的定义之中。他描绘的世界是一个运动的世界，而且是持续地朝向自身终点的运动。换作经典的表述：运动是尚未完成的实现，实现是已经完成的运动。[90]"尚未完成的实现"，在不断生成的运动之中，"一方面，不再什么也不是，另一方面，尚且不是某种确定的东西"。[91]在 οὐσία 名下，亚里士多德成功地将"未

88　《范畴篇》5, 2a11—14。

89　GA 19: 192.22—23 = 133.18—19: "一　场　革　命。" 见 GA 19: 193.15—17 = 133.42—134.1（我在这里稍做改动）: "通过何种途径，'非-存在者'的存在得以在场、显现？"

90　Ross, *Aristotle*, 82.

91　GA 40: 122.18—20 = 126.23—24.

理解海德格尔：范式的转变

完成"与"已完成"统一起来，并将绝对的持存性和永久性，实际上亦即绝对的自身显动，归于自身合一的不被推动的推动者。海德格尔曾云："如有必要，所有存在者最终都可回溯至某个永动的实体那里，并在那个基础上乃是可理知的。"[92] 神，作为不变的实在理型，让任何其他的存在者经由"终极因"而在世界中运动，即完全被本性所欲求（κινεῖ ὡς ἐρώμενον），[93] 正如被欲求的对象（ὀρεκτόν）肇始并驱动了对它的欲求（ὄρεξις）。[94] 亚里士多德对于自然事物的理解十分特殊：运动和持存这两个观念在相对稳定的显现（εἶδος）之中合二为一。

为了便于考察在亚里士多德那里运动如何成其自身并被视为一般实在，我们须先退一步，探讨其形而上学视角下的一些隐含前提。这也要求我们调整视角，从"自下而上"转变为"自上而下"。亚里士多德承袭了古希腊的如下信念：完美和整体的规范性高于不完美和部分的规范性；静止的状态高于仍未完成的走向静止的运动；"一"高于"多"。[95] 他显然也认为，与尚处于实现途中的存在者相比，已经实现自身的存在者具有存在论上的优先性。[96] 但他对实在的理解也有所"退转"，因为他发现存在者的"所是"与它自身完成的程度都基于对自身终点（τέλος）的测量。他的哲学从应然的（de jure）完成退转至现实的（de facto）未完成，从优先性的东西退转至次级性的东西。[97] 他首先隐设

92　GA 19: 34.4—6 = 23.40—42.
93　《形而上学》XII 7, 1072b3。
94　见《论灵魂》III 10, 433b10—11：κινοῦν τὸ ὀρεκτόν。
95　分别见《政治学》I 1, 1253a20："因为整体必然先于部分。"关于实现（不动者）统摄运动，见《论动物的部分》I 1, 640a18："因为生成基于实体的存在。"关于一统摄多，见《论灵魂》II 1, 412b8—9，它将"一"（τὸ ἕν）同"存在"（τὸ εἶναι）以及"隐德莱希"（ἐντελέχεια，即居有自身的目的）等同对待。
96　《形而上学》IX 8, 1049b5："这看上去现实是优先于潜能的。"
97　在探究对我们而言熟知的存在者以及就其自身而言显现的存在者的过程中，这类情况甚至也曾出现。见《物理学》I 1, 184a16—18。

第二章　海德格尔对亚里士多德的继承

了存在者的已实现或"已完成"的形式（否则他如何知道将个别事物视为尚未完成的呢？），然后，为了理解个别事物，他悄然将"形式"移入实现活动中，将完全实现移入尚未实现自身的过程中，将整体移入参与实现自身过程的部分之中。在《存在与时间》中，海德格尔认为亚里士多德的这一做法与匠人的工作类似：首先设计出将要成其自身的形式，然后探求适于实现自身形式的任何事物。同样，另一位著名的亚里士多德主义者也认为：

> 蜘蛛的活动与织工的活动相似，蜜蜂建筑蜂房的本领使人间的许多建筑师感到惭愧。但是，最蹩脚的建筑师从一开始就比最灵巧的蜜蜂高明的地方，是他在用蜂蜡建筑蜂房以前，已经在自己的头脑中把它建成了。劳动过程结束时得到的结果，在这个过程开始时就已经在劳动者的表象中存在着，即已经观念地存在着。[98]

在《存在与时间》中，海德格尔认为先行至"形式"而后又返回现实的这种运动同样适用于命题陈述：存在者可能的"所是"与"所成"优先于它现实地"是这"或"是那"。然后，他用这种运动解释人的"去-存在"（ex-sistence）结构（参见第五章）。

再回到亚里士多德，他隐晦地将运动理解为从理念到现实，这个观点植根于他的"目的论"视角：任何存在者都努力追求自身的终点（τέλος）、自身的完成，尤其是终点的显现。海德格尔说：

> 存在者的基本特征之一是它的τέλος，它不是目标或目的的意思，而是终点。这里的"终点"没有任何否定的意味，仿佛"终点"

---

[98]　卡尔·马克思，《资本论》，MEGA II 5, 129.31—36 = *Capital* I, 178.6—13 (tr. Moore and Aveling) 以及 284.1—8 (tr. Fowkes)。

意味着存在者无法前行、已损坏或耗竭。相反地,"终点"意指朝向自身的实现活动的完成。存在者去存在伊始,界限和终点(πέρας 和 τέλος)就相伴而行。[99]

亚里士多德领会到"未完成"(τὸ ἀ-τελές)和"已完成"(τὸ τέλειον)之间的实证关联,前者表达尚未终结,后者表达已经终结。"终点"(τέλος)指存在者完全地"发展直至它的完成"(per + factum),也就是作为自身的"所是"与"所成"而在现实之中完全显现。另一方面,"未完成"则指存在者被终点所牵引、居有,从而处于朝向终点的运动之中(in + perfactum:朝向已完成的未完成)。他将"已完成"理解为存在者居有自身并经由其本质而实现其"所是"与"所成"。因此,如果"它居有了它的终点",也就是说,"如果存在者身上最细小的部分也并非从其外部被发现的话",[100]存在者就已完成并实现了自身。这种已完成的居有自身活动也在"本己"的层面被称为"整体"(τὸ ὅλον)。他还认为,如果存在者"经由其本质没有缺少本应属于它的任何部分",[101]它就是整全的,同时居有了自身。

上述思想在亚里士多德的关键术语"隐德莱希"(ἐντελέχεια,被完全地实现)和"实现"(ἐνέργεια)中得到集中体现。海德格尔追溯了这两个术语的中世纪译名(拉丁文 actus 和 actualitas)以及构成它们的古希腊词根。在这里,我们将再次看到"已完成"相对于"未完成"的优先性。亚里士多德认为,完成意指到达或者居有自身的终点(τέλος),亦即成为自身并置于实现自身的活动中:ἐν τελει ἔχειν,即 ἐντελέχεια,"本真的存在,

---

99　GA 40:64.27—32 = 65.24—30.
100　分别见《形而上学》V 16,1021b24—25:"存在者根据对目的的居有而实现自身。"《形而上学》V 16,1021b12—13:"如果存在者的任何部分都无法在自身之外被找到,那么就称它为'已实现'。"亦见《形而上学》V 16,1021b31—32。
101　《形而上学》V 26,1023b26—27。

第二章　海德格尔对亚里士多德的继承

就在聚集而立的显现活动之中居有自身而言"。[102]这对于构成ἐνέργεια的词ἔργον也是如此。[103]ἔργον一词有多重含义，包括"劳作"，海德格尔用它意指被欲求与得到实现的劳动成果，与"艺术作品"并无差别。

> 某个被创制的事物，某个意欲被创制的东西，就是ἔργον。但它并不泛指任何随意而偶然的劳作作品，因为ἔργον只意指那些应随时可被上手使用的事物。[104]

ἔργον的意思是让自身置于自然物之中或者被人置入其自身的形式（εἶδος）显现之中（人工物）。"自身显现"表明了它的实存方式和样态。ἔργον还指某个已实现、已完成的存在者：τὸ γὰρ ἔργον τέλος。[105]所谓目前"仍在作品中"（im Werk），就是指已完成的或尚未完成的"创制"活动（ἐν τῷ ἔργῳ, ἐν-έργ-εια, 即ἐνέργεια）。根据目前被创制的状态，事物在显现自身的活动中出场。换言之，亚里士多德将"在创制活动之中"（ἐν τῷ ἔργῳ）与"在形式之中"（ἐν τῷ εἴδει）完全等同（1050a16）。

> ἐνεργείᾳ, ἐντελεχείᾳ ὄν（在ἐνέργεια或者ἐντελέχεια之中的存在者）与ἐν τῷ εἴδει εἶναι（在自身的理智显现中存在）意指同一个东西。在"如此这般地被创制"的活动中显现的事物同样在理智显现活动中让自身在场。ἐνεργείᾳ是τόδε（"这"）的οὐσία（显现），即各自存在的这一个或那一个事物的在场。[106]

102　GA 31: 93.15—17 = 66.5—6.
103　《形而上学》IX 8, 1050a22—23: "ἐνέργεια这个名称关于ἔργον而被言说。"
104　GA 33: 137.31—138.2 = 117.23—26.
105　《形而上学》IX 8, 1050a21。
106　GA 6, 2: 369.5—9 = 6.9—13. 我借用"如此这般地被创制"来翻译im-Werk-als-Werk。

069

还是回到那个问题：究竟什么是尚未达致完成而在其运动之中朝向终点的未完成？亚里士多德认为，"完成"、"整体"以及"居有自身"这些概念不是同一个东西，而是在类比层面上相似的术语。所以，必须看到，任何存在者都根据已经居有自身的程度来实现自身。因此，一方面，神是已完成的完善者，就它除了最高最善的对象即自身之外不再思考任何别的对象而言，神是关于自身之思的思想本身（νόησις νοήσεως νόησις）。[107]神之中没有东西生成，因为神没有任何尚未实现的潜能（μὴ ὕλην ἔχει）。[108]神向来已经成为自身，从而处于与自身同一的绝对不动之中。然而，另一方面，对于整体的宇宙来说，仅有这样的存在者居于其上：它们部分实现了自身，从而尚以理智显现的方式在场（ἐν τῷ ἔργῳ/ἐν τῷ εἴδει εἶναι），亦即它们尚处于未完成的显现之中并经由自身运动朝向完全显现，不管它们处于"好"的运动状态之中（比如完美的圆周循环轨道中运行的星辰），还是始终处于追求终点的过程中（在月下世界中的那些事物）。它们都作为"尚未完全被创制的现实存在者"（ἐνέργεια ἀτελής）而存在。根据自身居有的 ἐνέργεια，它们乃是现实的。如果从完成程度层面的"趋近"（ἀγχιβασίη）来看，未完成就是实现活动："看上去，运动是某种实现，但是尚未完全达致其终点的实现。"[109]自巴门尼德（见《残篇》1.29：完满的真理，ἀλήθεια εὔκυκλος）[110]开始直至尼采，西方哲学与艺术领域有两个关于运动的比喻反复被提及："存在者从黑暗之渊中绽出，涌现光明；运动渴慕着沉静。"T.S.艾略特在《四个四重奏》的第一组诗里重现了这一（泛古希腊式乃至但丁式的）视野，他说：

---

107 《形而上学》XII 9，1074b34—35。
108 《形而上学》XII 9，1075a4。
109 《物理学》III 1，201b31—32。海德格尔关于亚里士多德"运动"概念的解析，见 GA 83：5—20 各处。
110 Diels-Kranz, I, 230.11。

第二章 海德格尔对亚里士多德的继承

> 日光
> 赋予形体以明澈和静穆
> 把暗淡的阴影化为疏忽易逝的美
> 以暖地旋转暗示人生悠悠。[111]

综上所述,亚里士多德认为,即使是运动中的事物亦分有实在。这是因为:事物在自身的界限(πέρας)之内显现(οὐσία),立于那里(συνεστῶτον, συνιστάμενον)或位于那里(ὑποκείμενον),在自身与逻各斯甚微隐含的关联中是其所是(εἶδος),从而显现自身;事物已经使自身聚集而立,在相对稳定的实现(ἐντελέχεια)中"聚有自身"(ἔχειν),从而也是实在的。此外,以上所有含义都能在古希腊语词"作品"(ἔργον)中得到阐明,所以,实现活动(ἐνέργεια)同时含有"让自身涌现、聚立而在逻各斯之中显现"这层意思,从而达致与"隐德莱希"(ἐντελέχεια)相同的实在程度。[112]

* * *

现在,我们仍将面临那个问题:"那让存在者居有存在即成为实在的多重方式统一起来的东西,究竟是什么?"亚里士多德似乎并未提供解答该问题的任何线索,还是其实正好相反?海德格尔在《形而上学》IX 10(Θ10)中找到了"居有存在"的基本含义。他讨论了"就'使自身显现'而言的实在"(τὸ ὂν ὡς ἀληθές),并认为它是"最本真的实在"(τὸ κυριώτατα ὄν, 1051b1)。[113]因此,正是存在者对于人的理智的敞开性构

111　"Burnt Norton"(III), *The Complete Poems and Plays*, 173.
112　见《物理学》III 1, 201a10—11,在那里"隐德莱希"(ἐντελέχεια)与"实现"(ἐνέργεια)被同等对待。
113　罗斯主编的《形而上学》古希腊文版将 κυριώτατα ὄν 放在括号里并附注说明:"先把它剪切下来,然后移至1051a34的 μὲν 后面?"

建了存在者的实在(τὸ ὄν的οὐσία)。然而,有些学者对于这个文本所处的位置与真实性提出质疑,[114]海德格尔本人对此则持肯定态度:

> 关于整个Θ卷的基本问题,Θ10都有关注,尤其是那个最根本的观念。总而言之,Θ10不是Θ卷的随附,而是它的基石,更是整个《形而上学》的绝对中心。[115]

如前所述,我将Wahrheit、Entborgenheit、Unverborgenheit及其同根词分别译为"揭蔽"(为了显示其与ἀ-λήθεια之间的关联,有时译成带有连字符的"揭-蔽")、"可通达性"、"可适用性"和"开敞状态"。这些概念都严格地指称对理智而言的揭蔽、可适用性等,而不是仅指对感官的揭蔽。与此同时,我还将Unwahrheit、Verborgenheit及其同根词译成"遮蔽"或"不可通达性"。

在《形而上学》之前的章节中,亚里士多德已经阐明,每一个存在者"有多大程度的存在(εἶναι),就有多大程度的可理知性(ἀλήθεια)"。[116]在那些文本以及《形而上学》IX 10中,他并不是在理智判断与断言(ἐν διανοίᾳ)层面讨论存在者的揭蔽,[117]否则的话,它将仅关涉逻辑学、认识论与正误判断(adaequatio intellectus et rei)。毋宁说,它

---

114 关于海德格尔同阿尔伯特·施韦格勒以及沃纳·耶格尔之间的论争,见GA 31: 81—84 = 57—60。

115 GA 31: 107.29—34 = 75.29—32。

116 《形而上学》,II 1, 993b30—31。见托马斯·阿奎那,《神学大全》I—II, 3, 7c: "Eadem est dispositio rerum in esse sicut in veritate." 亦见《反异教大全》I, 71, 16: "quantum habet de esse, tantum habet de cognoscibilitate." 见GA 45: 122.3—5 = 106.26—28: "揭蔽(ἀλήθεια)也经常在存在者身上起作用。真理与在其存在状态中的存在者是同一的。"

117 关于ὄν ὡς ἀληθές ἐν διανοίᾳ,见《形而上学》,VI 3, 1027b27和IX 8, 1065a21—22: 真存在者……在理智中被结合在一起。

乃是针对存在者自身(ἐπὶ τῶν πραγμάτων)所具有的源始存在论特征的揭蔽。[118]海德格尔一直认为,在《形而上学》IX 10中,亚里士多德重述了ἀλήθεια被看作"存在者对于理智而言的可适用性"这一古希腊思想隐含的传统。在上述文本中,他"首次同时也最彻底地表达了"这个传统,如海德格尔所言,"该展开了关于这一议题的如下论证:Wahrsein(存在者向理智开显自身并适用于理智)构建了诸本己存在者的最本己的存在"。[119]海德格尔在乔伊斯式的问答中概述了这个观点:[120]

问:存在者何时才能本己地揭蔽自身?
答:如果在存在者自身的每一个方面都能排除一切遮蔽的可能性。

问:何时才能达成那一点呢?
答:如果揭蔽在本质上就属于存在者的存在。

问:这又如何可能呢?
答:如果揭蔽(Wahrsein)构建了对于存在者的存在而言最本己的东西。

问:然而,存在者的存在究竟是什么呢?
答:存在者的稳定显现。

问:能够完全排除遮蔽可能性的最本己的揭蔽究竟是什么

---

118 《形而上学》IX 10,1051b2。
119 分别见 GA 31: 82.33 = 58.32 以及 87.21—23 = 62.2—4。
120 GA 31: 92.6—18 = 65.8—13.关于乔伊斯式问答,见 *Ulysses*, episode 16 (Ithaca), 666—738。

理解海德格尔：范式的转变

呢？何时才能出现那种情形？[121]
答：参见《形而上学》Θ10。

如上，通过重构亚里士多德在Θ10中的论证，海德格尔得出如下结论：

> 如果揭蔽就是可能性最高的、最本己的显现，那么，揭蔽就（真实地）存在着。这是一个纯粹的形而上学问题，与认识论毫无关系。[122]

亚里士多德关于《形而上学》IX 10中ἀλήθεια概念的讨论总共可分为三种情形，作为形容词的ἀληθές("揭-蔽"，向理智开显自身) 逐渐用于修饰三类不同的存在者：

复合存在者：σύνθετα
1. 偶然谓述：συμβεβηκά
2. 本质谓述：ἀεὶ συγκείμενα

非复合存在者：ἀσύνθετα
3. 诸本质、存在（ἁπλῆ οὐσία；εἴδη, ὄν）

海德格尔的论证深邃而复杂，为了廓清它们，我们最好尽可能切近海德格尔（包括亚里士多德本人）的论证过程。[123]

---

121 GA 31: 101.2—4 = 71.6—7。
122 GA 31: 92.18—22 = 65.13—16。这里讨论的"揭蔽"显然意指存在者（实体）的揭蔽。
123 海德格尔关于《形而上学》X 10的主要论述，见GA 21: 170—182 = 143—154以及GA 31: 87—109 = 61—76。

第二章　海德格尔对亚里士多德的继承

1. 谓述具有非本质属性的复合存在者(σύνθετα)(συμβεβηκά:"偶然的"性质,它们仅仅碰巧与某个存在者"一起",σύν + βαίνω)。比如,白脸的约翰(1051b6—9):在这种情况下,如果我们使S和P在"约翰是白脸的"这个肯定陈述中得到综合,那么,当且仅当约翰事实上是脸白的,这个陈述才揭示了约翰的"当下所是"。与此类似,在"约翰不是红脸的"这个否定命题中,当且仅当他事实上不是红脸的,这个命题才得到正确表述,从而揭示了约翰的"当下所是"。另一方面,如果约翰是白脸的,我们却说"约翰是红脸的",或者约翰明明是红脸的,我们却说"约翰是白脸的",那么,就没有正确地揭示(ἀληθεύειν),反而错误地表象了(ψεύδεσθαι)约翰。这些例子背后有一条重要原则,即正确揭示或错误表象约翰的那些判断的根基不在于我们关于约翰的陈述本身,而在于约翰自身的实情。"(约翰)是白脸的,不是因为我们的正确陈述使之如此;相反,我们正确陈述了他的白脸,乃是因为他事实上就是白脸的。"(1051b4—7)换言之,事态的实情(约翰的白脸)使我们关于他的陈述具有真假。约翰的实情产生了真理,而我们的命题符合了那个真理。[124]

在上述情况中,属性并非本质地属于载体,因此可以改变。在任一给定的时间点上,约翰的脸都可能是白的、红的或者正常颜色。"约翰是白脸的"这个陈述可能在早晨为真(在约翰醒来的时候,揭示了他的"当下所是"),然而,傍晚小酌之后,这个恒定陈述就可能不再为真,反而错误地表象了约翰的"当下所是"。"同一陈述可能在某个时刻正确地揭示了他,而在另一时刻错误地表象了他。"(1051b14—15)

由此得出如下结论:在(肯定或否定的)陈述中,如果主词指涉某个带有可变且非本质的属性的存在者,那么,形容词"真的"(ἀληθές)就

124　Mark Textor,"States of Affairs".

无法纯粹而不受限制地被使用。一个带有依附实情而定的谓词陈述无法完全避免对主词的错误表象。因为它随时都有误显的可能（"未-揭蔽"），这种 ἀλήθεια 不是揭蔽活动的本真形式。[125]

2. 谓述具有本质属性的复合存在者（ἀεὶ συγκείμενα：这些性质与载体"始终聚在一起"）。比如，粉笔与质料性，或正方形的对角线与它的正边之比不是整数（1051b15—17; 20—21; 33—35）。相较于事物的非本质属性（偶性），本质属性具有优先性。正如约翰与他的脸依据实情而变红或变白，"粉笔"和"白"同样不必然地被连接（因为有橙色的粉笔）。

> 相反地，一支现成的粉笔的质料性（Stofflichkeit）并不会仅仅偶然出现（συμ-βεβηκός），而是一个本质属性（συγκείμενον），它总是伴随着粉笔，与这个载体（ὑποκείμενον）始终相伴（συν-κείμενον）。在这种情形下，粉笔与质料性不可分（ἀδύνατα διαιρεθῆναι, 1051b9—10）。[126]

粉笔与其本质属性"质料性"不仅一同出现，而且在它们的存在里实际上就不可分离。

> 动词 συγκεῖσθαι 不仅意味着"碰巧一同出现"这个层面的"相互伴随"（比如约翰和脸白），毋宁说，它关涉持久的伴随性，一种先天持存地伴随，亦即彼此之间持续的共存。[127]

125　GA 31: 98.21—23 = 69.18—20:"非真理的持续的可能状态，不是原本的真理。"
126　GA 31: 95.8—14 = 67.13—17.
127　GA 31: 96.6—10 = 67.34—68.2.

第二章 海德格尔对亚里士多德的继承

有鉴于此：

> 从在其"所是"中显露自身的存在者出发，存在者及其本质属性（ἀεὶ συγκείμενα）并不是时而显示自身，时而遮蔽自身。因此，它们不会面临被遮蔽的可能性。[128]

因此，随着廓清了本质属性，我们将更切近地通向存在者的纯粹揭蔽。一旦粉笔作为"粉笔"居有其本质，它就同时排除了其他本质，比如木质，这一点值得注意。但它仍是复合存在者（σύν-θετον）。作为个别事物，粉笔并不直接等同于它的本质，仿佛可以与之完全互换；毋宁说，它仅"居有"其本质，即总是与其本质在一起。所以，我们有可能将错误的本质归属粉笔，从而错误地表象它，比如将这个白色事物与"木质"相综合从而将它视为一块木头，而不是粉笔。另一方面，在现实世界中，"质料性"却本质地属于粉笔（"总是一起出现"）。所以，在任何情形下，存在者的本质以及其本质的"所是"都意指存在者内在固有的自身显现。（所谓洞见事物的本质，也就是正确无误地揭蔽它，让它"是其所是"。）基于此，存在者的"所是"便可被描述为揭蔽（ἀλήθεια）的最高形式。正如亚里士多德所为（1051b15—17），他从精神层面将（譬如）粉笔与其本质属性"质料性"恒常结合，而不是时而揭示其本质，时而误显其本质。在这个例子中，二者在现实中始终恒常相伴，不可能有其他情况。

然而，这里仍有一个陷阱。在我们称为"客观现实"的世界里，粉笔与质料性确实恒常相伴（ἀεὶ συγκείμενα）。不过，粉笔与它的本质并不同一（正如命题"苏格拉底是雅典人"中，苏格拉底并没有穷尽"雅典人"这个种）。因此，"粉笔-质料性"其实是一种复合现象（σύνθετον），

---

[128] GA 31: 98.26—29 = 69.23—25.

理解海德格尔：范式的转变

正如白脸的约翰。要想知道这个白色的存在者究竟为何物，我们就必须综合"这个存在者"以及构成其本质的"粉笔"。但是，我们也可能弄错：将这个四英寸长的白色圆柱体看成塑料管，而不是粉笔。有鉴于此，亚里士多德同时认为，思想与言说中的误显可能性和从绝对不容有误的揭蔽而来的存在者的本质或"所是"格格不入。只要个别事物没有完全彻底地居有自身的存在，那么，在这般综合现象之中就仍然有误显的可能。

> 任何含有（ἀεί）συγκείμενον 这种存在方式的存在者（比如粉笔），亦与某个不可能从属它的东西本质相关（即使仅是可能的）。这种可能源于将某个不属于它自身的东西归属于它，从而产生误显的可能……因此，如果存在者（始终）与本就属于它的东西相伴，它就持续地揭蔽自身；但如果（将它与某个本不属于它的本质相互综合），它就（可能）持续地扭曲自身。[129]

从之前列举的约翰和粉笔这两个例子，海德格尔归纳出一条基本原则：

> 存在者及其存在越本己，它们的显现就越纯粹和持稳，与此同时，属于存在者的揭蔽活动也越持稳，误显也就越不可能。但是，只要（存在者的）揭蔽仍密切含有遮蔽的可能，那么，这种揭蔽就尚不是最本己的、最高形式的揭蔽。[130]

综上所述，如果存在者的本质与存在者完全一致，这个存在者就不会

---

[129] GA 31: 99.4—16 = 69.32—70.3.
[130] GA 31: 99.29—100.4 = 70.13—17.

是复合物,它将对与自身本质充分相适的理智完全地揭蔽自身(比如亚里士多德笔下的"神",作为理知者,神完全确知自己就是理知者)。[131]

再次回到那个问题:"能够完全排除遮蔽可能性的最本己的揭蔽究竟是什么呢?何时才能出现那种情形?"[132]

3. 谓述非复合的存在者(ἀσύνθετα:未连在一起的东西,1051b17及以后)。我们暂且将复合存在者搁置一旁,转而探究排除了一切综合的存在者,亦即存在者自身的存在或理智显现。[133]

存在者的存在并非时而属于这个存在者,时而又不属于它,而是优先于任何其他的事物并持久地属于它。"一般存在"、"单一性"及"统一性",它们都不能被进一步拆分。存在就是纯粹的单一者,作为最高的单一者,它是一切现实的与可设想的存在者的最初也是最终的可能根据。这个最高的单一者对于存在者而言同时也是最本己的。[134]

单一者的自身揭蔽活动绝不会被某个不属于它的事物误显。换言之,这类揭蔽不可能导向误显,这不是由于与它伴随的存在者持稳地显现自身,而是因为单一者本来就无法容纳任何伴随(复合)。因此,单一者的揭蔽活动彻底排除了被遮蔽的

---

131 《形而上学》XII 9,1074b34—35:"理知着其理智的理智。"阿奎那关于"神"亦持相似的观点:"神就其自身思考自己",见《神学大全》I,14,2,corpus;关于"神就是自己的存在",见《神学大全》I,45,5,ad1以及I,61,1,corpus。

132 GA 31:101.2—4 = 71.6—7。

133 《形而上学》IX 10,1051b26—27:"关于存在者的所是"(περὶ τὸ τί ἐστιν)以及"关于非复合的实体"(περὶ τὰς μὴ συνθετὰς οὐσίας)。GA 21:179.33 = 152.11:"外观"(εἴδη)。

134 GA 31:103.13—20 = 72.27—32。

理解海德格尔：范式的转变

可能性。[135]

既然存在/显现不是复合的东西，它就不能以陈述句（λόγος ἀποφαντικός）的方式显现自身。陈述句不论真假，都必须连接一个主词与表断言的特征谓词，同时使主词和特征谓词有所区分。["苏格拉底是雅典人"，这是一个复合命题（σύνθεσις），但苏格拉底并未穷尽雅典人这个种，仍能继续分类（διαίρεσις）。] 但是，如果指涉存在者的存在，由于存在只与自身相关，故在它之中既没有综合，也没有分离（1051b18—20）。存在者的存在或理智显现就是"单一者"（ἁπλοῦν），它没有任何复合。没有任何存在者伴随存在本身，也就是说，没有存在者能够具备存在的附属功能，并由此在陈述句中充当存在的谓词。存在者的存在只能被直接指称与领会，只能被无中介地直观。亚里士多德将这种直观称为"触及"（θιγεῖν）和"明见"（φάναι）存在者的存在。有鉴于此，海德格尔这样解释亚里士多德（1051b23—31；30—32）：

在非复合的情形中，揭蔽活动意味着触及、明见揭蔽者。肯定命题（κατάφασις）与纯粹单一明见的命题（φάσις）不同。在非复合的情形中，未理知就等同于未触及（τὸ δ᾽ ἀγνοεῖν μὴ θιγγάνειν）……

任何关于自身所是和所成而显现的存在者（ὅσα δή ἐστιν ὅπερ εἶναί τι καὶ ἐνεργείᾳ），在它们之中没有误显，而只有已被理知或尚未被理知。[136]

135　GA 31: 101.30—102.3 = 71.26—31.
136　见 GA 21: 176.14—19, 24—26 = 148.14—15, 17—22 和 26—27。在上述译文的 1051b31 这个地方，我依据贝克尔而不是罗斯的校勘（ἐνεργείᾳ 而不是 ἐνέργειαι）。关于 θιγεῖν：对比普洛丁在《九章集》VI 9: 7.4 中关于该词的使用，以及在 VI 7:（转下页）

第二章 海德格尔对亚里士多德的继承

或者,又如海德格尔所言:

> 单一者的自身揭蔽不可能被不属于自身的存在者误显。[137]

> 本真原初的揭蔽活动乃是能如其所是地显现自身的存在者的开敞活动。单一者的揭蔽就是单一者的存在(Sein),也就是如其所是地、纯粹彻底地让自身显现。这种显现是最直接的,没有任何存在者能横亘在观者与被观者之间。此外,存在(Sein)的直接显现优先于其他任何显现活动,比如存在者的显现。存在的显现是最高的、最源始的显现活动。总之,它是关于存在的完全、直接以及持稳的显现,这般最持稳纯粹的显现不是别的,就是最高、最本己的实在。[138]

就存在面向自身而言,它已达成最高的揭蔽:"如果存在者可以得到揭示,它的规定亦可通达,那么,一般存在就必须事先得到持稳的揭蔽。"[139]按照这种理解,从最本己的层面出发,揭蔽的本质就是持久的、可适用的以及可理知的存在者的显现活动,存在者借之而被视为"这"或"那"。如果存在者以可理知的方式显现自身,它也

(接上页)36.3—4中关于ἐπαφή(触及)一词的使用。奥古斯丁和亚里士多德对于"不会误显"的说法是一致的:"(灵魂)在理智直观或洞见中不会发生错误,它要么直观到(它的对象),从而使事物显现自身;要么没有直观到对象,从而使事物无法显现自身。"后面那种情形就是"无法显现自身的错误"(errare quia non videt),但是,"存在者被看到但发生误显"与"存在者根本没有被看到"这两类错误不是一回事。见《论灵意与字句》XII,25, 52, *Patrologia Latina* 34, 476.7—9和10—11;亦见《论灵意与字句》XII, 14, 29, 465. 25—26。

137 GA 31: 101.30—31 = 71.26—27.
138 GA 31: 102.11—21 = 72.1—8.
139 GA 31: 103.29—30 = 73.4—5,原文为斜体。

理解海德格尔：范式的转变

就同时揭蔽了自身；同理，如果存在者揭蔽了自身，它就同时以可理知的方式让自身显现。因此，《形而上学》IX 10 重提并证实了亚里士多德之前的论题，即存在者的存在（εἶναι）与存在者的理智显现（ἀλήθεια）乃是同一个东西。[140] 所以，在形而上学的界限之内，亚里士多德同时表明：揭蔽，即存在者的可理知性与可适用性（暗指"对人而言"），乃是实在的最高形式，从而也是所有存在者的存在样态的类比统一。[141]

海德格尔认为，《形而上学》IX 10 不但含蓄地展示了亚里士多德隐微却依稀可辨的"元现象学"视野，同时也揭示了不同"层次"的"揭蔽"（ἀλήθεια）之间的差异。这一点很关键，我将在下一章中详述，此处暂时一笔带过：《形而上学》IX 10 探讨的对象与其说是"理智之中的真理"（ἐν διανοίᾳ），毋宁说是"存在者的揭蔽"（ἐπὶ τῶν πραγμάτων）。[142] 亚里士多德竭力排除的"理智之中的真理"，乃是思想命题（它们或以陈述句表达）与现实事态之间符合一致的真理，也就是所谓的"理智与实在的充分符合"（adaequatio intellectus et rei）。但是，存在者的揭蔽完全不是符合论真理，因为后者仅为"使之为真"，即让存在者正确地被看作自身的"实际所是"。不过，反过来看，我们也许理应将亚里士多德的"真理"（Wahrheit）概念视为上面提到的"一致性"（adaequatio）或者正确性，而不应追随海德格尔，因为他将这个概念误释为存在者的揭蔽（更甚者，理解为绽出之生存的开敞状态）。海德格尔从《形而上学》IX 10 中撷取的揭蔽含义实际上并不是"真理"，而是意蕴性。亚里士多德并没有对这个主题展开讨论，海德格尔则正好

140　《形而上学》II 1, 993b30—31。

141　GA 65：93.3—4 = 74.1—2："存有的揭蔽与存有本身没有区别，前者是后者最本己的本质。"GA 83：21.6—7："因为'存在自身'通过揭蔽而得到规定。"

142　关于"在理智之中"（ἐν διανοίᾳ），见《形而上学》V 4, 1027b27；关于"在存在者之上"（ἐπὶ τῶν πραγμάτων），见《形而上学》IX 10, 1051b2。

第二章 海德格尔对亚里士多德的继承

相反。

只要存在者在先于理论活动的层面被"揭蔽",即优先于成为某个陈述命题的主词,它就已将自身现实地显现为"这"或"那"。从符合论真理的立场出发,这类显现活动可能并不正确,海德格尔曾举过一个例子:有人黄昏时穿过森林,徒步而行,误将灌木丛认作一头鹿。当灌木丛显现为一头鹿时,它确也对我"揭蔽为某个存在者",但若进一步探究,我们发现自己刚才弄错了,现在它被揭蔽为灌木丛。稍等一下,假如我们再凑近些,发现它实际上也不是灌木丛,而是一块大石头,又该如何?在以上三种可能情形(鹿、灌木丛和石头)中,存在者皆得到揭蔽,从而生发意义,尽管我们碰巧将它错认为其中两种。这里的关键在于:(基于海德格尔关于《形而上学》IX 10 的阐释这个背景)如果存在者"居有真理"(ἀλήθεια)或者"是真的"(ἀληθές),那就意味着它们在这样或那样的方式下有意义。如果我们构造了与那个被揭蔽即产生意义的存在者相关的某个命题,就可能正确或者错误地表述了它的意义,与此同时,那个命题也相应地呈现为真或假。对载体而言,要想让命题具有真假,这个载体就必须生发意义并得到揭蔽,也就是成为某个能让我们理解的存在者。对人而言,所有事物都要么现实地,要么潜在地生发意义。即使我们只能问"粒子是什么",实际上并没有理解它,我们亦已将"粒子"置入可理知的存在者这个界域中。任何事物都能有意义,却不是都真实。

海德格尔关于《形而上学》IX 10 的重新诠释算是投石问路,他其实想要进一步探究"揭蔽"概念的真实源始的含义。我们暂且称为"源始的揭蔽"。这也与意义问题相关:源始的揭蔽是一切意义源发的始因,然而,它自身却不可理知。当然,这些将是后面章节讨论的主题。

理解海德格尔：范式的转变

* * *

海德格尔曾在1973年举办的一次私人研讨会上指出：上述观点的形成之路不仅由亚里士多德铺垫，也由胡塞尔《逻辑研究》VI/6"感性和范畴直观"筑就。通过区分感性和范畴这两类直观以及被给予的对象，胡塞尔开创了解答存在论问题的现象学进路：将存在者的存在视为存在者对人而言的可适用性，正如亚里士多德在《形而上学》IX 10中所做的工作。[143]以砚台为例。感性直观的对象乃是胡塞尔称为"质料"的东西（亚里士多德称为ὕλη），换成海德格尔的术语，即"感觉材料（蓝、黑、空间广延等）。那么，被感性觉知的东西究竟是什么？就是感觉材料本身"。[144]菲多小狗在这方面与人的感知程度一样。但是，我们将会看到，除了感觉材料以及奠基于其上的事物，"让感觉材料显现自身的意义"这个现象，却是菲多小狗不能发现的。感觉材料让自身的意义显现（不管它们会呈现何种意义），这一事实并非植根于感性直观，而是无中介地被直观。[145]与康德将直观仅限于感性直观相左［他必须为物自身（Ding an sich）保留位置，因此对于本质的理智直观就不再可能］，胡塞尔通过与感性直观类比，承认范畴直观的存在，从而"让事物自身的意义得以显现"（包括在感性直观中显现自身的任何事物）。参阅海德格尔1973年研讨课报告的内容初稿：

---

[143] GA 15: 373—378 = 65—67. 见 Daniel Dahlstrom, *Heidegger's Concept of Truth*, 74—97 关于这些主题的成熟论述。

[144] GA 15: 374.24—27 = 65.29—31.

[145] GA 15: 374.32—33 = 65.33—34.

第二章　海德格尔对亚里士多德的继承

我们暂时停在胡塞尔的"溢余"（Überschuss）观念。[146]海德格尔这样解释它：诸如"砚台是黑色的"这个句子中，我们观察砚台的显现，并通过系词"是"将它视为对象或实体，因此，系词"是"对于感性觉知而言是"溢余的"。但就某个确定的方面而言，系词"是"（即"它是有意义的"）经由与感性觉知相同（或者相似）的方式被给出。但是，另一方面，系词"是"，作为意义的纯然实事，并未被附于感性材料上，毋宁说它是被"看"到（即直观到）的，这是一种理智的观看，它不同于被感性地看到的东西。为了以那种方式被"看"，"存在"即存在者的意义这个纯然实事必须被给出。[147]

让存在者显现自身的意义，胡塞尔这一范畴直观学说亦使海德格尔找到了一条现象学线索，便于理解古希腊人对于存在的领会，即将存在理解为存在者持久稳定的可被理知的显现。"古希腊人直接栖居于现象的开敞之处"[148][亦即存在者的开敞之处，"揭示为无蔽的和适用的"（τὰ ἀληθέα）[149]]。"古希腊人本质上就属于 ἀλήθεια，存在者在它之中亦在现象性之中让自身揭蔽。"[150]那么，ἀλήθεια 这个概念究竟为何物命名？古希腊人又在惊诧（θαυμάζειν）什么？[151]"它是某种溢余，超出任何存在者之现成存在的盈余"，[152]它让自身的意义得以显现。胡塞尔在"溢余"概念中重现了这种"盈余"观念。所谓"溢余"即范畴直观这种呈现方

146　《逻辑研究》，Husserliana XIX/2, 660.7—9 = II, 775.26："在指称中保持盈余即形式。形式在显象之中无法表明自身在其中得到证实。"
147　GA 15: 375.28—376.4 = 66.13—19.
148　GA 15: 330.7—9 = 37.31—33.
149　GA 15: 327.23 = 36.4—5.关于揭蔽与可通达性："处于无蔽状态之中的可敞开者。"
150　GA 15: 330.23—25 = 38.1—2.
151　柏拉图，《泰阿泰德》155d3；亚里士多德，《形而上学》I 2, 983a13.
152　GA 15: 331.9 = 38.19："溢　满"（Überfülle）、"过　量"（Übermaß）；见 GA 15: 330.23 = 38.1："过量"（Übermaß）。

理解海德格尔：范式的转变

式，存在者由此让自身的意义得以显现和溢余，它优先于并超越于仅仅连接感性"实存"的表断言的系动词"是"。在下面列出的文本中，海德格尔暗示自己将阐明"存在者本身"。它不是任何形式的"存在"，毋宁说，它允诺了（"给出了"）作为意义显现的存在。

> 通过对范畴直观的解析，胡塞尔将存在从判断的规定中解放出来。整个问题的研究事域由此获得重新定向。当我们抛出"存在如何能够被直观到"这个问题时，如果存在被理解为存在者的存在，我们就必须超越存在者。确切地说，在可被直观的可理知性这个存在问题中，问题的主题（das Befragte）是存在，即存在者的存在。然而，它所预期的回答目标（das Erfragte）却关涉让存在具有可直观能力的那个东西（稍后我称之为无中介的存在"揭-蔽"）。为了展开对于存在的可直观能力以及可理知性的问题探究，存在必须直接地而不是迂回地被给予我们。[153]

像古希腊人那样，海德格尔能够"直观"到一般的意义显现的被给予性。不过，与古希腊人不同，他深入这类意义显现的背后展开追问，以便厘清它的必要原因和可能根据。与之相反，古希腊人和胡塞尔都未能走到那一步。古希腊人如此醉心沉溺于存在者敞亮的现象之中，以致未能追问带来了这种光亮的源始根据；另一方面，胡塞尔"已达致被给予的存在，但他未能进一步深入探究它……因为对他而言，有一点是自明的：'存在'乃是（意识）对象的存在"。[154] 我接下来将会阐明，海德格尔1963年如何论述那个问题：

---

[153] GA 15: 377.24—378.5 = 67.18—28. "可直观的可理知状态"与"直观能力"即意义（Sinn）。

[154] GA 15: 378.11—16 = 67.33—37.

086

第二章 海德格尔对亚里士多德的继承

在(胡塞尔的)现象学中,意识活动被视为现象的自我显现。这个观点得到亚里士多德和所有古希腊人更为源始的思考。他们将绽出之生存视为 ἀλήθεια, 即在场的存在者的揭蔽:它们被揭蔽,从而展现自身。经由(胡塞尔)现象学重新被揭示的东西,也被视为上述思想的支持声音,乃是古希腊思想以及一般哲学的基本特征。

对我而言,上述思想越清晰,有一个问题就越突显:根据现象学的原则,我们应如何,又基于什么来确定,究竟是哪一个存在者被经验为"实事本身"呢?意识及其对象吗?还是处于揭蔽自身与遮蔽自身之中的存在者的存在?[155]

* * *

最后概述本章要点。海德格尔关于亚里士多德的重新诠释始于一个现象学的洞见:存在者的一般实在隐含了自身的开敞性与可适用性,由之通往与人之间的关联(见 οὐσία, 作为"稳定的持存")。随着对于 οὐσία 概念的深入探究,海德格尔揭示了这种可适用性的运动维度,即存在者从隐藏的地方涌现出来(φύσις),在它自身与人的理智(见 τὸ ὂν λεγόμενον)的隐微关联之中,也并不通达永久的(ἀεί)在场(εἶδος)。关于"涌出而显现",海德格尔显然并不是描述事物在史前时期(1.5亿至2亿年前的侏罗纪时期)存于宇宙时空之中的自然涌现,诸如针叶树的繁茂、爬虫类的诞生或者盘古大陆上事物的出现。相反地,他旨在阐明事物涌现自身,生发意义并适用于人,并称之为"存在者通往世界的入口"(der Welteingang des Seienden),这里的"世界"乃是意义世界。[156]

---

155 GA 14: 99.1—15 = 79.18—31: "在它的无蔽状态与遮蔽状态之中。"
156 GA 14: 87.1 = 70.10—11: "仅当澄明朗现,才兹有它(即在场状态)。"关于"世界入口"(Welteingang), 见 GA 26: 250.32 = 194.27。关于"真理"(Wahrheit), 见 GA 83: 21.8—11。关于意蕴世界,见 SZ 87.17—18 = 120.23; 334.33—34 = 384.1。

存在者涌现、生发意义并具有可适用性，这揭示了两点：(1) 存在者"立于"自身确定的界限之内（πέρας），即自身的"所是"和"所成"；(2) 存在者能在"理智显现"中"显露"自身（εἶδος: 存在者面对人的理智"呈现"出的样子）。由此可见，海德格尔显然将亚里士多德视为一个元现象学家，而不是天真的实在论者，因为后者将存在者仅仅看成处于世界之中的外在"对象"。

柏拉图关于"形式"（εἶδος）的主题描述，即将它视为属于存在者的可理知的本质，面临着双重危险：(1) 这类描述排除了涌现的维度，而将一般实在视为稳定的同一性、不变性以及永久显现，并认为这才是存在者的本质；(2) 它将个别存在者贬低为相对的非实在（μὴ ὄν, εἴδωλον）。另一方面，亚里士多德将未完成的（"运动的"）一般实在看作存在者通向并参与自身的实现过程，运动是存在者尚未完成的实现过程。他的"类比"学说承认实在的程度差别。此外，他还描述了"存在"的四种含义，将具体的、运动的以及特殊的"这一个"（τόδε τι）视为一般实在源始的承载者。特殊存在者通向完成的过程（它的 ἐνέργεια ἀτελής）就是它的实在程度，也是它关于本己的自身实现的量度。

在关于"实在"的隐微的主题描述中，亚里士多德展现了自己的才华：将实在置入类比量度中，视之为存在者对人的理智（νοῦς 即 λόγος）的可适用性，从而在宽泛的意义层面上既包括了实践活动，也包含了理论活动。通过提出与存在者的被给予性有关的学说，海德格尔开始抛出如下问题：存在者的被给予性（存在）如何让自身被给予呢？并由此发现了一个问题锚点，这也促使他回到前苏格拉底时期深究关于开敞之域的洞见：巴门尼德描绘的"完满的真理（ἀλήθεια），它不会颤抖的心"（《残篇》1.29）。[157] 开敞之域让存在者自身的被给予性得以可能。然后，海德格尔深入开敞之域本然的隐藏状态（赫拉克

157　Diels-Kranz, I, 230.11.

利特的 φύσις：隐藏自身而持存着）。最后，海德格尔回溯至前苏格拉底时期，追问那种本然的隐藏状态的源头与成因，正是它让所有的意义构造得以可能（"赋予"所有的意义构造）。在属人的先天的开抛状态（Geworfenheit）中，也就是绽出之生存向来始终已被带入的开敞之域（绽出之生存的本有状态：Ereignetsein），即可理知性的场域这个本己的状态中，他最终找到了"答案"。总之，亚里士多德将海德格尔带到他自己、巴门尼德、胡塞尔乃至整个形而上学传统都未曾提及的问题面前。

第三章

海德格尔对亚里士多德的超越

海德格尔常说自己的哲学工作植根于亚里士多德的形而上学,但并非裹足不前,而是越至此前西方哲学未曾提出的问题中。

> 我的哲学进路始于中学时期对亚里士多德的全神贯注。多年之后我又重拾它。存在者是什么(τί τὸ ὄν)？这个问题对我来说始终是哲学的主导问题。
>
> 随着对古代哲学整体研究的深入,那一点变得更加清晰。我某天忽然意识到,在西方哲学的开端处,乃至自那以来的任何哲学阶段上,主导的问题始终是:"究竟什么是存在者的'所是'(τί τὸ ὄν ᾗ ὄν)？"然而,有个问题从未被提及:"存在本身是什么(τίς ἡ οὐσία)？"什么构建了存在的敞开性及其与人的关联？它又植根于什么？[1]

在1937年《存在与时间》出版十周年纪念日,海德格尔回顾了他如何开始关于存在"所从何出"这个问题的思考,过去的十年中又取得了

1　GA 16: 423.3—15 = 4.3—14.

第三章　海德格尔对亚里士多德的超越

哪些进展。在《关于存在的追问》这篇文章中，他谈道：

> "关于存在的追问"有双重含义。它可以追问存在者的存在，即存在者自身是什么？……自西方哲学诞生伊始，贯穿其整个发展进程，直至终结，它一直以这种方式追问存在，并将这个问题作为西方哲学的主导问题。……
>
> 然而，对存在的追问也能意指追问存在本身的本质，即存在本身（而不是这个或那个存在者）是什么。较之前面提到的主导问题，这个问题理应首先被提出，并必然被经验。它寻求存在的本质，即存在本身所从何出，又如何发生（von woher und wodurch）？这才是基础问题，迄今为止探求的主导问题必须回溯至它。
>
> 这也是真正的存在问题，上述主导问题的正当性、方式以及紧迫性皆由它规定。[2]

这个"基础问题"溯至形而上学得以可能的根基处。它"所寻求的对象并不是存在者之存在，而是居于其本质中的存在本身"，[3]它寻求自身的意义得以显现的源头、原因。

> 一切"存在论"，尽管表面上都与存在本身有关，但其实压根没有追问存在本身。就自身而言，存在论关注的对象仅仅被视为类似前院和形式架构的东西，亦即普全的形而上学（metaphysica generalis）。[4]

2　GA 73, 1: 82.3—6 和 11—17。见 GA 74: 7.3—5: "存在者之存在（存在状态）问题与存在之揭蔽问题的区分。"

3　GA 40: 183.21—22 = 194.22—23。

4　GA 73, 1: 87.4—7。在 SZ 11.21 = 31.28，海德格尔将这种存在论称为"盲目的"。GA 73, 2: 1064.28: "没有存在论思考存在自身。"

理解海德格尔：范式的转变

但是，亚里士多德意识到了存在（οὐσία），居于自身存在之中的存在者（作为一般实在的实在）这个主导问题也让海德格尔迈过了上述基础问题的门槛。可以设想，只要它能照亮存在者并让它们被理知，那么，亚里士多德的形而上学就直面着存在者的存在。实际上，形而上学确实正在迈过这道门槛，并且

> 让自身需求一个（新的）领域，存在亦被挪至其中，它由之让存在敞开自身，从而被置入开敞状态之中。但是，这一切尚未伴随对这一领域的真正觉知，亦未明晰觉知它的必要性。[5]

随着提出"存在所从何出"这个问题，海德格尔区分了两个层面的属人的"超越"。一方面，亚里士多德的存在论超越了具体的实在者，而追问它们的一般实在。在这个向度上，它是"后-物理"的：在自然物之后直达自然本身（μετὰ τὰ φυσικὰ εἰς τὴν φύσιν）。[6]另一方面，海德格尔的基础问题则是"在'后-物理'之后"的：在自然本身之后直至"X"（μετὰ τὴν φύσιν εἰς τὸ "X"）。它更进一步，超越了一般实在（οὐσία）。形而上学追问："存在者何以可能？"海德格尔则继续追问："存在即意义显现何以可能？"就此而言，与柏拉图类似，海德格尔的追问方式从存在超越（ἐπέκεινα τῆς οὐσίας）直至使存在得以可能的"X"本身。[7]关于上述问题，海德格尔曾给出初步回答：本有的澄明之境（das Offene, die Lichtung）乃是关于存在本身的理解。巴门尼德早已揭示了开敞状

5　GA 73, 1: 84.32—35："它要求一个场域，让存在挪至其中，亦即它由此让存在敞开自身，从而置于真理之中。"

6　Heidegger, "Zum 'Brief' über den 'Humanismus'", 15.6. 关于"在存在者之后"（μετὰ τὰ ὄντα），见15.5。

7　《国家篇》VI, 509b9。海德格尔将这种让形式（εἶδος）得以可能的力量称为"使可能者与使适宜者"（das Ermöglichen und Tauglichmachen），见 GA 9: 228.8—9 = 175.6。

态,他洞见到"整全的真理(ἀλήθεια)"(《残篇》1.29)。综上所述,海德格尔的追问就变成:

1. 并不是"存在者从何出"。这一问题的答案是:存在。
2. 也不是"存在者的存在从何出"。这一问题的答案是:开敞的澄明之境。
3. 而是"'开敞状态'从何出并何以可能"[8]或者"澄明之境从何出并何以可能"。[9]

关于最后那个问题的答案将是"本-有"(Er-eignis),即绽出之生存居有其本己的活动,也就是开抛活动。[10]

  现在,关于存在本身(而不仅是存在者)的本质的基础问题将存在本身置于拷问中,并从一开始就将存在回溯至向来有待规定的领域("X"),存在从中承受其自身本质上的开敞状态,即它的揭蔽活动。[11]

  如果存在问题按照这种方式被理解并提出,我们就必须已经超越存在本身。存在以及(超出的)"另一个"便能诉诸语言。这"另一个"必须是存在涌现敞开("澄明-揭蔽")的寄居之所,实际上也是开敞状态自身本己的涌现之所。[12]

---

8 GA 14: 46.4—5=37.14—15.亦见GA 77: 112.20—21=73.1:"开敞之域本身是什么?"
9 GA 14: 90.3—4=73.3.亦见GA 66: 422.5—6=373.6—7:"存有之真理如何本现?"
10 GA 71: 211.9:"'此'意指本有的开敞之域,本有的澄明之境。"换言之,绽出之生存本身就是开抛活动。
11 GA 73, 1: 82.20—24.
12 GA 73, 1: 83.1—5.海德格尔接着阐明(见GA 73, 1: 83.5—6):"细言之,即意义问题(Sinn-frage)的廓清。"对他而言,这一附加解释可以作为备忘录,提醒他将存在之本现问题作为存在之可理知性问题来细致探讨。

理解海德格尔：范式的转变

这里须再次强调海德格尔的基础问题的两个要素：(1)从"存在超越"直至存在的"从何出"，即澄明之境；(2)从"澄明之境超越"直至澄明之境的"从何出"，即绽出之生存的"本有"。

海德格尔在1930年为《形而上学是什么？》日译本所作的"序言"中提到：

> 作者认为，对于西方哲学传统的主导问题"存在者是什么"，他拥有更为源始的领会。那个主导问题取决于这样一个基础问题："存在是什么？"基础问题支撑并引导了主导问题。此外，基础问题也同时追问：存在之开敞的内在可能性和必然性植根于何处？[13]

这个"根基"就是海德格尔颇具启发意义的原初现象（Urphänomen）或原初实事（Ur-sache）。[14]这个"原初现象"就是"开敞之域"，它让我们能把存在者作为"这"或"那"，从而得以领会存在者的"存在"，也就是它们究竟如何并作为"什么"而在当下具有意义。

* * *

那么，海德格尔曾如何通达让存在得以可能且必要的"X"本身呢？不出意料的话，答案将是：让我们回溯历史，尤其是古希腊哲学。在1937年《存在与时间》的十周年纪念版中，海德格尔再次追问：

> 存在本身在那个维度中使自身涌出、显现，我们应如何知道

13　GA 16：66.11—16.换言之，究竟是什么产生了直接的意义显现活动（如果它曾隐藏的话）？

14　GA 14：81.13—14 = 65.30—32.

第三章　海德格尔对亚里士多德的超越

它？如果这不是随意编造，我们就必须展开研究。再者，如果这类研究不是漫无目的的消遣而已，我们就需要有一个方向。这个方向必须从历史地承引我们的东西而来，也就是从存在的开敞状态这一横贯了整个西方历史的方式而来。[15]

上述引文的最后一句含蓄地提及海德格尔（略显含糊地）称为"存在之历史"的东西，我将于第九章讨论这个主题。本章剩下的内容目标将更切实际。既然传统的形而上学至少曾为存在命名，诸如存在者的"真理"（ἀλήθεια）、"形式"（εἶδος）和"实体"（οὐσία），我们将概述海德格尔如何从那些概念中抽取解析"元形而上学"问题的若干要素。他认为，那些名字"对我们隐藏了一条线索，它直接的力量必须曝于光亮之中"。[16]

> 西方思想的主导问题的开端和历史为追问存在本身的开敞状态提供了何种线索？（形而上学的）主导问题探求存在者的存在，由此将存在带入语言之中。但它（仅）关注存在者，并将它们概念化为这般所是。……然而，甚至（仅）就如何为存在命名来说，（形而上学的主导）问题也已提供了关于存在的诠释，就在它为存在命名的那些基本术语之中。[17]

为了展现海德格尔如何区分使存在者的存在得以可能的、元形而上学的开抛的澄明之境，我们将考察指引他扬弃传统形而上学的三个关键术语：（1）ἀλήθεια，（2）ἰδέα/εἶδος，以及（3）οὐσία。[18]

15　GA 73,1：83.9—15.
16　GA 73,1：85.8—10.
17　GA 73,1：84.24—31.
18　海德格尔在 GA 73,1：85.13—14 为这些术语命名，并在 GA 73,1：87.7 明确提到这些名称。我将补充海德格尔在其他文本中关于该问题的讨论。

095

理解海德格尔：范式的转变

一、ἀλήθεια（真理、揭蔽）

我们应如何翻译名词 ἀλήθεια 及其形容词 ἀληθής 呢？在其哲学生涯的大多数时候，海德格尔都将 ἀλήθεια 译为德文 Wahrheit，即"真理"，这一点令人遗憾，正如他曾在《存在与时间》及相关文献中告诫我们："真理"这种译法歪曲了 ἀλήθεια 概念的原初含义。

> 将这个概念译为"真理"……就会遮蔽掉希腊人先于哲学而领会到的东西的意义，希腊人在使用 ἀλήθεια 这个术语的时候，是"不言而喻地"把那种东西作为基础的。[19]

> 古希腊人言说 ἀλήθεια 时，不管是拉丁文 veritas，还是德文 Wahrheit，都不能对他们预先所见所感的东西激起哪怕一丁点儿共鸣。[20]

只是在哲学生涯的末期，海德格尔才开始承认自己的错误：

> 作为 ἀλήθεια 而思的 ἀλήθεια 与"真理"无关，毋宁说，它意指揭蔽。我当初在《存在与时间》中关于 ἀλήθεια 的解释已经朝着这个方向行进。我始终坚持将 ἀλήθεια 视为揭蔽，但与此同时"真理"概念也时常窜溜进来。[21]

> 在任何情况下，有一点很明确：追问作为揭蔽的 ἀλήθεια，与

---

[19] SZ 219.33—37 = 262.26—29："遮蔽意义"（verdecken den Sinn）、"先于哲学的领会"（vor-philosophisches Verständnis）、"自身–领会的"（selbst-verständlich）。
[20] GA 45：98.8—12 = 87.20—24。
[21] GA 15：262.5—10 = 161.31—34。

第三章 海德格尔对亚里士多德的超越

追问真理不是一回事。所以,用"真理"来称呼澄明这层意义上的 ἀλήθεια,是极不合适的,并因此产生误导。[22]

那么,究竟何为旨在理解 ἀλήθεια 内涵的"先于哲学"的不证自明的基础?海德格尔在 ἀλήθεια 的词根里找到了它隐含的否定含义(-λήθ-),它与动词 λήθω/λήθομαι 和 λανθάνω 有关,即"遗忘、隐藏"。[23]如果该否定元素再附加上 ἀ- 这个否定前缀,它自身的否定含义就得到消解。所以,ἀ-λήθ-εια 一词对海德格尔而言构成双重否定,它用于表达存在者"不再处于未被注意的"状况之中,或者换成肯定陈述"存在者已经被注意到"。海德格尔认为,动词 ἀληθεύειν 意指"将存在者引入光明之中,也就是说,把之前未被看见的存在者引入我们的视界之中"。[24]简言之,ἀλήθεια 这个词用于表达存在者当下显现而可被看见的条件,这不是时空方面的视线在场,而是让自身面向理智,从而显现意义。

这一点可在亚里士多德的诸多文本中显出端倪,尤其在《尼各马可伦理学》中提到友爱的地方。他认为,每个人都能感受到对他人的善意(εὔνοια),但这尚未构成友爱,除非善意被相互给予并被相互铭记。他在这里用 μὴ λανθάνω(否定词"不"加上"被隐藏,未被注意")表达"铭记",即未被隐藏的意思,简言之,被注意或认识。[25]大约七个世纪之

---

22 GA 14: 86.16—20 = 70.2—5.
23 GA 54: 61.30—31 = 42.7—8:"未注意"(λανθάνει, unbemerkt)。见 Wilhelm Luther, "Wahrheit" und "Lüge" im ältesten Griechentum, 11—13:"未注意."因此,它被隐藏、遮蔽、掩盖,遂有"揭蔽"之义。见 Robert Beekes, with Lucien van Beek, *Etymological Dictionary of Greek*, I, 65 及以后, s.v. ἀληθής。
24 GA 45: 94.9—10 = 83.38—39.
25 《尼各马可伦理学》VIII 2, 1155b34: μὴ λανθάνουσαν, 意指如果善意"未被隐藏"(贝克尔的拉丁文版本, non occultam neque incognitam, III: 574a11);以及 1156a4: μὴ λανθάνοντας, 意指彼此间的善意和赠予必须"未被隐藏",也就是必须被认知(cognitum, 贝克尔, III: 574a19)。亦见《物理学》III 1, 200b13—14: 如果我们想要理解(转下页)

后，普洛丁沿袭了这一用法。[26] 他将感觉（τὸ αἰσθάνεσθαι）定义为"对刺激感官的东西产生关注"。对于这种关注，古希腊文表达为 τὸ τὸ πάθος μὴ λανθάνειν，即"那些刺激感官的东西未被隐藏"（双重否定）。普洛丁随后在《九章集》中将 μὴ λανθάνειν（未被隐藏）与动词 γινώσκω（认识）并列。基于上述实例，古希腊人关于 ἀλήθεια 的理解有一个"不证自明"的先于哲学的基础，它也是让存在者敞开并适用于知识（不管理论方面或实践方面）的条件。

海德格尔后来不再将 ἀλήθεια 译为"真理"（Wahrheit），代之以诸如 Erschlossenheit 或者 Unverborgenheit 这样的新词。Erschlossenheit 通常相当于英文 disclosedness（揭蔽），它也与 ἀ-λήθεια 这个 ἀ- 否定结构平行，即 dis-closedness（"揭-蔽"）。与此同时，Unverborgenheit 则通常意指"未被隐藏"（unhiddenness）或"无所遮蔽"（unconcealedness），亦与 ἀ-λήθεια 平行对应。不过，这些术语中的双重否定未能表达出英文"开敞状态"（openness）一词的主动含义，因此未能勾勒出更为生动的图景。正如海德格尔所言（当时他尚将 ἀλήθεια 译为 Wahrheit）："借由 Wahrheit 这个概念，我们领会了存在者的开敞状态（显现）。"[27] 这里有两点值得关注：(1) 在柏拉图和亚里士多德那里，ἀλήθεια 乃是事物的开敞状态或者可理知性；(2) ἀ-λήθεια（dis-closedness）乃是现象学层面的，仅当某个与人相关的 ἀ-ληθεύειν 行为（关于某个存在者的揭蔽）发生时，它才会出现。每当提到"揭蔽某个实体"，海德格尔其实想说，仅当这个实体在人的知觉（Vernehmen）行为中并以这个行为为目的，它才能敞

（接上页）"涌现"（φύσις），那么，运动（κίνησις）的含义就必须"未被隐藏"（μὴ λανθάνειν，non lateat nos，贝克尔，III: 110b29），亚里士多德将它与 ἀγνοεῖσθαι（未被认知，被忽视）结合起来。见托马斯·阿奎那，《〈物理学〉评注》，liber III, lectio 1, no. 279: "ignorato motu, ignoratur natura."

26 普洛丁，《九章集》I 4: 2.3—6。
27 GA 38: 79.21—22 = 68.12—13。

第三章　海德格尔对亚里士多德的超越

开自身的意义。他始终认为，敞开的即可理知的存在者与对这个存在者的知觉活动之间存在一种现象学关联。因此，一方面，揭蔽存在者就是揭蔽它（不仅感性方面）产生的意义，这一切不会在某个前人类或者超人类的情境之中发生，而只会在人对存在者的知觉活动之中出现并伴随该活动。[28] 另一方面，如果提到澄明之境的揭蔽，海德格尔则意指开敞状态显现自身的同时也隐藏自身，正是开敞状态让存在者成为可理知的（"居有存在"）。[29] 总之，海德格尔尝试探究上述情形产生的原因及方式。

* * *

海德格尔还从各有不同但事实上又构成递进关系的三个层面解释了 ἀλήθεια 这个类比上的哲学概念。我们不妨分别称为 ἀλήθεια-1、ἀλήθεια-2 和 ἀλήθεια-3。首先，我将以倒序的方式阐释这三个概念。

ἀλήθεια-3 针对陈述的正确性，即某个命题与它指称的事态之间在事实方面的符合一致，传统上也称为"理智与实在的充分符合"。[30] 仅当我们描述某个陈述的事态时，这种真理才会出现。我们可能（正确地或错误地）进行陈述：我们以"实际上"如其所显现的方式展现了命题中的某个存在者（"从"其自身：ἀπο-φαίνεσθαι, *de*-clarare），而不是表达我们自己对于那个存在者的感受、意向和愿望（以主观或祈愿的语气表达我们对于所言之物的态度）。表达陈述的古希腊语词为 λόγος ἀποφαντικός，或者简称为 ἀπόφανσις。如果我们的断言与事态符合一

28　GA 9: 442.30—31 = 334.28—29: "（我们）必须铭记，希腊式地被思的 ἀλήθεια（揭蔽）诚然对人而言运作着。" GA 87: 103.2: "自身显现向来与某种知觉相关。"
29　可理知性不是符合论真理。存在者作为意义事物显现自身，不论意义本身正确与否。
30　托马斯·阿奎那，《论真之辩论的问题》，quaestio 1, articulum 1, corpus。见 SZ 214.26—36 = 257.24—35。

致,它就是陈述的真理(正确)。反之,如果我们的断言站不住脚,自己就会陷于陈述的谬误之中(不正确)。我们坚持认为刮铲在抽屉中,并确信这一点。我们断言黄昏时分自己在森林里看见的东西是鹿,然而,走近观察,才发现原来是灌木丛。[31]换言之,某个句子是陈述句(即用陈述语气表达的命题)这一点并不能确保它一定为真,它只可能地为真或假。

既然陈述命题只能在正确或错误中择其一,那么,与陈述命题相对应的事态必须以某种方式已经使自身揭蔽并显现于我们面前。这也意味着:陈述的真理或谬误必须事先预设某种揭蔽活动,它能够以可理知的方式通达陈述命题的主词。所以,符合论真理的可能根据乃是ἀλήθεια-2。

ἀλήθεια-2指属于某个事物或事态的先于命题(即先于陈述)的可理知性。这类可理知性具有优先性,并且向来已在日常生活中发生作用,海德格尔最初称为"存在者层次的真理"。[32]然而,"存在者层次的真理"这一短语易生误解:它仿佛在暗示关于存在者的先于命题的某种意识总能让存在者得到真实无误的揭示,但这其实是ἀλήθεια-3。诚然,存在者总被揭蔽为带有意义的某个东西,即使被错误地证实(例如,我们把灌木丛看成了鹿)。存在者的ἀλήθεια-2则指事物自身不可消除的意义关联,而不是关于事物的真实无误的揭蔽。最后,作为ἀλήθεια-3和ἀλήθεια-2的根据,并使二者成为可能,还必须有ἀλήθεια-1。

ἀλήθεια-1(或原初的ἀλήθεια)意指开抛活动或者揭蔽发生的"场所"。它就是绽出之生存本身,也是存在者的可理知性(ἀλήθεια-2)和命题正确性(ἀλήθεια-3)的可能根据。海德格尔最初称之为"存在

31　GA 21: 187.17—20 = 158.14—17.

32　GA 3: 13.15—16 = 8.40. GA 5: 37.17—18 = 28.10　11;"'揭蔽二'就是存在者之无蔽状态。"关于将ἀληθής视为存在者之"揭蔽"(而不是"真理"),见本书第二章注释136,奥古斯丁在《论灵意与字句》中关于"真"(verum)的使用。

论真理"。[33]基于同一原因,它易被误解为"存在者层次的真理",但 ἀλήθεια-1 其实是让存在者层次的揭蔽与陈述方面的真理得以可能的根据,却不是其中的任何一方。ἀλήθεια 这个概念最基本的含义就是海德格尔(不管其思想的前后期)借由"澄明之境"概念所表达的意涵。[34]

简言之,三个层面的 ἀλήθεια 的共同特征不是"真理",而是关于赋义活动的开敞状态。ἀλήθεια-1 实为"开敞之域",从中存在者被"作为"某个对象,从而揭蔽并显现它们的意义。ἀλήθεια-2 则是关于存在者的先于命题陈述的意义显现。ἀλήθεια-3 则指存在者在命题陈述上所具有的正确含义,它们至少当下是正确的,直到出现更为正确的命题含义。现在,我们还需要进一步阐明这三个层面上关于意蕴性的开敞状态,这次将会采用正序的方式。

首先,ἀλήθεια-1 指称"绽出之生存的一般结构",即"世界敞开性",[35]"一般的开敞状态(绽出之生存)",[36]以及"居于自身的开敞状态,即源始的发生活动:绽出之生存"。[37]"只有伴随'绽出之生存'的开敞活动,我们才能通达揭蔽活动的最原初现象。"[38]如果没有绽出之生存向来运行的开敞活动,存在者将无法与另一个存在者发生关系(工具之于事务,或者主词之于谓词),从而将无法领会存在者的各自存在。然而,作为开抛活动,ἀλήθεια-1 层面的绽出之生存仍留下一个谜,一个

33　GA 3: 13.16—17 = 8.40—9.1. 关于"揭蔽一"与"揭蔽二",见 GA 9: 134.1—2 = 105.22—23:"在存在者之无蔽状态中,也一向已经包含着一种存在者之存在的无蔽。"

34　SZ 133.5 = 171.22. GA 14: 85.32—33 = 69.21—22:"ἀλήθεια 即在澄明之境这个意义上的无蔽状态。" GA 14: 82.9 = 66.26:"存在的澄明之境。"

35　GA 21: 164.12—13 = 137.28—29.

36　GA 45: 154.27—28 = 134.19. 见 GA 65: 13.10—11 = 13.7—8:"对作为绽出之生存的真理之本质现身的建基。"以及 GA 45: 193.25—27 = 167.20—22:"真理之根据植根于它(绽出之生存)中,绽出之生存同时作为被存有所本有的对象。"

37　GA 45: 223.11—12 = 187.9—10.

38　SZ 220.38—221.1 = 263.26—27.

理解海德格尔：范式的转变

关于"此之在"的隐秘（das Geheimnis des Da-seins）。事实上，那也是"遗忘"的隐秘（das vergessene Geheimnis des Daseins）。[39]那个隐秘并没有超于人之外，只是指明了如下事实：开敞活动的发生方式和原因是不可理知的。那一隐秘亦指开抛的澄明之境所独有的"以不在场的方式在场"特征。海德格尔认为，ἀλήθεια-1 即澄明之境向我们打开，宛若"深渊"[40]或者场域（χώρα）[41]。换言之，(1)无论绽出之生存在何处实际生存，澄明之境向来已经在场并运行着；(2) 由于它的发生原因总是未知的，它又是"被隐藏的"（或"不在场的"）。深渊般的澄明之境这一隐秘亦被海德格尔恰如其分地称为"实际性"，即我们无法回到开抛活动（就是我们自身）背后去探寻"始因"，因为能够提出那个问题，就已经预设了开抛活动。这个始终运行的源始的开敞活动通常被我们忽视，因为作为一切人事的最终前提，它的成因及它的源头必然是不可理知的（"被隐藏的"或"不在场的"）。然而，开敞活动又"比所有历史事件或事实更为真实与有效"，[42]因为前者是后者的基础。只有在开敞状态中，才能"领会，即从某个存在者向另一个存在者开抛，并将它带入开敞状态之中"，[43]也就是领会存在者的各自存在即意义显现。

然后是 ἀλήθεια-2。它指在我们与事物先于命题陈述的照面关联中，事物的意义得以敞开。

（它）表明了某个事物的无蔽状态（Entdecktheit）。这种

39　见 GA 9：197.26 = 151.9 和 195.23 = 149.28。

40　GA 45：193.27 = 167.22. 见 GA 9：174.13 = 134.17："绽出之生存的'离-基'状态。"见 GA 26：234.5—9 = 182.11—15，关于绽出之生存（作为开敞着的深渊）的超越这一内容。

41　GA 83：157.5 和 12，它将"场域"（χώρα）描述成"存在者（居于其存在中的存在者）从某处出场"，原文为斜体。

42　GA 45：44.22—24 = 41.31—33。

43　GA 16：424.21—22 = 5.15—16。

第三章 海德格尔对亚里士多德的超越

无蔽状态在存在论上植根于揭蔽，即绽出之生存的开敞活动（Erschlossenheit）的源始情形。[44]

海德格尔曾在这里区分了两个概念，但很快就停止了这种区分：

1. Erschlossenheit（"揭-蔽"）：绽出之生存自身源始的开敞活动（= ἀλήθεια-1）。它也是"无-遮"概念的可能根据。
2. Entdecktheit（"无-遮"）：事物由之产生的可被理知的适用性（= ἀλήθεια-2）。

绽出之生存即揭蔽活动使事物的无遮状态成为可能，同时也置身于与事物的无遮状态的关联中，就此而言，海德格尔将绽出之生存的存在称为"事物的揭蔽活动"（Entdeckendsein）。但它常被遗憾地看作绽出之生存自身"是无遮的"（麦夸里-鲁宾逊）或者"是揭蔽的"（斯坦博）。海德格尔的意思其实简单明了：通过赋予事物意义，绽出之生存总是在存在论上（-sein）揭蔽（entdeckend）事物。不过，他最终停止了"揭蔽活动"（绽出之生存）和"无遮状态"（事物）的区分，直接将绽出之生存称为"（就自身而言）揭蔽着的被揭蔽者（就事物而言）"（erschließend erschlossenes）。[45] 作为先天的开敞活动，绽出之生存依次敞开与之照面的所有事物（赋予它们意义），其中包括实际生存着的（existentiel）绽出之生存自己。如果未曾处于意义关联之中，我们将无法与任何存在者

44　SZ 256.7—9 = 300.8—10.
45　GA 27: 135.13.（在 SZ 207.12—13 = 251.3—4 以及 365.21 = 416.32，海德格尔已经开始使用世界内存在者的"被揭蔽"这样的表述。）见 GA 45: 227.10—13 = 188.35—38："人既是'存有本身之开敞状态的看护者'（der Wächter der Offenheit des Seyns selbst），又是'存在者之无蔽状态的守护者'（der Bewahrer der Unverborgenheit des Seienden）。"

理解海德格尔：范式的转变

（包括我们自身）打交道。甚至只是在为某个未知事物感到困惑的时候（比如"介子究竟是个什么东西？"），我们实际上已经将那个未知事物引入可理知的事域之中（"用X表示介子所是的那个东西"）。假如它未曾被揭蔽为某个可理知的存在者，我们将不可能探究它，遑论找到其"所是"（如果它存在的话）。当然，我们更不可能做出任何关于它正确与否的命题陈述。[46]

最后是 ἀλήθεια-3。第三层的 ἀλήθεια 意指揭蔽活动的某种特殊状态，它植根于命题与已经（事先地或者仅初步地）被揭蔽的事态之间的符合。

> 为了是其所是（即同化对象），作为事物表象方面的正确性（= ἀλήθεια-3），真理以事物的开敞性与适用性（= ἀλήθεια-2）为前提，经由 ἀλήθεια-2 事物才成为 ἀλήθεια-3 中的客体……因此，这种开敞性（= ἀλήθεια-2）显然是正确性（= ἀλήθεια-3）的（切近但非最终的）可能根据。[47]

"真理"这个译名应被严格限定在 ἀλήθεια 的第三个层面，用来意指陈述的正确性。它是传统真理学说（亚里士多德学派、托马斯学派以及康德学派）的要核，即判断与被判断的对象之间的一致，也是思想命题或者语言命题与世界事态之间的相符。[48] 这就是亚里士多德所说的

46　见柏拉图，《美诺》，80d5—8（关于美诺悖论）以及86b6—c2（关于苏格拉底试探性的回答）。

47　GA 45：92.3—9 = 82.8—14。见 GA 27：78.5—6："'存在者'自在地被揭蔽（='揭蔽二'）。正因如此，我们才能做出与它有关的陈述。"关于"相邻的而非终极的"："揭蔽三"的最终根据是"揭蔽一"，即绽出之生存的开敞状态。

48　《形而上学》IV 7, 1011b26—28。托马斯·阿奎那，《论真理》I, 1, respondeo："真理的本质或结构在诸种符合一致中有其形式上的完成。"康德，《纯粹理性批判》，A 58 = B 82。关于"符合"的一系列术语，见 GA 45：16.16—27 = 16.4—14。

104

第三章　海德格尔对亚里士多德的超越

"相似"(ὁμοίωσις)，即灵魂所拥有的关于事物的"印象"(τὰ παθήματα τῆς ψυχῆς)与事物自身(τὰ πράγματα)相似。[49] "真理"(Wahrheit)概念仅适用于诸种陈述、判断与命题，我们不应追随海德格尔，将它扩展到 ἀλήθεια 的其他两种含义上，他误称之为关于存在者的先于命题陈述的"真理"，乃至于存在本身的"真理"。

* * *

亚里士多德遗忘了 ἀλήθεια-1，而只揭示了 ἀλήθεια-2 和 ἀλήθεια-3，即事物的可理知性以及命题的正确性。海德格尔提出如上质疑，并预备揭示隐藏着且持续发生的 ἀλήθεια-1，或者至少将之重新作为研究主题。巴门尼德曾觉知 ἀλήθεια-1，并视之为源始的让一切得以可能的开敞状态("圆满的 ἀλήθεια"，《残篇》1.29)，却未能追问开敞状态的解释根据，即绽出之生存的开抛或本有。赫拉克利特也有同样的问题：他曾揭示 φύσις/ἀλήθεια-1 的本然的隐藏状态。他曾提到，"φύσις 更倾向于保持隐藏"(《残篇》1.23)。海德格尔曾这样解释那句话："本然的隐藏状态乃是显现运动最内在的本质。"[50] 这里的"显现运动"意指存在的涌现，也被理解为存在者的"自身显现"(φαίνεσθαι)。赫拉克利特明白一点：所有关于存在形式的解释维度(无论它具体可能是什么)，都源始地隐藏自身。不过，他同样未能领会其始因。海德格尔则发现"本有"，即绽出之生存的开抛活动从未公开自身(他称之为"Ent-eignis")，因为

49　亚里士多德,《解释篇》1,16a6—8。
50　GA 15：343.24—25 = 46.18—19。见海德格尔在 GA 15：343.23—31 = 46.17—24 中的诸种解释。他这样表述澄明之境的不可知性这个本然特征(由于伪造的反身代词，下面的引述可能会产生误导)："这种隐藏状态就是在自身之中隐藏"，见 GA 6，2：319.1—2 = 214.8。

理解海德格尔：范式的转变

公开活动必须以本有为必要的前提、根据。[51]因此，海德格尔能够断言，前苏格拉底时期和公元前4世纪的古典哲学家，"就本有而言，他们不再是希腊之思"。[52]总之，我们有必要阐明前苏格拉底时期的 ἀλήθεια-1 与亚里士多德那里的 ἀλήθεια-2 之间的根本区别。巴门尼德和赫拉克利特将 ἀλήθεια/φύσις 作为存在者之存在的隐藏源头，亚里士多德则区分了 ἀλήθεια 与 φύσις，然后分别描述二者。

1. 在巴门尼德那里，ἀλήθεια 始终是 ἀλήθεια-1，它意指澄明之境，即存在者之存在的一切形式的处所、方式。但在亚里士多德那里，ἀλήθεια-1 未曾得到阐明，ἀλήθεια-2 仅指存在者的存在。
2. 在赫拉克利特那里，φύσις 意指存在者之存在的任何形式的本然被隐藏的源头。但在亚里士多德那里，φύσις 仅指存在者的存在，也就是那些我们称为与人工物相对的"自然"实体这个特定事域的存在（而不是它们的隐藏源头）。

因此，亚里士多德的 φύσις 仅可被视为对于赫拉克利特的孱弱回应，尽管它仍然意谓"涌现"（Aufgang），但不再是存在的涌现，而仅仅是存在者的涌现，尤其是那些无须外在力量驱动自我涌现的存在者（自然物）："展开自身的涌现，存在者植根于此并经由它而是其所是。"[53]

还有另一个重要提示。当提到一般层面的希腊思想时，海德格尔曾说："显现活动（φαίνεσθαι）意味着被带入显象中并在显象中现

---

[51] 作为所有事物之属人特征的解释根据，"本有"（Ereignis，对绽出之生存的开抛活动的本有）在它自身之中同时是"失本"（Enteignis），借由这个概念，海德格尔阐明本有也是内在的隐藏（退隐）而没有显现自身。见 GA 14: 27.35—28.5 = 22.31—23.3。如果将 Enteignis 译为"外有"（expropriation），则毫无意义。

[52] GA 15: 366.31—32 = 61.4.

[53] GA 73, 1: 85.19—20.

身。"[54] "被带入显象"的"那一个"是一个显现的存在者,在显现活动之中现身的被显现者(τὸ φαινόμενον)。存在者的显现(或存在)亦指让存在者现身的那个东西。像海德格尔那样,如果要深入完全现身的存在者"背后",追问(它们的)存在或显现得以发生的原因,我们就必须越过亚里士多德,通过前苏格拉底时期的探索,而最终回到海德格尔那里。这一点至关重要,因为在亚里士多德那里(不是前苏格拉底时期),φύσις 和 ἀλήθεια 仅关涉事物的显现,即 ἀλήθεια-2,他将与"生成/揭蔽"有关的这两个古希腊概念始终理解为事物的涌现、展开和显现,即它的"所是"和"所成"。海德格尔曾廓清了 ἀλήθεια-2 在存在者层次上的这一特性:

> 我们将 ἀλήθεια(-2)译为存在者的揭蔽,这样做已经表明,揭蔽(古希腊人所理解的"真理")就是存在者自身的规定。……存在者的揭蔽与存在者的存在就是一回事。[55]

* * *

作为一个现象学家,海德格尔始终认为,事物涌出并显现意义这个活动的发生不能脱离人。事物的 ἀλήθεια-2,即可理知、可使用的现身仅发生于与人实际的生存照面之中。[56] 实际上,事物的揭蔽并不属于事物而属于绽出之生存。[57] 正如海德格尔提到:"揭蔽是对于被我们所遭遇

54　GA 12: 125.10—11 = 38.4—5.
55　GA 45: 121.27—30 和 122.4—5 = 106.16—19 和 27—28。为了在修辞上对称,最后一句的语序略做调整。严格的译文为:"揭蔽与在其存在之中的存在者是一回事。"
56　GA 83: 22.1—4:"仅当兹有世界,仅当绽出之生存实际生存着,存在者才能够……在它的存在中作为存在者表现出来。"
57　GA 27: 133.25—26:"现成之物的无蔽状态不属于现成之物,而属于绽出之生存。"

的事物的规定。"[58]

> 仅当存在者在此显现(注意"在此显现"这一规定),即只有当存在者能够被照面到,它才能成为居有其存在的存在者。[59]

这里提到的"被照面到"即与人照面,以可理知的方式而不是仅凭感觉。在亚里士多德那里,仅论及对事物进行感性揭蔽,海德格尔在《存在与时间》里也曾提到:"αἴσθησις,关于某物直接的感觉综合……乃是真的。"[60]然而,人居于逻各斯这一揭蔽活动之中:"(对人而言)揭蔽首先在言说活动(λέγειν)中显现发生。"[61]因此,"现身即可被照面性"就是属于存在者的可理知的意义显现,即我们将它(正确地或错误地)作为这样或那样的东西。像亚里士多德那样,海德格尔探究存在,

> 即被照面到的事物与日常的绽出之生存相遇并对其显现,所谓日常的绽出之生存,即绽出之生存通过如下方式言说世界:闲谈与演说同时成为探讨存在问题的进一步的指导线索。[62]

58　GA 19: 17.1—2 = 11.35—36:"只要存在者与我们照面,无蔽状态就是存在者的一种规定。" GA 19: 23.6—7 = 16.21. 见 SZ 28.36—37 = 51.15—17:"按照通达存在者的种种方式。" GA 83: 21.3—23 讨论了揭蔽作为表现性(Bekundlichkeit),也作为存在者之世界通达性(Welteingänglichkeit),即意义世界之准入条件。

59　GA 19: 205.7—10 = 141.27—30,英译本在这里省略了海德格尔在德文原本中的两处斜体字。

60　SZ 33.30—32 = 57.11—12.

61　GA 19: 17.26 = 12.12.

62　GA 19: 205.16—20 = 142.2—5. 海德格尔在文本空白处对短语"言说世界"另做说明:"'是'被简单地言说、断言。"

第三章　海德格尔对亚里士多德的超越

因此，就亚里士多德的ἀλήθεια-2而言：

> ἀληθές字面上的意思是"无遮"。它原指无遮的存在者（πράγματα），即τὸ πρᾶγμα ἀληθές。这种无遮状态并不指向（"在宇宙中"）存在的存在者，而是与我们照面的存在者，亦即我们打交道的对象。[63]

> 这种揭蔽（ἀλήθεια-2）所从何出，所为何成？我们视其为"发生"，即"与人"发生关联。[64]

> 在事物被揭蔽的源头，（亦即）在存在"使存在者通达（于我们）"的始点，我们的知觉程度并不比被知觉者更少……它们共同构成揭蔽。[65]

有两个主题与上述引文相关，一个是逻各斯，另一个是精神之外的事物实存。在前一种情况中：如海德格尔对亚里士多德的解释，作为话语性的理解活动，逻各斯在事物存在的现身之中，扮演了关键角色。亚里士多德曾经追问："就事物被谓述和言说而言，即λεγόμενα，它们呈现为何种样态？"[66]这个问题针对这样的事物，它在话语性的理解中被视为某种东西。在这个过程中，事物，即它们当下的"所是"与"所成"，也就是它们的存在即意义显现，显现在我们面前。

哲学以事物的"所是"为目的，并仅以此为目的。但是，这也

63　GA 19: 24.29—33 = 17.25—33.
64　GA 34: 73.32—33 = 54.30—31.
65　GA 34: 71.17—21 = 52.36—38. "使存在者通达（于我们）"是我关于海德格尔的术语Durchlaß desselben（ = des Seienden）的阐释。
66　GA 19: 205.21—22 = 142.5—7.

109

理解海德格尔：范式的转变

意味着，哲学与我们称为"存在者层次"的事物无关，即与哲学能够全然浸入其中的事物无关。与此相反，哲学只与这样的事物有关，它们以某种方式就 ὄν（存在）言说 ὄν，即 ὂν λεγόμενον ἢ ὄν [事物根据其"所是"的事实而被话语性地（迂回地）言说]。[67]

因此，事物在 λεγόμενον 中（即在被言说的对象中并且在因此被揭示的内容中）显现自身，就此而言，λόγος（关于世界和事物的言说）发挥着引导作用。即使当关于存在的探究超越了辩证法（亚里士多德便是如此），也就是说，即使当它不再限于被谓述的事物，而朝向对于诸始点（ἀρχαί）及静观（θεωρεῖν）的纯粹把握，有一点仍能成立：存在的最终界定仍以 λόγος 为基础。尽管亚里士多德克服了辩证法，但他关于存在的整个追问仍以 λόγος 为导向。[68]

在元现象学的存在论层面上，存在者（ὄν）与属人的逻各斯（λόγος）之间的联系如此紧密，亚里士多德由此提到，正是人将与自己照面的存在者引入无遮状态。海德格尔这样评价亚里士多德："无遮状态（存在者的 Unverdecktsein）是绽出之生存的独特完成，这种完成活动存在于它的灵魂中：ἀληθεύει ἡ ψυχή。"[69] 换言之，人揭蔽居于自身存在的事物，

---

[67] GA 19: 207.19—23 = 143.18—24。海德格尔在 GA 19: 207.25—28（原文为斜体）继续提到："'存在-论'、言说（λέγειν）、就其存在方面关于事物的'谓述'这些观念，在亚里士多德那里首次显露其棱角。"见 GA 19: 224.5—10 = 154.36—155.2："我们在这里通向古希腊基础科学的总括特征，即第一哲学（πρώτη φιλοσοφία）。这门科学最终以逻各斯（λόγος）为向导，确切地说，它关于（被言说的）存在者（ὄν λεγόμενον），即被谓述的存在者，它以逻各斯为主题。"

[68] GA 19: 206.8—16 = 142.22—29；见 GA 19: 224.14—225.5 = 155.6—23。海德格尔此处提到的"关于 ἀρχαί 的纯粹领会"对应"触及"（θιγεῖν 或 θιγγάνειν），见《形而上学》IX 10, 1051b24—25。见第二章注释 136。

[69] 关于"灵魂让（事物）揭蔽"，见 GA 19: 24.33—25.1 = 17.28—30。古希腊引文源自《尼各马可伦理学》VI 3, 1139b15。

110

第三章 海德格尔对亚里士多德的超越

这一揭蔽活动(Erschließen 即 ἀληθεύειν)就是"人的绽出之生存自身的存在规定"。[70] 因此,要想揭示存在者的存在,"逻各斯是一条指导线索,并始终保持这一点"。[71]

与逻各斯这个关键角色一同出现的,还有与 ἀλήθεια 相关的第二个鲜明主题。海德格尔坚持认为,事物其实"实存于外",它能与人的知觉及理知能力相互分离。他宛若亲手剪断了戈耳迪之结(Gordian knot):"类似'世界是否独存于我的思想之外'这种问题毫无意义。"[72] 实际上,"仅当绽出之生存实存时,事物才是无遮的(援引海德格尔的说法,就是'居有存在')。仅当绽出之生存实存时,事物才能被揭蔽"。[73] 尽管如此,这却并不意味着"当且仅当绽出之生存实存时,事物才能是其所是",[74] 因为"事物能够独立于使之揭蔽、无遮以及被规定的经验、知识与知觉之外"。[75] 因此:

> 无遮状态或揭蔽活动(事物的 ἀλήθεια-2)揭示了一点:无论事物是否得到揭蔽,它们必须已经在场。被揭蔽的事物成为可理知的,即它的"所是"、如何存在以及将会如何存在,更不用说每一种具体可能的无遮状态。自然就是如其所是,它无须被揭蔽、被揭示(= ἀλήθεια-2)。[76]

70　GA 19: 23.6—8 = 16.21—23. 见GA 19: 17.11—14 = 12.1—3:"展开活动……是……我们描绘为人之绽出之生存这类存在者的存在方式。"

71　GA 19: 206.20 = 142.31—32.

72　GA 58: 105.15—16 = 84.5—6:"毫无意义的"(sinnlos)。见 GA 26: 194.30—31 = 153.28—29; 216.28—30 = 169.12—14。*Zollikon Seminare* 222.1—5 = 176.24—27.

73　SZ 226.28 = 269.21—22. 见 SZ 57.34—37 = 84.19—20:事物"能够与绽出之生存'照面',仅当(事物)在世界中显现自身的时候"。

74　SZ 212.1—3 = 255.8—9.

75　SZ 183.28—29 = 228.10—12.

76　GA 24: 314.31—315.3 = 220.40—221.2. 亦见 SZ 227.6—8 = 269.36—38:"它先前已经存在。"

理解海德格尔：范式的转变

循着那条思想脉络，海德格尔在探讨人的感觉活动与感觉活动的对象（αἴσθησις 和 αἰσθητόν）之间的关系时，提到"可感对象的现实存在（Wirklichkeit）并不依赖于具体的感觉活动"。[77]

但是，我们必须同时看到问题的复杂性。海德格尔着重提到这一"惊诧"：尽管感觉活动与独存其外的事物有关，事物与感觉活动相关这一事实"却并未剥夺存在者的独立性，反而事先让存在者能够确保自身在揭蔽活动中的独立性"。[78]

> 现成事物脱离于人，它的独立性不会因如下事实而改变：仅当人实存时，现成事物的独立性才成为可能。[79] 如果没有人的绽出之生存（Existenz），事物居于自身之中的存在就将不仅是无法解释的，而且最终将压根不可被理知。但是，这也并非意味着事物自身就依赖于人。[80]

> 仅当世界即绽出之生存实存时，物理自然才能够"内世界性地"（有意义地）显现。不过，自然也能以本己的方式"存在"，而无须"内世界性地"显现，也就是说，它不需要人的绽出之生存，进而不需要世界的实存而"存在"。正因自然本身就是客观的存在者，它才能够在世界之中与绽出之生存相遇。[81]

77　GA 33：201.11—13 = 172.27—28.原文为斜体。
78　GA 33：202.13—16 = 173.25—27.见 GA 34：70.22—25 = 52.14—16。
79　SZ 212.5—7 = 255.11—12.
80　GA 33：202.23—29 = 173.34—174.3.
81　GA 25：19.26—32 = 14.20—24.在 SZ 14.23—24 = 34.39—40，海德格尔认为，将"揭蔽二"与人之揭蔽活动相联系这类做法"与存在者之整体的有缺陷的主体化无关"。

第三章 海德格尔对亚里士多德的超越

换言之,只有与属人的逻各斯建立关联,事物的"存在"或者"意蕴性"才会发生,事物也不会仅在宇宙中现成实存。从海德格尔的现象学出发,存在仅经由人的领会才被给予。[82]实际上,存在取决于人对于存在的领会。[83]

ἀλήθεια(-2)乃是事物特有的存在特征,即事物位于与朝向它们的"看"的关系中,位于与环视它们的揭蔽的关系之中,位于与认知的关系之中。另一方面,ἀληθές(被揭蔽的事物)植根于ὄν(存在),(就此而言)这也是存在本身的一个特征,即存在=(存在者的)显现,这种显现在逻各斯中发生,并在逻各斯中"存在"。[84]

再者,关于柏拉图的"存在",海德格尔提到:

> 理念(ἰδέα)就是被看到的东西。仅在静观活动中,被看到的东西才是被看见的。一个"未被看见的被看见者"就像圆的方或者木的铁。我们必须严肃对待如下事实:柏拉图曾将存在(das Sein)命名为"理念"。"被看见的东西"不是对理念的附加,即随附理念的谓词,或者某个偶然在理念上出现的东西。相反地,那首先

82　SZ 183.29—31 = 228.12—14:"存在……只在关于存在者的领会中。"见SZ 212.4—5 = 255.10—11:"不过,只要绽出之生存实存,即存在者层面的存在领会之可能性,就会'兹有'存在。"见GA 26:194.32—33 = 153.30:"仅当绽出之生存实存,才会兹有存在。"

83　SZ 212.13—14 = 255.19—20:"存在……对于存在领会的依赖性。"见GA 66:138.32 = 118.24:"仅绽出之生存的存有。"GA 66:139.18 = 119.6:"存有依赖于人。"见GA 26:186.22—23 = 147.35—36:"(存在:)它从未陌生,而总被熟知,是'我们的'。"

84　GA 19:17.4—11 = 11.33—42;亦见GA 24:240.17—31 = 169.2—18,海德格尔将世界之外的存在者称为现成之物。亦见 Zollikon Seminare 350.27 = 281.16:"现成事物的无世界性。"

理解海德格尔：范式的转变

> 与一般得到描绘的东西被称为"理念"，是因为它们最初就被理解为"被看见的东西"。严格地说，只有在观或看发生的地方，才存在"被看见的东西"。[85]

可见，我们所通达的存在就是事物的可理知性，即它们的 ἀλήθεια-2 或者对我们而言的揭蔽活动。但这并不否认事物"实存于外"，承认这一点，并不会触及海德格尔现象学的要害，特别是展开现象学还原之后，他也总是这样做（见第四章）。海德格尔是一个现象学家，事物诚然"居于自身之中并显现自身"，但这个方法并未遵循朴素的实在主义或者胡塞尔的先验唯心论。

> 在（胡塞尔的）现象学中所发生的东西，即作为现象显现自身的意识活动，在亚里士多德以及整个古希腊思想中得到更源始的追思：将绽出之生存视为 ἀλήθεια(-2)，视为在场者的"揭-蔽"，视为事物已被从隐藏处带出，视为事物自身的显现。现象学的研究重新揭示了那一基本思想态度，由此证明了它源自古希腊思想，尽管不是希腊哲学的基本特征。[86]

海德格尔认为，存在即存在者的 ἀλήθεια-2，向来仅在与揭蔽（ἀληθεύειν）这种人的相关活动中出现。[87]

关于三个层次的 ἀλήθεια 的简要回顾，展现了海德格尔如下重

---

85 GA 34: 70.22—32 = 52.14—22.

86 GA 14: 99.1—9 = 79.18—25：无蔽状态 = Unverborgenheit；已被从隐藏处带出 = Entbergung（因为存在者不能凭借自身"从隐藏处跃出"）；显现自身 = sich-Zeigen。

87 关于"在场状态(Anwesenheit)与当前化(Gegenwärtigung)"之间的关联，见 GA 14: 87.21—22 = 71.1. 亦见 GA 21: 414.26—28 = 342.39—41。

第三章　海德格尔对亚里士多德的超越

要线索：他随着自己的基础问题，在古希腊人那里发现了将存在视为事物面向人的意义显现（这个用法）的可能性及必要性。不过，要想令人满意地回答基础问题，海德格尔至少还必须讨论如下四个议题：

1. 解释 ἀλήθεια-1 的本然的隐藏状态（以不在场的方式出场）；
2. 阐明这种隐藏状态如何使 ἀλήθεια-2，即存在者可理知的显现得以可能；
3. 廓清 ἀλήθεια-2 不是存在者层次上的"被给予"，它必须由人的绽出之生存主动地"带向前"，由此：
4. 解释所谓的"揭-蔽"活动（可由 ἀλήθεια-2 中 ἀ- 和 -λήθ 之间的连字符表示）。

根据海德格尔的上述解析，那四个议题其实未曾被古希腊哲学作为研讨主题，不过，它们事实上只能在超越现有形而上学之思的层面被提出。海德格尔认为，必须从形而上学"回溯到"优先于形而上学并为形而上学奠基的事域之中。

二、ἰδέα/εἶδος（形式、显现、外观）

顺着海德格尔的工作，我们继续从"存在"的古代名称中探寻其"从何出"这一基础问题的若干线索。他赋予 ἰδέα/εἶδος 另一个名称 οὐσία，同时开始研究上面列出的后两个论题，即与事物的被隐藏状态发生争夺以及将事物向前带入无蔽状态。（有一点值得一提：确切来说，我们并不是从被隐藏状态中赢获事物的无蔽状态，而是赢获被引入无蔽状态中的事物。）

海德格尔一直强调，存在者的意义显现，也就是存在者的可理知

理解海德格尔：范式的转变

性、可使用性和可通达性，并非源自事物自身经验性的显现。诚然，在亚里士多德那里，事物的可理知性即"所是"与"所成"，就是事物的"形式"(ἰδέα/εἶδος)。但是，这种可理知性不是在存在者层次上蕴含于事物之中，宛若认识论层面上的X射线那样能够穿透事物的本质。正如海德格尔所言："理念不是以某种方式隐藏自身的现成的客体，通过某个诱饵，我们可以诱出这类客体。"[88] 当然，海德格尔所谓的存在者的显现，不是指它充满一切感性特征的物理在场，而是存在者可理知的显现，它仅与（实践的或理论的）理性有关。由于"存在既不是存在者，也不是存在者的实存要素"，[89]我们无法通过针对存在者的任何意向性的或理知性的凝视活动来揭示它们的"所是"与"所成"。相反地，如果坚持古希腊人的立场，即要想理解关于本质的任何实例，这个本质必须事先被领会，那么，"除了以某种方式将本质带到我们面前并将我们自身带到本质面前，这还能有别的解释吗"？[90] 事实上，海德格尔认为，在引出存在者的意义显现即存在者的存在方面，我们扮演了一个积极的角色。他说："本质的攫取就是某种本质的'向前带出'。"[91]这种独特的"创制活动"(ποίησις)究竟是哪一种"向前带出"或者"先-导"呢？

古希腊人将存在者的"所是"理解为它的"形式"或者可理知的结构。诚然，柏拉图不会承认，ἰδέα/εἶδος即永恒不变地如其所是，能被人的活动向前带出。但亚里士多德赞同，除了事物可被理知这一存在论结构，它的本质还被带入人的现实的认知活动中。亚里士多德所谓的"先-导"(ποίησις：将某个事物引向前)不是将事物带入实存的初次"制作"活动，而是针对已存在于那里的事物，夺去它的晦暗性并将其带至光亮之中，也就是带入可被理知的光亮中："'向前带入'就意味着

---

88 GA 34: 71.24—26 = 53.4—5.
89 GA 40: 93.31—32 = 96.8—9.
90 GA 45: 83.16—17 = 74.28—30.
91 GA 45: 83.18—19 = 74.31—32. 见 GA 45: 83.32—84.1 = 75.8—9。

带入光亮之中,并让某个当时尚未被看见的存在者被我们看见。"[92]海德格尔同时认为,作为附于事物上的亟待揭蔽的对象,被遮蔽状态可分为三重:

1. 由于俗见,对事物的真实意义的无知;
2. 事物根本未被认知;
3. 由于我们对已知事物的遗忘,这一事物不再被认知。[93]

通过在实存论结构上(existential-structural)"侵入"被遮蔽的事物,上述在个人的实存状态上(existentiel-personal)的"先-导"活动(ποίησις)才得以可能。所谓"先-导",意指我们将照面的存在者之"所是"或存在引入光亮的源头。

> 通过以下方式,即在侵入中并经由这种侵入,存在者才能破开、显现自身的"所是"与"所成"。那类让存在者破开自身的侵入活动以特有的方式协助存在者回到自身。[94]

存在者的"破开"就是它的可被理知的显现。作为一种现象,它总意味着:与属人的逻各斯的规定,即存在者向来(正确地或错误地)显现为某种意义,发生关联——对荷马而言,它可能显现为勇士使用的盾

92　GA 45:94.9—10 = 83.38—39.

93　Heidegger, "Dasein und Wahrsein nach Aristoteles", 9.3—18 = 225.9—25.见英译本中与揭蔽相对应的概念:237.20—35.

94　见 GA 9:105.8—11 = 83.32—35:"侵入"(Einbruch)、"破开"(aufbricht)。见本章注释170。与注释170的文本语境相左,这里的侵入活动(ποίησις)更接近于让存在者转向一个更好状态的活动(μεταποίησις)。见 Procopius of Gaza, *Commentarii in Deuteronomium* [32:6], *Patrologia Graeca* 87(Pars Prima),956.52—54,米尼的拉丁文:"non solum rei primitivam essentiam dare, verum in meliorem conditionem commutare."

牌,显现为他所敬畏或挑战的神明,显现为他所返回的故乡。"作为存在者"中的"作为"旨在让存在者"成"其所是,即属人的逻各斯所带入现象之中的那个东西。"作为"结构,即海德格尔用"世界"概念所意指的东西,[95]通达了存在者在宇宙之中所呈现的意义。存在者显现出来"所作为的那一个"(盾牌、神明和故乡)则包含了所追问的存在者的意义。[96]

亚里士多德曾提到"创制万物的努斯"[ὁ(νοῦς) τῷ πάντα ποιεῖν],[97]这也是在他的著作中最易引起争议的内容之一,为此我们必须加上一个重要的概念νοητά,即"让万物变得可理知(即可知与可用)的努斯"。亚里士多德还提到一个古希腊短语"能创制的努斯"(νοῦς ποιητικός),[98]即灵魂,就其能使潜在可被理知的东西成为现实的可理知者而言,类似于不可见的透明者,一旦照亮它们,其隐藏于黑暗之中的颜色(这里指潜在可见的颜色)就变得现实可见。[99]海德格尔汲取了亚里士多德的"能动的理智"这一概念,并用"澄明之境"重新解释"能创制的努斯",由此我们能从实存论上将某个事物作为"这"或"那",并将它们从未知引向已知。他将这一实存论活动称为关于存在者本质的"创制性的看"(Er-sehen),即一种主动的理智之观,它是关于存在者的形式(εἶδος)或意义方面的"创制"(Herausstellen, ποίησις, pro-duction,

---

95　因此,他将绽出之生存视为"被抛入'作为'活动之中",见 GA 73,1: 233.23。

96　SZ 151.25—26 = 193.1—2:"意义是某个东西的可理知性的栖身之所。"也许在最宽泛的意蕴性层面(海德格尔所谓的"世界"),可理知状态就是存在者之特殊可知性或意义[这里的 Verständlichkeit = Bedeutung(意义)]得到揭示的场所。

97　《论灵魂》III 5,430a15。见附录二。

98　νοῦς ποιητικός(拉丁文 intellectus agens)这个短语实际上从未被亚里士多德使用,尽管它根据在《论灵魂》III 5,430a12 出现的 ποιητικός 而被正确地仿造出来。

99　关于"原因"(τὸ αἴτιον),见《论灵魂》III 5,430a12;关于"光"(τὸ φῶς),见 430a15,16;关于"通过潜能"(δυνάμει)与"通过实现"(ἐνεργείᾳ),见 430a16—18。关于"透明者"(τὸ διαφανές),见《论灵魂》II 7, 418b7——斯蒂芬·迪达勒斯将它解释为"可视之物的无法避免的模式": Joyce, *Ulysses*, Episode 3 (Proteus), 43.21。亦见 GA 4: 56.34 = 79.18:"光亮之透视状态"以及附录二。

第三章　海德格尔对亚里士多德的超越

即向前带出）。在这里，海德格尔意指将某物"作为"或"关于某个可能的用途或意义"这类活动，也称之为"将某物向……筹划"（etwas entwerfen auf）。然而，麦夸里-鲁宾逊和斯坦博将其译为并不含有任何可理知维度的短语："将某物投到……之上"，譬如扔一本书到桌子上，抛一个马蹄铁等。亚里士多德这一短语的潜在含义是"将某个事物（正确地或错误地）显现为这或那"（τὶ κατὰ τινὸς λέγειν）。[100] 仅当绽出之生存向来在结构上已被"前-置"，即作为某一可能者已被向前抛入诸多可能性之中，上述"将某物作为某某'前-置'"这类实存论活动才得以可能。绽出之生存被抛入并敞开自身，从而为"作为"活动澄明出一块场域，这就是我们能主动地将事物的各自存在（Was-sein, Wie-sein）"向前带出"的根据。海德格尔关于"能创制的努斯"或"能动的理智"的阐释，值得我们充分引鉴：

> 存在者的本质无法简单地像事实那样被发现。与之相反，它必须被向前带出，因为它无法直接在（可感的）表象和意向的范围之内显现。"向前带出"是某种创制活动（ποίησις，即νοῦς ποιητικός）。所以，在所有关于本质的领会和设定活动之中都有某种被创造的东西。这类创制活动总显得刚烈而随意……（因为）它与某种避免了俗见干扰的更高规则相关……它排除了所有例外情形。[101]

"带向前看"是一种特殊的看。它并非仅仅盯着某个客观在场者或已经通达的东西。与之相反，它首先将被观者带到自身面前，也就是说，这种看将某个存在者引向前，而非仅仅看着某个站在外面、等待我们在途中相遇的东西。它并不针对先前尚未关注者，而

---

[100] 见《解释篇》5, 17a21 和 10, 19b5；《形而上学》VIII 3, 1043b30—31。
[101] GA 45: 93.28—94.4 = 83.25—34。

理解海德格尔：范式的转变

是针对能被观察者的即时关注。这种与理智显现相关的看就被称为"理念"，它是一种引向前的看，在看的行为中，它迫使被观看者出现在眼前。因此，我们将这种把被观看者带至可视范围并转到自身面前的看，称为"创制性的看"（Er-sehen, ποιητικῶς νοεῖν）。[102]

我们由此获得了追问存在的本质或"所从何出"的进一步线索。让存在者从晦暗处被引入可理知状态，这一实存论活动既不是超越于人之上的神圣活动，如在阿维森纳、阿维罗伊、迈蒙尼德那里一样，也不是在构想出来的"存在本身"事域中发生的事件。它实际上取决于"创制性的看"这类实存状态层面上的活动，而"创制性的看"又以实存论层面上的澄明之境为可能根据。假如没有绽出之生存，存在者的存在或意义将无法显现。

* * *

还有一个概念与 ἰδέα/εἶδος 有关，尤其针对 ἰδέα/εἶδος 与人之间的结构性关联，即《物理学》B 1 中出现的 φύσις（自然、涌现或本质）。海德格尔在1940年的研讨课中列示出亚里士多德在元现象学的层面上如何描绘那个概念的若干特征。粗看之下，海德格尔似乎只是强调了亚里士多德将 φύσις 视为"自然"事物。但是，他实际上还在前现象学的层面上巧妙地重绘了带有自然主义特征的 φύσις。显然，海德格尔关于亚里士多德的解读：(1) 并不限于将 φύσις 解释为自然物的存在，同时还进一步将其理解为一切存在者的存在；(2) 从亚里士多德的 φύσις 概念中阐明了自己的独特理解，即现象学上的涌现活动，它旨在让存在者涌入

102　GA 45: 85.9—20 = 76.11—23; GA 45: 169.22 = 146.27. 关于海德格尔在 GA 3 中对于康德"强力"（Gewalt）概念的表述，见 GA 65: 253.10—14 = 199.20—24。

可理知状态,而不是在宇宙之中以"客观-自然"的方式出现。

在《物理学》中,亚里士多德探讨了一类适于自然物(τὸ φύσει ὄν)的特殊的οὐσία,即运动始因在自身之中的存在者。相应地,运动始因在某个永恒的存在者,即工匠的技艺(τέχνη)那里的人工物(τὸ τέχνη ὄν)则与之相对。自然物居有它们的实在,即由内而外本然地涌向(Aufgang)它们的显象,也被视为现象。但这究竟指哪种显象呢? 它又如何生成?

在《物理学》B 1,193a28—31中,亚里士多德在关于φύσις的讨论中引入了ὕλη和μορφή,它们通常被译为"质料"和"形状"。现象被界定为对人的显象,即居有"形式"这一能被灵魂"看见"的可理知性,无论是理论方面还是实践方面。现在暂且将ὕλη搁置一旁,海德格尔几乎将μορφή与εἶδος做"相同"的理解,二者只是在自然物"将自身置入显象"(die Gestellung in das Aussehen)这一点上仍有运动方面的细微差别。[103] 通向显象与可理知性的这一运动就刻画出亚里士多德与柏拉图关于εἶδος的理解差异。柏拉图让某个事物的理念型式与这个事物保持一定距离,并将前者视为"真正的实在"。与之相较,个别事物则被置于相对而言"非实在"这一从属地位。但是,亚里士多德将个别的"这一个"(τόδε τι)视为实在,因为作为可被理知者,它"位于自身之中"(μορφή),即位于自身的形式(εἶδος)之中。但这种"位于"是如何产生的呢?

有一点很关键:我们必须理解海德格尔如何解释亚里士多德关于φύσις的原初定义,即ἡ μορφὴ καὶ τὸ εἶδος τὸ κατὰ τὸν λόγον(193a30—31)。其中画线标示的古希腊短语非常重要,关于这一定义的若干英译版本如下:

- "在事物的定义之中特定的形状或形式"(哈迪和盖伊译);
- "(事物)的形式,换言之,依据其定义的事物的'种'"(威克斯第

---

103 GA 9: 281.14—15 = 214.38—39; GA 9: 281.28—29 = 215.10. 德文词Gestellung原本意指士兵因"应召"服役而前往"报到"。

德和科恩福德译);
- "在定义中得到表述的'形状'或'形式'"(奥普译);
- "依据特定准则的形状或形式"(阿波斯尔译);[104]
- "在语言中得到揭示的形式或外观"(萨克斯译)。[105]

拉丁译文如下:

- "forma, secundum quam sumitur ratio definitiva rei (per quam scimus quid est)"(托马斯·阿奎那译)。[106]
  译文大意:事物的可被理知的形式,在与这一形式保持一致的过程中事物的确定结构(或本质,ratio)能被攫取(通过它,我们就知道事物的所是)。
- "ipsa forma et species, quae rationi accommodatur"(贝克尔译)。[107]
  译文大意:事物的可被理知的结构与显象,它们通达理性本身(= λόγος)。[108]

---

104 分别为(见参考文献):Hardie and Gaye, 269.19—21; Wicksteed and Cornford, 113.23—24; Hope, 25.9—10; Apostle, 26.35。这里列举的行数并不是贝克尔版的行数,而是英译本上面标明的行数。

105 Sachs, *Aristotle's Physics*, 50.33—34。

106 托马斯·阿奎那,《〈物理学〉评注》,liber II, lectio 2(关于《物理学》II 1, 193a9—b21), no.151, 可在http://www.dhspriory.org/thomas/Physics2.htm上查询。我从阿奎那如下文句中提取这个定义:"id quod est potentia caro et os, non habet naturam carnis et ossis antequam accipiat formam, secundum quam sumitur ratio definitiva rei (per quam scilicet scimus quid est caro vel os)."这句话大意如下:"在骨肉接受自己的形式之前,处于潜能状态的骨肉并不具有骨肉的本质,因为事物的确定本质正是在与形式保持一致的过程中被攫取的(我们通过它们的形式就知道骨肉的所是)。"词组 per quam 中的 quam 意指"形式"(forma)或"原因"(ratio),二者归根结底是同一个东西。

107 Bekker, *Aristotelis opera*, III, 106b, 位于第30行正下方。

108 rationi accommodatur 这个短语也能被译为"适合/适用于理性"。

第三章 海德格尔对亚里士多德的超越

从海德格尔的视角出发,萨克斯的英译文与贝克尔的拉丁译文最符合希腊文的原初含义,阿奎那的译本次之。与其他四种英译版本不同,这三种译文揭示了事物的存在(它的 μορφή/εἶδος)与将存在引至光亮的人类活动(λόγος/λέγειν)之间隐含的现象学关联。海德格尔这样解释这句话:"μορφή,它意指与 λόγος 符合一致的 εἶδος。"[109]在这里,我们必须提示如下三点。

首先,海德格尔认为 μορφή 与 εἶδος 是同位词。因此,与威克斯第德和科恩福德的做法类似,海德格尔将古希腊文 καί(通常译为"和、与")准确无误地解释为 das will sagen(换言之):"μορφή,换言之,εἶδος。"在事物的涌现过程中,μορφή 环节与 εἶδος 环节相伴而行,是同一个东西,即涌入显象中,正如 φύσις 环节与 ἀλήθεια 环节、φύειν 环节与 φαίνεσθαι 环节之间的关系那样。[110]

其次,海德格尔既继承了亚里士多德的独特视角,即自然物始终变动不居(κινούμενα),又追随了古希腊人通常的观点:通过在照亮活动的持稳状态与可被理知的状态之中被聚集起来,事物得以显现自身。因此,海德格尔赋予了 μορφή 动态特征,将它理解成事物涌入意义显现之中(Anwesung)。

> 通过将 μορφή 解释为"将自身置入显象",我们意欲阐明在这个古希腊概念的含义中同等重要的两个东西,它们在"形状"这个译名中却完全缺失了:一方面,"置入显象"是一种(存在者的)显现,即 οὐσία 的样式。μορφή 不是在存在者层次上附于物质之中的现成的特性,而是某种存在。另一方面,"将自身置入显象"关乎被推动的运动,即 κίνησις,这个"环节"却在"形状"概念中彻底

109　GA 9: 275.4—5 = 210.14—15.
110　见第二章注释 18,20 和 22。

123

理解海德格尔：范式的转变

缺失了。[111]

最后，同时也是海德格尔关于亚里士多德的思想解释中最重要的一点，即始终坚持 εἶδος 和 λόγος 之间的现象学关联。只有处于人的理知活动中并以之为根据，存在者的本质与方式（即存在）才得以显现。人的理知活动必然带有言说性质，即 λόγον ἔχον 和 μετὰ λογοῦ，分别译为"居有逻各斯"与"根据逻各斯"。[112]我们是理知活动发生的唯一场域："可被理知的显象的地点"（τόπος εἰδῶν），即"可被理知的显象出现"（εἶδος εἰδῶν）的场所。[113]无论何种东西涌现，只要它涌向可被理知的显象（εἰς τὸ εἶδος），[114]它就只能在"被当作"这类活动中出现。一旦人的言说能力被行动实现出来（ἐνεργείᾳ，"在行动中"），潜在的可被理知的现象就现实地成为可理知的。简言之，这一规律如下：

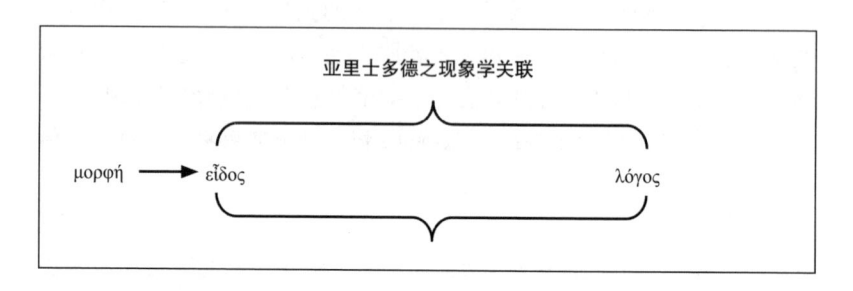

亚里士多德之现象学关联

μορφή ⟶ εἶδος　　　　　　　λόγος

μορφή 必须由 εἶδος 来理解，εἶδος 必须在与 λόγος 的关联之中

111　GA 9：276.14—21 = 211.14—20。
112　《尼各马可伦理学》，分别见 VI 1，1139a4 和 VI 4，1149a7。
113　《论灵魂》，分别见 III 4，429a27—28 和 III 8，432a5。GA 51：91.28—29 = 77.9—10："人是根本的动物（有理性的动物）。"此处的"根本的动物"（das wesende Tier）即"让（事物）显现的动物"。
114　《形而上学》IX 8，1050a15。

得到理解。[115]

因此，我们得以理解 εἶδος 以及 μορφή 的线索是 λόγος。[116]

然而，λόγος 究竟是什么？海德格尔放弃了这个概念的通常含义，即"话语"、"语言"或数学层面的"关系、比例、相似、符合"，[117]转而探究它在 λέγειν 里的词源学根据，即"采集"、"汇聚"以及"带入光亮之中"。海德格尔认为 λέγειν（采集）和 ἀληθεύειν 含义相同，二者都意指"引入可被理知的显现活动中"。[118]

"采集"，也就是聚在一起，它意味着：将殊异的存在者聚成统一体，同时让这个统一体摆出来并伴随在旁（παρά）。摆向何处呢？摆入揭蔽这个维度上的显现活动中……λέγειν 意指聚成统一体，并将这个统一体作为被聚在一起的东西，最重要的是，作为在场显现的东西引向前。因此，它同样意味着让先前被遮蔽的东西敞开自身，并在它们的显现活动中现身。[119]

这里的 ἀληθεύειν，即让某物敞开（offenbar machen），或者让它在其显现活动中现身（in seiner Anwesung sich zeigen lassen），同时意指可被理知这一特性，它引发了我们对于如下论题的追问及解释（λέγειν）：事物当下对我们显现的意义并由之而"是"的那个东西究竟是什么？这个东西创生了一系列的人类活动，从关于"上帝存在"的最高的虔诚启示，

92

115　GA 9: 275.5—6 = 210.15—16.
116　GA 9: 275.35—276.1 = 210.40—211.1.
117　SZ 32.12—14 = 55.30—31.
118　见 SZ 33.16—18 = 56.37—39。
119　GA 9: 279.1—7 = 213.10—15. 见 GA 33: 5.8—21 = 2.33—3.14。

125

理解海德格尔：范式的转变

到与器具之用相关的极其直白的日常洞见。

* * *

正如之前讨论过的ἀλήθεια即φύσις，εἶδος和λόγος也遵循相同的理路，海德格尔关于与"存在"相关的古希腊概念的探究，为如何开始追问人世之内的"存在"的可能性及必要性指明了方向。他关于亚里士多德的εἶδος和λόγος概念的诠释，证实了自己从胡塞尔早期的现象学那里所获知的东西，即与其他事物相较，人的独特性体现在，可被理知状态通达于我们。换言之，我们仅能就事物的意义（即在实存论结构方面属人的逻各斯）而言通达那些事物。然后便是λέγειν（采集、言说）这一实存论活动，我们由此（正确地或错误地）将某个事物"作为"这或那。最后，海德格尔还解析了《论灵魂》中的"能创制的努斯"（νοῦς ποιητικός）这个概念，这也表明，其早期对于托马斯主义的研究中所谓"可被理知的种"[120]实际上就意指在实存论上将存在者从不可被理知的状态带入可被理知的状态中，它发生于"先-导"领会或"作为"活动，这一活动又植根于实存论上的澄明之境。所以，海德格尔借用了"绽出之生存"即"澄明之境"这个概念，即在澄明之境中事物才能够成为可被理知的，此外，他也曾使用"居有存在"这类表述。

在存在者层面上，居于人之中的"自然之光"（lumen naturale）这种形象，无非意指这个存在者的实存论-存在论结构，即它以开敞活动的方式存在这个事实……亦即它自身就是澄明之境这个事

---

120 见托马斯·阿奎那，《神学大全》I, 12, 13，他将"能动的理智"解为"lumen naturale intelligibile, cuius virtute intelligibiles conceptiones ab eis (= phantasmatis) abstrahimus"。这句话大意如下：借由理智的自然之光，我们能够从感性幻象中抽象出理智的观念。关于"抽象"（ἀφαίρεσις），见亚里士多德，《形而上学》XI 3, 1061a29。

实。只有面向这样的存在者，即在实存论上（existentially）以那种方式被澄明的存在者，客观显现的事物才能（在实存状态层面上，existentielly）通过（可被理知的）光亮而成为可通达的，或者在（不可被理知的）黑暗之中被遮蔽。[121]

存在者并未携带刻有其本质的标记，以致我们只需读取这些标记就能理解它们。它们的真实含义亦未隐藏于自身之中，亟待认识论上"向外抽取"（abs-traction，抽象）的魔法将其引出。毋宁说，作为"居有逻各斯者"（λόγον ἔχοντες），[122]我们能够而且应该决定事物对我们及他者而言的当下意义，[123]即它们的各自存在，而无须诉诸被置于神龛之上的"存在论真理"或者柏拉图的"回忆"（ἀνάμνησις），或者奥古斯丁的"光照"（illuminatio），仿佛它们展现了事物的"实在"。要想显现事物的意义，就需要"创制性的看"，更确切地说，就需要某种创制活动，即就绽出之生存而言的有限而易错的"作为"活动。这也揭示了一点：永远存在将某个事物错认的可能性，因而需要反复地将事物重新确认，从而不断冒出新的可能解释。因此，我们实际上永远无法获得某个事物的"存在"，即那个事物的不变真理，遑论窥见存在本身的"真理"。

考虑到这些"认识论"主题以及日常生活方面的各种抉择，海德格尔的个体自由与萨特的自由一样彻底，都被视为无根基的、荒谬的。他们皆承认，我们注定是彻底的、无根基的自由者，因为我们的"本质"即我们的绽出之生存，也就是作为"能在"的我们被事先抛入诸可能性

121　SZ 133.1—7 = 171.17—24. 亦　见SZ 170.24—25 = 214.25—26。　见GA 14: 82.7—12 = 66.25—29中海德格尔关于"退隐"（retractatio）的解释。关于"光"（φῶς），见《论灵魂》III 5, 430a15, 16. 阿奎那论"理智活动"（intellectus agens），见《神学大全》I, 79, 4. 以上内容，均可参考附录二。

122　《尼各马可伦理学》VI 1, 1139a4。

123　这让Swooing Seinlassen School的成员感到担忧。

之中，这一被抛活动是有死的、有终的，毫无从诸种命运中摆脱的希望。海德格尔并不是萨特思想的优秀解读者。1946年，他曾断言，两人之间的差别在于：萨特宣称"我们事先处于仅有'人类'存在的境况之中"，但对海德格尔而言，"我们事先处于原则上仅当'存在'存在的境况之中"。[124] 一旦认识到，短语 es gibt Sein 中的 es 与 il y a l'Être 中的 il（让澄明之境得以可能或者"给出"澄明之境的那个东西）就是指属于绽出之生存的、对其本己处境的居有活动，即无根基的澄明活动，上述差别便土崩瓦解了。澄明活动的"给出"绝不会改变如下事实：我们的"处境"（萨特的"筹划"）完全专属于人。"存在"不是一个被添加到绽出之生存上并超越绽出之生存的"更高维度"，相反地，它无非是我们在无根基的自由中所开展的有限且有终的一切活动。

三、οὐσία/παρουσία（实体、在场、意义显现）

仿照海德格尔从"存在"的古希腊早期名称中查找线索，我们将继续探讨存在的"所从何出"。究竟如何理解柏拉图与亚里士多德关于存在的通名 οὐσία，即持稳的显现呢？海德格尔透过这个术语窥见到他最后称为"时间"（易造成混淆的概念）的东西。

[为后来的"实体"和"本质"（essentia）概念确立范式的] οὐσία 这个基本术语在自身之中含有它与"时间"的关联：它具有在自身中显现这一特征（更确切地说，即 οὐσία/παρουσία，意为"存在者的所有"、可支配之物、所有物以及在自身中持久稳定的事物）。[125]

124　GA 9: 334.12—16 = 254.29—34. 我在这里仿照海德格尔在该文本中的"l'Être"的略显夸张的大写手法，亦见 GA 9: 334.18 = 254.36: "'兹有'存在"（il y a l'Être）。

125　GA 73, 1: 86.12—16.

第三章 海德格尔对亚里士多德的超越

对古希腊人而言,"在场"就是 παρουσία[παρά(在……旁边)+ οὐσία]或者简称 οὐσία。古希腊人认为,"在场"就意指存在。言说某个存在者"存在"就意指它的在场,或者更确切地说(这里必须借助德语表达),它在当下(Gegenwart)向某个东西显现(west an)。[126]

当提到存在被视为事物的持存性时,他说:

(事物的)持存性就是纯粹的在场性,即完全的在场……它揭示出朝向"现在"(Gegenwart)的态势并因此朝向"时间"。[127]

海德格尔认为,οὐσία 的"时间"特征应回溯至柏拉图关于"实在"(ὄντως ὄν)的引述,这里的"实在"被视为 ἀεὶ ὄν 与 ἀίδος οὐσία(常译为"永恒存在"),[128]但他同时断言"οὐσία 越与(亚里士多德的)'范畴'相关,并由之得到领会,它的时间关联就越被遮蔽"。[129]实际上,海德格尔本人的"时间"观念与他在古希腊人那里发现的时间完全不同。例如,《物理学》讨论的经典时间(χρόνος)哲学对于海德格尔关于存在源头问题的研究来说可有可无,因为这本书第四卷将时间理解为"现在"的连续序列和某个在场的存在者。所以,《物理学》延续了关于事物存在的经典追问,却未能探究就其自身而言的存在。[130]

流俗的时间表象,包括被视为"体验"时间的时间筹划,均未关涉问之何所以问。因为上述诸时间表象皆将时间理解为某个实

---

126 GA 34: 51.20—24 = 38.29—32. Anwesen 是拉丁文 praesentia 的德文译名。
127 GA 73,1: 85.25—27 和 30。
128 散见《会饮》211a1,《蒂迈欧》27d6—a1 和 37e5。见第二章注释41。
129 GA 73,1: 86.16—18。
130 见 GA 24: 327—361 = 231—256。

理解海德格尔：范式的转变

体以及某个正在生成的存在者。[131]

显然，传统的时间观念绝不适于正确提出与"在场"的时间特性相关的问题，更谈不上回答它。时间与存在一样，仍悬而未决。[132]

* * *

倘若只是回到公元前4世纪的希腊哲学，它的时间观念显然不够充分。但所幸可以回到公元前5世纪的希腊悲剧。海德格尔在索福克勒斯的悲剧《埃阿斯》(646—647) 中，发现了某个与正在探寻的对象近似的根本观念——"时间"，它让先前被隐藏（ἄδηλα）的存在者得以涌现["涌现"（φύειν）即"揭蔽"（ἀληθεύειν）]。[133]

绵长而无量的时间使所有遮蔽者涌现，
又让一切显现者隐藏。[134]

在海德格尔的著作中，这些具有非"时间"含义的时间观念是其早期使

---

[131] GA 73, 1: 90.10—13. 关于"'体验'时间"：如果严格遵循文本，则是"'体验'的时间"（die Zeit des "Erlebens"）。

[132] GA 11: 147.16—20 = xii.23—27. 关于"时间特性"（Zeitcharakter）。

[133] 关于这个方面的内容，见贝尔尼尼未完成的作品"La Verità svelata dal Tempo"（"Truth unveiled by Time"），Galleria Borghese, Rome, http: //www.galleriaborghese.it/borghese/it/verita.htm.（"真理"显然在贝尔尼尼的雕塑中得到揭示，然而，与之相伴的关于"时间"的雕塑未曾被创作。）

[134] GA 73, 1: 134.8. 1946年，海德格尔在与爱德华·鲍姆加滕教授的通信中引用了这个文本，尝试为1933年的一封私密信件道歉。海德格尔曾在那封信里指责鲍姆加滕教授"与犹太人弗兰克尔联系"，因而不是一个国家社会主义者（见GA 16: 774—775和417—418）。而在1946年写给鲍姆加滕教授的信中，海德格尔提议过去的事就让它过去，他将第647行译为："（时间）掩盖了（ἄδηλα）事务，又让它显现自身。"见Sheehan,"Heidegger and the Nazis",注释14。

用的"时间"概念易造成混淆的主因。例如：

Zeit： 时间,意指《存在与时间》标题中的"时间"概念；
Temporalität： 时态性,意指澄明之境的"时间特征"(与《存在与时间》标题中的"时间"意义相同)；
Zeitlichkeit： 时间性,意指绽出之生存的"时间性"。

在海德格尔的相关文本中,上述三者并非特别地与我们对时间的通常理解或者亚里士多德称为 χρόνος 的东西直接相关。[135]毋宁说,海德格尔对这些术语的使用,其实意指(1) ἀλήθεια-1 即澄明之境（= Zeit, Temporalität）,或者(2)澄明之境的开敞活动或持敞状态（= Zeitlichkeit）。换言之,这些所谓的"时间"术语实际上都意指让可理知性得以可能的开敞活动。有鉴于此,我始终极为谨慎地引用"时间"、"时态性"和"时间性"这些概念。

同理,Zeitigung 和 Sich-Zeitigung 亦不能译为诸如"时态化"(temporalization,麦夸里–鲁宾逊译)或"时间化"(temporalizing,斯坦博译)这类简单粗暴的新概念,而应从"开敞活动"方面来解释。依循惯常译法,短语 Zeitigung als Sich-zeitigen 将被译为"作为自身时间化的时态化",这是绝对的同语反复,远非海德格尔本意。根据他自己的注解,它意指"自身展开、涌出与显现"。[136]因此,它应被解释为"本然展开的开敞活动"[暂不考虑"自身展开"中的反身代词"自身"(sich)]。总之,在他的后期著作中,有一点愈加明晰：这些与"时间"有关的术语都在尝试为开抛或者被揭蔽的澄明之境,也就是 ἀλήθεια-1 命名。

135　见 *Schellings Abhandlung*, 228.28—229.6 = 188.24—40,海德格尔否定了前三种时间观,而接受了第四种。

136　*Zollikoner Seminare*, 203.7—8 = 158.10—11："作为自身的到时就是自身展开、涌现与如此这般的显现。"

理解海德格尔：范式的转变

97　　　　　"时间"是关于澄明之境的敞开状态的基本名称。[137]

"时间"即开抛场域的基本名称。[138]

"时态性"（Temporalität）的展开活动是关于澄明之境的开敞活动的基本名称。[139]

"时间"是……存在本身的澄明之境。[140]

"时间性"（Zeitlichkeit）和（与其相关的澄明之境的）时间特性，即开敞活动之开敞特性的显示方式。[141]

"时间性"以开抛性的境域图型这一方式构建了开敞之域（Da）的澄明状态。[142]

---

[137] GA 9: 376.11 = 285.26—27:"'时间'是作为存在之真理的名字而被命名的。"GA 49: 57.2—3:"'时间'这个概念在这里就为存在之真理命名。"GA 65: 331.23—24 = 263.1—3:"ἀλήθεια 即自身遮蔽者的敞开状态与澄明之境……是表示同一个东西的不同名称。"GA 14: 36.11—12 = 28.20—21. GA 65: 74.10—11 = 59.20—23:"'时间'是……存有之本现的真理。"GA 66: 145.25 = 124.6:"澄明之境（时间）。"GA 73,1: 758.2:"'时间'在这里作为事域层面的'时-空'。"

[138] Schellings Abhandlung, 229.4 = 188.38.

[139] GA 9: 159 注释 a = 123 注释 a。亦见 GA 69: 95.3—5:"时间性到时显现为存在的澄明之境（即《存在与时间》中所谓的'时态性'）。时间性是存有之真理的命名。"GA 68: 36.11—12:"绽出的开敞之域（绽出状态）。"

[140] Schellings Abhandlung, 229.4 和 6 = 188.38—40。海德格尔在"时间"这个概念上加了引号。

[141] GA 88: 46.7—8.

[142] SZ 408.7—8 - 460.20—21，原文为斜体。见 SZ 411.25—26 - 464.20—21:"作为从时间性绽出的此在向来已是展开了的。"见 SZ 410.34—35 = 463.29—30:"时间性……此之展开"，原文为斜体。

第三章　海德格尔对亚里士多德的超越

还有两点值得注意：(1) Zeitlichkeit 即时间性，意指绽出之生存（"向外绽出"）持守着开敞活动的开敞特性。它始终处于同"时间"（Zeit）以及"时态性"（Temporalität）的关联之中（见第七章）。(2) 另外两个术语"时间"和"澄明之境的时间特征"，分别等同于"境域"概念以及与澄明之境相关的内容。在《存在与时间》中，"境域"概念指称事物存在的一切形式；"澄明之境"概念则在海德格尔的后期思想中重新得到廓清。[143] 综上所述，在他的早期著作中，"时间"意指"境域"场所，即事物的意义显现得以发生的场所；[144] 与此同时，"时间性"则意指绽出之生存的开抛活动，即对开敞之域的持守活动。[145]

在《存在与时间》中，我尝试在开抛活动这个层面构造一个关于"时间"与"时间性"的新概念。[146]

意义显现（存在）植根于本然隐藏的澄明之境。本然隐藏的澄明之境（"时间"）将意义显现（存在）带到面前。[147]

海德格尔关于"时间"的现象学诠释，即将时间看作有待理知且向来

143　1931年以后，"时态性"这一术语不再出现在海德格尔的讲稿之中。
144　GA 14: 40.10—11 = 32.8—9:"'时间'的本己者……从中作为在场者的'存在'自身出现。"GA 65: 451.4—5 = 355.15—16:"《存在与时间》却意在把'时间'证明为存有之开抛场域。"见 GA 14: 90.1—2 = 73.1—2 中关于"时间"与"澄明之境"的引用。
145　关于"持守"，见 Zollikoner Seminare, 273.31—274.1 = 218.14—15:"'实存'可转译为'某种开敞之域的持守'。"亦见 GA 65: 352.28—29 = 278.37—38:"澄明之境的持守。"GA 66: 217.9—10 = 191.10:"澄明之境的持守。"它还有另一种形式，GA 66: 308.13 = 274.21（也散见于 GA 65 各处）:"澄明之境在绽出之生存中建基。"这里的 Ausstehen 不应被译为"经受"，像 GA 9: 374.7 = 284.4 那样，而应译为"持守"。
146　GA 16: 708.10—11 = 85.39—44. GA 49: 54.28—29:"'时间'之绽出的开敞状态。"
147　GA 11: 151.26—28 = xx.31—33: 海德格尔在1962年写给威廉·J.理查德森的信。

理解海德格尔：范式的转变

隐藏的开敞状态，亦能解释始于1964年的一个隐秘文本。在法国举办的题为《哲学的终结与思之任务》的讲座中，海德格尔认为，自己的主要工作（不限于SZ I.3）的整体主题严格说来并不是"存在与时间"（Sein und Zeit），而是"时间与存在"（Zeit und Sein）。不过，他将"时间与存在"（Zeit und Sein）解释为"澄明之境与意义显现"（Lichtung und Anwesenheit）。[148]

由于"时间"被视为开抛的且向来隐藏的澄明之境，时间问题在海德格尔所谓的"存在的历史"中就扮演了一个基础角色。但是，他让西方形而上学背负"存在的遗忘"（Seinsvergessenheit）之名，考虑到事实上从柏拉图直至尼采的形而上学只提"存在"，这一点失之偏颇。诚然，假如没有对存在的熟稔，我们便无法成为人："存在是我们呼吸的空气。没有它，我们将退化至野兽的层次。"[149] 倒不如说，海德格尔意欲阐明，形而上学忽视或遗忘了上述"时间性与时间"的关联，也就是由本有的绽出之生存所持守的澄明之境。鉴于这一忽视和遗忘现象，他认为，西方文明的式微始于巴门尼德提到的"原初而必然的失败，即未能将'时间'体验为澄明之境的开敞状态"，并最终将会造成"针对它的必然而无意识的压制，即抑制了从这个方向展开追问的动机。"[150] 他还断言，随着"基督教侵入西方之思"及其视为"永恒真理"的上帝观念，[151] 上述遗忘与压制现象愈发严重。在哲学的历史长河中：

> 近代以来，仅仅表面上的去基督教化，即理性、意识、绝对精神、生命和权力意志被视为存在的根基，实际上加剧了这种压制现象……因此，对于存在（澄明之境）的遗忘不断滋长，最明显的特征

---

148 GA 14：90.1—2 = 73.1—2："澄明之境与意义显现替代了'存在与时间'。"
149 GA 42：169.22—25 = 98.13—14. 此处的"存在"对应"存有"。
150 GA 73,1：86.26—29.
151 GA 73,1：86.30—32.

第三章　海德格尔对亚里士多德的超越

就是:"存在"乃是最普遍、最空洞、最不证自明的"概念"。[152]

西方文明历经数个世纪的衰落,直至谷底,海德格尔终于从中发现了自己的历史使命:在西方哲学的历史上,首次廓清向来运作却又始终隐藏的澄明之境正是一切意义赋予活动的根据。

* * *

这就是海德格尔1937年《关于存在的追问》里与οὐσία和"时间"问题有关的内容解析。不过,我们必须追问:他为何选定了"时间"这一主题?甚至当时间被视为澄明之境的开抛活动时?

海德格尔认为,人不得不经由话语来理解事物,换言之,事物必须借由意义而间接地通达于我们。这不仅是认识论层面的缺陷,而且与最高的完成样态,即《形而上学》XII 7—9中提到的始终保持同一并直观自身的那个神相比,也标志着在存在论层面上的"尚未完成"。[153] 神不会言说存在。这里的"存在论"与从实在("居有存在")方面探究事物的科学无关。毋宁说,它只与提出并解答存在问题的必要性有关,换言之,我们无法直接透过理智直观而只能间接借由它们的意义来认识事物。一旦我们完全囿于逻各斯(实际上也是如此),就只能通过如下方式认识事物:让事物与一个或多个可能的意义相互综合,同时也让那些意义与被追问的事物相互分离。例如,"亚里士多德是一个哲学家"这个判断:我们让亚里士多德与谓词"哲学家"相互综合(σύν-θεσις),

---

152　GA 73,1；86.32—87.4.
153　关于最高样态,见 GA 3：21.27 = 15.22："理知是原初的直观。"这一原则不适用于康德。见SZ 33.35—38 = 57.20—22 与 GA 83：80.8；亦见托马斯·阿奎那,《意见评论 集》I, distinction 2, quaestio 4, articulum 5, corpus: "Intelligere ... dicit nihil aliud quam simplicem intuitum intellectus in id quod est praesens intelligibile."

然而,不管他多么出色(阿奎那甚至认为亚里士多德就是哲学家,而不仅是"一个"),亚里士多德也无法穷尽"所有哲学家"这个类。在这个时候,我们就展开了区分活动(διαίρεσις 或 διά + αἵρεσις),让亚里士多德与"所有哲学家"这个类相互分离。借由上述"综合-分离"活动,我们便知道亚里士多德被视为一个哲学家,也就是"哲学家"这个类中的一员。但是,神不会做出这种综合与分离活动,因为神没有那种能力。作为完满并且毫无尚未实现的潜能(μὴ ὕλην ἔχει)的自身同一者,[154]亚里士多德笔下的"神"乃是无中介的顶点,它在纯粹显现自身这一神性的自我欣赏中构成一个完满的闭环。

参照这个神学上的极限处境,我们能更好地阐明为何"时间"即开抛活动与存在的领会相关。为了认识某个事物,我们必须综合同时区分这个事物与它的可能意义。为了开展综合与分离活动,我们又必须(打个比方)"穿过一个开敞之域"(eine offene Weite zu durchgehen),正因为处于其中,那类综合与分离活动才能发生。[155]"开敞之域"便是海德格尔所说的澄明之境,它让事物与事物的意义产生关联。[156]人,这个开抛者先天地就被抛入某个中介运作之中,迫使自己(准确地说,让自己得到释放而)在实践与理论方面赋予事物意义。必须借由中介才能连接事物与它的意义,这一命定事实也揭示了我们自身的有限性,表明了我们并不是已完成的全然显现者,因此也不具备对于事物"不变的实在"的神性直观。意义的显现也不是纯粹的在场和实现,它总是有终结的开敞活动,充盈了更多的可能性。我们的认识不是完满的亮光,而是光影交错;它

---

154 《形而上学》XII 9, 1075a4。

155 GA 15:380.6 = 68.43. 见 GA 14:81.35 和 84.3—4 = 66.19 和 68.9;以及 GA 7:19.12 = 18.32。

156 关于"世界",见"存在的澄明之境,而且只有它是世界",GA 9:326.15—16 = 248.37—38。GA 38:168.13—14 = 140.7—8:"存在整体……就是世界。"GA 79:51.34—52.1 = 49.18:"世界就是……存在本身。"

也不是神圣的永恒之静,而是揭蔽与遮蔽必然相伴的生成之动。

在1915年题为《历史学中的时间观念》的就职演讲伊始,海德格尔引用了埃克哈特大师的名言,埃克哈特大师从可能性这一视角定义时间:"时间易变而杂多,永恒持一而简单。"[157]在埃克哈特大师之前,圣·奥古斯丁曾在永恒之神的纯一与人的出离状态之间展开类似比较(inter te unum et nos multos in multis per multa),[158]并在永恒的单一性与时间的延展性的比照中得到进一步确证:"永恒之中无物消逝,一切皆现在。然而,时间从不现在,始终从将来流向过去。"[159]与属神的已经实现的自身同一者相比,人的精神跃出自身并向外延伸(distentio animi)。奥古斯丁从普洛丁那里借用了"生命的延展"(διάστασις ζωῆς)这个概念。[160]海德格尔在《存在与时间》中继承了这一视角,体现在"绽出之生存的'时间性'延展"(die "zeitliche" Erstreckung des Daseins)这一独特表述中。[161]"延展性"并不是多个"现在"时刻的线性延伸(因此,海德格尔在"zeitliche"这个词上用了引号),而是如下两个向度的双重律动:

1. 作为可能的生存者,绽出之生存"先行"于诸多可能性之中;
2. 从先行状态中"返回",将某一可能性与某个事物的当下境遇进

157　GA 1: 415.1—3 = 61.2—4.着重号为海德格尔所标注。
158　奥古斯丁,《忏悔录》XI 29,39,*Patrologia Latina*,32,825.8—9。
159　《忏悔录》XI 11,13,*Patrologia Latina*,32,814.48—51。
160　分别见《忏悔录》XI 26,33,*Patrologia Latina*,32,822.47—49;以及《九章集》III 7:11.42。"生命的延展"是 A. H. 阿姆斯特朗关于普洛丁,《九章集》III, p.341.11—12 的翻译。海德格尔在 GA 83: 69.2 将 distentio 译为"延展状态"(Ausgestrecktheit)。
161　SZ 371.32 = 423.15. GA 26: 173.34 = 138.17:"作为延展的绽出之生存。"见 GA 66: 315.18 = 280.31:"延展与伸展。"海德格尔在 Braig, *Die Grundzüge der Philosophie*, 88.32 首次发现了就"让(我)自身延展"而言的"时间"概念的词源学根据。布赖格认为,时间可以追溯至"延展"(τανύω),见《伊利亚特》,XVII, 393:"(隐藏者)被延展。"不过,"时间"似乎与印欧语词根 dā- 以及古希腊文 δαίω 相关,意思是"分离"。

理解海德格尔：范式的转变

行综合。

"先行"这个环节（sich schon vorweg-sein）"使我们跃出自身并拉开距离（διάστασις, distentio）",[162] 它打开了澄明之境。因此，与奥古斯丁一样，海德格尔将"时间"定义为"我们自身的开显"。[163] 然而，由于那种"距离"，人同样"返回"（即逗留于）自身以及所遭遇的事物之中，并从可能性这一视角将它们视为意义显现者（Sein bei 即 Gegenwärtigung）。上述结构性的运动，即离场与在场以及先行与返回的统一，让我们能够赋予自身以及所遭遇的任何事物意义。换言之，从实存论上（existentially）着眼，正因为"作为"活动发挥了人的绽出之生存这个结构功能，它同时才能在实存状态上（existentiell），即在人的思想与实践中产生功用。海德格尔此处的论述回应了中世纪经院哲学的那条公理：运动从属并源于本质（operari sequitur esse），或者反过来说，本质决定运动。[164] 具体而言，我们在现实事物与它们的可能意义之间的延展活动依循这个运动的双重性，即我们所居有的现实性，同时也是先行延展的可能性。

我们究竟如何才能持守自己向来所是的澄明之境的开敞状态呢？人的生命活动与其他生物的双重运动类似：一方面，相对地出离于自身，跃出自身而向外延展（Weg-von-sich）；另一方面，相对而言，同时保持在自身之中（bei-sich-selbst einbehalten）。[165] 就人而言，海德格尔将这种运动称为"携入始终'回到'自身（Zukehr）的可能性（fortnehmende）

---

[162] GA 26：285.18—19 = 221.17—18. SZ 192.4 = 236.19："先行于自身。"

[163] 关于"我们自身的开显"，见GA 83：72.9—10。见SZ 147.2—3 = 187.13—14："我们用敞亮来描述此的展开状态。"

[164] 例如，托马斯·阿奎那，《神学大全》I, 75, 3, corpus, ad finem: "similiter unumquodque habet esse et operationem." 或者，反过来说，"qualis modus essendi talis modus operandi"：某个存在者的存在方式决定了它的活动方式。见 GA 4：65.26—28 = 87.27—29："每个存在者……只能视其所是而让自身得到完成。"

[165] GA 29/30：343.4 = 235.24—25 和 342.19 = 235.9。见第五章。

第三章　海德格尔对亚里士多德的超越

之中"。"回到"自身即始终持守自身。[166]

这样的话，同时返回自身的先行活动（Sich-vorweg-sein als Zurückkommen）乃是一种特殊的运动，它使绽出之生存持续成为"时间性"的。[167]

被带入可能性之中，同时又回到实际的自身之中，这一运动打开了某个迂回的场域，海德格尔称之为"世界"、"澄明之境"或"开敞之域"。他提到："绽出更适合被译为'持守开敞之域'。"[168]在实存论层面的场域之中，我们开展了在实存状态层面的中介运作。从我们所是的可能性之外"回-到"或者返回此时此地的自身之中，也就是"回-到"我们当下照面的事物之中，我们经由一种特定的可能性而让它们显现意义。那个先行而返回的律动结构就是海德格尔关于"时间性"这个开抛活动所做的解释。我们乃是从自身的中心跃出的存在者，一个尚未完成的存在者，一个在可能性中先行现身并从中"返回"从而赋予我们自己以及其他事物意义的存在者。

1930年，海德格尔借助"开抛活动"这一表述，解释了实存论层面的"先行被抛-返回"（geworfener Entwurf）这个运动结构，它使事物及其可能的诸意义在实存状态层面上的综合活动得以可能。首先，关于那个实存论结构：

103

166　GA 29/30：527.35 = 363.15—16.见托马斯·阿奎那，《神学大全》I, 14, 2 ad 1："Redire ad essentiam suam nihil aliud est quam rem subsistere in se ipsum."阿奎那在这里运用了 Proclus, *The Elements of Theology*, proposition 82（p. 76.29—30）："所有具有自我理知能力的存在者皆能完全地返回自身之中。"

167　GA 21：147.23—26 = 124.19—20.

168　*Zollikoner Seminare*, 274.1 = 218.15.见英译本的注释, GA 45：169.24 = 146.28。GA 49：41.25—28："开抛活动表明：开敞状态的打开、持敞以及澄明之境的照亮，在澄明之境中我们称为存在（而不是存在者）并在此名称下所认识的东西作为存在是公开的。"

理解海德格尔：范式的转变

　　（实存论层面的）筹划是某种单纯合一的"发生活动"，它在形式上同时被标示为综合（σύνθεσις）与分离（διαίρεσις）。筹划是分离活动即"出离"，它让我们出离自身。在某个程度上，它使我们从自身之中延展出来，从而赋予我们延展性（Erstreckung）。它使我们跃到可能性之中，但没有让我们失去自身，而是为了使可能的意谓活动得以实现，我们必须严丝合缝地返回被视为筹划者即连接者，也就是统一连接（σύνθεσις）的自身之中。[169]

在实存状态层面上赋予事物意义的活动，即陈述命题里表达断言的"作为"或者实践活动中表达诠释意味的"作为"，正依循上面提到的实存论结构。作为先行的延展者（以先行到诸可能性中这一方式显现自身），我们向来运行的那个实存论结构也使话语性的（迂回式的）"作为"活动得以可能，因为我们正是由此理解事物当下的"所是"与"所成"。因此，我们的本质存在即开抛活动

　　也是某种"发生活动"，通过"作为"这个结构成为我们主题的事物正植根于此。"作为"这一结构表达了在（我们对事物的）"侵入"之中打开场域这层含义。……我们只有"侵入"现实与可能（最宽泛意义上的存在者与存在）之间的分离延展，才能将事物作为某个东西来理解领会。[170]

从本有地持守着澄明之境这一点出发，绽出之生存也是基本的开

169　我从Simon Moser Nachschrift, p. 703.12—13的影印本中引用了海德格尔在1930年2月27日（星期四）的课堂发言。它与GA 29/30：530.23—28 = 365.14—19节选的文本大致相符。该文本可在Simon Silverman Phenomenology Center查到（见参考文献）。

170　这段话引自上一条注释中提到的文本，p.703.28—704.6。它与GA 29/30：530.30—531.7 = 365.21—30节选的文本大致相符，见本章的注释94。

敞活动(das Grundgeschehnis der Wahrheit)。[171]我们在结构上就是开敞的(erschlossen),从而能够持守某一场域,让"作为"活动得以运作,也让关于事物的话语性的(迂回式的)理解活动得以发生。[172]就此而言,我们乃是全然的诠释者。我们所处的环境不是由本能欲望驱动的只适合动物的封闭圆环,而是被打开、有终结并且具有"作为"结构的可能的意义世界,在这个世界中,我们交谈、争论以及抉择。无论照面何种存在者,我们都将其"作为某某而显现",即"作为某某而通达"或者"作为某某而产生意义",在这样的解释结构中与之相遇。实存论层面的"开抛"结构揭示出我们能够而且必须赋予所遭遇的任何事物意义。我们乃是源始的诠释者(ur-ἑρμηνεία)。[173]

* * *

1937年,海德格尔曾回顾自己的思想道路,阐明了自己如何尝试在诸种关于"存在"的希腊概念中提取古希腊哲学未曾作为主题探讨的核心论题。在部分著作中,他对亚里士多德的思想诠释持续产生洞见,蕴含了丰富的价值,值得高度肯定。他的现象学进路也始终贯穿其中。[174]如果说亚里士多德的原初现象学萌芽已经暗含了"存在的开

171　GA 36/37: 178.3—5 = 138.38—40.见GA 36/37: 178.20—22 = 138.9—10:"在人之本质中的基本发生。"

172　在GA 9: 377.22 = 286.29和377.28—378.1 = 287.2,"被抛的开抛活动"(geworfene Entwurf)被界定为"对存在之真理的开抛着的开放"(entwerfende Offenhalten der Wahrheit des Seins)。

173　GA 21: 150.26—27 = 126.31—33:"领会,必须作为我们绽出之生存的存在之基本样态来领会。" GA 21: 146.29—31 = 123.32—33:"作为绽出之生存,我是……在领会中打交道。"

174　在GA 19: 62.23—25 = 43.37—40,海德格尔将自己与简单地将当代现象学的观点回溯到古代哲学这类解释方法划清界限。

理解海德格尔：范式的转变

敞状态以及它与人的关联"这一思想，海德格尔则意欲进一步找出"它们所植根的东西"。[175] 他尝试揭示古希腊哲学的"未尽之言"，并反复提及一点："存在与'时间'的基础问题迫使我们进入关于人自身的追问。"[176] 换言之，"νοῦς、λόγος、ἰδέα、ἰδεῖν（还可加上 φύσις、ἀλήθεια、οὐσία）这些基本概念表明了人的本质在规定一般存在的本质方面的决定性地位"。[177] 有鉴于此，海德格尔便将人视为理解存在，即能够参与事物的意义赋予活动的存在者，他的哲学工作正发轫于此。"经由我们，也就是人，存在方才得以运作。"诚然，即使"我们尚未知道自己是谁"，我们也本就位于"存在的运作之中"。[178] "存在本身与人有着特殊关联，"他继续解释，"因此，我们必须跃出人与存在的关联以及存在本身的本质（即源头），尝试先天源始地理解人。"[179] 简言之，海德格尔对于亚里士多德的思想诠释，可做如下统括："就内容而言，一般的存在问题如果被正确地提出，就是关于人的追问。"[180]

在20世纪20年代早期，自从"胡塞尔赋予了海德格尔一双现象学的眼睛"，[181] 他就在古希腊思想中觉察到事物的理知显现与人之间的关联。这也将两大任务同时摆在他的面前。首先，在早期讲稿中，通过突出 λόγος 同呈现为 φύσις、ἀλήθεια、μορφή、εἶδος、ἐνέργεια、ἐχτελέχεια、πέρας 等形式的 οὐσία 概念之间的内在关联，海德格尔敏锐地发现了

175　GA 16: 423.14—15 = 4.12—14. 见 GA 16: 704.1—5 = 82.30—33。
176　GA 31: 121.8—9 = 84.22—23.
177　Schellings Abhandlung, 116, 11—14 = 96.26—28. 这里列举的七个概念在 GA 42: 166.26—27 被删掉。
178　GA 73, 1: 90.28, 31 和 91.2。
179　GA 73, 1: 91.13—16. 见 GA 16: 423.14—15：海德格尔的中心论题正是本有的澄明之境，"存在及其与人关系的可敞开状态植根于澄明之境，并且在澄明之境中持存"。
180　GA 31: 123.11—12 =（在85.36处被省略）。见 GA 31: 121.8—9 = 84.22—23。
181　GA 63: 5.22—23 = 4.19—20. 亦见 GA 14: 147.31—32 = 201.14—15："拥有一种在此期间（20世纪20年代）练就的现象学目光。"

第三章　海德格尔对亚里士多德的超越

亚里士多德源始的现象学思想。此外，在其余下的哲学生涯中，海德格尔想要完成的另一项任务就是提出并回答自己关注的基础问题（die Grundfrage），这一点亦可视为他最大的哲学贡献：为何有一般的 οὐσία？何为它的解释根据？为何它在人的经验中必不可少？从现象学视角出发，如果"存在"就是存在者面向我们的自身显现，我们为什么需要这类显现活动？

海德格尔的一切工作皆植根于关于存在的现象学追问。这本是显而易见的基本事实，却被针对其思想的朴素的实在论解释完全无视。海德格尔曾断言，与存在论历史上悬而未决的存在思路截然不同，上面提到的现象学进路实际上贯穿了从前苏格拉底直至尼采的整个西方哲学，哪怕只是作为暗线。所以，他对此展开了专题研究。1927年，在《不列颠百科全书》关于现象学的文稿中，他这样写道：

甚至在关于存在者之存在的科学诞生之初，就有某个引人注目的东西出现。哲学试图经由反思存在者从而澄清存在（巴门尼德）。柏拉图则通过灵魂自身的自白（λόγος）而让理念得到揭蔽。[182] 亚里士多德从理性中表判断的知识出发创造了范畴学说。此外，笛卡尔显然基于"我思"（res cogitans）构建了自己的第一哲学。康德的先验问题范式则开启了意识领域的研究。[183]

海德格尔针对西方之思中"主体转向"（见 περιαγωγή）[184] 这条暗线发问：

---

[182]　见《智者》，263e3—4，柏拉图将"理智"（διάνοια）视为"灵魂与自身的内在对话，其产生过程无须借助声音"（ὁ μὲν ἐντὸς τῆς ψυχῆς πρὸς αὑτὴν διάλογος ἄνευ φωνῆς γιγνόμενος）。海德格尔关于这一文本的论述，见 GA 19: 607.32—608.3 = 420.31—34。

[183]　见 Husserliana IX: 256.13—22 = 108.5—11 中海德格尔的论述。

[184]　见柏拉图，《国家篇》VII, 515c7:"转过头（严格地说是脖子）"（περιάγειν τὸν αὐχένα）。

理解海德格尔：范式的转变

哲学目光的转向，即从客观现成在场的存在者转向与人的理智相关的存在者，仅仅是西方哲学历史上偶然出现的现象吗？或者，是否 λόγος-οὐσία 这个隐性关联揭示出：

> 作为哲学问题范式并在"存在"这个特殊名称下始终被寻求的那个东西要求对于这一转向的最终解析？[185]

换言之，即刻起，哲学以及特殊的存在论是否必须经由现象学来严格地确定所要开展的工作呢？

---

185 *Husserliana* IX: 256.24—25 = 108.13—15，为了回应《形而上学》VII 1, 1028b2—4，海德格尔曾在 GA 3: 246.28—29 = 173.7—8 引用过这个文本。见第二章注释9。

第二部分
海德格尔前期思想

第四章

现象学与问题架构

在日常生活中，最令人惊叹的并不是那些外存于世界的事物，作为独立的客体，它们站在我们的对面；反倒是那些触发我们，与我们照面，浸入我们的生活，与我们发生关联的事物，简言之，它们显现于我们面前。[1]在日常的状态中，事物并不是无所关涉地"立于宇宙之中"，位于某个中性的时空界面之内。毋宁说，它们经由自身的意义，显现于我们面前。它们不仅实存，而且生发出意义，这种意义便是它们的"存在"。

对我们而言，事物显现而适用。[2]我们留意之，赏悦之，为之命名，甚或居有之。我们亦惧之，逃之，即便如此，仍与之关联，在我们所处的意义世界中，它们仍有一席之地。只要能观、能思、能行，那么，我们所遭遇（或可能遭遇的）任何事物都在某个层面成为可理解的，无论它们当下存在，或者曾经存在，还是在我们料想的将来存在。

我们常常忽视了意蕴性这个维度，但只有通过它，我们才能与一切显现之物照面。因此，与我们照面的一切事物在某种程度上皆是"我

---

[1] 关于"迫入"，见"最强行侵入的"（Aufdringlichsten），GA 45: 2.9 = 4.5；以及"越侵者与迫侵者"（das Überdrängende und Vordrängende），GA 45: 130.21—22 = 113.25—26。

[2] GA 33: 179.25—26 = 154.6。

理解海德格尔：范式的转变

的"。它熟稔于我们，成为"家"的部分，同时融入生命的意义叙事之中。

即便不是直接熟稔于我们，也就是说，即便我们能够赋予的唯一意义恰是无法直接理解它们，但经由将之视为潜在可被理知的现象，我们仍能以询问的态度赋予它们意义，只是尚未领会其特殊含义："莱普顿家由多少个成员组成？""这是一个后鞭毛生物吗？"在这两种情形中，我们已经尝试将"莱普顿家"和"后鞭毛生物"引入自己的意义世界。

至少约二十万年以前，自智人诞生以来，"存在"就始终意味着"意义存在"。对我们而言，意义是必然的。只有经由这个介质，我们才能与事物接触，若无意义，我们便不再是人。此乃"一切奇迹的奇迹"：[3] 事物不仅于时空之内实存，还对我们产生意义。

> 以特定的方式，存在本身得到理解。它由此得到理解而被视为的那个东西，对我们敞开。[4]

> 无论我们理解什么，无论它以何种方式在理解活动中对我们敞开，我们都说它具有被理知的可能性。[5]

海德格尔认为，"存在"并非意指事物针对感官的物理显现，而是指向事物的意义显现，它只能由人赋予，"在我们，即人之中，存在方始运作"。[6]我们绝不能绕开意义而在意义之外，换言之，我们无法全然跃出诠释学的外壳。我们也不会想要那样做，因为对人来说，意义"之外"只有死。我们不可避免地被抛入单由人创造的意义之中，同样，仅当沉浸于意义

---

3 GA 9: 307.23—24 = 234.17—18，其中"是"（ist）意指"显现"。见胡塞尔，《观念三》，75.23 = 64.25。GA 4: 52.34 = 75.26。

4 GA 40: 125.11—12 = 129.17—19。

5 GA 40: 89.20—24 = 91.24—26。

6 GA 73, 1: 90.28。

之中时，我们方才是人。就自身处于意义关联之中而言，我们向来已经"超出"事物，换言之，我们先天就对事物有所"超越"。作为学生、工人、父母等角色，我们所栖居的那些不断变动的殊异世界，皆由意义定位，任何事物也唯有在被赋予意义的那些世界中才得以显现。我们意欲或"意向"的任何事物最终都能产生意义，无论是以现实的还是以潜在的方式。

尽管可能尚处于不确定的模糊状态中，赢获意义这种行为在一切生存活动中引导着我们。我们首先并不是"经验地"理解事物，经由感官触碰它们，反倒是以其他的方式，即只有先天地浸入事物可能的意义关联之中，我们才能与它们发生关系。与打交道的事物相比，意义更切近于我们。事物的意义不仅比事物的本质"更加实在"，而且对于我们而言，也构成了它们的一般实在。不过，我们向来疏忽甚至无视了那个为其自身的意义。有一点必然成为我们的构成要素：每当凝视（意义）事物时，我们早已透视它们的意义，却未曾予以切实关注。意义这个透明介质显得如此理所当然，以至于我们甚少意识到它，正如呼吸的空气。我们同（意义）事物打交道，这一点早已习以为常，因此通常忽视了它们的意义。我们还无视如下基本事实：每当言说"存在"的时候，我们都意指"作为某某而有意义"或者"作为某某而生发意义"。

赋义活动正如环绕在我们所遭遇的事物之旁的杂音，它几乎未曾被听到；亦如照亮了任何事物与实在之间的关联的微光，但它未曾被察觉。我们向来熟悉赋义活动，甚至无须明确地说出"某物'作为这个或那个东西而有意义'"。在任何针对事物的静默行为之中，我们已经隐秘地展开了理解活动，不管是理论反思还是实践应用。在任何专题式的理解和言谈之前，意义已经自明于我们。这不仅适合描述处于外在环境中的事物，也适于描述我们自身。如果没有"前概念"层次对于意义的熟谙，我们便无法理解自身，遑论理解任何其他事物。没有意义，我们甚至不能说出"我"、"你"或"它"。

（当然，我们可以像哲学家那样怀疑任何事物在世界中有其意义。然而，即便如此，我们实际上仍在赋予世界意义，正如利奥波德·布卢姆所言，周而复始，我们终将遇见自己："它回来了。设想你一边逃离，一边却跑向自己。"[7]）

可理知性亦与我们所栖居的世界同名。作为我们出入其中的诸可能性，这个世界蕴含了对其进行专题研究的可能性、对其悦纳或冷漠的可能性以及对其激动或厌恶的可能性。上述诸多可能性亦指，在一个无法避免的进程中，我们始终不得不成为自身（见 Zu-sein，即"去存在"）。[8]赋义活动一旦发生，就需要绽出之生存即澄明之境。一方面，澄明之境决定了实存状态层面的"我"，即澄明之境是我实存的原因。[9]另一方面，没有我的绽出之生存，也就没有澄明之境，即我也是澄明之境的必要条件（sine qua non）。"两"者合一的边界，就是我们所指的"人"的内核。[10]这是必然被隐藏的事实，它决定了我们的生活，我们却无法一探究竟。成为澄明之境就是我们的存在论命运，每当我们与他者交谈，经营生活琐事，畅想未来或者铭记过去，这一点都不断得到证实。换言之，我们无法不赋予照面的任何事物意义，因为我们不得不先天地敞开自己。就本质而言，我们既需要可理知性，同时也是它的原因；同理，我们既需要规定了自己的意蕴性，同时事实上也无法与之分离，除了死。实际上，赋义的整个过程始终是有死的。

7　Joyce, *Ulysses*, Episode 13 (Nausicaa), 377.20—21.

8　SZ 42.4 = 67.9.

9　GA 88：26.9—11："从存在一般的本质化而来的人之本质。" GA 15：280.4 = 6.36："一切运思皆是'为存在之故'。"

10　关于作为需求者（和必要者）的澄明之境以及作为被需求者的人，见 GA 6, 2：354.14—17 及以后 = 244.30—32 及以后。亦见 GA 7：33.10—11 = 32.5—6。

第四章　现象学与问题架构

* * *

为何是"有死的"呢？要想回答这个问题，我们必须再次回到海德格尔的哲学论述，它关于希腊人如何源始且非主观地理解意义显现，这一经验对于我们同样适用。在我们择机行为之前，世界内的事物就已经对我们敞开了，同时变得可通达，从而产生意义。事物已经产生意义，也就是"它"（尽管古希腊人无法知道它究竟为何）已经事先为人的使用、娱乐、认知、开发、创造以及鉴赏活动打开了世界。柏拉图、亚里士多德清楚意识到意义显现（τὸ ὄν ὡς ἀληθές = ἀλήθεια-2）这个奇迹，却不知道它出现的方式和原因。因为他们错过了如下事实：我们的本质即我们所是的基本方式，就是开抛/本有，它"先行于"我们，也就是 ἀλήθεια-1，它向来已经打开了 ἀλήθεια-2 对应的世界。古希腊的诗歌和悲剧也曾领会这一人的基本事实，因为它们揭示了我们迫切需要将事物聚集在一起，以抵抗混沌的侵袭，也就是说，将事物聚成连贯的整体，以便我们在其中努力实现各种需要及欲求。周围的事物依循各自的方式变动，在多维度的方向中各自展开又同时消散，对于这个事实，我们给出的解释则是：事物需要在这样的世界中维系与生存。任何事物皆处于流动的状态中，不断生成着。生成不仅萌发新生，也让事物走向消逝。

一方面，在万物与季节的更迭反复之中，在世界"稳缓而持续的循环"之中，[11]古希腊人窥见到某种持存与永恒的希望，即海德格尔所说的"持稳显现"。另一方面，他们的悲剧又有一股对于死亡的激烈抗争，"斗争"（πόλεμος）一词就暗示了这种最终转瞬即逝的持稳状态。我们同时由欣欣向荣的生成与走向死亡的负熵笼罩，这一点在自己承

11　T. S. Eliot, *Four Quartets*, "Burnt Norton", III. 见第二章注释111。

理解海德格尔：范式的转变

受着并对抗着有死性（nascendo et moriendo）[12]的生命之中体现得淋漓尽致。生存冲动既与死亡抗争着，也同依循各自方式跃出我们的事物的混沌抗争着，死亡的可能性是我们与最终吞噬自己的混沌之间的边界。我们为着某个安全地带而抗争，在那里能将事物聚在一起，哪怕只是片刻。我们生而为逻各斯，具有将离散的事物凝聚成一个不确定的意义统一体的需求与能力，由此确保一个共享的人类世界（它或许由神监管和担保），我们在其中实现数年栖居。赋义活动这一必要需求既是对有死性的补偿，也是它确定无疑的标志，二者无法只择其一。我们以脆弱且无济于事的持稳之名与死亡抗争。从那种抗争中产生了创造的荣耀与实现的伟丽，涌现了居于明亮的清澈和幽暗的恐惧中的事物的开敞状态，同时缔造了抗争终将失败的悲剧命运。在生命逐渐丧失的抗争过程中，由于时间的质朴延展，赋义活动暂缓了混沌（的吞噬）。

* * *

上述内容对于理解潜藏于海德格尔工作中的现象学转向十分重要，我将沿用那个思路并继续以第一人称经验展开核心论述。

我开始明白：我"关切"与自己照面的任何事物，无论是为我自己考虑而忧虑某事（比如"如果你吸烟的话，我会介意"），还是为别人考虑而关切某事（比如"当你外出的时候，我会关心你的孩子"）。在属我的且带有目的的行为世界中，我"关切"那些事物，换言之，我理解它们

---

12 这是奥古斯丁的一句话，见奥古斯丁，《论真宗教》，liber unus, XLVI, 88：*Patrologia Latina*, 34, 161.35（他曾重复这一表达，*Retractationes*, liber primus, XIII, 8：*Patrologia Latina*, 32, 605.18）。亦见 *De natura boni contra manicheos*, liber unus, VIII：*Patrologia Latina*, 42, 554.39；*De sermone domini in monte*, liber primus, XV, 40 和 41：*Patrologia Latina*, 34, 1249.57—58 等。

第四章 现象学与问题架构

的能力和目的，并与之发生关联。在（实存论的）结构层面上，我是某个关切者（Besorgen, Fürsorge），关切着与我照面的任何人与物。[13]在日常的绽出之生存中，我不会将事物作为与我对立的客体来感知。毋宁说，我与它关联着，对它有所操心。就（实存论的）结构而言，我实际上就是这一操心者（Sorge），这与灾难性的心身（νόησις/αἴσθησις）二元分裂相斥。我是一个肉身性的关切者，同时也是关切着的肉身。我关切着人与物，让它们以不同的方式显现自身的意义。关切的"客体"乃是一个始终生发意义的被赋义者。

正如我通常不会将关切事物的意义作为研究主题，我也常常忽视那个先天就浸入赋义活动之中的我自己，尽管对于赋义活动而言，我自己是不可或缺的。[14]我偶尔也会对此形成专题认知，认识到我正在阐释这一文本或那个历史事件，主动地思量它们如何与某种意义显现符合一致。但是，毫无疑问，当我追问"为什么就死而言，我不得不为存在者赋予意义"的时候，情况会截然不同，因为我几乎从不会问"为什么一定要赋予意义"。当我追问"为什么是存在者存在而'无'倒不存在"时，我实际上已经展开了持续后发的"哲学反思"。在我们的绽出之生存中，会发生一些极其罕见、令人震惊的瞬间：赋义活动似乎将从任何存在者之中消失，我的绽出之生存同时受到威胁，我心生畏惧，并迫切地想要知道"这一切究竟如何发生"。然而，尽管我能开始发问，但上述问题始终蕴含一个悖论，即除了可理知的能力本身，其他一切都是可被理知的。

最重要的是，我越关注意义，就越会遗忘自己是让赋义活动得以可能且必要的澄明之境，也就是开抛的澄明之境。这也是海德格尔在《存

---

13 关于"操心自身"（Selbstsorge）这个概念，见 SZ 193.8—11 = 237.26—28。理查德森认为，应该将 Sorge 译为"操心"（concern）而非"关照"（care），见 *Heidegger*，40 注释35。我赞同他的观点。

14 关于绽出之生存既离自身最近，也离自身最远，见 SZ 15.25—27 = 36.19—22。

理解海德格尔：范式的转变

在与时间》中提到的"沉沦"（das Verfallen），它揭示了我忽视了澄明之境这个基本的日常事实，因为"最切近的东西（＝澄明之境）最为疏远，最疏远的东西（＝意义事物）同时最为切近"。[15]澄明之境乃是"人的绽出之生存最深处的火焰"，[16]正如赋义活动是我呼吸的不可见的空气，要是没有它，我便会死。虽然我先天地被澄明之境规定，也向来就是澄明之境本身，我却无法形成概念来把握它，遑论阐明对人而言不可或缺的它的始因。就此而言，澄明之境本然地"隐藏着"：一方面，它始终显现并运作；另一方面，对于其始因及源头，我们却无法理知。

* * *

海德格尔认为，古希腊人生活在类似的情境中。他们同样在一个被赋予意义的世界中栖居，甚少将它作为研究主题。不过，古希腊的思想家囿于那个令之惊诧的事实，即在世界之内，任一事物皆充满活力并显现自身（anwesend, παρόν），它们不仅在时空中实存，从而对与之共存的常人保持中立，同时也始终对常人显现自身（尽管并不是像客体之于康德的主体那样）。[17]哲学家将这类显现称为"存在"（τὸ εἶναι, οὐσία）。海德格尔则重新诠释了古希腊思想，重新诠释了"存在"概念，并最终放弃使用它。他提到："我不想再使用'存在'（Sein）这个名称。"[18]事实上，威廉·J.理查德森曾注意到，"存在"（Sein）这个概念在海德格尔的

15　GA 45：82.22—23 = 74.2—3；见 GA 45：82.6—7 = 73.26—28："比所谓的'实在'（即真实的存在者）更切近我们的是存在者的本质，我们对它既有所知也有所不知。"亦见 GA 9：331.12—14 = 252.20—21。

16　GA 33：20.5 = 16.5—6。

17　GA 8：241.14—17 = 237.21—26："在 存 在（εἶναι）之 旁（παρά）…… 意 指'切近'。"

18　GA 15：20.8—9 = 8.34。

第四章 现象学与问题架构

后期著作中"几乎从他的术语库中彻底消失"。[19]

"存在"(Sein)这个概念只是权宜之计。设想一下,"Sein"(= οὐσία)原本称为"显现",所谓"显现",就是存在者在无蔽状态中持存于我们面前。[20]

"在无蔽状态中持存于我们面前"(her-vor-währen in die Unverborgenheit)是海德格尔用来表述"现象性"的专业描述,即某个存在者面向某个人的意义显现。这个短语有三重意涵:(1)意义事物相对的稳立与持续(währen);(2)事物意义得以显现的场域,即人在其中操心的世界(-vor-);(3)某种特定的显现运动,它从被遮蔽或者潜在的可被理知状态进入现实运作的可被理知状态(in die Unverborgenheit)。海德格尔突出了古希腊思想所特有的"光亮"特性,古典学学者约翰·芬利在其关于《荷马史诗》的评注中也曾提及这一点(如前所述):

> 他所描绘的任何事物都保持着闪光的细致性与美妙的可知性。[21]

> 万(物)……保有其内在的本质,诗的伟业可能是一种不可名状的聚集活动,它让男人、女人、伟人、庸人、城镇、田园、动物、海洋、河流、大地、天空以及光明之神彼此区分,同时聚集成一个明亮

---

19 Richardson, *Heidegger*, 633.16—17;亦见633注释30:"据推测,甚至在《存在与时间》中,海德格尔就感到这个术语尚不充分,但又无法找到其他方式来指称正在讨论的东西。"

20 GA 7: 234.13—17 = 78.21—24;见 GA 83: 213.24—25。关于"在我们面前",见 GA 83: 214.8:"在哪里揭蔽、如何揭蔽?即面向什么实现揭蔽?面向人揭蔽。"

21 Finley, *Four States of Greek Thought*, 54.1—2.

155

的世界。[22]

芬利将荷马的宇宙描绘成"引入照亮活动的明亮世界",它由"心灵的凝眸倾向进行调谐,经由这个凝眸倾向,我们清晰地看见为其自身存在的事物,还能窥见被思想撕碎的观念的质朴性以及色彩的实在性"。[23] 从海德格尔的视角出发,事物敞亮的"显现"(Anwesen, παρουσία)这一点揭示了希腊人源始的现象学世界观。

* * *

重拾希腊哲学和文化中的现象学态度,并因此将希腊人生活中的意义显现这一丰富而隐秘的含义作为研究主题,是海德格尔解读希腊思想的重要任务之一。通过其早期的弗莱堡系列课程,他开始着手那一任务。为了完成它,海德格尔将当时从胡塞尔那里学到的直观这一现象学方法用于希腊思想,尤其是对亚里士多德的阐释上。人的赋义活动这一注定发生的事实构成了现象学直观的拱顶石,它同如下设想形成对照:静默地处理那些分离的感性材料,也就是说,它们只是各自相继地被聚集到一个统一的感觉中。人始终同其他的意义事物产生理知共鸣,从而与各种事物照面。由于各种事物都指向人的关切与旨趣,这些关切与旨趣规定了那个可理知整体,意义便也随着与人发生共鸣的这些事物逐步累积。海德格尔用"世界"一词指称这个特殊的意义语境,比如女商人的世界、保洁工人的世界。

生存意味着操心。我们操心什么?因何之故而操心?操心又

22　Finley, *Four States of Greek Thought*, 5.1—7.
23　见上书, 29.3—4 和 3.22—24。

第四章　现象学与问题架构

依附于什么？这与意义问题等同。意义是世界的范畴规定。世界的对象，也就是"世内的"或"世界性的"对象，就其蕴含的意义特征而言，已经实存着。[24]

在第一次世界大战后的第一堂课上，海德格尔以教室里的讲台为例，并将这个情境视为后来才被廓清的"作为意蕴性的世界"（Welt als Bedeutsamkeit）的最初展现之一。"作为意蕴性的世界"先天就与人相伴，在人之中展开。

> 在观看讲台这个经验中，从一个直接的周围世界（Umwelt）中，某些东西被给予我自己。这个世界（老师的讲台、书、黑板、笔记本、钢笔、校役、学生、街车、机动车等）并非仅仅由意指这个或那个东西的物体或对象构成。
> 毋宁说，意义存在者（das Bedeutsame）就是直接源始地被给予我的存在者，无须通过对事物的概念把握这一思想岔道。如果我们居于周围世界之中，那么，所有事物都随时随地承载着自身的意义而与我们相遇。任何事物都存在于一个意义世界中，即意义世界涌向前来并被给出（es weltet）。[25]

这也意味着：如果事物是意义存在者（das Bedeutsame），那么，事物的存在就是事物的意蕴性（Bedeutsamkeit）。[26]海德格尔将"存在者的意义问题"与"（存在者的）存在问题"等同起来。[27]无论是阐释古希腊思想，

24　GA 61: 90.7—12 = 68.6—10.
25　GA 56/57: 72.31—73.5 = 61.19—28.
26　海德格尔将"世界"规定为"意蕴性"（Bedeutsamkeit）。见 Richardson, *Heidegger*, 167注释15："世界等同于存在"；"'存在'取代了'世界'概念。"
27　GA 19: 205.13—14 = 141.33—34.

理解海德格尔：范式的转变

还是从事他自己的哲学研究，海德格尔都让存在者通过隐微的现象学还原而达成自身的意义显现，这一进路亦将存在者的存在重塑为存在者面向人的意义显现。

讲台在一个意义已被给定的语境，即教室中显现自身。在教室中，教授与学生已经知晓周围一切，熟知什么合适、什么不合适。

> 我一踏入教室，便看见讲台……"我"看见了什么？棕色的表面，并被切成矩形？不是这样，我看见了其他的东西。难道是一个小箱子搭在一个大箱子上面？显然也不是。我看见了一个我即将发表演讲的讲台。您看见的则是一个您即将听到演讲的讲台，一个我已经事先对您说话的讲台。[28]

海德格尔认为，如果假装看见某个情境之外的"存在者"，它随后才获得附加其上的意义，这并不是关于处境的合理解释：

> 似乎我最初看见嵌入其中的棕色表面，然后它才对我揭蔽为箱子，接着被视为讲桌，最后被视为适合学术讲座的讲桌即讲台。以至于我像贴标签那样将"讲台"贴在箱子上。[29]

> 仿佛对象首先作为某个光秃秃的存在者而存在，作为某个处于自然状态中的对象而存在。然后，经由我们的经验，它们被披上一件价值的外衣，以至于不再裸露在外，但事实并非如此。[30]

28　GA 56/57: 71.2—9 = 59.34—60.6.
29　GA 56/57: 71.10—14 = 60.7—10.
30　GA 61: 91.22—25 = 69.6—9.

第四章 现象学与问题架构

换言之,有一个先天已经开始发生的情境,它与生存体验有关,同时已经将存在者"置入"同我的需求及旨趣的关联中。

> 我仿佛突然看见了那个讲台,我并未将之视为孤立物,毋宁说,对我而言,它看起来有点高。我直接看见讲台上面放着一本书(这是一本书,而不是夹杂着黑色标记的一堆书页的集合),我看见讲台位于某个特定的方向,处在一束背景映衬的光亮之中。[31]

即使某人来自截然不同的生活情境,比如是"来自黑森林深处的农民",当他走入教室的时候,(用海德格尔的话来说)他也不会只是看见"一个箱子,即一堆木板的排列组合",相反地,"他看见了'为老师而准备的地方',他看见了一个承载意义的对象"。[32]类似地,哪怕某人来自远离西方文明的某个部落,只要走进教室,他也会注意到那个讲台,尽管可能无法立即理解它的本质。

> 很难事先说出,他将看见什么:或许某个与巫术相关的东西,或者某个能抵挡茅箭和飞石的盾牌……即便他将讲台作为某个杵在那儿、光秃秃的东西(bloßes Etwas, das da ist),对他而言,它仍然产生意义,仍然是当下的意义显现。(即使这个原始人被讲台完全绕晕)他也不会只是将它作为某个"不知如何上手"的东西。(对原始人而言的)"器具陌生感"与(对教授及学生来说的)"讲台"的意义特征在本质上绝对同一。[33]

31　GA 56/57: 71.16—22 = 60.11—16.
32　GA 56/57: 71.29—31 = 60.23—24.
33　GA 56/57: 71.35—72.3; 72.19—21 和 26—30 = 60.27—30; 61.8—10 和 14—18。

理解海德格尔：范式的转变

在海德格尔的早期讲稿中，以下观点随处可见：与事物的每一次相遇都是同某个意义存在者照面，比如在1921年至1922年完成的《亚里士多德的现象学诠释》这一讲稿中：

> 意义这个范畴揭示了，对象如何在生活之中根据自身内容的基本意义而存在，以及它如何同时作为某个存在者而在世界之中保持自身并开展活动。[34]

我们并不是通过接受一堆感觉材料而与存在者相遇，毋宁说，我们一向将它们作为某个东西而与之打交道，哪怕它们是作为某个出乎我们预料的东西（如上述事例）。

> 作为什么以及如何与之相遇，这被称为"意蕴性"，也被理解为存在范畴。[35]

在1919年至1920年题为《现象学之基本问题》的课程中，海德格尔继续探讨那个主题。他曾劝导学生：

> 应该将任何理论化的企图搁置一旁，同时与认识论者的说法保持距离。与此相反，我们应该注意到意义，正是经由意义，实际经验才始终以意蕴性为特征不断更新所经历的内容。甚至最平常的事物也有其意义（尽管它始终稀松平常），乃至最无价值的事物亦有其意义。[36]

34　GA 61: 92.31—34 = 70.1—4.
35　GA 63: 93.7—9 = 71.10—12.
36　GA 58: 104.19—24 = 83.19—23.

160

第四章　现象学与问题架构

于人而言,意义之外,无处安身。

  实际上,我们一向在意蕴性的牢笼中生存。其中的每个意义又由新的意义环绕……我们的实际生存,即在完全特殊的意蕴性网格中实存……处于实际的生活情境中的实际经验便占有这一无法被我们扬弃的意蕴性特征。[37]

  意蕴性特指事物的"与我关联性"(Mich-Bezogenheit),[38]现象学专家研究主体同被牵涉其中的人之间的关联。正如胡塞尔所言,现象学就是"关联性研究"。海德格尔也认为,"从事哲学的个体与他研究的对象如影随形"。[39]在日常状态中,意蕴性大多隐秘,并不引人瞩目,无须得到主题化的认识或阐明。在个人的日常生活中,"一般的意蕴性并未被清晰地经验到,尽管它能被如此经验"。[40]事实上,"意蕴性现象不是我们最初所见"。[41]但是,它也绝不否认"实际生活在实际的意蕴关联中发生"这个现实。[42]诚然,"在实际生活中,'绽出之生存'的赋义活动呈现为各种意蕴形式,无论是现实的经验、记忆或者期待"。[43]

  即使我经验到……无规定和不确定的"某个东西",我仍在特定的意蕴情境的无规定性中经验到它,正如房间里"我无法理解的"声音("它不同寻常","它让人不安")。[44]

37　GA 58: 104.32—105.9 = 83.30—38.
38　GA 58: 105.12—13 = 84.3.
39　GA 9: 42.25—27 = 36.35—36.
40　GA 61: 93.8—9 = 70.11—12.
41　GA 58: 108.18—19 = 86.10—11.
42　GA 58: 105.22 = 84.10.
43　GA 58: 106.12—14 = 84.31—32.
44　GA 58: 106.27—31 = 85.2—6.

理解海德格尔：范式的转变

意蕴性在任何时刻、任何举止中开始运作。海德格尔并非将"世界"视为（如《存在与时间》中的）专业术语，而是用它意指"任何外在的东西"，他说："我在意蕴情境之中生活，并由此经验到世界。在那些情境之中，世界显现为现实的、实在的。"[45]因此，"'客观性'得以在意蕴情境中涌现出来，意蕴情境则植根于个体实际的生活处境"。[46]实际上，我不是在某个既定的意蕴情境中生存，毋宁说，我盘活了意蕴情境。[47]

在1924年的讲座手稿中，海德格尔再次明确了那个立场，比如在《亚里士多德哲学的基本概念》这一课程中：

> 长久以来，我将人的绽出之生存的存在论特征描绘为意蕴性。它是我们与世界相遇的源头。[48]

或者根据《时间的概念》这篇论文（1924年拟出版的论文，而不是马堡演讲），他认为，如果跳过意蕴性这个概念，我们将寸步难行。

> 生活世界并非显现为一个事物或者客体，而是意蕴性。[49]

> 我们现在辨清了同世界打交道的基本特征：意蕴性。[50]

> 我们将意蕴性规定为世界原初的存在论特征。[51]

45　GA 58：107.12—13 = 85.18—19.
46　GA 58：113.6—8 = 89.8—9.
47　GA 58：117.20—21 = 92.12—13.
48　GA 18：300.15—17 = 203.27—29.
49　GA 64：65.18—19 = 55.15—16.
50　GA 64：23.32—33 = 17.25—26.
51　GA 64：24.2—3 = 17.30—31.

第四章　现象学与问题架构

……同世界打交道的源始特征,即意蕴性。[52]

同年,在关于柏拉图《智者》的课程讲稿中,他还明确地将存在与意蕴性等同,并提到形而上学作为

关于存在者的可理知性的探寻,也就是关于存在的探寻。[53]

翌年撰写《存在与时间》的前夕,他又在讨论逻各斯与真理的课程中阐明了意蕴性这个概念的中心位置:

绽出之生存的存在就是去赋予事物意义,因此,它在诸意义中生存,并在那些意义中展现自身。[54]

综上所述,无论是从事自己的现象学研究,还是阐释古希腊思想,海德格尔迈出的第一步,都是关注意蕴性概念。然而,问题也随之而来:究竟是哪一种意义呢? 在第一次世界大战后最早开设的那些课程中,海德格尔将自己的矛头对准胡塞尔的观点,因为胡塞尔认为理论静观优先于生活经验,与此同时,纯粹的先验自我优先于海德格尔所说的"历史性的自我"以及"处境中的自我"。[55] "我们正位于一个方法论上的十字路口,它或将决定哲学的生死",[56] 海德格尔做出如上断言。哲学之生首先取决于厘清究竟何为真正的哲学论题。"摧毁了真正的问题范

52　GA 64: 25.13—14 = 19.1—2.
53　GA 19: 205.13—14 = 141.33—34.
54　GA 21: 151.4—5 = 127.30—32.
55　见1919年6月20日格尔达·瓦尔特给亚历山大·普凡德尔的信: Husserl Archives, R III Walther 20.VI.19.
56　GA 56/57: 63.16—18 = 53.14—16.

式的,不仅是某些人所设想的自然主义,"他在此特别提到了胡塞尔,"还有理论态度的普遍统治。"[57]

为了聚焦于我们得以源始地经验到意蕴性的生活世界,海德格尔彻底重塑了胡塞尔在《纯粹现象学与现象学哲学的观念》(1913年)第二十四章中所确立的原则。[58]根据胡塞尔,现象学的始点是第一性的直观,这种直观"在胡塞尔那里也甚少被提及",它不是朝向客体的理论活动,而是从中突然促成理论的"某种理解行为,即诠释学直观"。[59]诠释学直观向来已经以先于理论态度的生动方式将世界理解为意蕴性,这类直观也是现象学自身所要求的严谨性的基础。此外,它还是

> 本真生命的源始直观,即生命体验和生命本身的源始承载者,也是与生命体验相一致的绝对的生命共感者。如果先于其他一切方式,换言之,如果不从理论活动出发,而将我们自身从中解放出来,我们就始终能够窥见那一基本行为,并以它为导向。那一基本行为是绝对的,因为我们直接生存其中。无论被建构得多么精致,都没有任何概念体系能够通达于此。只有现象学视野下的生活,在日益增长的张力中才能通达它。[60]

* * *

严格来说,现象学与意义相关,海德格尔在其鸿著中继续坚持这个看法。在《存在与时间》中,他将世界(Welt)的根本结构称为"意蕴

57　GA 56/57: 87.25 = 73.33—34.
58　胡塞尔,《观念一》,Husserliana III, 1, 52.6—14 = 44.19—23。
59　GA 56/57: 109.30—110.1 = 92.27—28; GA 56/57: 117.13 = 99.10.1.
60　GA 56/57: 110.2—11 = 92.29—93.6.

性"(Bedeutsamkeit),[61]同时隐晦地将《存在与时间》第一部第一篇(SZ I.1)称为"意义学说"(Bedeutungslehre)。[62]他还明确地将存在与可理知性等同起来。他提到,关于存在者之存在的存在论实际上就是"关于存在者之可理知性的清晰的理论探寻"。[63]海德格尔将存在者的存在称为存在者的"可理知性"(Sinn),[64]这一点常被忽视。按照这个思路,他从现象学出发重新诠释了"第一哲学",即不再将事物的存在(existentia 与 essentia)视为中心论题,而被事物的意蕴性所取代。

"在世界之中存在"即绽出之生存的现象学构成了意义学说的内核。既然世界的本质是意蕴性,我们就应该将"在世界之中存在"(In-der-Welt-sein)准确地描述为"在意蕴性之中存在"(In-der-Bedeutsamkeit-sein),也就是说,绽出之生存的根本结构就是它同意义及其源头的先天互动,也被表述为"绽出之生存……向来熟稔意蕴性"。[65]假如脱离了那种互动,我们便会终止实存。如果不再与意义相关,我们则会死。作为我们存在的唯一方式,同可理知性之间的先天互动揭示了我们必然是一个诠释者。换言之,我们必然赋予所遭遇的每个存在者意义。如果不能赋予某个事物意义,甚至不能对它发问,我们便无法同它打交道,因为我们不可能遇到意义显现(Anwesen)这一诠释视域之外的存在者。

由此可见,海德格尔坚持认为,向来迂回的意义被限定在人的事域内。然而,事物究竟如何对我们产生意义?《存在与时间》这样回答:

61　SZ 87.17—18 = 120.13；334.33—34 = 384.1。
62　SZ 166.9—10 = 209.26—27；见 GA 64；24.4—7 = 17.34—35。
63　SZ 12.14—15 = 32.23—24。这个选段被收录在1927年至1977年《存在与时间》的十七个版本中。GA 2 却将这句话改成"关于存在者之存在(的追问)",而且并未提供任何注释说明(尽管 GA 2 在 v.1 和 579.12 两处被宣称为"未经篡改的文本")。见 GA 2：16.23 = Stambaugh 11.15,这显然是由于编辑过程中的某种曲解。
64　SZ 35.25 = 59.31。
65　见 SZ 87.19—20 = 120.25。

理解海德格尔：范式的转变

> 理知能力是绽出之生存的结构特征，而不是黏附在事物之上的某种属性……只有绽出之生存"有"理知能力。[66]

与此同时：

> 如果世界内的存在者由绽出之生存的存在揭示，也就是得到理解，那么，我们就说它们被赋予意义。[67]

换言之，我们有能力赋予存在者意义，具体而言，通过将我们自身的某种可能性（某种需求、旨趣或目的）与所遭遇的存在者的可能性相互关联，我们就完成了赋义活动。我们将遇到的任何存在者作为在日常生活中所操心与欲求的对象。如果存在者在既定的情境或世界中通过诸种与人的关联得到揭示，它们就会产生意义。世界就是生发意义的源头。[68]

```
                    世界即意蕴性的事域

    事物的诸种可能性 ↘
                        → 人的关切及诸可能性 → 意蕴性
    事物的诸种可能性 ↗
```

66　SZ 151.34—36 = 193.11—13：结构特征："某种实存论"（ein Existential）。关于实存论层面的"世界性"概念，见 SZ 64.19—20 = 92.34—36。

67　SZ 151.22—24 = 192.35—37："有意义"（hat Sinn）。他随后在 151.24—25 继续阐明："但严格来说，被理解的不是意蕴性，而是存在者，而且是（存在者的）存在。"最后半句表明：存在才是海德格尔基础问题（Grundfrage）的"实质对象"（das Befragte），而不是存在者。

68　海德格尔关于"世界"的解析概要，见 SZ 297.15—26 = 343.32—344.9。

第四章　现象学与问题架构

海德格尔曾说:"人实际生存着,同时就是他的世界。"[69]换言之,作为可理知性的网格,世界就是放大的我们自己。正是我们开抛的东西,被建构为一系列的意义关联。指向我们的关切和诸可能性的路标构成了世界(参照上图中的箭头),反过来看,这些路标同时构建了事物的意蕴性。我们乃是诠释者,也是引力场,如磁石一般吸引其他事物,共同构成一个意义统一体,即让它们同我们自己的某个可能性产生关联,这便是那些路标所引向的终点。[70]任何处于我们内生的诠释视域光晕之外的存在者,皆无法被赋予意义。

* * *

海德格尔同时认为,"世界"就是在先的"开敞场域"或者"澄明之境"。我们亟须它,以至于能将X作为Y来理解或者根据自己的某种可能性来使用某物。在这个过程中,我们就赋予某个存在者意义,借用传统形而上学的语言,就是"理解它的存在"。那么,我们为何需要这种在先的开敞活动,以至于赋予存在者意义呢? 所谓赋义活动,就是让某个存在者同某个可能的意义相互综合,比如:"苏格拉底是底比斯人。"不过稍等一下,这个可能的意义是错误的。因此,我们又试着将它与另一个可能的意义综合:"苏格拉底是雅典人。"让存在者同某个可能(正确或错误)的意义相互综合,这种需要也表明了我们自身的有限性。海德格尔认为,理知活动的最高形式并不是综合(它暗含了将事物认错这种可能性),而是揭示事物实在的直接无误的直观。传统形而上学认

---

[69] SZ 364.34—35 = 416.8. GA 9:154.18—19 = 120.24—25:"世界是从总体上关于人之此在本质内核方面的刻画。"亦见 SZ 64.9—20 = 92.32;365.38 = 417.11;380.28—30 = 432.17—18。GA 24:237.8—10 = 166.33—35。

[70] GA 9:279.1—4 = 213.10—12:"集聚为一个……朝向何处? 朝向本现的无蔽状态。"

理解海德格尔：范式的转变

为，只有神，而不是人，才有这种理智直观。神无须赋予事物意义，而直接赋予它们生命。在这一点上，海德格尔继承了康德的立场：

> 对我们遮蔽未显的，就是那些自在之物。一旦它们被思考为绝对理知的对象，即直观的对象，便不再需要首先让它们与人互动，也不再需要首先让它们与人相遇，毋宁说，经由这种直观，它们直接成其所是。[71]

但对我们来说，存在者无法像面对某个神圣的理智直观者那样，直接显现自身的"所是"与"所成"。换言之，它们只能面对某个间接迂回的理智者显现自身，这类理智者必须"运转"，即从主词到谓词，或者从工具到事务，再回到理智者之中（dis-currere，来回运作），以便综合相互分离的两者：主词与谓词、工具与事务。[72] 依循形而上学传统，完满的理智直观需要仰赖某个已完全实现自身并彻底显现自身的主体，无论是思其所思者（νόησις νοήσεως）的自身保持一致的活动（亚里士多德在《形而上学》中提及），还是神的完满的返回自身活动（reditio completa in seipsum，托马斯·阿奎那笔下）。[73] 但是，与亚里士多德笔下那个自身运思的神"闭于自身"不同，海德格尔描绘的迂回活动必需一个开敞之域。人的理性必须穿越某个开敞"场域"（它由开抛的绽出之生存构建），才能综合尚处于分离状态的存在者。那个在先的开敞之域就是"每次他或她

71　GA 25: 98.22—27 = 68.5—9.

72　SZ 34.1—4 = 57.25—28："回溯。"海德格尔在这里遵循了形而上学传统，见阿奎那，《反异教大全》, I, 57, 27："作为理智活动，迂回的思想从某个事物（主词）走向另一事物（谓词）。"亦见《神学大全》, I, 58, 3, ad 1。故 GA 29/30: 447.6—7 = 308.39—40："仅在根据其本质总超越自身的存在者那里才有语言。"换言之，存在者被向前抛出，而又迂回地返回存在者。亦见 GA 84, 1: 50.1　6："关联着的区分。"

73　分别见亚里士多德，《形而上学》XII 9, 1074b34—35, 以及阿奎那，《神学大全》I, 14, 2, obj. 1 与 ad 1。阿奎那在类比层面上将显现自身这一活动用于神、天使及人。

第四章　现象学与问题架构

作为主体同客体发生关联之时,人贯穿于其中的场域"。[74]

要使领会与显现得以可能并彼此关联,就需要一个自由开敞的场域,两者在其中互属于彼此。[75]

只有我们在实存论本质层面(即先天结构层面,它不由我们的意志决定)向来已是那一开敞之域,我们才能在具体实存的认知与行动层面"贯穿那个开敞之域"。我们的本质就是成为实存论层面的运作场域,实存状态层面的"作为"活动也必须以它为基础。

我们(错误地)认为,通过作为主体的"我"表象客体,便可以让存在者通达我们。然而,实际上,在那之前,必须有一个正在运作的开敞之域,让存在者可以在其中作为面向主体的客体显现自身,与此同时,可通达性也能在其中穿梭并被经验到。[76]

纵览海德格尔的哲学生涯,他通过多个不同的主题阐明开敞之域,比如澄明之境、ἀλήθεια-1、为其存在的开抛场域(Entwurfbereich)等。开敞之域经由我们的开抛活动或者"本有发生"(ap-*propri*-ated)被打开,它就是海德格尔的一切哲学工作的"实事本身"(die Sache selbst)。

* * *

再回到存在者的存在问题:海德格尔未曾将它理解为曝露于时空

74　GA 7: 19.11—13 = 18.31—33. 见 GA 15: 380.5—7 = 68.42—44。
75　GA 15: 401.24—27 = 93.23—25. 见 GA 34: 59.22 = 44.20: "贯穿" (Durchgang)。
76　GA 48: 177.21—28(亦见 GA 6, 2: 121.12—19) = 93.17—23。

理解海德格尔：范式的转变

之中的存在者的实存。他称之为existentia，即存在论上的"实体"。在这一情形中，事物被认为从同人的关联中脱离出来，也就是说，没有通过现象学的还原。但是，如果有人据此认为，海德格尔拒斥现象学还原，反而将其早期关于日常世界的探究引入某种自然态度中，这种观点其实站不住脚。不过，胡塞尔便那样认为。他一直批评海德格尔无法理解还原。1927年10月，海德格尔为胡塞尔起草《不列颠百科全书》中的重要章节，尤其涵盖包括现象学还原在内的现象学观念以及纯粹心理学方法的内容。[77] 在这个过程中，他给出了足够的理由质疑胡塞尔所捍卫的观点。海德格尔认为，真正适合现象学的主题应该是存在（das Sein），但必须始终与人的某种形式[78]关联在一起（因此作为"显现"，Anwesen）。如果这一关联经由现象学还原而得到廓清，那么，在宇宙之中曝露的存在者同样能作为意义显现的现象物而被我们看见，比如知觉活动中的被知觉对象、爱的行为中的被爱对象、判断活动中的被判断对象，它们总处于同人的关切或者实践的关联之中。在其早期著作中，海德格尔将研究主题聚焦于实践活动的还原。现象物就是我们在实践活动中与之打交道（πρᾶξις，Umgang）的存在者（τὰ πράγματα）。

在胡塞尔托付的任务得到完成的数月之前，海德格尔在《现象学之基本问题》中阐明了现象学还原。他比较了自己与胡塞尔关于还原的理解（1927年5月4日）。海德格尔认为，对于胡塞尔来说，还原意味着将存在者引回"意识的先验生活以及意识活动与意识相关项得到统一的经验之中，客体由此被构建为意识的关联项"。另一方面：

> 对我们来说，现象学还原意味着将现象学的视线从无论哪种

---

77 胡塞尔，《现象学心理学》，Husserliana IX, 256—263 = 107—116。
78 见《道路》，15.19—20："一般存在的领会（即人与存在的关联，而不仅是人与存在者的关联）。"

第四章　现象学与问题架构

关于存在者的领会特征中引入对存在者的存在的理解中（换言之，从揭蔽活动这种方式理解存在者）。[79]

可见，海德格尔理解的"存在"无法脱离它与绽出之生存的关联。甚至在还原发生之前，存在者的存在（＝意义）就已经在我们的日常领会中开始运作。现象学还原明确将擅长反思的哲人带回到向来已经运作的关联之中，构成这种关联的一方是现象（φαινόμενον），另一方是让现象被看见的逻各斯（λόγος）。因此，现象学家将揭蔽存在者的意义作为还原活动的研究主题。它将哲学的视线从存在者拉回到存在者的"存在"，这也意味着，从意义显现的当下形式这个方面看待存在者。还原活动"侵入"了（见"悬置"，epoché）如下自然倾向：每当我们将存在者透视为实体，我们就同时忽视了它的意蕴性，尽管意义是整个过程中最明显的（做词源学考查，是"占道"的意思）要素。[80]在还原活动中，我们被反思性地、主题化地带回到自己向来已经居于日常生活中的立足之地，也就是带回到我们与作为"这个或那个意义"显现的事物的关联中。因此，只要在最宽泛的层面描述海德格尔所意指的逻各斯，包括任何一种理智活动（或"意向活动"），无论实践、理论或者其他方面，那么，我们就能断言，现象学家通过还原活动关注的事物显现，就意指事物当下的意蕴性，而不是脱离了与人的互动的"曝露状态"。

当然，胡塞尔和海德格尔都没有质疑事物经过还原之后所保持的"曝露"特征。胡塞尔曾明确提到这一点：

> 我们无法否认最本质的存在者，举个例子，即使经过纯粹的悬

79　GA 24: 29.15—19 = 21.26—30. GA 19: 8.25—26 = 6.8—10.
80　GA 8: 113.8—10 = 110.11—13: "存在者的存在是最高的存在者，然而，我们对此熟视无睹。" 海德格尔在这里参考了亚里士多德，《形而上学》II 1, 993b9—11: "对于那些本质上最显而易见的东西"（τὰ τῇ φύσει φανερώτατα πάντων），我们却像蝙蝠一样盲目。

理解海德格尔：范式的转变

置,知觉活动仍将保留对这个房屋的知觉,确切地说,始终与那个房屋已经获得的"实存"状态这个知觉相伴。[81]

同理,对海德格尔而言,"诸如'独立于我思之外的世界是否存在'这类问题毫无意义"。[82]此外,胡塞尔还继续提到,处于自然状态中的事物

在聚焦于知觉活动的还原目光中显现自身,因为知觉活动根本上就是关于某物的知觉活动。换言之,作为被知觉的对象,事物从属于知觉活动。[83]

因此,对胡塞尔与海德格尔来说,事物经过还原之后仍现成于外(vorhanden),但这不是他们所关注的哲学焦点。现象学的研究主题是那些以某种意义方式与我们照面的事物。通过上述现象学还原,适合我们探索的哲学问题应是与感觉和意义有关的问题,即诠释学问题。

就其最基本的形式而言,现象学还原事关如何学会以主题研究的方式立足在我们向来已经居于生活经验中的栖身之所。我们以情境化的、第一人称的、蕴含经验的方式同事物打交道,也就是说,我们必然赋予事物意义,这便是海德格尔经由现象学还原获得的成果。即使是从他人那里获得某个事物的信息,那个获得信息的人仍然是第一人称的"我"。[笛卡尔的"我思"(ego cogito)便揭示了这个无法逃避的真相。]总之,无论我们从何处获得那些信息,我们都不得不赋予事物意义。(换

81　胡塞尔,《现象学心理学》,Husserliana IX,243.30—34 = 91.12—14。

82　GA 58：105.15—16 = 84.5—6. GA 26：194.30—31 = 153.28—29;"存在者自在地就是存在者,它是其所是并成其所是,即使绽出之生存尚未实存。"

83　胡塞尔,《现象学心理学》,Husserliana IX,261.6—9 = 113.13—15。

第四章　现象学与问题架构

言之,人乃是全然的诠释者。)[84]无论我们在多大程度上遗忘了意蕴性,而只是全神贯注于事物之上,但从根本结构着眼,我们始终停留在现象学层面。在转向任何理论或实践的后发活动之前,我们已经置身于第一人称经验的赋义活动之中。

* * *

在《存在与时间》中,通过阐明意蕴性植根于人之中,海德格尔重新聚焦这个主题并完成了之前的探究工作。"意义学说植根于绽出之生存的存在论",[85]他突出了人的可能性(即绽出之生存:"不得不绽出而超越自身"),同时将人视为始终关于自身的存在者(向来我属性)。[86]绽出之生存乃是某种形式的自身运动,在这个运动中,可能性总是高于现实性。[87]人是某种独一无二的运动($\kappa \iota \nu \eta \sigma \iota \varsigma$),它从自身出发并为其自身,也就是与自我的关联(换言之,我们关于自己的理解就是人之"所是"的构成内容),那一关联总处于尚未完成的状态中(它永远无法实现自身所有的可能性)。海德格尔认为,运动植根于我们关于意蕴性的先天领会,[88]这是一个最基本的人类事实。除非领会了事物,否则我们将无法与任何事物打交道,既然如此,实际性,即规定我们存在结构的

84　GA 66: 325.30—32 = 289.18—19:"从一开始'绽出之生存'就是'诠释的',也就是说,它作为突出的开抛活动产生的被开抛者。"

85　SZ 166.9—10 = 209.26—27。

86　GA 49: 21.5—6,参考克尔凯郭尔:作为"主体",我们与"关于事物的意识以及我们自身的自我意识"有关。在海德格尔的著作中,他将这一点视为前面提到的"完满地返回自身活动"在"心理学"层面上的运用。

87　SZ 38.29—30 = 63.2。

88　海德格尔认为,就人的开抛活动而言,人的运动($\kappa \iota \nu \eta \sigma \iota \varsigma$)就是"被迫的运动"或"被动性"(Bewegtheit)。见SZ 375.2—3 = 427.10:"被延展的自身延展活动的被动性。"

173

必然性,正是我们的意义世界乃至它的可能根据的边界。[89]

海德格尔关于意义世界的分析始于我们所处的日常生活,即他所说的"日常状态"。我们在日常状态中通过操作、使用和管理这些延展我们自身的方式与事物打交道,而不是把它们仅仅作为理论或思辨的观察对象。不管我们是否注意到这个事实,所有事物皆面向我们显现自身,以某种特定的方式生发意义。我们像器具一样使用它们,从而实现某个目的,比如准备晚餐、粉刷车库、调查事件。它们不仅"通向"精神静观活动,而且具有功用上的通达性与适用性。因此,我们将这些事物称为"有用的"[海德格尔所说的"上手之物"(das Zuhandene)]。它们用来满足某种需要,达成某个目的,以帮助我们获得欲求之物。在作为世界的旁观者存在之前,我们向来已经忙于满足各种需要。我们始终一面缺乏,一面寻求满足。我们关切着,同时寻求解决之道。我们想去改变、实现甚至消除某些事物。

人的另一个特征体现在:我们通常不会将事物视为与我们无关的离散的东西,它们反倒是以某种方式彼此统一并发生互动的整体或者系列。这个特点或许源于我们实际上就是划定周围境域的透视中心,也可能是由于我们将自身视为整体,而且是一个完全敞开的叙事统一体,它为着我们的意义让诸事物聚集起来,并以同我们相互关联的方式显现自身。我们居于意蕴情境之中,居于由各种旨趣和关切构造的意义世界之中,我们的旨趣和关切活动就赋予那些情境中的事物意义。我们同时在多重意蕴情境之中生存,比如在傍晚,某个女人在家里回复商务来电,还抿了一口苏格兰威士忌,同时哄孩子入睡。在某刻,她一边在记事本上速记手机号码,一边举起空酒杯示意续杯,同时把食指放在嘴上请求安静,因为孩子已经昏昏欲睡。上面列举了三重意义世界,

---

89　GA 36/37:100.20—21 = 80.8—9:"对我们来说,居于存在的优势力量中的这一被绑定状态正是人最深刻的本质。"

第四章　现象学与问题架构

其中的每一个都围绕那个女人的意图而被组织起来,都围绕她作为律师、妻子和母亲的复杂生活及各种需要的意图而被组织起来。每个特定的意图都将纷繁的事物引入相互区别的整体显现之中。她的意向激发了环绕在自身周围的那些事物(摇篮、婴儿毯、酒杯、冰块、手机、记事本)的可能性。

然而,仅当在能力层面(de jure),即作为人,即她先天必然地就是让上述一切得以可能的澄明之境,她才能在事实层面(de facto)置身于多重殊异的意义世界之中。她是"世内的",实际上,同时"居于"(即熟稔)多重意义世界。"在世界之中存在"这个短语中的"世界"意指整体的适用性:记事本适用于速记手机号码,把手放在嘴上的那个姿势适用于请求安静,高举的酒杯适用于示意续杯。那些目的世界充满了意义,尽管它通常缄默不语、熟稔并隐藏着,直到不太对劲的事态出现:手机电池耗尽,钢笔没墨水了,苏格兰威士忌喝完了或者孩子突然惊醒啼哭。先前缄默的那些世界由此"得以照亮",正如海德格尔所言。随着阐明让事物彼此连接的各种目的,事物也变得清晰透彻。相应地,令人失望的目的则揭示了我们未曾留意的事情,比如安排某次会谈,让孩子入睡,希求续杯。

事物可能性的聚合同时让我们自身的可能性得到满足,这也使得我们能够直接使用它们,并经由反思,清晰地将它们视为意蕴事物。那一聚合活动正是任何意义世界的共同结构,即海德格尔所说的世界的"世界性"("本质结构"这个表述可能更好),他也将"世界性"称为赋义活动。相应地,我们持守着那些情境,海德格尔称之为"存在于"世界"之中",换言之,我们不得不熟稔世界及其源头。"在世界之中存在"有可能听起来像在某个宇宙的时空整合中存在,乃至同某个特定的对象静默接触,比如像石头那样"在世界之中"存在。为了避免上述情况,我们将采用更精确的现象学术语"同意义相遇"来指称这一实存论结构。这也是海德格尔哲学工作的重中之重。《存在与时间》出版之

131

175

理解海德格尔：范式的转变

后逾半个世纪，海德格尔仍然延续、突出以及净化那个现象，借由一系列不同的细微主题，从"澄明之境"到"本有"再到"存在揭蔽的本现"（die Wesung der Wahrheit des Seins），但他从未超越在世界之中存在的绽出之生存，实际上亦不必这样做。再者，即使有如此打算，他也不可能做到。

第五章

绽出之生存,作为开敞之域

海德格尔关于可理知性的基本追问方式极其"后-尼采"式,即我们脚下失去存在的根基,头上缺少神圣的理念。在这样的时代,意义如何产生呢?海德格尔并未提出属神的真理标准,亦未陷入柏拉图式的理念之谜或由之精炼而成的本质之谜。对他来说,针对存在(Sein)即意义显现(Anwesen)的追问,就转变成对于"一般的意义显现如何给出"的追问。[1]

在传统的形而上学中,οὐσία、esse、Sein总指存在者的存在:"没有存在者,就没有存在的出场。"[2]但是,从海德格尔的现象学出发,"存在"不再关涉实存(existentia)与本质(essentia)这对传统形而上学的概念,而意指与人的理知能力相关的事物的可理知性。此外,既然存在是存在者面向人的意义显现,也就是海德格尔提到的基础问题,他于是进一步追问:这样的意义显现是如何发生的?究竟是什么让它在人的经验之中变得可能而又必要?鉴于存在与人的关联,要想解答存在的"源

---

[1] GA 14: 86.24—87.1 = 70.9—10.
[2] GA 9: 306.17—19 = 233.28. SZ 37.12 = 61.26—27:"存在总是存在者的存在。" GA 73,2: 970.3:"存在与存在者是不可分离的。"亦见SZ 9.7 = 29.13以及GA 73,2: 975.24.

理解海德格尔：范式的转变

头"问题，就必须同时阐明人的存在领会的可能根据。

因此，海德格尔的基础问题实际上以可理知性的可能根据为对象。既然可理知性必须与人一同出现，它的可能根据问题就转向对于提出这类问题的人的追问：为什么我们注定赋予事物意义？为什么我们必须在结构上调谐事物与它的意义之间的关联？意义会崩塌吗？果真如此，又会发生什么？鉴于将存在理解为存在者的意义以及存在者与人的关联，《存在与时间》仍处于主体的先验转向（die Wende zum Subjekt）这一持续旷世之久的传统之中。这个传统至少可溯至笛卡尔（海德格尔认为应溯至巴门尼德）。[3] 在那一先验传统中，哲学问题的解决系于将问题所针对的主体转换为提出问题的主体。[4] 自从发起"主体"（他解释为"向外–抛投"：开抛的绽出之生存）含义之争，海德格尔在先验传统中的地位就已确定。由于正式植根于先验传统，《存在与时间》第一部亦有三个特殊任务，它们与这一部的三篇逐一对应：

- 第一篇（SZ I.1）：确立实存论层面的"向外–抛投"究竟为何，它如何赋予存在者意义，同时阐明这种赋义能力植根于ἀλήθεια-1，即人之根本的开抛活动。
- 第二篇（SZ I.2）：阐明开抛活动的有死性，论述有死性能在决断中被"承担"起来，同时将它诠释为"时间性"。时间性也是人的历史性的基础。[5]

---

3 见第三章注释183以及GA 26：179.20—21 = 143.24—25："存在是关联主体的，这一点在巴门尼德那里首次诉诸语言。"

4 SZ 7.24—27 = 27.7—9. 普洛丁在《九章集》V 1：1.31—32中探讨了这一"先验转向"问题：τί ὂν ζητεῖ γνωστέον αὐτῇ, ἵνα αὐτὴν πρότερον μάθῃ, εἰ δύναμιν ἔχει τοῦ τὰ τοιαῦτα ζητεῖν。阿姆斯特朗的译文如下："作为发问者，它（灵魂）理应知道自己的本质，这样它才能了解自己是否有能力去探求这类事物。"更严格地说："灵魂有必要知道发问者的是其所是……"

5 见第三章注释137—142。

第五章　绽出之生存，作为开敞之域

- 第三篇（SZ I.3）：在"澄明之境与意义显现"（Lichtung und Anwesenheit）或者"时间与存在"这个标题下，廓清"时间性"如何生成任何形式的存在之"时间"境域。[6]

简言之，"基础存在论"（SZ I 的全部内容）旨在阐明一点：经由人的开敞之域即澄明之境，意义显现即"一般的存在"才得以可能；同理，只有在那样的开敞之域中，意义显现活动才得以发生。[7]海德格尔早期廓清了开抛的澄明之境，将它作为被绽出之生存这个"超越者"持守的诠释"境域"。[8]后来，他更为恰当地描述："揭蔽的场域即澄明之境（换言之，可理知性实现运作的场域）"[9]由人的"本有"活动打开。

与此同时，《存在与时间》的第二部旨在完成存在论历史的现象学"解构"。它按照逆时次序展开：从康德（SZ II.1）经由笛卡尔（SZ II.2）直至亚里士多德（SZ II.3）。下图勾勒出《存在与时间》的计划轮廓，阴影部分表示实际出版的内容。

现在回顾一下刚才的表述。对于诠释性的开敞活动，在任何具体的个人样例这个层面，海德格尔称之为"此在"（Dasein）；与此同时，对于任何具体个人的绽出之生存的"本质"或者存在论结构，他则严格地称为"实存"（Existenz）或者"此之在"（Da-sein，通常带有连字符，但并

6　关于"澄明之境与意义显现"，见 GA 14: 90.2 = 73.2 以及 GA 11: 151.21—28 = xx.25—33。海德格尔还在 GA 24: §6（1927年5月4日）概述了 SZ I.3 涉及的其他论题。见第七章。

7　GA 7: 186.31—32 = 185.25—26：存在在"属人的开敞之域中"得以通达。关于基础存在论，见第七章。关于"作为'实存论层面的空间性'的绽出之生存的开敞之域"这一点，见 SZ 132.32—33 = 171.8 和 § 22—24。

8　海德格尔将"超越"（＝先行超越，即开敞的绽出之生存）理解成"保持境域开敞，存在者的存在能在其中被事先窥见"，见 GA 3: 123.28—30 = 87.24—25。见 GA 9: 172.18—19 = 132.35—36："在存在论的揭蔽之中，也就是在超越本身之中。" GA 27: 207.13—14："存在论的揭蔽植根于超越。"

9　GA 16: 424.20—21 = 5.14—15。见 GA 9: 199.21 = 152.24："概念把握的开敞之域。"

理解海德格尔：范式的转变

SZ I.1	SZ I.2	SZ I.3
绽出之生存是什么（第一章和第二章） 它如何赋予存在者意义（第三章） 它如何就是澄明之境（第五章和第六章）	有死性（第一章） 决断与本真性（第二章和第三章） 时间性与历史性（第三章和第五章）	时间（即"时间"境域）如何规定被视为存在者的意义显现这类存在的型式与事域

SZ II.1	SZ II.2	SZ II.3
康德（=GA3）	笛卡尔	亚里士多德

非一以贯之）。我将它们均译为"绽出之生存"（ex-sistence，需要根据语境判断它们究竟意指"此在"还是"此之在/实存"）。我改写并用连字符来重述那个概念，并有意为之，以便突显它的词源学根据 ex + sistere，即"被迫而先天地居于自身，超越所遭遇的任何存在者"，亦即保持"开敞"。[10] 人先行并超越到一般的意蕴性及其基础澄明之境。有一点需要注意，动词 sistere 不是意指（通过自己的力量）"站立"，而是"被迫而立"，在这种情况下，它就将我们的目光拉回到绽出之生存的无法逃避的开抛活动中，这里的绽出之生存既指一般的存在论结构，也指具体的个人生活。[11]

对于绽出之生存，海德格尔在个体与（实存论）结构层面进行区

10　海德格尔有意改写这个概念，见 GA 83: 69.4 和 73.5。
11　"无法逃避的"，即个体无法跃出其外（in + ex + orare）。从 SZ I.1 的第五章开始，海德格尔常用带有连字符号的 Da-sein（意指"在结构上就是开敞状态"），视之为"实存"（Existenz）的另一种表达方式。不过，海德格尔其实也常用 Dasein 意指"实存"。

第五章　绽出之生存，作为开敞之域

分，这一点尤为重要。所谓个体层面的绽出之生存，它同我们之中的每个人相关，意指先行至诸多实际的可能性之中而生存。所谓（实存论）结构层面的绽出之生存，则直指我们作为可能性而存在这个本质。成为一个"此在"，这意味着作为一个可能的存在者，个体向来已经（在结构方面，经由其本质）超出了现实的个体自身。在（实存论）结构方面，人乃是一个跃出者（ἐπέκεινα, excessus）。海德格尔曾提到："比现实性更高的是可能性。"[12] 这不仅批驳了胡塞尔，更重要的是，同时颠覆了经典的形而上学传统（包括亚里士多德、奥古斯丁、阿奎那）。那个传统认为，在对纯然主动的神的模仿活动之中，人也始终处于朝向完满实现的运动之中（不管最终是否达成）。[13] 这类运动是充实个体本质界限（πέρας）的律动，在这个过程中，现实性（"实在"）高于可能性（"能在"），正如现实的一百泰勒比可能的一百泰勒更让人富有。[14] 然而，海德格尔对此予以颠倒。现在适用于人的准则不再是"适可而止"（μηδὲν ἄγαν），[15] 毋宁说，人根本上就是跃出者。依循这个准则，从柏拉图的ἔρως到亚里士多德的κινεῖ ὡς ἐρώμενον，经由尼撒的格雷戈瑞的ἐπέκτασις再到奥古斯丁的donec requiescat in te，我们最终抵达这一世界观的尽头，即黑格尔的"精神的发展历程与现实生成"。[16]

12　SZ 38.29—30 = 63.2："比现实性更高的是可能性。"他曾暗示，被胡塞尔"现实化了的"现象学仍具有更多不同的可能性，这将是海德格尔的哲学工作。

13　例如，托马斯·阿奎那曾说："就其现实性而言，任何存在者都是已完成的。"见《神学大全》, I, q. 5, a. 1, c。再者，人的完成状态植根于神圣的本质，见上书, I/II, q. 3, a. 8, c。其实，一切存在者的完成状态都基于它们的存在与神相似，《反异教大全》, III, 19, 1。

14　康德，《纯粹理性批判》, B 627。

15　关于"适可而止"，见柏拉图，《普罗泰戈拉》, 343b3。

16　亚里士多德，《形而上学》XII 7, 1072b3："神通过自身的欲求推动（世界）。"关于格雷戈瑞，见 De vita Moysis, Patrologia Graeca 44, 401A.9—11："灵魂渴求完满"（[ἡ ψυχὴ] συνεπεκτεινομένη, 见《圣经·新约·腓立比书》3: 13）。奥古斯丁，《忏悔录》I. 1. 1, Patrologia Latina 32, 661.4—6："不安的心灵在神之中寻求安宁。"黑格尔，《世界历史哲学》, 938："精神的发展历程与现实生成。"

181

理解海德格尔：范式的转变

　　绝不能参照目前的学界惯例，将Da-sein的Da译成"这里"或"那里"（比如"那里存在"、"这里存在"或"那里/这里存在"）。海德格尔坚持认为"Da ≠ ibi与ubi"[17]（Da不是表示方位的副词，不是"这里"或"那里"）。Da应释为"开敞状态"或"开敞之域"，它具有人的开抛活动这层含义："(存在)被抛至开敞状态之中，而不是由自身带入它的这里或那里之中。"[18] "Da意指本有的开敞状态，即关于存在的本有的澄明之境。"[19]

　　"Da-sein"是本人思想中的一个关键术语，因此也招致很多误解。"Da-sein"并非指"我在这里！"如果用法语表达，它就是être le-là。严格来说，le-là就是 ἀλήθεια，即"揭蔽-开敞"。[20]

海德格尔提到"对于开敞之域（Da-sein）的追问"，[21]继续阐明Dasein的Da

　　应被称为"开敞状态"，存在者在其中能向人显现，与此同时，人也能使自己显现。[22]

　　……让自身成为这种开敞状态，经由这一点，人就凸显出来。[23]

17　GA 71: 211.5. "Die 'Seinsfrage' in *Sein und Zeit*", *Heidegger Studies* 27, 2011, 9.27—30: "Da无法在存在者层面上得到说明（像'那里'一样），而是被廓清为绽出，即对于每一个当前在这里的存在者的显现、澄明。"

18　SZ 284.11—12 = 329.35—36.

19　GA 71: 211.8—9 = 180.1—2.

20　Heidegger, "Lettre à Monsieur Beaufret, (23 novembre 1945)", 182.27—184.3.

21　GA 45: 154.27—28 = 134.18—19.

22　*Zollikoner Seminare*, 156.35—157.3 = 118.22—24. GA 27: 136.13—15. GA 27: 137.7—8.

23　*Zollikoner Seminare*, 157.31—32 = 121.14—15. GA 2: 216注释a = 157注释。

第五章 绽出之生存,作为开敞之域

经由他或她是"Da"即存在的澄明之境,人得以现出。[24]

Da意指澄明之境,存在者在其中作为整体绽出。通过这种方式,在Da之中,开敞的存在者的存在显现自身,同时也重演自身。成为Da乃是人的基本规定。[25]

(绽出之生存)就是澄明之境。[26]

澄明之境:Da,即绽出之生存自身。[27]

关键是这样体验Da-sein:人自身就是Da,换言之,人就是存在的开敞状态。人承担而持守这一状态,同时经由持守而展开这一状态(见《存在与时间》,第132页脚注,英译本第170页脚注)。[28]

绽出之生存必须被解释为"澄明之境"。Da乃是为那个被打开的视界而命名的概念。[29]

24　GA 9: 325.20—21 = 248.11—12. *Zollikoner Seminare*, 351.14—17 = 281.31—282.1. GA 14: 35.23 = 27.33.
25　GA 45: 213.1—4 = 180.6—9. GA 66: 321.12 = 285.28.
26　SZ 133.5 = 171.22. GA 66: 328.1—2 = 291.13—14:"绽出之生存是存有的澄明之境的根据,这个根据从本有活动而来,它是已被本有的、历史性的。"原文为斜体。GA 69: 101.12—13:"成为澄明之境,也就是被抛入开敞的澄明之境中 = 绽出之生存。" GA 66: 129.5 = 109.7—8:"'此'即澄明之境。"海德格尔还提到了"此(Da)属于存在自身,'是'存在自身,因为就是'此-是'",见GA 6,2: 323.14—15 = 218.4—5。
27　"Die 'Seinsfrage' in *Sein und Zeit*", 9.23. 见GA 14: 35.23—24 = 27.31—33. GA 3: 229.10—11 = 160.32—33. GA 70: 125.12.
28　GA 15: 415.10—13 = 88.18—21.
29　GA 15: 380.11—12 = 69.4—5. 在SZ 147.2—3 = 187.13—14, 海德格尔还提到"澄明,我们用它来描绘Da的开展性"。GA 66: 100.30 = 84.11:"澄明之境的开敞之域。"

理解海德格尔：范式的转变

> 绽出之生存是开敞与澄明得以发生的方式。在绽出之生存中，有待澄明的存在向人的理知能力打开。[30]

> 成为澄明之境，也就是被抛入开敞的澄明之境中＝绽出之生存。[31]

关于绽出之生存，海德格尔区分了个人/实存状态与结构/实存论这两个层面，这一点在《存在与时间》第六十二节关于"决心"或"决断"（Entschluss）的讨论中得到阐明。绽出之生存乃是向来我属的，这一实事揭示出我必须为自己所选择的生存方式负责，这个责任专属于我，而不是其他任何人。实际上，我始终面临选择：或者承担绽出之生存这一有死的动态结构及其揭蔽的一切，或者逃避这个结构。如果（个人的）绽出之生存承担了（结构上的）绽出之生存，海德格尔就称其为"本真的"，意指对自己有终结的生命负责，成为自己有终生命的主角。另一方面，如果绽出之生存逃避了（结构上的）绽出之生存，它就是"非本真的"，因为它抗拒去完全地领会并接纳自身，抗拒"成为自己的'曾是'"[32]（参见下一章）。

＊ ＊ ＊

海德格尔并非凭空捏造出"绽出之生存"这个意指可能性的观念：它是先行的、开敞的。他曾比较过一般的生命（包括特殊的动物生命）

---

30 GA 49：60.25—27．

31 GA 69：101.12．

32 SZ 145.40—41＝186.4—5，这一表述隐晦地与品达的名言"学习并成为你向来所是"有关，见品达，《皮托凯歌》II，72（亦见 GA 40：108.26—28－111.12—14）。海德格尔所说的"非本真性"指的是异化于本己的本质，见 SZ 281.20—21＝326.30："未触及'本质'。"

第五章 绽出之生存，作为开敞之域

与自己提出的绽出之生存，在这个过程中，上述观念就已初露端倪。要想就一般的可理知性来讨论人的开敞活动，我们还必须探讨生命的四个方面，这些内容曾在海德格尔1929年至1930年题为《形而上学的基本问题》的课程中得到阐明。

1. 生命，作为可能性与自身揭示

对于海德格尔与亚里士多德而言，无论是动植物的"生命"（ζωή）还是人的"生活"（βίος），只要是生命，都必然同自身的可能性绑在一起。一般的生命"扬起、出离到可能性之中"（Entheben in das Mögliche），换言之，生命的现实性植根于可能性之中。[33]

> 最后，在特殊的意义层面，潜能、可能性严格属于处于现实状态（的生物）的本质。[34]

就最基本的形式而言，生命乃是朝向自身的自然冲动，也是关于自身的持续延展（Sich-zeitigung），以便在某个新的形式（εἶδος）之中显现自己，那个新形式产生了更丰富的可能性，包括始终悬临的死亡。[35]生命始终涌现关于自身的新东西，就此而言，生命也是一个揭蔽自身的自然历程。[36]那么，这其中的原因何在？因为生命是某种涌现（φύσις, Sich-zeitigung, 展开自身），而涌现就是某种运动（κίνησις），运动又是某种变

---

33 GA 29/30: 528.4 = 363.19; 321.26—30 = 220.3—6; 343.22—24 = 235.42.
34 GA 29/30: 343.18—20 = 235.38—40.
35 GA 29/30: 331.1 = 226.31; 334.1—3 = 228.33—35; 335.25—26 = 230.5—6.（正如在第三章中提到的，Zeitigung或者Sich-zeitigung不能从"时间"方面，而应从开展与敞开方面来进行翻译。）
36 GA 45: 94.9—10 = 83.38—39.这一点既适合描述人，也适合描述一切生命。

化(μεταβολή,存在者由隐藏进入光亮之中),最后,变化乃是某种揭蔽(ἀλήθεια)。[37] 简言之,生命是自然事物将自身从先前的隐藏状态带出来这个单一进程(φύσις/κίνησις = μεταβολή/ἀλήθεια)。

不过,生物并没有被抛入或本己地居于任何可能性之中。它们在根本上仍是"实现自身者"(Selbst-ermöglichung),也就是成为将来可能的自身这个根本的可能性。生物自然地事先设置了自身的目的(Wozu)并朝向那个目的,与此同时,作为驱动之源,那个目的又始终居于自身之内。[38] 与器具不同,生物不从工匠那里获得实现自身目的的能力,反倒是发动自身的能力来实现自身的目的。因此,这是一种实现自身的生成活动。[39]

2. 生命,作为不得不去存在

不单是人,任何生物皆烙上了"去存在"(Zu-sein)这个本质特征。这既意味着,生物不得不作为可能性而存在;也意味着,为了生存,生物不得不实现自身的可能性。生物将它的目的(τέλος)持守于自身之中(Selbst-erhaltung)。[40] 它被驱动而去存在,保持续航,直至维持自身生存的能力耗竭或中断。这也揭示了一点:任何活着的存在者都可能在任一瞬间死去。不过,这里的"死"并非意指生物(包括植物、动物和人)历时地朝向自身将来的死亡这个显而易见的事实,毋宁说,生物总是处在死的悬临点上,即朝向终结,同时朝向死亡(zum Ende, zum Tode)。[41] 对任何生物来说,生存总是向死而生,换言之,(不管是否有意识地)它

37　GA 9: 249.19—29 = 191.6—17。
38　GA 29/30: 339.17—18 = 232.33—35; 339.35 = 233.6. GA 9: 258.16—17 = 198.6。
39　GA 29/30: 325.11 和 16—17 = 222.27—28 和 32。
40　GA 29/30: 339.23 = 232.38,以及 377.22 = 259.34。
41　关于"处在死的悬临点上",见 SZ 329.37—38 = 378.20—21:"它(此在)并没有一个它仅停止于彼的终结,此在倒是有终地生存着。"

们总承担着自己最终的可能性即向死,除此之外,并无更多可能。[42]

对任何生命来说,上述一切乃是结构性的、本质性的,同时也是先天必然的。每当我们提到生物"被抛入"或者"本有地"走入可能性之中,那些术语都暗含了生物的"实际性",即它不得不去存在。["实际性"这个概念,如"向死而生"一样,仅适用于人,但在类比的意义上适用于一切生命。这里的"类比"意指合适的比例性,而不是归于"一"(πρὸς ἕν)的属性。]生命活动揭示了一点:它总是超出当下现实(de facto),但绝不会超越自身的实际性(faktisch),即绝不会超出它"不得不"生存这个赋予自身可能性的过程。[43]

3. 生命,作为双向运动

生命结构的另一特征乃是自身运动的双向性。生命不仅是延展至可能性(Hin zu, Weg-von-sich)的本能运动。[44]它还与自身保持同一:"从自身存在的本质中绽出,但并未脱离自身。"[45]生命是面向自身的持续显现,并且"保持自身"。[46]海德格尔认为,任何生物

> 受到本能冲动而持存自身,就此而言,它从未丧失自身。它在那种冲动中严格地持留自身,我们也可以说,它在那个冲动的开端以及

---

42 GA 29/30: 343.24—26 = 236.1—3:"只有有能力的和仍然有能力的才留存下来;不再有能力的……就不再留存下来。"见 GA 27: 331.33—332.2—3:"(此在)持续地沿着'无'之边缘生存着。"这一点适于描述人,但也在类比的意义上适于描述植物、动物。

43 见 SZ 145.32—36 = 185.22—27。

44 GA 29/30: 343.2—3 = 235.24—25。

45 GA 29/30: 531.15—16 = 365.36—37. 这一点本己地描述人,但也在类比的意义上适于描述动物。

46 GA 29/30: 342.19 = 235.9。

开展过程中始终保持着"它的自身"。[47]

一方面,生命注定朝向将来,不断超越先前已经达成的生成状态,而继续生存着。另一方面,它又始终保持着那个运动源头的同一,而那个源头其实就是它自己。此乃海德格尔所谓的生物的"自身特征"或者"本己状态",它贯穿于整个生命变化之中。[48]以植物为例,从它的根茎之上冒出了叶子,然后是花蕾,接着花从花蕾中绽开,最后孕育果实。在实现自身新的可能性的过程中,植物始终保持为同一品种,植根于它的始因(ἀρχή),即自身生长的源头之中。[49]它始终逗留于自身(bei sich,与自身相伴),就此而言,出离于自身(Weg-von-sich)或先行于自身同时就是向自身回归。因此,生命运动向来是"先行-返回"式的。

4. 生命,作为开敞之域

如果论及动物,它们也是先行到可能性中并保持自身的,但那个过程基于一个受到限制的开敞状态。出于本能冲动而跃出自身,动物生命

> 在形式上也有"贯穿"与"延展"特征……那类延展并不是空间层面的广延,而是生命冲动的延展特征……以某种特定方式,动物能够贯穿一个空间场域,这个可能性必须以生命冲动的延展特征为

47　GA 29/30: 340.29—32 = 233.32—234.2。

48　GA 29/30: 339.34 = 233.5:"自身特征"(Selbstcharakter); 342.16 = 235.7:"本己状态"(Eigen-tümlichkeit,麦克尼尔译成"适当的特点"); 347.25—26 = 238.40:"居于自身存在"(Bei-sich-sein)。

49　GA 9: 293.9—11 = 224.5—7: φύσις 被解释为"返向自身之中的存在者保持着涌现"。

第五章 绽出之生存，作为开敞之域

前提。[50]

不得不说，动物总是与……有关，这种关联活动展示了一个开敞之域。[51]

"延展"概念旨在为动物有限的开敞之域命名，同时也为动物的感觉活动"扫清"了障碍。作为灵魂（ψυχή）的不同形式，动物与人在如下两种宽泛的意义层面皆是敞开的、带有意向性的：(1)二者都超越任何单子意义上的自身封闭者；(2)除了自身，它们也让别的东西得到揭蔽。[52]对海德格尔来说，灵魂（ψυχή）的本质就是揭蔽（entbergen），即让存在者从先前的隐藏状态中被揭蔽。[53]生存超越了任何被设想出来的藩篱。人既让自身也使其他事物开敞、揭蔽，但是，动物仅让感官（αἴσθησις）经验到的感性对象（αἰσθητόν）开敞、揭蔽。[54]

同人的绽出之生存相比，海德格尔将具有感觉能力的动物视为易缚于开敞对象之上的存在者。动物的感官"无法选择"自己的感觉对象：眼睛要么看见了光，要么没有看见光。作为具有感觉能力的存在者，动物仅以有限的方式让自己的感觉对象开敞并揭蔽，因此，仅就那种程度而言，动物是"揭蔽者"。[55]换个角度出发，在海德格尔称为"解除束缚"（Enthemmung）的过程中，动物的感官其实同时由感觉

50　GA 29/30：334.9—15 = 229.1—8.

51　GA 29/30：361.31—33 = 248.31—32；见 GA 29/30：377.5—6 = 259.22。

52　关于动物的"意向性"，见 GA 29/30：350.3—5 = 240.22—24："根据某种运动，根据某一把握，看是关于被看者的看，听是关于被听者的听。"

53　*Zollikoner Seminare*，47.16—21 = 37.25—31.关于人的揭蔽，见《尼各马可伦理学》VI 2, 1139b12：它既与"理智灵魂"（τὸ λόγον ἔχον, 1102a28）有关，也与"揭蔽结果"（ἀλήθεια τὸ ἔργον）有关。

54　SZ 33.30—35 = 57.11—17；147.8—9 = 187.19—20.

55　SZ 33.30—32 = 57.11—13："感觉，即对某个东西简朴感性地获悉。"

对象打开。因此，动物感官的开敞活动囿于感性显现提供的对象，只能受限于本能而与之打交道。同人的生命活动相较，动物只能"被动地活动"(benehmen)，而无法"出于自身而行动"(sich verhalten zu)："本能活动无法将自身认知式地引向客观现成的事物，而只是被动地活动。"[56]

> 从这个特殊的视角出发，我们能够清晰地发现：动物的开敞状态同人的"世界-开敞之域"之间存在根本差异。人的开敞之域是"朝向某个东西持守"……动物的开敞状态则是"缚于某个东西之上"，由此才受到吸引而陷入自身的运动循环之中。[57]

海德格尔将动物活动的受限特征描述为"受到迷惑"(Benommenheit)，亦称为"搁置一旁"(Beiseitigung)，换言之，动物无法理知事物的显现即它们的所是与所成，从而只得"将那些意义搁置一旁"。对象本身从动物的感觉活动中退隐，无法作为某个可被理知的东西得到领会。就此而言，"经由一个深渊，动物得以与人脱离开来"。[58]

综上所述，包括人在内的任何有生命的存在者：(1)都具有同时作为可能性与自身揭蔽(Sich-ermöglichung, ἀλήθεια)的实现能力；(2)不得不去存在，不得不实现自身的可能性(Zu-sein)；(3)都是先行于自身而又逗留于自身(Weg von sich, bei sich)的双向运动；(4)都具有某种程度的开敞状态，因此也都得到某种程度的揭蔽。现在，我将要继续考察，当我们跨过深渊而与人的绽出之生存相遇时，从属于一般生命的那些要素如何得到转化。

56　GA 29/30: 353.32—34 = 243.10—11.

57　GA 29/30: 498.3—7 = 343.12—15.

58　GA 29/30: 384.3—4 = 264.10. 当然，这个观点须在关于动物理智的最新研究里被审视并校准。

第五章　绽出之生存，作为开敞之域

* * *

海德格尔关于绽出之生存的阐述在很大程度上源自亚里士多德的运动（κίνησις）观念：对于尚未完全实现或者达成的事态，事物向来已经本能地适应并先行于其中。（所谓"先行"，或者意指事物自身对于某个事态的意向，比如生物；或者意指经由其他存在者，比如工匠，而被意向。）经由将可能性放到比现实性更高的位置上，海德格尔间接阐明了运动的核心含义。[59]对于人来说，绽出之生存的"现实性"完全地植根于（实存论上的）可能性，即先行至（实存状态层面的）诸多可能性之中而生存。我们的现实性正基于我们结构上被拉开，即先于我们自身而被抽离。[60]我们先行的对象即"自身"首先是常识层面的自我，我称其为"众人-自身"（crowd-self），即das Man，通常译成"他们-自身"（they-self）。[61]海德格尔未曾将那种状态视为我们真正的存在方式，而坚持认为，我们的现实性乃是结构上"去存在"与"去做"的可能性（Seinkönnen），包括"向死"的可能性。关于本真自我的追问正与"向死"这个最终的可能性有关。

我们结构上的可能性亦是严格的必然性。它并非偶然践行的力量，毋宁说，我们不得不"去存在"（Zu-sein），不能不存在。

> 绽出而生存的人并非像世界之中独立自存的事物那样同自身打交道……作为被抛者，它已然被抛入绽出之生存中。它绽出而

59　见本章注释12。

60　关于"被牵引"或"被拔离"，见GA 8：11.6—10 = 9.13—17。这里的"开敞"是比喻的说法，即"未遮蔽"，它暗指"仍有可能性"，从而与不再有任何可能性的、只具有现实性的"遮蔽"相对。

61　SZ 193.25—26 = 238.2—4："在人自身这一意义层面上的自身。"

理解海德格尔：范式的转变

生存着,作为一个不得不如其所是去存在的存在者,作为一个不得不如其能是去存在的存在者。[62]

(就这里讨论的本质来说)人的"本质"植根于不得不建构性地先行于自身,作为可能的存在者,人向来就居于诸多可能性之中。[63]这种根本的延展状态被海德格尔称为"被抛状态"。由于被抛而先行即被牵引而开敞,因此,开抛活动就是延展至诸多可能性之中。对我们来说,开抛活动向来揭示了在有待赋义的诸多可能性之中生存这个事实。因此,绽出之生存将自身展现为可能意义的开敞之域,同时也让自身开抛为可能意义的开敞之域。

从最基本的层面出发,开敞状态即可理知性这个可能性始终是海德格尔一切哲学工作的唯一仅有的"实事本身"(factum, τò πράγμα αὐτό)。[64]他也将它描述为对于澄明之境的揭蔽特性(ἀλήθεια-1)的追问。

> 关于"存在的可理知性"即开抛场域的追问,实际上,在那个场域中,(不仅存在者),就连一般存在也首先经由一种领会活动而让自身揭蔽。因此,那个问题同时是关于"存在的揭蔽"的追问。[65]

如果说开抛的澄明之境乃是海德格尔思想的内核,那么,我们应该能在《存在与时间》中找到关于它的阐述。在《存在与时间》中,关于诠释性

62　SZ 276.13—18 = 321.8—12.
63　SZ 42.4—6 = 67.10—12,以及 GA 2：56 注释 c 和 d = 41 注释 ‡ 和 §。
64　GA 49：56.20；"开敞状态即澄明之境。"
65　GA 49：56.31—34. 见 GA 9：201.30—33 = 154.12—15 和 377.22—26 = 286.30—33,里面有关于这一立场其他形式的表述。GA 66：84.13—14 = 70.17："澄明之境是存有的揭蔽,存有自身本就是揭蔽。"

第五章 绽出之生存，作为开敞之域

的开敞状态，海德格尔首先就其结构与内涵方面展开论述（SZ I.1），然后阐明了人如何承担自身的开敞状态并由此本真地成为"时间性"与"历史性"的存在者（SZ I.2）。而在未曾发表的 SZ I.3 中，他试图廓清：一旦我们本己地承担了实存论上的开敞状态，它就开始作为诠释性的境域发挥作用，以便促成一种发生转换的理解活动，这一理解活动关于意义显现如何可能。[66]

海德格尔将绽出之生存的开敞活动描绘为双向运动，如下图所示。从左向右运动的大弧描述了绽出之生存从"常人"状态的自身之中超越并外绽，同时作为可能的存在者而先行被抛[他将这种先行活动称为"朝……伸展"（ἐπόρεξις）][67]此外，那个大弧同样描绘出"开敞"之域，即 Dasein 的 Da 或者 ex-sistence 的 ex-。与此同时，从右向左运动的小弧则指明了他提到的"返回"（Zurückkommen），即绽出之生存"返回"自身之中，也就是说，在向外绽出的过程中，绽出之生存其实始终与自身保持同一。我将上述内容表述成结构上的"先行-返回"（Sich-vorweg-sein als Zurückkommen）[68]换言之，二者之间并不是历时的关系，仿佛"返回"环节发生在"先行"环节之后。毋宁说，下图展现了海德格尔所描述的"向来已经运作"这个结构，它构建了人，同时揭示了绽出之生存的实存论结构乃是在实存状态上的具体赋义活动的基础。

66　关于已经完成的转换与正在发生的转换，见 GA 14: 69.3—4 = 61.3—4：对海德格尔基础问题的回答"必须……植根于思之转换，而不是事实陈述之中"。见 GA 45: 214.18 = 181.7—8:"人之存在本身的转换。"亦见 GA 29/30: 423.2—4 = 292.6—7。不过，这种转换实属罕见，见 GA 26: 253.10—11 = 196.14—15; GA 27: 336.4—6; 以及 GA 69: 56.9—10:"罕见"（selten）。这也与柏拉图的 περιάγειν 有关，见《国家篇》VII, 515c7。

67　GA 26: 181.8 = 143.31，"朝……伸展"（ἐπί + ὄρεξις）。（我认为，这个概念并未出现在希腊文学或哲学中。）还有一点很重要，它意指（实存论层面的）绽出之生存的结构，而不是（实存状态层面的）人的具体行为。GA 36/37: 177.19 = 137.19:"在关于存在的阐释中已经显露出来。"

68　GA 21: 147.24—26 = 124.19—20。

193

理解海德格尔：范式的转变

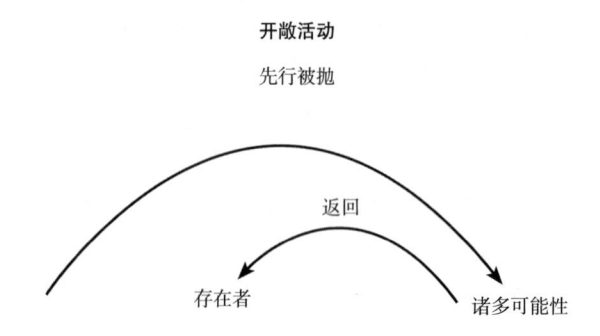

开敞活动

先行被抛

返回

存在者　　　诸多可能性

145　　先天的开敞活动等同于我们与意蕴性以及使意蕴性得以可能的澄明之境的必然的互动过程。它常被称为"在世界之中存在"（In-der-Welt-sein）。如前所述，这个短语亦可被理解为"在意蕴性之中存在"（In-der-Bedeutsamkeit-sein），因为我们在结构上向来就熟稔意义世界。"在意义世界之中存在"则在个人的实存状态层面让我们日常活动的"先行-返回"得以可能。比如，在实践事务方面，我们从已被筹划的目的出发理解当前的事物，与此同时，只有事先居于塑造着理解活动的意义世界之中，我们才能那样做。因此，

> 经由掌控器具，我们就回到器具，并在向来已经开敞的作品世界中理解它。[69]

一般来说：

> 实际的绽出之生存，在统一的开敞活动中绽出地领会自身及其世界，它从那些境域之中返回到同它打交道的事物中。有所领会地回到那些事物之中，这正是经由事物的（意义）显现而同我们

69　SZ 352.35—36 = 404.2—3.

194

相遇的实存论上的赋义活动。[70]

我们已经阐明,可理知性不是附于事物之上的属性,而是专属于(实存论层面的)绽出之生存的本质特征。它还揭示了一点:仅当事物被人的绽出之生存揭蔽,也就是得到人的理解,它们才能获得自身的意义。[71] 正因为首先与意蕴性本身打交道,我们才能与事物发生关联。换言之,事物当前各自的(jeweilig)可能性与我们绽出之生存当前的可能性如影随形,由此才赋予那些事物意义。现在列出如下图式说明:在实践的事域中,我们的欲求被视为最终目的(=第1项)。它是我们需要完成的事务(=第2项)的基础,也是事物获得自身意义(=第3项)的最终原因。[72]

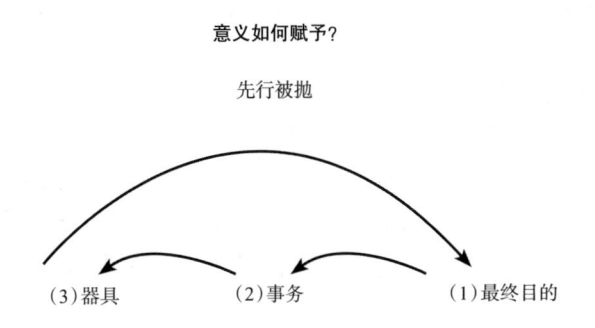

意义如何赋予?

先行被抛

(3)器具　　(2)事务　　(1)最终目的

---

[70] SZ 366.14—19 = 417.30—34. 见 SZ 107.39—108.2 = 142.26—28; 296.21—22 = 344.4—6; 353.27—29 = 404.34—36; 359.41—360.2 = 411.15—17。亦见 GA 77: 111.26—27 = 72.21—22。关于超越性,即"被引回到对象以及对象的表象之上"。GA 21: 192.27—28 = 162.19—20: "这个当前化的东西,我在其中持续生存。"

[71] SZ 151.22—24 = 192.35—37。

[72] SZ 297.15—26 = 344.1—9. 在理论领域,主词(类比于上图中的第3项)从可能的诸谓词(类比于上图中的第2项)之中获得它的意义,这些谓词又从我们向来已经熟稔的可能性世界之中获得自身的意义(类比于上图中的第1项)。在这一情形中,我们将存在者作为某个东西(将主词作为某个谓词),但不是为了某项实践事务。

理解海德格尔：范式的转变

在我们的实践经验中，事物始终作为整体出现，与我们某个最终目的（Worumwillen）之间的匹配（Bewandtnis）和指向（Verweisung）让它们凝聚成一个整体。对于这一指向了关联整体的实践序列，海德格尔有过耳熟能详的描述：木槌指向铁钉，铁钉指向木板之间的固定，木板之间的固定指向房屋的搭建。房屋乃是亟待完成的事务（ἔργον），木槌、铁钉和木板从中获得了自身的意义。那个事务（上图中的第2项）又从我们的某种欲求即从我们的可能性（比如避难）之中获得了自身的意义。这类欲求就被视为最终目的（τέλος，上图中的第1项）。所以，宽泛地说，器具与事务都从朝向意义的"目的"静观中获得了自身的意义。

综上所述，海德格尔早期认为，绽出之生存本然地就是"元-物理学"的（μετὰ τὰ φυσικά）。[73]换言之，我们完全具有感性直观与范畴直观，从而具有意向性。因此，我们不仅与事物照面，而且经由以下方式向来已经超越它们：(1)经由理解它们的可能意义；(2)经由回到那些事物之中，以便让它们的意义得以显现。比如，我正在野营，为了搭建帐篷防雨，需要重击帐篷的木桩。实际上，我已经"先行"至帐篷这个欲求之中，然后从那个欲求之中"返回"，到处寻找木槌……直到意识到自己把它弄丢了。于是，我只得又从我的欲求（"拿木槌重击帐篷的木桩"）中"返回"到不远处的石头上，我也能用它实现目的，从而把它当作木槌的替代物而"显现自身的意义"。"伴随着理解活动回到事物之上意味着……经由让它们的意义得以显现，从而让我们自己与事物相遇。"[74]上述例子阐明了我们在实践序列中并且在结构上的本然的"元-物理学"特征（类似于康德所说的"自然形而上学"）。[75]

73　GA 9：118.27, 30—32 和 121.34—122.3 = 93.32, 34—36 和 96.7—10；GA 7：111.11—16 = 420.10—14。

74　SZ 366.17—19 = 417.33—34。

75　《纯粹理性批判》，B21。

第五章　绽出之生存，作为开敞之域

不过，显而易见，对海德格尔来说，绽出之生存根本上更是"元-形而上学"的。换言之，我们不仅在上述层面超越了事物，即先天地已经理解了事物的可能意义，然后返回到事物之中赋予它们意义。更为重要的是，我们已经"超越"了事物及其意义，而触及让事物的意义得以可能的一般根基。我们不仅全然具有意向性，面向事物及其意义而显现出来，更为根本的是，我们还"超越"了事物及其意义，也就是说，我们实际上就是开抛的澄明之境，它是关于意义事物的"自然形而上学"的可能根据。[76]绽出之生存不仅是"超越的"，而且是"超越之超越的"或者"超越的'二阶'"。[77]

* * *

无论我们具有的理知能力在多大程度上被分解为构成环节，根本上来说，它仍是一个严格而源始的统一体，无法再被还原到更为初始的任何东西上。[78]假如我们追问优先于意义关联的东西究竟为何，这种提问方式已经表明：我们向来已经与意义关联有所互动，才能提出那个问题。不过，这样的话，就会构成可怕的解释循环。实际上，我们的绽出之生存正是那种意义关联，脱离了它，我们将不再是人，遑论提出那个问题。而如果不再破坏那个统一结构，我们与理知世界之间的关联就能通过如下三个构成环节得到阐明：

1. 意义世界：SZ I.1,第三章；
2. 与意义世界相关联的我们自身：SZ I.1,第四章；

76　关于"开抛的澄明之境"，见 GA 65: 448.24—25 = 353.27:"被持守的澄明之境的被抛状态。" GA 5: 59.22 = 44.28—29:"在被抛状态中出场的开敞之域。"
77　关于"二阶"（potenziert）这个描述，见第七章注释118。
78　SZ 53.12 = 78.22:"某种纯一现象。"

3. 我们与意义世界的本质关联：SZ I.1, 第五章。

现在，我们将解析第三个环节，即我们与意义世界的本质关联，海德格尔称之为"居于-存在"（In-sein），突出"向来熟稔"这层含义。我们由此廓清了如下结构：绽出之生存让澄明之境保持开敞。经由"向来先行-返回"这个双向结构，绽出之生存就持守着澄明之境的开敞状态。这个过程看似复杂，实则不难理解。

绽出之生存的双向结构，持守着澄明之境

1. 向来先行
　（1）作为可能性而先行　　　　　　　　　　　（sich vorweg）
　（2）已经与意义世界发生关联　　　　　　　　（schon in）
2. 返回而让事物显现自身的意义　　　　　　　　（Sein bei）

---

1. "向来-先行"：作为寓于诸可能性中的一般可能性，绽出之生存向来先行，由此向来与我们的各种欲求及目的发生关联。那些欲求和目的乃是用来满足与实现它们的任何事物的可能意义，所以，欲求与目的同时也是"意义赋予者"。海德格尔分别使用短语（1）"先行于自身的存在"（Sich-vorweg-sein ... im ...）与（2）"在已经在世的存在中"（schon-sein-in）[79]来表示：（1）作为一般可能性，绽出之生存先行于自身；(2) 它向来已经与意义世界发生关联。既然我们是可能的存在者，经由已经被抛入（schon-sein-in）可能的欲求、目的及意义场域之中，我们就总"先行于"

79　SZ 192.11 = 237.11.

第五章 绽出之生存，作为开敞之域

（vorweg）现实的自身。[80]作为一般可能性的先行活动与已经发生的意义关联其实就像同一枚硬币的两面："向来-先行"。

2. "返回"：它是双向运动的第二个环节。绽出之生存亦是从可能性向现实性的返回，以便理解所遭遇的存在者（即意义显现），同时将诸多可能性中的某一个赋予它们。海德格尔将那个环节称为"寓于存在即当前化"（Sein bei 即 Gegenwärtigen）。然而，麦夸里-鲁宾逊将 Sein bei 译为"在事物之旁存在"，斯坦博则译成"和事物一起存在"。这两种译法均未能表达出海德格尔"让事物显现自身的意义"这层含义。我们即将解释这个短语。

"先行-返回"即绽出之生存与理知世界发生关联的两个统一环节，被归结成一个东西，就是逻各斯（λόγος）。逻各斯被视为在结构上赋予事物以及我们自己意义的可能性。海德格尔将"逻各斯"译为"话语"（Rede）。但这里的"话语"既不在附带意义的声音流层面（φωνὴ σημαντική, vox significativa）[81]意指"言说、谈话、商谈"，也不是作为交流规则系统的"语言"。毋宁说，Rede/λόγος 意指绽出之生存自身"来回运作"这一结构，换言之，它正意指上述双向运动，即我们由之超越事物，然后经由赋予它们某种可能性，返回事物而让它们显现自身的意义。[82]在《存在与时间》第六十七节中，海德格尔将 Rede/λόγος 与绽

80　"先行"突出了我们自身的绽出状态以及作为一般可能性的实际生存。"已经"则突出了实际性，即我们已经莫名地被抛入诸多"意义-赋予"的可能性之中。

81　分别见《解释篇》4, 16b26，以及托马斯·阿奎那，《〈解释篇〉阐释》，Proemium 3，引自 Boethius, *Patrologia Latina*, 64: 301.33（"De nomine"）。见 GA 9: 74.24—25 = 59.14—15："一个可在听觉上客观化的声音的序列，这些声音已经带有某种含义。"亦见 GA 19: 18.33—35 = 13.4—5："言说也是发出声音（φωνή），是某个可公告的东西，它自身具有某种关于世界的解释（ἑρμηνεία），被说出的内容也能够得到理解。"

82　这里的 λόγος 不作"陈述"（als der Aussage）解，而作"人的基础"（als Grundwesen des Menschen）解，见 GA 83: 168.18—19。

理解海德格尔：范式的转变

出之生存本身等同起来，因为他将"来回运作"与"绽出之生存"视为同位语：

> 逻各斯即一般的绽出之生存的开抛活动。[83]

他还从动词 λέγειν（采集、聚合、统一）方面理解 λόγος：作为 λόγος/Rede，绽出之生存首先将个体可能性（"先行被抛"）与现实性（"返回"）这两个实存论结构环节聚合在一起。换个视角出发，作为绽出之生存的实存论结构，λόγος/Rede 又使实存状态层面的具体活动得以可能，即把事物与它们的意义聚合在一起（综合）。借用存在论术语，这就是从存在方面来理解某个存在者的活动。

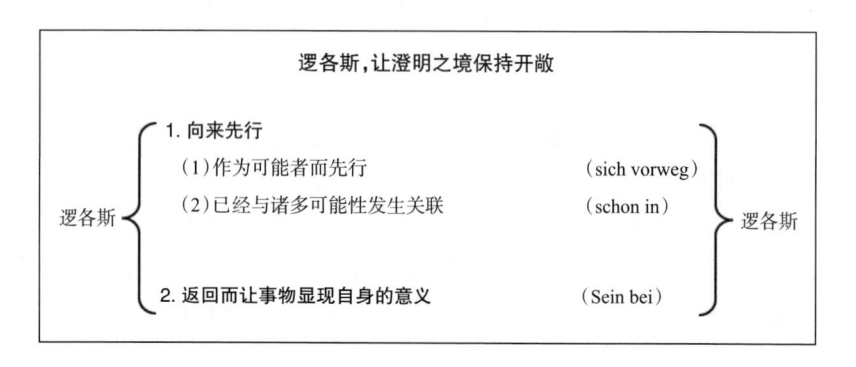

```
┌─────────────────────────────────────────────────┐
│           逻各斯，让澄明之境保持开敞             │
│                                                 │
│         ┌ 1. 向来先行                           │
│         │    (1) 作为可能者而先行      (sich vorweg)  │
│  逻各斯 ┤    (2) 已经与诸多可能性发生关联 (schon in) ├ 逻各斯
│         │                                       │
│         └ 2. 返回而让事物显现自身的意义  (Sein bei) │
└─────────────────────────────────────────────────┘
```

但是，与我的上述看法相左，海德格尔学界业已形成如下传统观点：绽出之生存并不具有"先行-返回"这一双向结构，而是具有由 Verstehen、Befindlichkeit 和 Rede 组成的三重结构，它们通常分别被译为"领会"、"现身情态"和"话语"。这一传统看法显然仍旧停留在阿尔方斯·德·伟伦在 1942 年出版的《马丁·海德格尔哲学》中提出的观

83　SZ 349.32 = 401.2—3.

第五章 绽出之生存，作为开敞之域

点之上。那部作品曾对20世纪50和60年代的鲁汶学者产生了深远影响。那些观点首先通过另一个渠道即沃纳·布洛克撰写的《关于〈存在与时间〉的阐释：海德格尔的〈实存与存在〉》(1949年)流传到北美学界。然后，托马斯·兰甘在1961年发表的《海德格尔的意义》这部著作中进一步强化了那些观点。最后，随着1963年威廉·理查德森的《海德格尔：透过现象学而思》与奥托·珀格勒的《海德格尔的思想之路》相继出版，那些观点得到完全确立。上述传统看法在形式上坚持关于绽出之生存的如下三重结构：

阿尔方斯·德·伟伦的传统观点	
(1) 作为一般可能性向来先行(sich vorweg)：领会	(Verstehen)
(2) 已经与世界发生关联(schon in)：现身情态	(Befindlichkeit)
(3) 语言 λόγος (Sein bei)：话语	(Rede)

现今学界基本上保留了那个传统，但仍有少数反例。如前述，传统观点旨在描绘绽出之生存，确切地说，已与意义世界发生关联的绽出之生存的构成环节。就此而言，阿尔方斯·德·伟伦传统主要存在以下六处瑕疵。

第一，领会，现身情态和话语这三重结构同其在《存在与时间》中的整体表述不一致，体现为如下两点。

(1) 海德格尔确实认为，三个环节是同等源始的；[84]但是，他从未阐明，它们都是属于开敞之域的三个平行的"构成环节"。

84　SZ 161.5—6 = 203.34："话语在实存论上与现身情态以及领会是同样源始的。"原文为斜体。

（2）海德格尔确实认为，领会与现身情态皆由逻各斯规定、刻画；[85]但是，他从未阐明，除了领会和现身情态，话语亦同时构成了Da 的第三个环节。（这一点比较复杂，但最终需要得到澄清，参见附录一。）

第二，传统观点实则化整为零。Rede/λόγος 本来用于描述"绽出之生存"这个整体，现在却被划为整体的某一个构成环节。但是，同理知世界发生关联并不只是人的一个构成要素，它实际上建构了我们全部的存在，于此之外，无人存在。

第三，由于将逻各斯误认为人的开敞之域的三重结构中的一环，传统观点贬低了绽出之生存这个整体真正的第二个环节"寓于存在"（das Sein bei），也就是我们与存在者之间的意义关联。那个环节甚至冒着被吞没的危险。

第四，传统观点自然也忽略了如下事实：关于开抛的澄明之境，并没有三个构成环节（领会、现身情态和话语），实际上只有同时并行的两个环节——领会活动与现身情态，如同开抛活动（Entwurf）与被抛状态（Geworfenheit）。它们共同构成了绽出之生存这个整体真正的第一个环节"先行被抛"。（领会活动与现身情态只构成了"与可理知性发生关联"这个环节，二者都是它的基本要素。）总之，绽出之生存的开敞之域实际上由两个环节构成：(1) 向来先行而存在（Sich-vorweg-im-schon-sein-in）；(2) 返回存在者之中让它们显现自身的意义（Gegenwärtigung 即 Sein bei）。结合海德格尔的阐述，绽出之生存的构成环节其实只有两个，而不是三个。

第五，那两个真正的构成环节也可以最终还原为"在世界之中存在"这个纯一结构，即让人与意蕴性发生关联的逻各斯。

第六，假如坚持三重结构，那么"操心"（Sorge）与"时间性"

85　SZ 133.26—27 = 172.4—5："现身情态和领会同样源始地被话语规定。"

第五章　绽出之生存，作为开敞之域

(Zeitlichkeit)的结构也会随之发生偏移。粗略概览《存在与时间》第六十八节("一般开敞状态的时间性")的内容，就会发现"话语"无法与"操心"或者"时间性"的三层结构匹配，因为"话语"无法同"寓于存在即当前化"(Sein bei 即 Gegenwärtigen)符合一致。毋宁说，揭蔽/ἀλήθεια-1这个整体由"领会"、"现身情态"以及"寓于存在即当前化"这三个环节构成，与此相反，"话语并不源始地在任何特殊的绽出活动中展开、涌现"，[86]换言之，话语乃是澄明之境这个整体。

综上所述，绽出之生存的双向结构也是《存在与时间》的基石，并且通过海德格尔后来阐明的"本有"的两个环节"吁求"与"归属"而得到进一步确证(参见第九章)。经由绽出之生存的双向结构，海德格尔重新廓清了亚里士多德的"运动"(κίνησις)观念(但前者认为，可能性要高于现实性)，并由此阐明了自己的"意义学说"(Bedeutungslehre)，它植根于先天地同一般的赋义活动发生关联的绽出之生存。双向结构还表明了如下两个环节的同一性：(1)开抛活动的展开(die Zeitigung der Zeitlichkeit)与(2)让所遭遇的任何事物显现自身意义的可能根据。与此同时，它也为"本真的时间性"即个人进入海德格尔所谓的"处境"的甬道开辟了空间。[87]只要消除了"操心"与"时间性"具有三重结构这类谬误，"操心"、"时间性"以及"本真性"这些类似结构及其统一根据就能得到澄清。

* * *

无论问题本身如何基础，海德格尔哲学(或许所有哲学)不应止于

---

[86] SZ 349.5—8 = 400.16—19. 我将 zeitigt sich 译为"展开、涌现"。
[87] SZ 326.17—18 = 374.7—8："从将来回到自身来，决断就有所当前化地把自身带入处境。"见下一章的论述。

仅仅知道某个事物或者获得某个答案。秉承我们称为"实存论智慧"这一希腊精神，海德格尔的哲学亦旨在劝导个体实现自身的转化。这一点尤为重要。接下来，我将转而探讨那个论题。

第六章

生成开敞之域

　　海德格尔拟定的毕生任务由两个环节构成：解析与劝导。解析环节又分为两个阶段：(1) 揭蔽一般意蕴性的源头（ = SZ I.1—3）；(2) 经由如下阐述确证并拓展了(1)中的解析——苏格拉底之前的哲学家已经窥见到开抛的澄明之境，但他们未能追问它的源头，而从柏拉图开始，传统形而上学逐渐遮蔽了那个源头，现今达至顶峰（ = SZ II，以及海德格尔后期提出的"存在的历史"这一思想）。至于第二个环节即劝导环节，它旨在阐明：个体如何可能并应当伴随着生命中的转变，承担自身有终结、有死亡的开抛活动。尽管那个转变在海德格尔后期的著作中基本上销声匿迹，它仍是海德格尔哲学的最终目标以及写作教学的原因和动力。

　　在第一次世界大战以后的首次教学中，海德格尔引用了德国牧师安哥拉思·西勒辛思（Angelus Silesius, 1624—1677）的名言来劝导学生："人啊，成为你本质所是！"（它与耶稣的教诲"这话谁能领受，就可以领受"相互呼应。)[1] 自此八年之后，他又在《存在与时间》中重提那个

---

[1] GA 56/57: 5.34—35 = 5.14—15：直译为"成为本质的"。另见《圣经·新约·马太福音》19: 12: ὁ δυνάμενος χωρεῖν χωρείτω（动词词尾用的单数形式）。

理解海德格尔：范式的转变

教诲，这一次则借鉴了品达的名言："成为你向来所是！"[2]在其哲学生涯中期（1937—1938），他又一次劝导学生：

> 我们必须不厌其烦地坚持一点：关于提到的"真理"问题，首要任务既不是校正传统的"真理"观念，也不是填补当前取得的成果。真正迫在眉睫的，乃是转变人的存在方式。[3]

海德格尔将贯穿《全集》始终并构成自己研究计划的首个环节的"解析"环节，视为如下活动的预备（Vorbereitung）及劝导：经由承担并从个体的本有之中绽出（海德格尔称为"回转入本有"），[4]个体在个人的实存状态层面"成为自己的向来所是"。

> 因此，我们必须谨慎地说：这种思想（即解析环节）开始为那个进入活动提供条件。换言之……重要的是，这种思想为人准备好了与进入活动相符的可能性。[5]

如果只是单独考虑解析环节（比如，纵使我们掌握了《全集》的所有文本，并且撰写了关于解析环节的卓有见地的评述，却未能聆听规劝或者

---

[2] SZ 145.41 = 186.4，重提品达的名言"学习并成为你向来所是"，见 *The Works of Pindar*, III 56。

[3] GA 45：214.15—18 = 181.5—8. 亦见 GA 70：93.22—24："人的本质从对存在的关联，通过存在并为其存在，而转变为对人自己的关联。" GA 66：144.18—19 = 123.7—8："人的转换来自对存有的决定，在这一转变中。" GA 65：439.27—28 = 347.2—3："在迄今为止的人的本质转换中。" GA 66：239.1—2 = 211.25："人被置入绽出之生存。" 亦见 GA 69：99.24—28。这一转变的阶段在 GA 66：237.3—10 = 210.3—8 得到描绘。

[4] GA 14：51.33—34 = 42.30—31；见 GA 14：50.23 = 41.24 和 GA 15：390.12－75.6。

[5] GA 15：390.18—22 = 75.10—13，以及 GA 15：390.8—9 = 75.3："进入本有，回转入本有。"

第六章　生成开敞之域

实现转变的一跃),那么,海德格尔会赞同下面这首诗:

> 倘若只是先验的闲谈而已,
> 意义将会无关痛痒。[6]

《存在与时间》第一篇的全部内容以及第二篇的重要章节都旨在廓清绽出之生存的"开抛"结构。它被视为寓于诸多可能性中的一般可能性,直到"终结一切可能"这个可能性降临。作为开抛者,我们向来面临最终的可能性——死亡。在死亡体验中,我们能够确知并承担自身彻底的有死性,即普洛丁所说的 θνητάτοvοv。[7]因此,我们也可以对海德格尔所劝导的"成为你向来所是"做出如下诠释:在个人层面上承担并成为我们的本质,借用奥古斯丁的术语 vivere moriendo,即"向死而生",无论它在个体的生命中意味了什么。[8]我将在本章勾勒出"决断"这个行为,即本有之整体("整体"源于其包含了自身的有死性)的构成要素,同时揭示它在开抛活动(海德格尔暂且称为实存论结构上的"时间性")之中所蕴含的根据。

海德格尔早期曾提出一个问题:如果丧失了意义,将会发生什么?为了解答这个问题,他开始了上述研究。生命的形式被逻各斯规定,因此,我们生来就开展了赋义活动,同时可能经历不同程度的意义崩塌。意义的丧失会发生在不同层面,它既可能是"实践-存在者层次"的,比

6　W. S. Gilbert, Bunthorne's song "Am I Alone ?" from *Patience*, Act I: Bradley, *The Annotated Gilbert and Sullivan*, II, 149.

7　《九章集》V 1: 1.21。海德格尔认为,只有人才能体验真正的死,见 GA 12: 203.18—19 = 107.32—33。

8　关于"向死而生",见《死神》XCV, no. 2, *Patrologia Latina*, 33: 352.38。海德格尔称之为"先行到死中去"(Vorlaufen in den Tod, 见 SZ 305.32 = 353.25—26),奥古斯丁也曾用不同方式表达同一思想:"他祈求死亡,换言之,经由召唤死,赋予其自身这种方式而生存。"见《论诗篇》XLI, no. 13, *Patrologia Latina*, 36: 473.35—36。

理解海德格尔：范式的转变

如选定的器具不再适于指定的事务，因为它被毁坏了或者本来就不合适（太轻或太重）；当然，那种丧失也可能是"逻辑-认识论层次"的，比如某个命题在句法上未能展示存在者（即它的所是）：这支钢笔本不在抽屉里，但我刚才断言它在。进一步而言，意义的丧失也会发生在如下情形中：某个特定的意义范式可能不再适于解释或谓述所指的现象，并且那个过程不是偶然的，而是必然会发生的，比如中世纪的宇宙论让位于现代的宇宙论。最后，将会有这么一个瞬间：意义充盈的生命不再延续。如果我死了，属于我的任何意义关联也一同消失。

除了死亡，我还能经历另一种特殊的意义丧失，海德格尔称之为"畏"（Angst）。在生命旅程中，那类彻底的意义崩塌让我们直面意义关联自身的荒谬性以及彻底的无根基状态。[9]（我在海德格尔的现象学层面使用"荒谬性"一词，根据它的拉丁词源 surdus，意指对任何赋予意义的尝试都"充耳不闻"。）在体验"畏"的那一瞬间，我倏忽直面如下现象：我正处于死之悬临（Sein zum Tode），而不是仿佛将来才会发生的无法逃避的事件那样"朝向"死亡。"死亡乃是一种人刚一存在就承担起来的去存在的方式。'刚一降生，人就立刻老得足以去死。'"[10] 海德格尔认为，在那种状况中，人能感受到某种邀约或者召唤（"良知的呼声"），从而能够领会、接纳自身的无根基状态，进而承担起自己的生命。那个决断活动亦将人的绽出之生存"双重化"：在结构上，我们向来开抛（erschlossen）；另一方面，作为个人，我们承担起自己的结构，决然地成为开抛者（entschlossen）。那么，上述过程究竟如何发生，又揭示了什么？

---

9 在 GA 66: 229.11—12 = 203.13—14，海德格尔提到畏，作为"去除-放置"（Entsetzten），"将（绽出之生存）抛至存有的离基状态之中"。关于澄明之境（Lichtung）同时作为"离基状态"（Abgrund），见 GA 66: 87.8 = 72.53。关于存有（Seyn）同时作为"离基状态"（Abgrund），见 GA 66: 312.23—24 = 278.13—14。GA 88: 35.16—17: "为什么'离开-根基'？因为绽出之生存的有终性！"

10 SZ 245.25—27 = 289.35—36。

第六章　生成开敞之域

* * *

诚然,我们生而赋义,这一实事亦是我们自身有限性的强有力证明。就本质而言,我们是"存在-论"者,被附于存在(ὄν)与逻各斯(λόγος)之间的关联上,换言之,被附于所遭遇的存在者与它们可能的意义之间的关联上,并注定在二者之间来回运作。正如第三章所述,传统神学里的"神"不是"存在-论"者,因为神无须在二者之间运作。[11] 实际上,神无须展开赋义活动:"存在论揭示了有限性。神并不需要它……只有有限的存在者才需要存在论。"[12] 这里的"存在论"意指自然形而上学(metaphysica naturalis),[13] 我们需要也能够话语地(迂回地)解释存在者(τὰ ὄντα λέγειν),解释其"所是"与"所成",但神无须(或许无能力,这一点尚存争议)这样做。宽泛而言,存在论是"有逻各斯"(λόγον ἔχων)的人这一主体的权限,人秉有将存在者与它们可能的意义连在一起的需要和能力。

透过人的迂回性,海德格尔得以窥见使之得以可能的更深层的有限性。他也在追寻可理知性的源头,但与传统形而上学不同,他找到了一个无神性、非主体、非实体的源头,它与一个神性或人性的存在论主体无关,而是一个在现象学上体验到的"向外-被抛"活动,一个关于自身的开抛活动。通过将能被主体理知的所有意义的必然有限性作为研究主题,海德格尔同时质疑了与意义相关的"主体"。他认为,人与存

11　见托马斯·阿奎那,《意见评论集》I, distinctio 25, quaestio 1, articulum 1, ad 4: "rationale est differentia animalis, et Deo non convenit nec angelis." 这句话大意如下:"理性的"这一表述与动物的种差有关(它将人视为有理性的动物,从而与其他的非理性的动物区分开来),但它不适于谓述神或天使。

12　GA 3: 280.30—33 = 197.24—27。

13　康德,《纯粹理性批判》,B21。

理解海德格尔：范式的转变

在之间的关联早已被传统哲学熟知。但是，让这一关联得以可能的澄明之境（Lichtung）及其打开活动（Lichten，最好表述为"开敞活动"、开抛活动）却由于其本然的隐藏特性而长期被传统形而上学无视。他旨在发现并廓清（kundgeben, κηρύσσειν）已被打开却又向来隐藏着的澄明之境，正是它让意向活动与被赋义对象之间的关联得以可能。通往那个目标的道路以绽出之生存根本的有限性为向导，海德格尔早期亦将有限性命名为"被抛状态"（Geworfenheit）。

所谓被抛，即先天地被强制推入绽出之生存中，无来由地、不得不作为一般的可能性而存在。简言之，被抛就是"身不由己地被带入开敞状态之中"。[14]这也意味着，存在作为"重担"被"派定"给个体的绽出之生存。[15]"作为不得不如其所是与如其能是的存在者，人实际生存着。"[16]海德格尔于是将绽出之生存的内容称为"能存在"（Seinkönnen），也就是说，我们有能力在意义的自由境域中认知与行动，这个可能性同时也是必然性，即人能够而且必须超出诸多具体的可能性之外，因为这些具体的可能性对抗着死之悬临这个可能性。海德格尔将这个事态称为"实际性"，用于描述一个注定伴随的最初也是最终的事实：开展赋义活动的彻底有终的澄明之境，它"既是最早的，也是最老的"，从中无人可逃。[17]那个必要的可能性植根于以如下形式呈现的必然性，即我们被抛入可能性之中，背后无路可退。我们就是本己的被抛状态的被抛根据（der nichtige Grund einer Nichtigkeit），这也表明，我们无来由地被迫处于开敞的诠释场域之中。[18]尽

14　SZ 284.12 = 329.36.

15　SZ 42.1 = 67.7—8; 135.34 = 174.34:"绽出之生存的重担特性"；以及284.23 = 330.12。亦见奥古斯丁,《忏悔录》IV, 7, 12, *Patrologia Latina* 32, 698.23—25:"我肩负灵魂（的重担），也知道没有地方可以将它卸下。"

16　SZ 276.17—18 = 321.11—12。在GA 2: 56注释d, 海德格尔将"去-存在"（Zusein）这一短语解释成"它不得不去存有"。

17　GA 12: 246.28 = 127.8—9。

18　上述德文引文常被译成"本己的'不性'的无根基状态"，见SZ 306.20（转下页）

第六章 生成开敞之域

管我们能体验到那个被抛境况,但无法理解其始因,因而无法理知它。

很久以前,奥古斯丁曾将那种无根基状态描述为"人的深渊"(homo abyssus),也就是说,人的绽出之生存被视为无底深渊(ἀ + βυσσός: ἡ ἄβυσσος)。

> 深渊充满了不可思议的、高深莫测的深邃。通常它被用来形容海量的水……如果我们将深渊作"深邃"解,那么人心不正是深渊吗?还有什么比那个深渊更为基础呢?……难道你不认为,在每个人之中都存在那样一个深渊吗?它是如此基础以至于将自身隐藏起来,即使同时面向蕴含着它的我们。[19]

显然,奥古斯丁认为只有神才能领会人的深渊。

> 善恶二心皆隐藏,二者之中有深渊。然而,对神而言,无物可藏,故二者清晰可见。[20]

然而,对于奥古斯丁的上述观点,海德格尔没有(也不能,这一点尚存争议)找到任何现象学根据。毋宁说,经由体验那个无法诠释的无根基状态,个体激发出心里的畏。

(接上页)= 354.13。然而,"不/无"意指"被抛"。"被抛的(即具有不性的)"[das geworfene(d.h. nichtige)],见 SZ 306.24—25 = 354.17;以及"不之状态的被抛的根据"(geworfener Grund der Nichtigkeit),见 SZ 325.36 = 373.14。

19 《论诗篇》XLI, 13 [re verse 8], *Patrologia Latina* 36: 473.13—16, 21—23, 以及 45—47。见 GA 29/30: 411.4 = 283.30:畏揭示了"绽出之生存的整体深渊"。

20 《论诗篇》CXXXIV, 16 [re verse 6], *Patrologia Latina* 37: 1749.3—5。见《忏悔录》X, 2.3: "Domine, cuius oculis nuda est abyssus humanae conscientiae", *Patrologia Latina* 32: 779.23—24。

理解海德格尔：范式的转变

基于信仰，你可能"确定"自己将去往何处；或者由于理性的启蒙，你也许知道自己来自何方。但那一切仍然丝毫否定不了畏的体验，它让你直面"你乃是开抛活动"这个实事，它正在一种深不可测的谜样气氛里与你对视。[21]

我们在畏中究竟体验到了什么？

（绽出之生存）毫不遮掩的"存在且不得不存在"。纯粹的"所是"显现出来，但它的源头及去向仍晦暗不明。[22]

毫不遮掩的绽出之生存，作为被抛入无家可归状态之中的存在者。畏将绽出之生存带回到纯粹的"存在且不得不存在"之中，带回到个体最本己的被抛境况之中。[23]

由于揭示了"人的深渊"，海德格尔让我们漂浮在无底深渊之中，无法找到可以回去的港湾，因为尚缺环绕着我们自身的神性的深渊。我们的"深渊"就是无家可归的状态，在这个状态中，我们常常对自己感到陌生。在1944年至1945年被构想出来的对话中，同伴对海德格尔低语：

我是谁？我在哪里？对此，我几乎一无所知。

海德格尔这样回应：

21　SZ 136.1—5 = 175.4—9.
22　SZ 134.39—40 = 173.28—30.
23　SZ 343.31—32 = 394.1—3.

212

第六章 生成开敞之域

无人知晓,除非自欺。[24]

* * *

我们常由感觉或情绪直接察觉到自己实际的开抛活动。海德格尔将那一点锚定于所谓的"现身情态"(Befindlichkeit),它也是绽出之生存的结构环节,用来描述我们向来熟稔的意义以及意义内容的既定情境。这一情境也是意义世界向我们打开的源始方式。他进一步区分了平常的情绪与异常的情绪。平常的情绪揭示了我们如何理解个别事物的意义以及承载那些意义的周围情境("世界")。例如,无聊情绪不仅丰富了我们对于个别事情的感受,比如某个电视节目,而且宽泛地说,它也丰富了我们对于整个世界的感觉,正如观看电视本身。与之类似,经由不同的表达方式,我们同样可能体验到浪漫的爱,它向我们打开了焕然一新的"双人"(à deux)的生活方式,并使自己遭遇到的一切意义在那种生活方式之中得到转化。[25]海德格尔阐析情绪,聚焦于让事物显现为"这个"或"那个"的意蕴整体(即世界)。在平常的情绪中,我们体验到整个情境的张力,感受到在世界中遇到的事物意义的情绪流淌,一切润泽无声。情绪不仅是系于事物之内的沉沦,更根本地,还是落入我们自己所居的意蕴世界中的沉沦,此乃"沉沦之沉沦"。海德格尔进一步提到:"(平常的)情绪让我们直面在意蕴整体中存在的事物,与此

24　GA 77: 110.14—17 = 71.22—24. 见 GA 40: 31.20—21 = 32.15—16:"我们完全不能归属于任何事物,甚至不能归属于我们自己。"普洛丁,《九章集》VI 4: 14.16: ἡμεῖς δέ—τίνες δὲ ἡμεῖς。海德格尔曾经提到:哲学家"甚少谈及萦绕在其心头的绝望",见 GA 21: 97.27—30 = 81.6—8(1925年11月26日)。见 http://www.dailymotion.com/video/x12spb_talking-heads-once-in-a-lifetime_music。

25　关于这两个例子,见 GA 9: 110.15—17 和 23—25 = 87.21—23 和 27—29。关于"无聊"的进一步描述,见 GA 29/30: 117—159 = 78—105。

理解海德格尔：范式的转变

同时，它们也遮蔽了我们一直在寻求的'无'（das Nichts）。"[26]世界赋予事物意义，而"无"又使世界得以可能。"无"是非实体（非存在者）的开抛活动，也是任何赋义活动亟需的澄明场域。

要想体验存在论层次上的最根本的属人的要素，还需要一种异常的情绪，它与我们经由情感通达于意蕴世界的日常情绪极为不同。海德格尔称之为"基本情调"（Grundstimmungen），意指通达赋义过程的无根基状态，即丧失意义的深渊（der Abgrund der Sinnlosigkeit）的"基础"或者"根本"情绪。那个深渊潜藏着一般的意蕴性，并确保它的可能性。[27]基本情调使我们能够与任何既定的意义世界的基础相调谐，这一基础却正好展现了其无基础性，即开抛的澄明之境的无根基状态，我们的赋义活动从中得以可能。亲临意蕴关联的无根基状态，这本身就令人惊诧（θαυμάζειν），无论是通过冷峻的畏（Angst）还是通过充盈的乐（Freude）。[28]与"乐"相较，海德格尔早期对于"畏"之体验的解析更被人熟知。我们将重温1929年的讲稿《形而上学是什么？》，[29]以便对"畏"这一情绪产生更深的洞识。

26　GA 9: 111.1—3 = 87.39—40.作为"非-存在者"的"无"（Nichts）：我在这里添上了连字符，以表明海德格尔寻求的"无"并不是绝对的虚无。毋宁说，它意指作为"在世界之中存在"的个体的无根基的澄明之境。见 GA 9: 123.6—7 = 97.7—8，在《形而上学是什么？》里得到说明："无是存在者的'不'（即'非-存在者'）以及被存在者所经验的存在（即存在，从存在者的视角得到经验）。"

27　SZ 152.14—15 = 194.2—3。

28　SZ 310.14—15 = 358.5—7。"乐"源于我们与本真的开敞状态相遇而得到的自由。海德格尔关于"惊诧"的描述源自柏拉图，《泰阿泰德》155d3，以及亚里士多德，《形而上学》I 2, 982b12提到的θαυμάζειν概念。见 GA 56/57: 67.2 = 56.17; GA 19: 125.22 = 86.23; GA 11: 22.10 = 79.13。

29　GA 9: 103—122 = 82—96.像海德格尔那样，我们也可以将这个文本视为关于"（自然）形而上学的形而上学"（Metaphysik der Metaphysik），即人的追问，见 GA 84, 1: 140.2—4。

第六章　生成开敞之域

* * *

在那部讲稿的第二部分和第三部分中,海德格尔描述了"畏"的第一人称体验。让-保罗·萨特亦受其影响,在小说《恶心》(*Nausea*, 1938年)中花了不少篇幅再现上述体验。他描述了主人公安托万·洛根丁备受折磨又尽畅释放的荒谬体验。[30] 如前述,海德格尔曾使用"无"(das Nichts)这个概念来为开抛的澄明之境命名,这里的"无"不是一个存在者。我们同样能借用萨特的"荒谬"概念来突出"不是任何存在者"的无根基状态,不过,并非在严格的萨特主义范式下,而是在逃避一切理性并对任何赋义活动"充耳不闻"这个维度上。因此,"荒谬"与海德格尔的"无"对应,它最本真,但不是一个存在者。我们能切实体验"无",却无法为之找到任何根据。开抛的无根基状态亦是彻底的荒谬状态,即我们无法赋予它任何意义,但又必须将它预设为任何思想或行动的根据。

正如海德格尔所言,畏不是怕,怕针对威胁我们的任何特殊事物,比如邻居前院里的那只比特犬。畏则犹如我们直面向来所是的、荒谬的、开抛的澄明之境时所发出的巨大惊叹。我们发现了潜伏在迂回的活动之下的皱裂深渊,正是它让迂回的活动得以可能(我能够将"这"作为"那")并且必要(要想开展赋义活动,我就必须将"这"作为"那"),畏乃是对于那一现象的回应。

试想,不知何故,在缄默的一瞬,你向来舒适所居而又熟稔的意蕴世界被抛于接缝之外,顷刻崩塌。在那个令人恐惧的瞬间,你周围的一切突然被抛入混沌之中,丧失了自身的意义。它不仅摧毁了特殊的意义世界,比如工作、婚姻,而且解构了实存的根本缘由。由于丧失了曾赋予生命意义的根本意图与目标,你的意蕴世界崩塌了,一切事物从中

30　萨特,《恶心》,157—171 = 123—135。

理解海德格尔：范式的转变

赢获的意义也被抽拔出来。诚然，那些事物还在那里，但已与你无关。或许，如同萨特笔下的洛根丁，在灰色二月的某天，你无法准确地说出那一瞬间究竟发生了什么，但在戏剧性的瞬间，你曾熟悉的所有事物如此明确地与它们的"谓词"分离，无论是实践谓词，还是理论谓词。它们开始在泊地无根基地自由浮动，那片泊地位于突然消失的"意义-给予"的情境中心。由于在自身的意义之外漂浮，那些事物就转向了你，使你感到压迫性的惊恐（horrent omnia），正如奥古斯丁所言："一切变得令人惊恐。"[31] 换言之，它们不再在已然消逝的意蕴世界中直接运作，而以令人惊恐的方式与你间接相关。你不再有话语（迂回）的架构支撑它们，不能使它们保持在安全距离之内并处于与你的意蕴关联之中。

在那个恐惧的瞬间，你也从前一秒平静的存在和自我认同中抽拔而出，毫无根基地漂浮着。或许，灵光一现，你蓦然觉察到意蕴世界本来就建立在一般的"无"之上，毫无理由，毫无根据。先前，你与无根基状态之间有一层薄纱，它切断了意蕴世界与"无"的关联；现在，那层薄纱被捅破了，你不得不首次直面并承担自身的荒谬状态：无根据，无终因，仍须赋予万物意义。[32] 如果直面赋义活动本身的无意义性，你还会觉察到：纵使曾经赋予万物意义，此刻的你却不再能够赋予任何事物意义，遑论展开赋义活动本身，更不必说赋予你自己意义。你体验到荒谬，这并非亟待解决的某个困惑、难题或者谜团，而是本真的实事：赋义活动终究毫无根据，仿佛竹篮打水一场空。经由这个实事，你才被抛入其中。根据海德格尔的描述，在那个瞬间，你悬浮于荒谬这一深渊之上。[33]

然而，经由荒谬，你灵光闪现，亦会明白：开抛活动正是你自身与死

31　《忏悔录》IV, 7, 12, *Patrologia Latina* 32: 698.30。

32　SZ 278.19—20 = 323.18—20："把常人同绽出之生存的存在的无家可归状态隔开的一堵薄壁。"

33　GA 9: 112.7 = 88.35，关于"悬浮"（schweben）。见 GA 9: 115.5 = 91.7："嵌入到'无'之中。"

第六章 生成开敞之域

亡相隔的唯一可能。它有终、无根且无因,但并非"绝对的虚无"(nihil absolutum)。通过畏之情调而与本真荒谬的被抛状态照面,也就是"向死"(bis zu seinem Ende),[34] 亦即同自己的必然性这个可能性照面,你由此觉察到:赋予事物意义这个有死的能力正处于你自己与彻底的终结之间。[35]

我们遇到的"无",脚下裂开的深渊,既不是绝对的(absolutum)"无",也不是否定性的(negativum)"无",这一点令人称奇。它不会将你吸入死亡——既不会杀死你,也不会鼓励自杀——毋宁说,它以一种"肯定的"方式(这是最令人称奇的)将你抛回(abweisen)[36] 有死的自身之中,亦即无根基的意蕴关联之中。纵使你无法赋予"荒谬"意义,甚至那个活动本身就是荒谬的,但只要你站在那里,承担死亡之悬临,你便能将意义赋予其他任何事物。可见,纵然处于黑暗的萦绕之中,你仍然打开了微弱的场域,事物由此显现自身的意义。你还能进一步觉察到:尽管缺少根基,关于意义的有死的理解活动却是横亘在你自己与绝对的"无"之间的细薄屏障。除此之外,你同时能够领会:即便在日常的赋义活动中,你仍已在每个瞬间濒临死亡,有鉴于此,在生命的每一个当下,你都能赋予所遭遇的任何事物意义。

* * *

尽管像"畏"这样的基本情调让你直面意蕴关联的无根基状态,从而无物支撑,你却仍可能从那种体验中退回。换言之,你能从关于实际状态的那种觉察中逃离,而在遮蔽了死亡和荒谬的日常状态中继

34　SZ 305.29 = 353.23.海德格尔称之为"可能的存在者的最外绽的边界",见GA 16:59.23 = 420.2—3。

35　SZ 250.38—39 = 294.25:个体本己的必然性这一可能性。

36　GA 9: 114.8—11 = 90.18—19.

理解海德格尔：范式的转变

续人生，就像T.S.艾略特在《J.阿尔弗瑞德·普鲁弗洛克的情歌》中描绘的主人公那样。他曾经看见了令人畏惧的"实事本身"，并逃之夭夭。

> 尽管我看见我的头（有一点秃了）用盘子端了进来，
> 我不是先知——这也不值得大惊小怪；
> 我曾看到伟大的瞬间闪烁，
> 我曾看到那永恒的"侍者"拿着我的外衣暗笑，
> 一句话，我有点害怕。

普鲁弗洛克关于死亡展开了精彩的描述，将之喻为"永恒的'侍者'"。然而，随着一声"不！"，一锤定音，他逃离了死亡。

> 是不是值得以一个微笑
> ……
> 把整个宇宙压缩成一个球，
> 使它滚向某个重大的问题，
> 说道："我是拉撒路，从死亡国度
> 来报一个信，我要告诉你们一切。"——
> ……
> "不！我不是要谈这些。"

普鲁弗洛克逃到一个情欲幻境之中，尽管那种"生活"乃是令人窒息的死里逃生。

> 我们留连于大海的宫室，
> 被海妖以红色和棕色的海草装饰，

第六章 生成开敞之域

直到人类的声音把我们唤醒,我们便溺水而亡。[37]

(这首诗采用的隐喻方式值得注意:在最开始的题词部分,借用但丁笔下的蒙特费尔特罗伯爵这个背信弃义者的口吻,普鲁弗洛克对遥远而孤绝的"你",也就是处于安全距离之内的读者倾诉衷肠:"我回答你就不必害怕流言。"然后,"你"与普鲁弗洛克携手开始生命的旅程:"那么我们走吧,你我两个人。"最后,诗歌以"你"与普鲁弗洛克本真的合一收尾:"直到人类的声音把我们唤醒,我们便溺水而亡。")[38]

假如未曾像普鲁弗洛克那样逃离,在冰冷的瞬间,你就会让自己曝露在"无"之中,换言之,你将会无物支撑,因而悬浮于生命中心裂口处的荒谬深渊。[39] 由此,你明白了,看似纯粹的赋义活动之中,究竟是什么正濒临险境。纵使最终无法为之赋义,你仍能经由荒谬唤醒,向死而生,将死视为本真的处境而承担起来,不仅为自己负责,也同时为自己创造的生活负责。无论是像普鲁弗洛克那样逃离,还是怀着微渺的希望与令人战栗的勇气继续前行,二者的结局完全一样。换言之,体验无意义本身的可能性,也就是体验赋义活动本身的无根基状态这个本真的必然性,就将你抛回自身之中,将自身视为有死的意蕴关联。与此同时,你仍可以从中做出抉择。每当回到日常生活时,你可能选择逃离并遗忘关于无根基状态的那种体验,也可能铭记那种体验并为己所有(eigentlich),无论如何,你都成为自己人生的作者。这种死亡(即有死

37　T. S. Eliot, *The Complete Poems and Plays of T. S. Eliot*, 16—17.
38　这六行意大利文诗句节选自但丁《地狱篇》XXVII, 61—66,它们不可被拆分。作为开场白,它们与全诗融为一体,也是理解全诗不可或缺的一环。
39　GA 9: 115.4 = 91.6 和 118.25 = 93.25:"在无之中沉浸。"见海德格尔关于天主教礼拜晚祷仪式的实存论解释,它象征着"在夜晚沉浸于实存以及为那个夜晚而准备的内在必要的祷告仪式之中",见 Letter of 12 September 1929, *Martin Heidegger/Elisabeth Blochmann*, 32.23—24。(我将最后一个德文单词 Sie 校正为 sie,指代"那个夜晚"。也许海德格尔带有浪漫色彩地出现了误写?)

理解海德格尔：范式的转变

和荒谬的意指对象）"穿梭"，对于未能承担责任的普鲁弗洛克，或勇敢做出决断的个体，皆别无二致，因为他们都曾直面过自身的实际状态。二者之间的区别仅在于：是否决定伴着死亡觉悟继续人生。

*　*　*

在《形而上学是什么？》这篇文章中，海德格尔使用了一个令人费解的短语描述从荒谬状态中生发的"穿梭"过程。他这样描述："Das Nichts selbst nichtet"，常被译为"无自身之无化"。[40]这种译法实则不知所云。这个短语看似不可译，但在引用那句话之前（同样在那部讲稿的旁注里），他已经向我们阐明了自己的意图，比如他曾在某个片段中提到，"荒谬"、"无根基状态"和"无"这些概念都与开抛活动即澄明之境有关。

> 在畏之中，你对"无"退避，但这种退避不再是逃遁，而是一种迷人的宁静。那种退避由"无"肇始，即你曾体验到的无根基状态。"无"并不将你引向荒谬，与之相反，就本质而言，它恰恰拒绝（wesenhaft abweisend）荒谬。那种拒绝（Die Abweisung），剥落了意义，将你指向体验到的事物。从自身而来的那种拒绝，将你指向剥离了意义的事物整体的那种拒绝（Diese im Ganzen abweisende Verweisung），展现了"无"如何经由畏的体验而笼罩在你身上。这就是"无化"（die Nichtung），也是无根基的无"存在"与"运作"（nichtet）的方式。无化既不消灭存在者，也非肇始于否定活动。无根基的荒谬的"无"不能被归结为消灭与否定："无自身之无化。"

40　GA 9: 114.15—16 = 90.24. 更准确地说，它应被译为"无之无化"，好像存在"无化"，"无化"是一个不及物动词或者中动态动词，不过，这类译法更难被人理解。

220

第六章　生成开敞之域

就本质而言,"无"将你从中往外推。[41]

在畏之中,"无"将你引回到存在者,同时引回到你当下赋予的可能意义,但与此同时,它还伴随着一种意识:在你自身的有死性,即死亡之悬临中潜藏着整个赋义活动。对于那种体验,不管你如何决定:(像普鲁弗洛克的情人那样)予以忘却,或者(像普鲁弗洛克本人那样)觉察并逃离,或者决定承担起来,在任一情形中,如海德格尔所言,直面荒谬的畏始终"蛰伏"在你的经验之内,可能在任一瞬间被唤醒。[42]

*　*　*

"成为我们所曾是!"这一召唤并非来自海德格尔,而是来自我们自身,来自我们本己的无根基的绽出之生存。作为开抛的可能性,我们总处于死亡之悬临。经由实存论上(而非道德层面的)"良知"的召唤,处于"常人"状态的我们犹如醍醐灌顶:常人曾沉溺在所操心的意义事物中,而遗忘了有限有死的开抛活动,正是它使事物的意义显现得以可能。正如奥古斯丁所言,良知的呼声乃是"从深渊到深渊"(abyssus invocat abyssum)的呼声。[43]呼唤所始发的深渊正是有死的绽出之生存,我们在其中无家可归。呼唤所朝向的深渊亦指同一个"我",但特指迷失在"常人"状态之中的"我"。这个"我"以事物为导向,遗忘了"无"即本真的自我。呼唤旨在回到本真的自我。要想领会并接受

41　见 GA 9: 114.1—16 = 90.15—24。

42　GA 9: 117.31—32 = 93.10—11:"它仅仅蛰伏着。"见 GA 9: 118.12—13 = 93.21:"唤醒"(erwachen)。见 SZ 286.32 = 332.32:"罪责'沉睡着'。"海德格尔认为绽出之生存是"无的持守者",见 GA 9: 118.20 = 93.26。在 GA 86: 508.20—21,他还曾将这一表述与下列说法关联起来:"人是'无的持守者',也是'存在的牧羊人'。"

43　奥古斯丁,《论诗篇》XLI, *Patrologia Latina* 36: 473.1。

理解海德格尔：范式的转变

召唤，就必须"先行"，决定成为本真有死的开抛活动。我们必须"先-行"到自己的曾是，也就是说，经由当下有终的生存，在实际的死亡到来之前（ante-），预先领受（capere）本真的死。因此，若将 vorlaufen 译成"赴（死）"，将会减弱对于"当下有终的生存"的共鸣，并让关于死亡的某种"线性"观念挥之不去。海德格尔所谓的"向死存在"（Sein zum Tode）未曾与个体将来的死亡有关，与之相反，它与自身始终悬临的有死性相关。本真的"绽出之生存"亦是"先行之决断"（vorlaufende Entschlossenheit），它就是"揭蔽—"这一本真的形式："'揭-蔽'即在世界之中存在的绽出之生存的'揭开-封闭'。"[44]

有死的生存活动始终揭示了一点：从日常沉沦的"我"回到（zurückholen）本真的"我"，在无家可归之中学会居家停驻。[45] 在有死性的映衬下，本真的个体承载本己的意蕴关联而实际生存，作为自己一切活动的"主角"而本真地实际生存着。[46] 海德格尔亦将实存论上的良知的呼声描述为"唤上前来的唤回"（vorrufender Rückruf），即经由劝导我们预先走入（有死的）先行被抛状态以及（意义的）开抛活动，我们就被召唤而至本真的"我"之中。[47]

海德格尔认为，我们能够做出决断而先行，并视之为自己的生存方

---

[44] GA 66: 168.26 = 146.23—24. 鉴于"决心或决断"通过选择向死而生仍不能轻而易举地唤起"揭-蔽"（ent + schließen）自身的信念，我将 Entschlossenheit 译为"本真的开敞状态"。

[45] SZ 287.12 = 333.13. "本真的开敞状态"（Entschlossenheit）意指在无家可归的状态之中成为居家者（das Heimischwerden in Unheimischsein），见 GA 53: 151.26 = 121.26，海德格尔解释了索福克勒斯，《安提戈涅》，370 提到的 ὑψίπολις ἄπολις。无家可归正是我们的本质，见 GA 4: 87. 10—11 = 112.1; GA 4: 129.9—10 = 151.4—6。

[46] 见 αὐθέντης，意指行为自身的主体，尤其是为谋杀负责的主体，见希罗多德，《历史学》I, 117.3：哈帕戈斯中将提到，他不想为阿斯提阿格斯国王的孙子塞勒斯"被谋杀而感到愧疚"。

[47] SZ 287.5—7 和 9 = 333.7 和 8—9。召唤"始于""被抛的个体的不可思议"，见 SZ 280.27—28 = 325.29—30。

第六章 生成开敞之域

式,乃是因为我们本然就具有让它得以可能的结构。这里再次需要提到一个关键的方法论预设。如前述,[48]他的有关论述可与中世纪经院哲学的原则对照:operari sequitur esse,即个体的行动方式依循个体的存在方式。切换到当前语境,可得到如下解释:由于我们在结构层面(实存论上)向来就作为一般可能性先行延展到诸多可能性之中,并以可能的死亡为向导,我们才能在个人层面(实存状态上)承担起朝向有限有死的整体的被抛状态(Übernahme der Geworfenheit)。[49]我们的意蕴关联在结构上以"操心"(Sorge)的方式显现,换言之,既然我们先行到诸多可能性之中,又从它们之中折返而回,经由那些可能性,我们就能赋予事物意义。我们向来就处于"先行被抛-返回"的实存论运动中,一面超越自身而延展(erstreckt),一面逗留在自身以及所遭遇的存在者之中。承袭奥古斯丁"生命即延展"(distentio est vita mea)这个传统,[50]海德格尔将绽出之生存的运动的外展状态称为"时间性",[51]这个概念极易招致误解。它唤起的想象图景不是那种线性的、由"过去-现在-将来"构成的历时性过程,毋宁说,它是外扩而敞开的延展,它开敞却有边界,与尚未实现的可能性密切相连。这一开敞活动与亚里士多德笔下已实现自我的"神"这般存在者的"封闭状态"相互对照。因此,绽出之生存的开抛活动就是"时间性"所表达的内容,当然这个术语有待商榷。1969年,海德格尔将"时间性"重新解释为人源始的揭蔽性或者开敞性,即"揭蔽一"。[52]有鉴于此,

168

---

48 见第三章注释164。
49 SZ 325.37 = 373.14—15.见GA 79:70.13—14 = 66.13:"重新找到其本现空间的入口。"
50 《忏悔录》XI 29,39,*Patrologia Latina* 32,825.6。
51 GA 9:173.29—30 = 134.1—2:"一般超越活动的发生(时间性)。"
52 GA 16:70.10—11 = 45.16—18:"在绽出的开敞状态这个意义层面上。"GA 49:54.28—29:"内在地居于'时间'这一绽出的开敞状态中。"GA 9:376.10—11 = 285.26—27:"'时间'是作为存在之真理的名字而被命名的。"(亦见GA 9:159注释a = 123注释a;377.4—5 = 286.12—14) 以 及GA 65:331.23—24 = 263.1—3:"ἀλήθεια(转下页)

223

理解海德格尔：范式的转变

我们理应将"时间性"这个术语从海德格尔的哲学中剔除,至少在提到绽出之生存的开抛的揭蔽活动时,避免使用它。

* * *

在《存在与时间》中,海德格尔仅仅用了两页纸的篇幅阐明"时间性"概念的内核。那部分内容极其凝练却不甚清楚。尽管如此,我们仍应予以讨论,但须坚持如下两点:(1)描绘开抛的绽出之生存的运动(Bewegtheit)图例(参见第五章);(2)海德格尔的"方法论"原则:我们能依循自身的存在方式而行动。在《存在与时间》第六十五节,他旨在从"中性的"(既不是本真的,也不是非本真的)绽出之生存的实存论结构层面阐明"时间性"(见326.20—21 = 374.11—12)。他首先解析了实存状态上在决断之中呈现的"本真时间性"(见325.14—326.18 = 372.20—374.8)。不过,他常将中性的时间性与本真的时间性混为一谈,我们必须仔细辨别。

《存在与时间》第二篇甫始,他就阐明了我们能倾听实存论上的良知的呼声并响应那一召唤(见SZ I.2,第二章),换言之,我们能被唤醒,由此,在每一个瞬间而不只是在生命历时的终点上承担起"向死而生"(见SZ I.2,第一章)。(《存在与时间》的)"倾听良知的呼声"与(《形而上学是什么?》的)"畏之体验"同源一体。唯当经由个体的决断而把自身的结构(无根基的有死的开抛活动)据为己有,我们才能响应那一召唤,决定向死而生。决断之先行与本真的绽出之生存亦同出一源。

那么,绽出之生存在个人层面响应召唤这一活动何以可能?这个

(接上页)(无蔽)——自行遮蔽者的开敞状态与澄明之境……它们是表示同一个东西的不同名称。"与此类似,对照 GA 88: 46.7—8: "时间性与时态性作为'此'之'此-性'的显示。"以及 GA 68: 36.11—12: "'此'('此-性')的开敞之域。"

答案已经呼之欲出：经由绽出之生存自身。参照"操心"（Sorge）这个概念解析，绽出之生存实则由"三个"环节（先行、已经、当下显现）构成，它们又可还原为两个环节：（1）已经先行活动，以及（2）让事物显现自身的意义。在《存在与时间》第六十五节，海德格尔认为开抛活动或者"时间性"由相同的三个环节构成（亦可还原为两个）。在实存论层面上，那个双向的运动结构不是历时性的（过去、现在与将来），这一点尤为重要。那么，先行决断如何与绽出之生存即开抛活动相互映衬，同时以开抛活动为可能根据呢？在阐明这个问题之前，我们必须预先廓清绽出之生存的"三重"环节（亦可还原为两个）在当前语境之中究竟意指什么。其中，"第二个环节"（向来所是）最值得探讨。

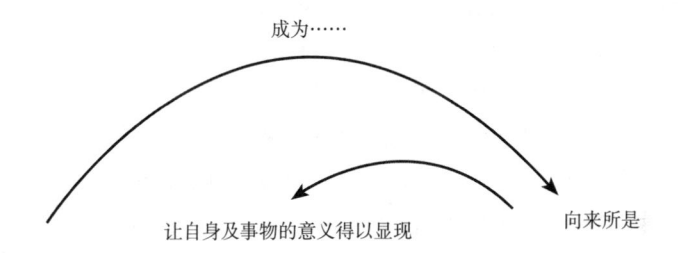

绽出之生存（"时间性"）

成为……　　　　　　　

让自身及事物的意义得以显现　　向来所是

"第一个"环节："走-向"（Zu-kunft），即"成为……"。"去存在"（Zu-sein）乃是人的实存论特征：我们如何得到塑造，这不由个人层面的行为决定。这也意味着：我们在结构层面始终去成为我们自己，即作为一般的可能性去存在。（我们的本质就是"去存在"，简言之，即成为可能的存在者。）绽出之生存本来就被赋予"去存在"的使命，[53]换言之，在结构层面（而不是在个人层面）持守自身的可能性，同时在本真必然性

53　GA 29/30: 407.28 = 281.19："被赋予使命"（aufgegeben）。

的悬临之下绽出而生存。此乃绽出之生存"三重"环节中的第一个，即"成为……"，也就是成为自己。海德格尔称之为"走向自身"（auf sich zu-kommen）或者名词 Zu-kunft，后者不能译为"将来"这个表示时间的术语，而应被当作"成为"这个实存论概念。[54]

"第二个"环节："曾是"（das Gewesen），即个体的向来所是。这里的情况看似复杂，但其实并非如此。它的要点如下：所谓"本质"（Gewesen），就是绽出之生存在结构层面所生成的东西，换言之，探求其（先天地、本质上）已是的东西究竟为何，又如何生成。要想更为精微地探究其中的含义，就必须厘清《存在与时间》第六十五节提到的"曾是"（das Gewesen）概念。借助这个术语，海德格尔对亚里士多德的"是其所是"（τὸ τί ἦν εἶναι）概念给出了自己的理解。[55]如果硬要严格转译那个希腊术语，即"曾经将会存在的（诸般存在者）"[the what-it-was-to-be（such and such a thing）]，[56]就会发现自相矛盾之处。为什么用"曾是"（was）而不是"是"（is）呢？海德格尔指出，这是因为在希腊语中，"是"的动词 εἶναι（to be）没有现在完成时（has been），因此，亚里士多德只能借用一般过去时 ἦν 代替。[57]那么，亚里士多德为什么要将本质界定为"已经将会存在的（诸般存在者）"[the what-it-has-been-to-be（such and such a thing）]呢？这亦可被视为海德格尔提到的"存在论上的完成"的一个范例。[58]上述短语中的"已经"与任何时态无关，并不表达历时的"已经存在"（或者"持

54　SZ 325.34—326.8 = 372.20—373.11.

55　比如，《形而上学》VI 1, 1025b28—29；VII 4, 1029b14。海德格尔在 Braig, *Die Grundzüge der Philosophie*, 49.16—17 初次见到这个希腊术语。

56　正如拉丁语 quod quid erat esse，见阿奎那《〈形而上学〉评注》VII, 3, 5（对于《形而上学》VII 4, 1029b14 的评注）："intelligit quod quid erat esse illius rei quid est homo."这句话大意如下：亚里士多德将（"本质"）理解为某物曾其所是，比如人已经是什么。

57　GA 2: 114 注释 a = Stambaugh 83 注释‡。见《九章集》VI 9: 9.22："灵魂成为自身，即其所曾是（γίνεται αὐτὴ καὶ ὅσπερ ἦν）。"

58　见注释60。

第六章　生成开敞之域

续到现在的存在"）。毋宁说，它意指亚里士多德笔下的"本质"即存在论状态，它亦被当作始终蕴含着"过去是、现在是以及将来是"的存在者［这个术语可能承袭了柏拉图永恒不变的"理念"（εἶδος）概念］。所谓"本质"，意指向来在事物之中已经先天开始运作的东西，它植根于存在论层面，而不是时间层面，正如亚里士多德提及的"就 φύσις 和 οὐσία 而言的'先天'"。[59] 在《存在与时间》的某个旁注中，海德格尔提到：

> 在存在论上（向来已经开始运作的那个东西）被称为"先天的"（拉丁语 a priori）与"本质上在先的"（希腊语 πρότερον τῇ φύσει）：见亚里士多德，《物理学》I, 1；或者参照更清晰的表述，见《形而上学》VI (1) 1025b28—29："（对某个事物而言）向来所是"（τὸ τί ἦν εἶναι），"在任何其他事物之前就已经开始运作的东西"，它已经存在（das Gewesen），它已完成……除了"先天的已完成"，它亦可被称为存在论上或者先验层面的已完成。[60]

海德格尔提到了绽出之生存的"曾是"（gewesen）维度，也就是"曾在"（Gewesenheit），它意指以"如其曾经已然存在"这种方式表达的"本质"。这也是他对于我们本真的规劝，敦促我们承担自身的本己性。他还提到（下划线为我所加）：

> Übernahme der Geworfenheit aber bedeutet, das Dasein in dem,

---

59　《形而上学》V 11, 1019a2—3：[πρότερον] κατὰ φύσιν καὶ οὐσίαν。亦见《后分析篇》I 2, 71b34：πρότερον τῇ φύσει。

60　GA 2: 114 注释 a = Stambaugh 83 注释‡。这里的"完成"并不是现在完成时，而是意指"彻底完成"并由此运作（per + factum），正如希腊语"终结"（τὸ τέλειον）的含义。《物理学》I, 1 实际上并未讨论 πρότερον τῇ φύσει，而只提到了 σαφέστερα τῇ φύσει（184a17 和 20），即事物通过其本质，也就是在它们自身之中变得更为清晰。

理解海德格尔：范式的转变

wie es je schon war, eigentlich sein.[61]

对之切近的翻译如下：

> 所谓承担自身的被抛状态，意味着以绽出之生存向来已经（即"本质的"）存在方式使个体的绽出之生存"本真地"存在。

将 wie es je schon war 译成"如其已经存在"（麦夸里-鲁宾逊）或者"如其向来已经存在的方式"（斯坦博），都完全忽视了亚里士多德关于非时间的"绽出之生存的本质存在"（τὸ τί ἦν εἶναι）这个重要提示（或者海德格尔对于亚里士多德 τὸ ὣς ἦν εἶναι 这一表述的重新解释："以绽出之生存本质的存在方式"）。那些误译暗含了如下谬误：经由承担开抛活动，绽出之生存也承担着它的"过去"（das Vergangene）。这显然与海德格尔的观点南辕北辙，他曾提到："'过去'与'曾在'截然不同。"[62] "曾是"同样不是指现在完成时态的"过去"，比如通常的误译"如其已经存在"。[63] 实际上，现在完成时态的"过去"压根未曾在《存在与时间》第六十五节里得到论述，而只在第七十四节海德格尔阐明历史性问题时（见本章后面的论述）才首次出现。在第六十五节中，他关于绽出之生存的整个阐析仅聚焦于先行的被抛与返回，而同"过去"无关。我们在"本质-存在论"层面的存在方式并非随附于我们"身后"（folgt das Dasein nicht nach），因此无法通过过去时态或者现在完成时态得到澄

61　SZ 325.37—38 = 373.14—15，英译本未能突出这一点。与此类似，马蒂诺的法译文 était 也容易导致误解，见 Être et Temps, 229.38—39："tel qu'il était à chaque fois déjà."见 http：//t.m.p.free.fr/textes/Heidegger_etre_et_temps.pdf。

62　SZ 381.13—16 = 433.3—5. 亦见 GA 4：84.6—8 – 109.7—8。

63　海德格尔将这一术语描述为"之前跳出而现在保持回返"，见 GA 2, 500 注释 a = 361 注释*。关于古希腊文过去时态用法，见附录三。

228

清。与此相反，作为自己向来已经成为的东西，它向来"先行于"我们（geht ihm je schon vorweg）。[64] 经由承担开抛活动，我们便在个人层面成为本质上已然所是的存在者，也就是我们自身终有一死的可能性。[65]

海德格尔从实存论结构层面提炼出实存状态层面的"决断"活动的可能根据，由此便可总结"第二个"环节。（我添加了下列引文的编号，同时将原文列出，以呈现海德格尔自己的斜体标注。）

1. Die Übernahme der Geworfenheit ist aber nur so möglich, daß zukünftige Dasein sein eigenstes "wie es schon war," das heißt sein "Gewesen," *sein* kann.

2. Nur sofern Dasein überhaupt *ist* als ich *bin*-gewesen, kann es zukünftig auf sich selbst so zukommen, daß es *zurück*-kommt.

3. Eigentlich zukünftig *ist* das Dasein eigentlich *gewesen*.[66]

译文如下：

1. 仅当能以"我向来已然所是的方式"（借用亚里士多德的术语）存在，我才能在个人层面承担起自身的被抛状态即"曾是"。

2. 仅当向来就已经是我的曾是（τὸ τί ἦν εἶναι），我才能在个人层面回到自身，同时成为或者"走向"本真的自身。

---

[64] SZ 20.16—17 = 41.24—25，海德格尔本来想使用"曾在"（Gewesenheit），却误写成了"过去"（Vergangenheit）。但在 SZ 284.17—19 = 330.4—5，他进行了修正："但被抛状态不是挂在绽出之生存身后好似随它发生的、事实上落到它身上却又能从它身上脱落的事件……实则只要绽出之生存存在，它就持续存在。"亦见 GA 11：58.3 = 48.23。

[65] 本质上已然所是的存在者，即具体情境下的"曾是"（das Gewesene），乃是个体的有限性与有死性，它潜在的"已然发生"。这也是海德格尔所谓的 das Vorbei 的含义，见 GA 64：52.23—24 = 43.25 和 116.20 = 12E.2（McNeill）= 207.9（Kisiel）。

[66] SZ 325.38—326.4 = 373.16—21。

3. 当我切实地成为本真的自己,我本真地就是我的"本质"即"实存"(Existenz)。

上述三个语句一以贯之,都将实存状态层面的可能性或实际性("我能够"或第三个句子中表述的"我切实")与使之得以可能("仅当")的实存论结构连接起来。换言之,每个句子都是从某一具体的"运作"(operatio)到使之得以可能的"存在"(esse),[67]亦即从决断活动的某个环节到使之得以可能的根本结构。既然海德格尔的原文及其任何英译都并非信口雌黄,上述引文理应被视为在《存在与时间》中最为艰涩精炼的文本之一。无论如何,借助海德格尔提出的"亚里士多德进路",即 wie-es-je-schon-war = τὸ τί ἦν εἶναι = 绽出之生存的本质 = 先行被抛即开抛活动,我们能够大致了解他在那些文本中想要表达的意图。

所谓的"第三个"环节:"当前"(Gegenwärtigen),即"返回"自身之中。我们之前仍在讨论开抛活动(先行被抛)的"中性"的实存论结构,但尚未论及对那个决断结构本真的个人承担。现在,我们将前"两个"结构环节(成为自己与已经存在)整合成同一个环节("成为个体的曾是"),与此同时,所谓的"当前化"(Gegenwärtigung)这"第三个"环节则被视为构成了绽出之生存双向运动的第二个环节。我在上面为"返回"概念加上了引号,是为了避免以下误解:仿佛这个环节只能在第一个环节"之后"发生。与此相反,即便超越自身,我们也始终与自身相伴。[68]换言之,我们自身的存在("当前化")就意味着让我们自身作为一般的可能性而存在,它永远向前延展,始终生成,永不停歇。

67　见第三章注释164。

68　对照阿奎那,《神学大全》I, 14, 2, ad 1:"一旦某个形式在自身之中居有存在,它就同时返回自身。"他认为,"返回自身"(redire in seipsum)在某种程度上就意味着伴随自身。他还曾使用类似表达:神被视为整全完成而又纯粹自足的存在者(reditio in seipsum),人则是未完成的可能行动者。见第三章注释166。

第六章　生成开敞之域

可以这样说,同时作为返回活动的先行于自身而存在(Sich-vorweg-sein als Zurückkommen)乃是一种特殊运动,它由"时间性"的绽出之生存持续构成。[69]

因此,所谓的"返回"自身意指绽出之生存始终留驻于自身之中,但这个"自身"必须是可能的存在者。经由上述方式,海德格尔廓清了绽出之生存的实际存在,即始终作为一般的可能性而存在这一结构事实。

最后,"已经先行-返回"这个双向运动的统一体。海德格尔使用了浓缩简洁却又令人费解的短语来描述开抛的绽出之生存的统一体,它由"三个"(现在是"两个")环节构成,同时也是"时间性"概念即开抛的动态结构的基本定义:"曾在着的有所当前化的先行"(gewesend-gegenwärtigende Zukunft)。[70]麦夸里-鲁宾逊与斯坦博都将那个短语误译为"在已经存在的过程之中显现的将来",这类专门表示时间的术语("将来"及"已经")彻底忽视了海德格尔对于"曾是"(das Gewesen)这个概念的"亚里士多德式"解释。[71]上述德文短语看似不可译,但经由之前的阐释,其含义如今也愈加明晰。在出现了那个短语的文本中,[72]实际上存在两种关于时间性的迥异的现象描述:(1)在中性的实存论结构层面的"时间性";(2)在本真的实存状态层面的"时间性"。[73]接下来,我将对那个文本所涉及的五个论题逐一释义,以消解可能出现的困惑。

174

69　GA 21: 147.23—26 = 124.19—20.这里的Dasein意指Existenz,即绽出之生存。见第三章注释167。

70　SZ 326.20—21 = 374.11—12.

71　见马蒂诺的翻译,*Être et temps*, 229.57, avenir étant-été-présentifiant这种译法表意含糊。老式法语动词avenir("实现、发生")现在仅被用作名词,表示"将来"。

72　SZ 326.17—25 = 374.7—16.

73　这个问题同样出现在前面三段内容中,它将结构上中性的"时间性"与个体层面作为本真环节的"时间性"混为一谈。我认为,这是海德格尔匆忙撰写《存在与时间》而造成的疏忽。

231

理解海德格尔：范式的转变

SZ 326.17—25 = 374.7—16

1. **在实存状态层面的活动：**
   Zukünftig auf sich zurückkommend,
   bringt sich die Entschlossenheit
   gegenwärtigend in die Situation.

   绽出之生存回到不断生成的自身（即它承担了自己的先行被抛），
   在决断之中如此运作，
   在本真的处境之中显现自身的意义。

2. **上述内容在实存论结构层面则被描述为：**
   Die Gewesenheit entspringt der Zukunft,
   so zwar,
   daß die gewesene (besser gewesende) Zukunft
   die Gegenwart aus sich entläßt.

   绽出之生存正成为自身的曾是（亦即 ἦν εἶναι），
   以至于
   生成活动即曾是状态（或者更好的表述：向来已经开始运作）决定了绽出之生存的
   自身显现。

3. **上述内容在实存论结构层面由下列环节界定：**
   Dies dergestalt einheitliche Phänomen als
   [2] gewesend-
   [3] gegenwärtigende
   [1] Zukunft
   nennen wir die Zeitlichkeit.

   绽出之生存的统一现象：
   [1] 成为，
   [2] 曾是，
   [3] 因此，意义显现
   我们称为"时间性"（即赋义的先行被抛活动）。

4. **使实存状态层面的决断活动得以可能的实存论结构：**
   Nur sofern das Dasein als Zeitlichkeit bestimmt ist,
   ermöglicht es ihm selbst
   das gekennzeichnete eigentliche Ganzseinkönnen
   der vorlaufenden Entschlossenheit.

   仅由于（实存论层面的）绽出之生存乃是"时间性的"，
   它才让（实存状态层面的）绽出之生存可能成为
   本真的整体，
   经由做出决断，向死而生（= 承担自身的有死性）。

5. **"实存论-实存状态的"结论：**
   Zeitlichkeit
   enthüllt sich als
   der Sinn
   der eigentlichen Sorge.

   因此，绽出之生存的"时间性"
   将自身显现为
   在实存论层面使如下活动得到解释以及得以可能的根据：
   个体在实存状态层面的本真的开敞活动，亦即操心。

175

第六章　生成开敞之域

　　这个简短（只有七十个词，五句话）而又具有复杂结构的文本乃是《存在与时间》的精髓。它既阐明了在实存状态层面的本真的"时间性"过程（"劝导"环节），又廓清了本真的"时间性"之实存论根据（"解析"环节）。我将对上述五个句子予以重构：

1. 个人的向死而生即"承担"自身，将自己视为如其所是的有死的可能者（所谓的"曾在"）。这个活动亦在实存状态层面决定成为自身："返回"（跳出沉沦状态）到真实的自身［同时作为"返回"（zurückkommen）和"走向"（zu-kommen）］，伴随了如下结果，即在开敞状态（Da）之中，个体显现了自身的意义。开敞状态也是个体的"本真处境"。
2. 实存状态层面的上述活动何以可能？答案如下：经由个体的实存论结构。个体的本质或者"曾在"，也被称为个体的"曾是"，就是作为一般可能性的个体自身，同时也是先行存在（＝所谓的"将来"）。这一情形向来已经发生，它也是个体呈现自身的存在方式，而且是作为始终已经先行的一般可能性而显现自身。
3. 那一实存论结构也可被"时间性"概念规定，即个体的本质就是向来已经成为个体自身的"曾是"（即有死的可能性）。它也是个体显现自身的实存论-存在论方式。
4. 基于那个动态的实存论结构，经由决断之"先行"，（决定成为）个体的"曾是"，即承担有死的可能性，个体亦能成为本真的自身，也就是说，经由那个结构而成为"整体自身"。
5. 结论：实存论结构层面的开抛活动即有死的可能性，是如下"决断"活动的可能根据：在个人实存状态层面上，你承担起并成为实存论结构层面的先行被抛活动，亦即有死的可能性。

　　统括之，决断活动意指个体通过抉择而让绽出之生存的结构"得到

理解海德格尔：范式的转变

强化"。海德格尔进一步指出，决断活动即决然的向死而生，乃是某种实存状态层面的"解释过程"。[74]换言之，它正是我们理解自身的有效方式：经由理解自己有死的先行被抛活动的全然荒谬，个体做出决断，从中绽出而生存。他还隐晦地指出，决断活动聚焦于一种极其罕见的生存方式，将我们的日常世界置入他提到的"处境"之中。所谓处境，意指"在本真的决断活动中被打开"的意义场域。[75]然而，对于本真的个体应该如何生存与思考，海德格尔并未给出具体指导。从他的原则出发，他也不会那样做，因为"澄清绽出之生存问题的唯一方式就是实际地绽出而生存"。[76]

最后，还有一点尤为重要："先行-返回"的实存论结构不仅让实存状态层面的本真的绽出之生存的决断活动得以可能，亦使任何生活事域里日常的赋义活动得以可能。

> 在开敞活动的统一体中，绽出之生存实际地绽出，领会自身与世界，并从源始的境域中回到所遭遇的存在者。所谓经由领会活动而回到存在者，就意指经由存在者（的意义）显现，而让它们与我们相遇。这种方式属于实存论层面的赋义活动。[77]

综上所述，"先行-返回"这个中性的实存论结构让我们可能经由日常的（通常亦是"沉沦的"）方式赋予事物意义。一旦决然地承担起那一结构，我们便能赋予事物本真的意义。这就是海德格尔的如下表述所暗含的意思：只要那一结构被个人本真地承担起来，实存论层面的中性的

74　GA 64: 52.16 = 43.17—18.
75　SZ 299.36—37 = 346.22—23.
76　SZ 12.30—31 = 33.8—9.（见 SZ 384.1—11 = 435.22—33，海德格尔使用了丰富的修辞来描述本真的绽出之生存，它们皆旨在阐明这一点。）
77　SZ 366.14—19 = 417.30—34.

时间性就同时使"本真的操心"得以可能。[78]

* * *

现在简要回顾一下上述内容。在本章一开始,我就提到海德格尔的哲学工作包括解析与劝导两个环节。关于解析环节,他实际上聚焦如下问题,即一般的意义显现何以可能。他给出的回答是绽出之生存即开抛的澄明之境。他首先解析了我们与意蕴世界的先天关联,人正是经由意蕴世界而得到规定。由此可以发现,通过将事物与我们的可能性以及旨趣相关联(SZ I.1,第三章),我们得以赋予它们意义。那个活动的可能根据植根于构建"操心"的两个环节:(1)作为一般的可能性,绽出之生存向来先行到诸多可能性之中;(2)它又从那里返回到我们遇到的存在者之中(SZ I.1,第五章和第六章)。然后,海德格尔再次表明,"操心"结构同时植根于如下"运动"结构:(1)成为自己的曾是,它决定了(2)面向自己以及事物的显现方式(SZ I.2,第三章:"时间性")。由于绽出之生存是运动的开敞活动,经由决然地"先行到"死中,向死而生,个体便能够在个人层面承担它。因此,绽出之生存的解析环节,即从意义关联到使之得以可能的开抛结构,为成为个体曾是的有死的生存这一劝导环节提供支撑。

* * *

上述内容最终取决于本真决然的自己在生命中所做出的抉择。但是,那些特殊的可能性如何向我敞开?我又如何在它们之中本真地做出抉择?如果要将可能的抉择与承担自身的有死性结合起来,我又该

78　SZ 326.24—25 = 374.15—16:"时间性绽露为本真的操心的意义。"原文为斜体。

理解海德格尔：范式的转变

依循哪种标准或"尺度"？在SZ I.2的第五章中，海德格尔提出了这些问题，同时将探讨的对象从"时间性的"绽出之生存（第六十五节）转向历史性的绽出之生存（第七十四节）。

海德格尔廓清了"历史"（Geschichte）概念的多义性：它既能指（1）在生死之间延展的生命的实际生存（"活成历史"），也能指（2）以这种活法为研究对象的历史科学（"她教授历史学"）。他认为，第二个层面（作为科学）的历史所探讨的主题正是第一个层面的历史，即人在生死之间"活成历史"。他区分了第二个层面的历史[他称之为"历史学"（Historie）]，而将"历史"（Geschichte）这个名称仅用于描述"历史的现实性"（geschichtliche Wirklichkeit），[79] 即个体生命事件的发生。（自然界也有它的"历史"，但它与实存论层面的人类历史不尽相同。）实存论层面的外展与实存状态层面的生死之间的外展，二者之间的互动——穿梭于它们之中并经由它们，同时连接二者而生存——就是海德格尔所谓的"人的发生"（Geschehen，"历史性的生存"）所表达的内容。这个概念与海德格尔早期理解的"历史"概念完全相同。[80] 通过解析历史性的生存活动，他旨在达成两个目标：（1）揭示其先天结构，他称之为绽出之生存的"历史性"或者"历史状态"（Geschichtlichkeit）；（2）揭示实际地活成本真的历史究竟有何意义。这两个目标正是《存在与时间》第七十四节讨论的主题。

历史性的生存活动不是线性的历时的事态，仿佛其中有一个恒定的自我，从当前的实际时刻（这个"现在"）步入另一个"现在"。毋宁说，它是由"不再-现在"与"尚未-现在"外展而环绕我们前后的视域。人"创造历史"的同时也被历史塑造、推动。"创造历史"或许会偶然失

79　SZ 378.12 – 430.8.

80　SZ 375.3 = 427.11.麦夸里-鲁宾逊将Geschehen译成"历史化"（自造新词），斯坦博译为"发生"，理查德森则译为"已实现"。

败,但我们同时为自己选择了历史性的未来,并且与自己历史性的过去发生关联。问题在于:我们如何能够做到那一点?我们又是否能够本真地那样去做?

海德格尔试图解析绽出之生存这个整体。然而,到目前为止,他笔下的开抛活动,即"已经先行-返回"这一运动,仅在"将来"与"当前"("直面"[81]的绽出之生存)两个环节中得到描述,而尚未阐明"过去"(das Vergangene)如何在本真的开敞活动中得到塑造。如前述,在第六十五节关于绽出之生存的动态结构的讨论中,他并未提到"过去",而只解析了"存在论上的曾在"(Gewesenheit),即先天地被抛入有死性之中。然而,在我们历史性的生存过程中,过去总如影随形,即便以"现在完成式"这种隐微的方式。换言之,过去并不是已然消逝,并对当前活动毫无影响,实际情形正好相反。比如,尽管是在过去获得了相应的学位,但个体现在仍是文学学士。海德格尔将现在完成层面的"过去"解释为"先前已逝,当下仍留,即'已经存在'的当前存在者"[(das) vormals Vorausgegangene und jetzt Zurückbleibende]。[82]他将这些可能性称为"遗产"(Erbe),用来表达从过去开始就在我们之中沉淀下来的可能的生存方式仍对现在产生持续影响。正是借助"现在完成"这个维度,他得以从第六十五节关于"时间性"的解析进展到第七十四节关于"历史性"的解析,从而首次将"仍处于当前的过去"这一点纳入讨论范围。不过,他同时反复强调,关于应该如何从那些"过去关联着现在"的遗产中做出可能的具体选择,他无法给出具体指导,而只能勾勒出它的形式结构,用来描述我们如何从某个遗赠的可能中得到释放,并让它为己所用。

81　SZ 373.9 = 425.12.
82　GA 2, 500 注释 a = Stambaugh 361 注释。

理解海德格尔：范式的转变

> 关于(良知的)呼声或召唤的实存论诠释，无法针对绽出而生存的任何个人的可能性做出具体规定。[83]

> 在实存论解析中，我们原则上不能讨论绽出之生存在特殊情形下所做的实际决定。我们的研究甚至排斥对于绽出之生存的实际可能性进行实存论勾勒。尽管如此，我们仍必须追问：一般而言，绽出之生存究竟从哪里能够导引出那些可能性，从而得以领会自身？[84]

海德格尔经由如下进路研究本真的历史生存问题：首先细究本真的"时间性"即"决然先行至死"这个术语究竟揭示了什么。然后，暂不考虑它是否本真，而对"时间性"展开中性探讨：它是这样一种双向运动，即作为一般可能性，先行同时返回自身(和事物)之中，以便解释意义显现如何可能。一旦我们做出决断，成为自身的曾是，同时显现自身的意义，经由有死之光的澄明，本真的"时间性"结构便得到强化。在决断之中，我们依循自身的先行结构，"先行"到最终的可能性之中，向死而生，从而在个人层面也承担起那一结构。他认为，绽出之生存由此"走进死之牙"，[85]实际上"让自己撞碎在死上"，[86]"以便在死亡的整体性之中承担起存于自身之中的被抛状态"。[87]

先行到死之中，直面死亡，正如在畏之中与无根基的"无"相遇，这个过程并未摧毁绽出之生存，反而将它推回到当下本真的开敞活动之

83　SZ 280.9—12 = 325.8—10.
84　SZ 383.1—6 = 434.24—28.
85　如果严格按照文意，应表述成"绽出之生存由此'走入死亡的眼睛下面'"。SZ 382.31—32 = 434.20.(不过，死亡的眼睛下面就只有它的鼻子和牙齿。)
86　SZ 385.12 = 437.7—8.
87　SZ 382.32—33 = 434.21—22.见SZ 385.15—16 = 437.10: "承担本己的被抛状态"。

中（实存论层面的"处境"），他称之为"瞬间"（Augenblick）。[88]由决断活动引发的"一瞬"之中，我们不但窥见到绽出之生存即被抛的一般可能性的先天结构，而且阐明了植根于生命当下处境的承传下来的具体可能性。承传下来的可能性虽源于"过去"，但仍对现在产生影响。在两个层面上，那些可能性都是历史性的：一方面，它们源于我们自己"仍处于当前之中的过去"（作为向来已经存在的存在者）；另一方面，它们能够被坚决地承担起来，从而塑造我们历史性的当下与未来。不过，要想释放承传下来的可能性，还需要一个充满张力的过程，因为它们在实存状态层面上并不是中性的，而遍布于常人的殊异旨趣之中。

  这个"自身"通常失落在常人之中。它借以领会自身的诸种实存可能，就是在始终当下的、公众对绽出之生存的"通常"解释之中"流行"的生存可能性。那些可能性多半模棱两可，因而既难以被认识却又耳熟能详。实存状态层面的本真领会不是要从承传下来的解释中脱出自身，倒向来是从这些解释之中，即为了反对这些解释，也为了赞同这些解释，才下决心把选择出来的可能性反复地加以掌握。[89]

个体直面自身的处境，为了估量那些（承传下来的）可能性，它们与有死性这个赤裸裸的事实针锋相对。随后，基于彻底的有限性，个体从那些可能性中做出抉择。抉择活动让个人实存状态层面的诸多可能性同实存论结构符合一致。这个过程亦从个体对现在仍产生影响的承传下来的过去出发，为自身的当下以及未来选择诸多可能。援引歌德的

---

  88 关于处境，见 SZ 326.18 = 374.7—8。关于揭蔽之处境的发生瞬间，见 SZ 328.24 = 376.28—29："朝向展开了的处境的'瞬间'。"

  89 SZ 383.22—30 = 435.6—14。这里的"反复地"可能意指海德格尔后来提到的与本真的可能性"对答"，关于"对答"（erwidert），见 SZ 386.4 = 438.1。

理解海德格尔：范式的转变

诗句，海德格尔称之为"拣选自己的英雄"。[90]我们同时根据本真的有死性，而释放出自己"潜藏"的本有特性，由之能够本真地活在当下与未来。

一旦经由决断活动回到自身，我们就从作为被抛的决断而继承的遗产中揭示了当下实际的本真的诸多可能性。决然地回到被抛境况，这其中蕴含了：鉴于沉淀于我们之中的可能性而释放自身（Sichüberliefern），尽管这一沉淀过程不是必然的传承。如果说一切"好东西"都是遗产，而"好"的性质在于让本真的绽出之生存得以可能，那么在决断中向来就有释放遗产的活动发生。[91]

海德格尔使用了"释放"（überliefern）概念描述那个过程。麦夸里-鲁宾逊与斯坦博将之误译为"流传"。这种译法彻底掩盖了海德格尔的本意，同时破坏了文本语境。[92]以上面所引文段为例，如果按照那种译法，本真的开敞状态向来"流传"给我们自身，自然无法超越而得到一般领会。其实，überliefern中的liefern这个概念源自拉丁文liberare，即"解放"的意思。[93]海德格尔曾提示我们如何校准überliefern

---

90　见SZ 385.28—29 = 437.23。有些学者认为这个短语与海德格尔的政治主张有关，但事实远非如此。它其实是19世纪晚期德国一个小学生的座右铭。它摘自歌德，《在陶里斯的伊菲革涅亚》，II, 1的结尾部分。皮拉德斯，俄瑞斯忒斯的远房表亲（他们合谋杀死了克吕泰涅斯特拉），在监狱里这样鼓励俄瑞斯忒斯："Ein jeglicher muß seinen Helden wählen, / Dem er die Wege zum Olymp hinauf / Sich nacharbeiten."（安娜·斯旺威克的经典译文："每个人都必须选择他的英雄/越过峭壁，向上艰难攀登/终达奥林匹克之巅。"）

91　SZ 383.31—384.1 = 435.15—22。

92　见SZ 384.12—14：sich überliefert被麦夸里-鲁宾逊（435.34—35）与斯坦博（365.42—366.1）译成"流传"。与此同时，马蒂诺却译为"把自己交付给自己"（265.11）。

93　Friedrich Kluge, *Etymologisches Wörterbuch*, 440, s.v. "liefern"："liefern Ztw. Lat. *liberare* 'befreien'."

的译法：

> Überlieferung 是基于 liberare 即解放意义上的"释放"。作为某种释放，Überlieferung 使已经存在的隐藏的珍宝重现光明。[94]
>
> Überliefern, délivrer,[95] 就是某种释放，尤指我们同本质所是互动的过程中所呈现的自由。[96]

在上述语境中，"让自身得到释放"（Sichüberlieferung）与"从某个人流传给另一个人"（无论它可能意指什么东西）无关。毋宁说，它的意思是"释放"，具体而言，从我们"过去-现在"的诸多可能之中得到释放，同时朝向自身的当下与未来。总之，"流传"（tradere, traditio）这类说法不符合这里的文本语境。

* * *

尽管海德格尔认为，他的解析无助于个体在殊异的诸多可能性之中做出具体抉择，但他确信决然的先行活动能对此施加影响。在《存在与时间》中，有一些令人血脉偾张的劝导式文段，他在书中提到：

> 我愈加本己地打开本真的开敞状态，换言之，愈不模棱两可而是

94　GA 10：153.7—10 = 102.6—8。
95　这个法文单词源于拉丁文俗语 deliberare，意思为"解放，使自由"，见 *The Compact Edition of the Oxford English Dictionary*, I, 166, s.v. "deliver"；以及 Ernest Weekley, *An Etymological Dictionary of Modern English*, I, 427, s.v. "deliver"。
96　GA 11：10.34—35 = 35.1—2。见 GA 11：20.2—5 = 71.7—11："保持同（'曾是'的东西）的对话，哲学的释放活动由此让我们得到解放，即让我们获得自由。"

理解海德格尔：范式的转变

> 在先行到死之际从其最本己、最独特的可能性出发领会自身，与此同时，有所选择地发现自身绽出之生存的可能性这一活动，也就愈加简明纯一且摆脱偶然。只有先行到死，我才能排除一切偶然的和"暂且行之的"可能性。只有自由的向死存在才干脆利落地将目的赋予自身，并把生存推入自身的有终性中。沉沦之乐、拈轻避重这些自行提供出来的便利的可能性形形色色、无终无穷，而绽出之生存的被掌握住的有终性就从这无穷的形形色色中扯回自身，而把自身带入其使命的单纯境界之中。我们用"使命"来标识绽出之生存的源始的、本真开敞的历史性的生存，绽出之生存在其中自由地面对死，而且借一种继承下来的，然而又是选择出来的可能性释放自己。[97]

对于海德格尔而言，"使命"（Schicksal）一词颇具瓦格纳风格。这个概念必须与"被指派于"自身的预先被决定的宿命般的"命运"观念撇清关系。这里的"使命"应从其形容词 schicklich（合适的、本己的）来理解，它意指个体释放、承担起某个与有死的被抛活动相切适的实际的可能性。个体的"使命"（在一般层面上）乃指基于自身彻底的有终性创造本真历史的自由。

阐明了本真的开敞活动与历史性的过去之间的关联以后，海德格尔更进一步，试图廓清个体如何能够在开敞活动中明晰地"重演"那些承传下来的可能性。与"重演"对应的德语概念为 wiederholen，意指从像一口井那样的过去之中将某个存在者"拽"出，使它重现光明，并以崭新的方式得到拣选。[98] 在本真的开敞活动中，个体无须明确地知道诸多可能性的源头，即我如何将自己领会为终有一死者。不过，我们还是

97　SZ 384.1—14 = 435.22—36. 见 GA 36/37: 264.10—12 = 201.28—29。

98　关于 wiederholen，麦夸里-鲁宾逊将之译为"重复"（repeat），斯坦博译为"重复"与"恢复"（retrieve），马蒂诺也译为"重复"（répétition）。只有理查德森正确地译为"拽出而重现"（re-trieve）。

第六章　生成开敞之域

可以将那个领会活动作为研究主题，换言之，从过去的意蕴世界中有意识地将某个仍适于当前状态的可能性释放出来。这就是海德格尔描述的"重演"，也就是从历史性的现在完成状态中清晰地释放某个可能性这类活动："以某种更源始的方式，对已经存在的运作方式进行重演。"[99] 海德格尔在自己同先哲的对话之中，针对先哲关于存在及其源头的未尽之言，重新予以挖掘，我们从中可以找到关于"重演"内容最为清晰的阐释（比如，他在 GA 3 中对康德思想的相关阐释）。他借用"重演"这个术语描述明晰的释放活动，以及"对于（绽出之生存）源始但先前隐藏的诸多可能性的揭蔽活动"，以至于经由保持自己身上的诸多可能性的"自由与鲜活"，同时在先行到将来的当前状态中再次将它们据为己有，从而重演"绽出之生存曾发生的转变"。[100]

* * *

目前为止，我们已触及 1927 年出版的《存在与时间》的思想内核，而且暂时也只能到达那个程度。不过，即使在其哲学生涯的早期，海德格尔也已经勾勒出回答基础问题的大致轮廓。1936 年，他曾提及：

> 对我来说，《存在与时间》仍未过时。直到现在，我仍未"走得更远"，因为随着思想愈加清晰，我愈认识到自己无法走得"更

99　GA 12: 123.29—30 = 36.28（海德格尔这里称之为"闪耀着的变革意志"）。亦见 GA 77: 110.28—29 = 71.34："您难道忘了我曾说过的变革者？"他将变革者（das Revolutionäre）定义为"与开端之间本真的源始关联"，见 GA 45: 37.10—11 = 35.19—20，并在 41.1—2 = 38.28—29 再次提及。这一"变革"可能会导致"形而上学的转换"（GA 9: 368.4—5 = 279.22），甚至会导致"当今的世界状况发生转变"，但不是通过"人类的计算与谋制"，见 *Zollikoner Seminare*, 332.21—23 = 266.6—8。

100　见 GA 3: 204.3—9 = 143.4—9。

理解海德格尔：范式的转变

远"。与此同时，《存在与时间》尝试解答的那些东西或许对我而言愈来愈"亲近"。[101]

可理知性的根据究竟为何？他对此的回答是开抛活动，后来表述为"本有"，也就是将绽出之生存"带入"自身的始终运作的本真状态，亦即开敞活动。这一状态使我们将"这"作为"那"，从而能够为之赋义。实际上，《存在与时间》已经确立了基本范式，就思想内核而言，那个基本范式在海德格尔余下的哲学生涯里始终未变。随后我们将阐明，甚至在20世纪30年代被称为"存在历史"进路（解析澄明之境如何由本有"生发"）的这一"转变"（Wendung）时期，他的思想内核依旧未曾发生变化。当然，海德格尔那时还有很多工作要完成，不过，随着《存在与时间》的出版，他在余生中想要搭建的骨架已就其位。这里压根没有所谓从占据统治地位的"此在"到"大写的存在"，也就是从"绽出之生存被抛回澄明之境"到"澄明之境被抛向绽出之生存"的"转向"，原因有二：首先，《存在与时间》未曾死守占据统治地位的"此在"之谜；其次，"转向"观念其实植根于某些误解（见第八章）。

海德格尔常说，《存在与时间》乃是一部过渡性的著作。[102]1926年至1927年，他将自己的思想聚焦于绽出之生存这个境域形式上，阐明了它是"时间性的"，即在实存论层面经由成为自己的曾是而显现自身。SZ I.3试图展现开抛活动的"构型"环节如何影响了可理知性的整个畿域（"存在者的存在"），这个畿域包含了各类殊异的可能事域。但是，那条进路很快被搁置一旁。在20世纪30年代，他则从那种（甚至有点偏向的）体系化的发展中转移注意，聚焦于本有的澄明之境即所有意义

101　*Schellings Abhandlung* 229.14—18 = 189.6—9.
102　GA 65：305.24 = 241.24："基础存在论是一次过渡。"GA 65：251.3 = 197.21："在一种过渡性的运思中。"亦见GA 70：194.28—30。

显现的隐藏源头。我将在后面一章梳理个中缘由。

"存在论历史的解构"（SZ II.1—3）仍有待完成，这一点毋庸置疑。在其余下四十多年的哲学生涯中，海德格尔始终倾力于此。尽管SZ I.3的内容始终没有出版，但SZ II.1—3的内容早已公之于众。实际上，早在1929年出版《康德与形而上学疑难》（目前的GA 3）之时，他就已经为此迈出了第一步。至于更为精细的研究工作，即从存在-神-逻辑学的解构超越至西方形而上学未曾廓清的本有之重演，则已在《存在与时间》关于从沉沦状态中被抛而决然的重演这个观点的相关阐述中得到彰显。总之，我们确实还有大量的研究工作需要开展，若没有这些工作，海德格尔就不是我们今天认识的海德格尔。不过，20世纪30年代以降的海德格尔（海德格尔二）与20世纪20年代的海德格尔（海德格尔一）之间并不存在根本的断裂。与此同时，海德格尔的后期思想也不是前期思想的重演。我坚信海德格尔思想的统一与连续，就如激光一样聚焦于持续同一的"实事本身"，它贯穿了其思想所有的转折与转向、扩展与应用以及前进与回溯，从《存在与时间》时期直至其离世为止。可见，海德格尔乃是从一而终的思想家。本书的第三部分将阐明其后期著作中对于同一思想主题的论述。

第三部分
海德格尔后期思想

第七章

过渡：从《存在与时间》到隐藏的澄明之境

首先，我们对前面的内容稍做回顾。显而易见，海德格尔的核心论题不是"存在"（Sein），即在形而上学层面追问存在者客观的本质、属性以及成因，有如下两个原因：第一，如其所言，经典形而上学通常剥离了事物与人的关联，同时独立于这一关联之外来对待事物，正如亚里士多德提到的"（在思想）之外同时（与思想）分离的存在者"（ἔξω ὂν καὶ χωριστόν）。[1]另一方面，海德格尔尽管对于经典术语"存在"的使用令人费解，但仍从现象学层面适切地理解了存在，将它视为存在者的意义。在其任何哲学研究中，有一条线索始终贯穿其中：对存在者展开现象学还原，让它们达成面向人的意义显现。《存在与时间》首先聚焦于意蕴性，它意指在日常实践中所遭遇的存在者同我们用于塑造世界的旨趣与关切之间的关联（SZ I.1，第三章）。

第二，为什么"存在"不是海德格尔的核心论题？与此同时，为什么关于存在者意义的问题探究也不是他的最终目标？这两个问题实际上同出一源。如果将意蕴性仅理解为让存在者以拟人的方式面

---

1 《形而上学》XI 8，1065a24。

理解海德格尔：范式的转变

向我们显现这一事态，就只会导致如下后果：尽管已经发生了现象学转化，但上述理解仍然是一种形而上学。有鉴于此，海德格尔试图超越那种层面的意蕴性，而进一步探讨意蕴性的可能根据。所以，在SZ I.1的第五章中，他将绽出之生存解析为开抛的澄明之境。接着，在SZ I.2的前三章，他进一步阐明了开抛活动的基本结构，这个活动指向了有死的自身生成运动。他始终探寻，究竟由什么允诺了意蕴性（das Anwesen*lassen*）？意义"显现的源头"（die Herkunft von Anwesen）又是什么？[2]他将这个"源头"称为"揭蔽活动或澄明之境（可理知性）发生的畿域"。[3]这里的"揭蔽活动"就是"揭蔽一"即开抛活动。所谓的"可理知性"则意指事物何以能够（"可"这一词根就揭示了某种可能性）得到认知以及与人相遇。这个可能要素其实就是"场域"，正是它让开抛的绽出之生存得以存在，同时让事物作为"某个东西"。换言之，它是就事物可能的意义而言的"场域"。"澄明之境"（Lichtung）向来经由"澄明"活动（Lichten）得到领会，即将开抛这一本真境况据为己有，这个过程始终运作，从而打开并持守着开敞状态。本有的澄明之境就是海德格尔一切哲学研究的"实事本身"（die Sache selbst）。

如果说在《存在与时间》的结尾部分，他已经搭建了上述框架，那么，接下来还有哪些工作需要他继续完成呢？本章将简述，在《存在与时间》的研究计划被拟订之后，海德格尔在1927年至1930年完成这一计划的过程中曾遇到哪些艰巨挑战。本章的论述结构如下：

---

[2] 关于"意蕴性/让其显现"，见 GA 14: 45.29—30 = 37.5—6。关于"显现的源头"，见 GA 6: 2, 304.11—12 = 201.13—15。见 GA 2: 53 注释 a = Stambaugh 37 注释†："来自这一源头的显现。" GA 10: 131.19—20 和 28 = 88.27 和 34："存在的本现源头。"以及 GA 73, 2: 984.2："根据它的本现起源（本有）。" GA 14: 29.15 = 24.3 将这一"起源"视为"源头"（der Quell），海德格尔有时也将这个源头称为"存有"（Seyn），见 GA 68: 51.5—6："存有，作为存在状态的根据、允让，就是最初的 φύσις。""让其显现"中的"让"（lassen）就是"存在——存在的'让'，而并不首先是存在者的'让'"，见 GA 70: 128.20。

[3] GA 16: 424.20—21 = 5.14—15. 见 GA 9, 199.21 = 152.24："概念把握的开敞之域。"

第七章 过渡：从《存在与时间》到隐藏的澄明之境

1. 基本评述
2. SZ I.3 的内容计划
3. 《现象学之基本问题》中关于SZ I.3的"新"方案
4. 审视基础存在论
5. 对先验主义的克服与存在境域
6. 突破（1930年）：澄明之境的本然隐藏

本章的内容极其丰厚，诸多内容（特别从论题2到论题4）或许只能点燃海德格尔的拥趸的热情。与此同时，关于两种类型的存在论差异的论述（论题2）以及最后两个论题（论题5和论题6）则更会引起一般读者的兴趣。此外，论题6对于理解海德格尔的后期思想至关重要。这些内容必须预先予以说明。

一、基本评述

关于《存在与时间》制定的超越论框架，直到SZ I.2的结尾部分，海德格尔最多只完成了一半的研究工作。通过从问题的对象转向问题的发问者，经由这一带有鲜明的先验论风格的探索方式，他着手展开那项工作。既然绽出之生存乃是意义显现的唯一场域，那么，关于意义及其源头的追问就转变成对于问题的发问者的追问。海德格尔的前期思想植根于如下信念：如果我们将自己理解为一个意义领会活动（Seinsverständnis），那么，在一般的形式层面，我们亦将理解能被那类活动所领会的任何东西。只要细致地审视我们与澄明之境以及经由澄明之境得以可能的意义之间的关联互动，我们就能揭示那些关联互动曾到达何种程度，又有哪些事物落入它的对象范围，乃至阐明殊异的意义事域以及赋予事物意义的一般方式。有鉴于此，根据早期制定的先验论框架，海德格尔于1927年2月发表的SZ I.1—2还需得到进一步的扩充(按原计划,准备撰写 SZ I.3),SZ I.3 旨在探讨经由绽出之生存即植根于无根基的澄明之境的意义领会活动(Seinsverständnis)而得到领会的内容(及方式)。如果切换成《存在与时间》的存在论语言,应表述如下:对于绽出之生存即存在的互动者和领会者的先验式追问(= SZ I.1—2),就演变成对于澄明之境的追问(SZ I.3)。澄明之境让意蕴性的一切形式得以可能,就此而言,澄明之境就是绽出之生存本身。

换言之,SZ I.2 廓清了开敞活动的有终性、律动性,海德格尔由此仅完成了"对存在之可理知性的诠释境域的展示"。[4] 然而,"关于绽出之生存即时间性的阐释并未解答存在的可理知性这一主导问题(die leitende Frage)"。[5] 实际上,《存在与时间》的主体内容,尤其是 SZ I.1,已经廓清了存在即存在者的可理知性这个事实。不过,海德格尔的基础问题(Grundfrage)超越了那个主导问题(Leitfrage),同时也为主导问题奠定了基础。它追问存在即可理知性的可能根据,也就是开抛的澄明之境。关于可理知性的"源头"的根本追问则是 SZ I.3 的主要任务。

仅当我们本有的话语性(迂回性)在结构层面呈现为"先行-返回"的境域图型,意义才能生成。因此,尚有一项工作亟待展开,即分别以"时间性(时态性)"与"时间"(Zeitlichkeit 和 Zeit;或者 Zeitlichkeit 和 Temporalität)为名,阐明人的实存论动态结构以及由此形成的境域图型。它"必须被摆明为对存在的一切领会及诠释的境域"。[6] SZ I.3 旨在阐明绽出之生存有终结的"先行-返回"运动如何在同样有终结的关联境域里展现自身(sich zeitigt)。也就是说,"我们必须从'时间性'即绽出之生存的存在出发,源始地解说'时间'之为存在之领会的境域"。[7]

4　SZ 15.9—11 = 36.4.《存在与时间》第六十九节 c 部分最有可能廓清这个问题。见本章注释 38,"关于 SZ I.3 的'全新'工作"。

5　SZ 17.24—26 = 38.25—27.

6　SZ 17.34—35 = 39.6—8.

7　SZ 17.36—38 = 39.8—10,原文为斜体。

第七章 过渡：从《存在与时间》到隐藏的澄明之境

简言之，SZ I.3旨在阐明开抛的澄明之境（="揭蔽一"="时间"）就是让存在者的存在即意义得到领会的可能根据。

《存在与时间》的"两难"在于：正是绽出之生存的有终性允让了绽出之生存通达过程的无限性。这是因为，我们与意义在结构层面的互动关联乃是彻底有终的开敞活动，原则上不会停歇。这一延展过程有一个内在的界限：绽出之生存只能与质料事物的意义相遇，这是因为，作为集聚起来同时被抛的存在者，绽出之生存只能"接纳"感性事物，而无法对超越感性的（"形而上学的"）实在敞开自身。[8] 尽管有上述限定，我们关于时空性的事物意义的探寻却没有"仅止于此"的屏障，我们总能继续追问："为何裹足不前？我究竟被什么抛出？"经由这类发问，我们得以跨越了"仅止于此"的屏障。如前述，绽出之生存根本上有死，确定会死，它的死标志着意义探寻之旅确定的终结。虽然它必然会终结，甚至带有一丝悲剧色彩，不过，绽出之生存仍能为以感性的方式照面的任何事物赋予它的意义，这一能力在原则上却是无限的，就此而言，绽出之生存亦弥足珍贵，完好无缺。

《存在与时间》还阐明了一点：对于自然感性事物的意义，我们的理解能力不受限制。在《形而上学》开篇，亚里士多德就提到："所有人本性上就会求知。"这一点在其关于人认识最高实体之可能性的阐析段落中达至顶峰。认知的最高对象也是存在的最高样态，亚里士多德由此得出结论："这个确定的知识（ἐπιστήμη）或者为单一的神所有，或者为最高的神所有。"[9] 这暗示了人始终尝试成为全知的神。灵魂乃是神的容身之所（capax Dei, θεὸς πῶς），因此，它也是一切事物的容身

191

---

[8] SZ 87.24—26 = 120.31—121.2："只要绽出之生存存在，它就已经把自己指派向一个来照面的'世界'了。"见SZ 137.35—38 = 177.6—10以及161.27 = 204.23等。

[9] 分别见《形而上学》I 1, 980a1以及I 2, 983a9—10。

理解海德格尔：范式的转变

之所（capax omnium, πάντα πῶς）。[10]海德格尔在《存在与时间》中曾援引亚里士多德的观点：“灵魂以某种方式就是所有事物。”[11]他还引用了托马斯·阿奎那的论述，进一步阐明了亚里士多德的论断：“就其本性而言，这个实体（灵魂）适于与所有事物一同出现（ens quod natum est convenire cum omni ente）。”[12]不过，经由海德格尔的文本阐释，亚里士多德与阿奎那都不会认同，灵魂（绽出之生存）仅在存在者层面等同于宇宙中的一切事物。毋宁说：

> 显然，就事物的意义显现而言，灵魂才是"一切事物"。这是因为：灵魂由努斯（νοῦς）规定，而努斯（νοῦς）则由求真活动（ἀληθεύειν）规定。灵魂是事物自身得以显现的容身之所。经由这一方式，灵魂就同意义显现者的意义显现发生关联并参与其中。[13]

当然，灵魂参与意义显现（Anwesen）的过程不只是将"显现/存在"（Anwesen/Sein）赋予某个精神实体，更为重要的乃是处于时空之中的事物的意义显现。

在结构层面，我们原则上能够认知一切事物，尽管实际上从未如

---

10 关于πάντα πῶς，见注释11。关于θεὸς πῶς，见 Rousselot, *L'Intellectualisme*, 62 = 71。奥古斯丁赞同亚里士多德的观点，但出于不同理由，见《论三位一体》, XIV, 8, 11, *Patrologia Latina* 42, 1044.39—42: "Eo quippe ipso [mens humana] imago eius est, quo eius capax est, eiusque particeps esse potest." 这句话的意思是：心灵是神的影像，它能够通达并分有神。

11 《论灵魂》III 8, 431b21: ἡ ψυχὴ τὰ ὄντα πώς ἐστι πάντα。海德格尔的译文如下： "某种程度上而言，灵魂就是一切存在者。" Heidegger, *Übungen im Lesen*, 13 February 1952, 45.14—15.（这些词在GA 83: 654.8被删掉了。）在SZ 14.6 = 34.23—24，海德格尔遗漏了后面一个希腊词πῶς: "Das πάντα ist in S.u.Z. aus Versehen herausgeblieben." 见 *Übungen im Lesen*, 13 February 1952, 45.8—9, 在GA 83: 654.8被删除。

12 SZ 14.20—21 = 34.37, 引用阿奎那,《论真之辩论的问题》I, 1, corpus。

13 *Übungen im Lesen*, 13 February 1952, 45.16—20. GA 83: 654.8删掉了这段表述。

第七章　过渡：从《存在与时间》到隐藏的澄明之境

此。这个从未实现的全知者伴随我们的绽出之生存而出现。(胡塞尔："神就是'无限延展的人'。")[14]这个有终而开敞的可能性乃是"坏的无限"，在当前语境中，它意指认知控制方面的无限趋近。[15]海德格尔曾从哲学角度批判现代科技(对比他的个人看法)，他的态度并不是批判我们所具有的无限领会并掌控事物意义的能力，因为这种能力为人本有。亚里士多德曾暗示了这一点，海德格尔也在原则上给予承认。然而，在当今西方世界乃至日益壮大的世界全球化中，我们却普遍地忽视了个体有死的开抛活动，这一点让海德格尔不堪其忧。其实，人的隐秘首先在于：与我们照面的任何存在者都具有无限的可理知性。不仅如此，它还体现在：为什么所有的存在者都是可理知的，对于这一点，我们却不可理知。换言之，一切皆可知，但为何一切皆可知，我们对此却一无所知。[16]

为什么海德格尔最终停在了 SZ I.3？这是学界向来关注的话题，他本人却对此沉默寡言。1946年(在《关于人道主义的书信》中)，他曾提到，按照原计划，《存在与时间》的第三篇本打算阐明"所有存在者的转向"(umkehrt)问题，即我们所思究竟为何，又如何思。[17]这里指《存在与时间》甫始就计划在 SZ I.3 中开展的研究内容：从绽出之生存即在结构层面的澄明之境的开敞者和持守者转向澄明之境本身，即存在者之意蕴性的可能根据。1952年2月13日，正值《存在与时间》出版二十五周年之际，在弗莱堡的一次讲座中，海德格尔提到：

14　Husserliana VI,《危机》,667.29 = 66.18—19。

15　关于"坏的无限"(Schlechte Unendlichkeit),见黑格尔,《逻辑学》, *Gesammelte Werke* XI,81.14—15,83.11 = 13.14 以及 120.21。

16　"世界的永恒谜题正在于它能被理知",见 Albert Einstein, *Physics and Reality*,18。

17　GA 9: 328.1 及其注释 = 250.1 及其注释。

理解海德格尔：范式的转变

> 《存在与时间》出版不久，我就感到一阵惊恐。就"在世界之中存在"（In-der-Welt-sein）而言（我对那个概念已经研究了很长时间，但仍招致误解，比如萨特），"存在"（Sein）固然能被存在者触及，并就在"此"（Da），但它在形式上仍跛足于后。[18]

在这里（如其令人费解的惯常做法），海德格尔再次使用"存在"（Sein）概念意指澄明之境。《存在与时间》也曾提到"澄明之境"，它等同于在世界之中存在的绽出之生存。不过，只有在 SZ I.3 中，这个概念才真正得到阐明。在那个文本中，发生了从持守着澄明之境的绽出之生存到经由绽出之生存而得到持守的澄明之境的转向。与此同时，我们必须避免一种"主客"二分的错误，即将绽出之生存视为某种现象，同时将澄明之境视为与绽出之生存相互分离（甚至割裂）的另一种现象。实际上，"二者"乃是从"持守者"与"被持守者"这两种视角得到描述的同一现象，"二者"都是开抛的绽出之生存。澄明之境是绽出之生存的"所从何出"（οὗ ἕνεκα），它的"存在根据"（raison d'être），由此绽出之生存才能一般地绽出而生存。在 SZ I.3 中，问题焦点虽然发生转变，但仍与 SZ I.1—2 中关注的现象相同，区别仅在于：SZ I.3 聚焦于开抛的澄明之境，尝试阐明它如何让各种形式的意义得以可能。从 SZ I.1—2 到 SZ I.3，始终有一条基本原则贯穿其中：没有绽出之生存，就没有澄明之境；同样，没有澄明之境，也就没有绽出之生存。

在《存在与时间》的前半部分，海德格尔已经抛弃了"人之主体"，而使用"主体之主体性"这个概念，[19] 也就是说，人的本质就是关于意蕴性的开抛的澄明之境。他同时竭力避免这样一种印象，仿佛一般意义

18　GA 83: 650.30—651.3.

19　SZ 24.5—6 = 45.31，海德格尔将 SZ I.1—2 视为"关于主体的主体性分析"（借鉴康德的术语风格）。

第七章　过渡：从《存在与时间》到隐藏的澄明之境

的源头"由思想决定"。[20]《存在与时间》出版不久，他就发现那部著作的先验进路存在危险，它易使人产生如下错误印象，仿佛绽出之生存的"已经-先行"特征在实存状态层面打开了存在境域，或者经由某个独创的意志活动自发（sua sponte）地"创造"了它。1930年12月，在《论真理的本质》开讲前一刻，他首次发现：澄明之境——无论何时何地，只要有绽出之生存，它就已被打开——竟本然隐藏着。这个洞见导致了他在20世纪30年代的思想进路的转变，他逐渐放弃了先验论的基本框架，而采用"存在历史的"（seinsgeschichtlich，即"澄明之境的发生"）进路。不过，这一进路的转变并未列入《存在与时间》的原计划之中，它与海德格尔1926年就已敲定的SZ I.3中的"过渡"——从 Da-sein 转向 Da-sein——差异甚大，不可混为一谈。学界通常混淆二者，我们将在下个章节讨论"转向"（Kehre）问题时予以详述。

现在转而探讨海德格尔于1927年至1930年颇感棘手的那些论题，正是它们导致他未能完成《存在与时间》最初拟订的全部计划。

二、SZ I.3 的内容计划

1926年，在托特瑙山和马堡完成《存在与时间》后，海德格尔历经五十年，不断重构SZ I.3的主旨内容，取得了不同阶段的进展。1962年1月，他为某次公共演讲拟定的主题"时间与存在"便是一例。[21]尽管如此，《存在与时间》甫一出版，那项计划就遇到挑战。为了申请马堡大学的哲学教席，鉴于"不出版，便失业"的严峻形势，海德格尔尚未深思熟虑，便不得不快马加鞭写就此书，匆匆付梓。他当时准备将未能完成的写作计划留待以后增补。《存在与时间》的根本缺陷在于：我过于冒

20　GA 44: 179.6 = 175.33.
21　GA 14: 5—30 = 1—24.

理解海德格尔：范式的转变

险,因而走得太快,也走得太远。"[22]

由此可见,《存在与时间》的撰写过程过于草率。此书所罗列的准备在 SZ I.3 中得到阐明的那些论题亦可证明这一点。概括而言,SZ I.3 的目的就是廓清澄明之境本身,即一切存在形式的"时间"境域。海德格尔同时确信,围绕这个中心论题,下列主题也将得到阐明(所有的引文页码均来自《存在与时间》):

- 以"关于存在之殊异可能样态的、非演绎的谱系学"为基础,阐明事域存在论的可能性问题（11.10—14 = 31.18—21）
- 存在论概念化的可能性（39.18—19 = 63.22—24）
- 在最宽泛的层面上,绽出之生存的"谁"与客观显现的"什么"之间的区别（45.6—9 = 71.3—7）
- 为什么自巴门尼德以降,西方哲学忽视了"世界"现象（100.27—30 = 133.29—32）
- 为什么世界内的存在者而不是世界现象本身被视为存在论的主题（100.31—32 = 133.33—34）[23]
- 为什么世界内的存在者首先在"自然"中被发掘（100.33 = 133.35）
- 每当完善"世界"存在论之时,为什么总有价值现象突然出现（100.34—35 = 133.36—37）
- 关于逻各斯（λόγος）的充分阐明（160.10—13 = 202.39—203.2）
- "存在是"究竟意指什么（230.7—10 = 272.36—39）
- 解释存在者的种类,它需要区分存在者整体的不同事域

22　GA 12: 89.1—2 = 7.32—34.
23　从这句话亦能窥见《形而上学是什么？》结尾处那个结论,见 GA 9: 122.27—28 = 96.31—32:"为什么是一般存在者存在,而无倒不存在？"

第七章　过渡：从《存在与时间》到隐藏的澄明之境

（241.21—22 = 285.21—22）
- "不"性与否定的条件解析（286.5—10 = 332.5—9；见GA 9：173.16—8 = 133.30—31）
- 对于任何存在者，当我们说"它存在"的时候，这个"存在"的殊异含义（333.29—32 = 382.24—26）
- 从"存在"概念即将达至的本真存在论层面，重新解析绽出之生存（333.35—37 = 382.30—32）[24]
- 话语的"时间"结构与语言类型的"时间"特征（349.25—29 = 400.36—40）
- 意义如何产生（349.33—35 = 498.7 注释 xiii）
- 观念构成的可能性解析（349.33—35 = 498.7 注释 xiii）
- 系词"是"的存在论意涵（349.30 = 401.1）
- 关于科学的实存论诠释（357.13—17 = 408.29—32）
- 现象学观念的完整阐明（357.17—20 = 408.32—36）
- "作为"结构的专题阐明（360.20—24 = 411.36—412.2）
- 意识活动的意向性如何植根于绽出之生存的自我超越的统一性之中（363 注释 = 498.24—26 注释 xxiii）
- 关于一般的世界结构及其可能的殊异形态的具体阐明（366.35—39 = 418.9—13）
- 时间和空间如何相互关联（368.25—27 = 420.3—4）
- 关于日常状态充分的概念阐明（372.2—5 = 423.24—27）
- 存在者层面与历史性层面的差异辨析（403.35—39 = 455.23—

196

---

[24] 此乃海德格尔所谓"关于绽出之生存的主题分析"（SZ 436.23—25 = 487.4—6）以及绽出之生存分析的具体开展（SZ 13.8—10 = 33.24—25）。亦见 GA 14：40.13—15 = 32.12—14。这里关于绽出之生存的重复解析不能与就"时间性"而言关于绽出之生存的重演相混淆。关于重演，见 SZ I.2, 第4章，即 SZ 17.22—24 = 38.23—25；234.36—38 = 277.33—38；304.31—34 = 352.19—22；以及 333.32—34 = 382.27—28。

26）
- 时间如何居有自己的存在样态（406.1—5 = 458.1—5）[25]

* * *

为了阐明上述论题，在完成 SZ I.1—2 的同时，海德格尔似乎已经针对 SZ I.3 制定了相当完整的规划，至少已有详细的提纲。然而，即便如此，这离 SZ I.3 的最终完成仍相隔甚远。目前尚有少量论据证实：在 SZ I.1—2 的文稿最终付梓之际，海德格尔已经拟好"时间与存在"部分的相关草案。但是，这些论据并不完整，我们只能提供一些暗示线索。

第一，海德格尔曾告诉汉斯-格奥尔格·伽达默尔，本来准备在 1927 年的上半年将 SZ I.3 与 I.1 和 I.2 一同出版。不过，这个方案最终被搁浅，因为《存在与时间》必须与由奥斯卡·贝克撰写的长达 370 页的专著《数学之实存：数学现象的逻辑学与存在论研究》(*Mathematische Existenz: Untersuchungen zur Logik und Ontologie mathematischer Phänomene*) 共同刊载在胡塞尔主编的《哲学与现象学研究年鉴》(*Jahrbuch für Philosophie und phänomenologische Forschung*) 第八卷上，光是 SZ I.1—2，就已经超载。[26]

第二，《存在与时间》出版十周后，海德格尔开始了《现象学之基本问题》的系列讲座课程（1927 年 4 月 30 日）。他在课程手稿的某个边注中提到"关于《存在与时间》第一部第三篇的全新工作"。对于这一

25　随后，在 GA 24: 319.23—24 = 224.7—8，海德格尔附加了另一个论题，即存在的可能变异以及殊异事域。

26　来自 1974 年 4 月 12 日海德格尔与伽达默尔之间的口头交流。基于西奥多·克兹尔的研究（见下文），我认为海德格尔的话模棱两可。亦见 GA 66: 413.25—30 = 366.30—35。

第七章 过渡：从《存在与时间》到隐藏的澄明之境

点，将那部讲稿作为GA 24出版的主编弗里德里希-威廉·冯·赫尔曼教授补充道：

> "全新工作"这个说法意味着在它之前还有更老的版本。关于"时间与存在"这篇内容的第一个版本曾紧随《存在与时间》的前两篇被完成。马丁·海德格尔曾告诉我，第一版（die erste Fassung）完成不久，他就付之一炬。[27]

第三，在《存在与时间》第一版第349页的某个脚注里（不过，自1953年《存在与时间》第七版以后，那个脚注被删掉了），海德格尔提到，自己准备在SZ I.3的第二章中阐明意义的起源以及概念构成的可能性问题。当然，那也只构成SZ I.3中的一章。虽然它并未构成全篇内容，但至少暗示了一点：在撰写那个脚注的当下，海德格尔曾着手勾勒"时间与存在"这个部分的内容。[28]

第四，这个被遗失的著名文稿究竟关于什么内容？西奥多·克兹尔曾提到，在马尔巴赫档案馆里存有大量的注释笔记（"约有二百页"），其中三十页的内容已经出版。[29]不过，我们很难将它们连为一体，遑论与上述二十余个论题逐一对应。根据那些注释笔记，克兹尔做出如下断言：

> 通过分类整理这些注释笔记，阙如的那一篇大致可分为六章。我们可以给第一章添加诸如"现象学与实证科学"之类的标题，它可能着手探索（与存在者层面相对的）存在论上的研究方法问题。

27　GA 2：582.25—29（编者后记）。
28　这个注释可以在麦夸里-鲁宾逊翻译的《存在与时间》498.7注释xiii那里找到。
29　出版内容见海德格尔的"Aufzeichnungen zur Temporalität", 11—23。

理解海德格尔：范式的转变

此外，第四章的标题显然是"时间性（Zeitlichkeit）与世界性"，这一论题最初源自《存在与时间》第六十九节c部分的内容。[30]

第五，幸好海德格尔同曾经的学生马克斯·穆勒教授在第二次世界大战之后仍保持私人交往，我们才能对SZ I.3初稿的某些内容展开更为深入的探讨。穆勒教授提到：

在某次私下交流中，正如我前面提到的，《存在与时间》第一部第三篇的初稿以"时间与存在"为题，欲经由阐明存在本身问题实现一次"转向"，即聚焦点的转变：从绽出之生存到澄明之境。海德格尔试图做出如下三重区分：

1."先验的"（transzendentale）区分或者狭义的存在论区分：区分存在者和存在者的存在。

2."超越性的"（transzendenzhafte）区分或者广义的存在论区分：区分存在者与由（澄明之境）而来的存在者的存在。[31]

3."超验的"（transzendente）区分或者严格意义上的神学区分：区分神与存在者以及存在者的存在（澄明之境）。

然而，由于上述区分只是思辨的，而不是经验的，所以，海德格尔后来放弃了那种存在-神-逻辑学的尝试。存在-神-逻辑学有一个大胆的断言：即使在"本质之思"的经验中，神也并非直接被造。[32]

---

30 Kisiel, "The Demise of *Being and Time*", 211.10—15.

31 穆勒在这里使用了"存在本身"（das Sein selbst）这个概念，不过，为了避免海德格尔使用"存在"（das Sein）概念而引发的歧义，在这里以及下一句中我皆用"澄明之境"替代仅发挥形式显示功能的"存在本身"这个术语。

32 Müller, *Existenzphilosophie*, 73及以后。

第七章　过渡：从《存在与时间》到隐藏的澄明之境

穆勒教授向我们展示了与"超越"概念相关的三重"区分"。前两重区分与我们熟知的海德格尔的哲学计划完全一致，第三重区分却从未得到阐明。

穆勒教授：海德格尔思想中的三重"区分"

1. 存在者←区别于→存在者的存在："先验的"区分
（狭义的）存在论区分与"作为"或者"探求本质与成因"这类活动有关。它已为传统形而上学所熟知。

2. 存在者的存在←区别于→澄明之境："超越性的"区分
（广义的）存在论区分与绽出之生存的结构即"元形而上学"有关。作为开抛的澄明之境，绽出之生存总已经超越了居于其存在之中的存在者，也是它们无根基这一特性的根据。

3. 存在者、存在者的存在以及澄明之境←区别于→神："超验的"区分
这是在经典的存在-神-逻辑学层面上，非神性的存在者与神性的存在者之间的区分。

上述区分同《存在与时间》私人手稿中的那个边注的内容部分一致。在《存在与时间》"导论"第八节中，海德格尔勾勒出整部著作的写作计划，并为"时间与存在"这个标题添加边注，廓清了这一篇的执行方案（以下编号由我附加）： 199

1. Die transzendenzhafte Differenz.
2. Die Überwindung des Horizonts als solchen.
3. Die Umkehr in die Herkunft.[33]

33　下一章将阐明"颠转"（Umkehr）并不是"转向"（Kehre），即"映振"（Gegenschwung）的本来含义。所谓"转向"，意指海德格尔早已计划从 SZ I.1—2（Da-sein）向 SZ I.3（Da-sein）转变，见 GA 9：328.1 和 3 = 250.1 和 3："在这里整体发生颠转。"这也是穆勒在自己的报告中所谓的"转向"。

4. Das Anwesen aus dieser Herkunft.³⁴

1. "超越性的"区分。
2. 一般境域之克服。
3. 折返至源头。³⁵
4. 自源头而出的意义显现。

上述注解以隐微的方式向我们展现了海德格尔早期如何设想,又在后期如何实施其拟订的工作计划。接下来,我将详述那些要点。

1. 居于其存在之中的存在者与澄明之境之间"超越性的"区分,呈现了传统存在论与海德格尔哲学之间的差别。在《存在与时间》中,他基于先验论架构开展其研究计划:存在/意蕴性的澄明之境被视为由绽出之生存的结构(在实存论层面,而不是实存状态层面)被抛而开敞的境域。

2. 关于"一般境域之克服"。海德格尔后期发现,仅将澄明之境视为先天的境域,这尚不充分。他在《存在与时间》中认为,澄明之境(这里称为"境域")在结构上向来已经开抛,而不是由实存状态层面的个人活动抛投、敞开。他极力避免这样一种印象:只有"我们洞见到澄明之境"这个实事,³⁶澄明之境才能得到开敞。如果植根于那样的印象,我们就必须依循先验进路。有鉴于此,他逐渐放弃了"先验-境域"进路,而转到所谓"存在历史"(seinsgeschichtlich)进路。后者探讨澄明之境的殊异样态如何在所谓的"天命"(Geschicke)中被"给予"(或者"派定",geschickt),他称之为"澄明之境被派定的历史"(Seinsgeschichte)。

34　GA 2：53 注释 a = Stambaugh 37 注释†。
35　见注释 33。
36　GA 77：112.8 = 72.31—32.

(参见第九章。)

3. 关于"折返至源头"。它意指从 SZ I.2 到 SZ I.3 的过渡。在《存在与时间》1926年拟订的初始方案中,SZ I.3 就已经被这样设想:从绽出之生存即澄明之境的持守者(= SZ I.1—2),折返至所持守的澄明之境(同绽出之生存无异)即任何意蕴性的可能根据(= SZ I.3)。但是,这并不是"转向"(die Kehre)的本来含义。(参见第八章。)

4. 关于"自源头而出的意义显现"(在其他地方,他亦称为"本始之存在"),[37] 它直指海德格尔现象学的要核,即对于"实事本身"即意蕴性源头的探寻。这个术语揭示了一点:开抛的澄明之境乃是我们的需要和能力即为所遭遇的任何事物赋予意义的基本前提(prae-sub-positum)以及无法植根的根基。

三、《现象学之基本问题》中关于 SZ I.3 的"新"方案

上面罗列的四个问题从"历时的"角度指明了海德格尔准备如何开展 SZ I.3 的具体内容。《存在与时间》出版仅仅十周,他就开始讲授《现象学之基本问题》课程(1927年4月30日至7月17日),并视其为"关于《存在与时间》第一部第三篇的全新工作"。[38] 该课程开设翌日,他又从"共时的"角度列出了 SZ I.3 的主题方案:

1. 存在论差异
2. 作为本质的存在(essentia)与作为实存的存在(existentia)
3. 存在之可能的殊异样态及其统一

37　GA 12: 249 注释 2(从上一页跨到这一页)= 129 注释。
38　GA 24: 1 注释 1 = 1 注释 1。

4. 存在的"真理"特征(即"揭蔽一")[39]

不过,海德格尔花了大部分时间梳理"存在"问题(康德、亚里士多德、笛卡尔和逻辑学,从5月7日直到7月2日)与"时间"问题(亚里士多德《物理学》IV,7月6日)的哲学史背景,与此同时,还简要回顾了《存在与时间》的思想内核(7月13日至7月16日)。仅在此课程临近结束的最后一天下午(1927年7月16日),他才撇开SZ I.1—2的内容,匆匆介绍了SZ I.3的"新"方案,但并未针对"当前"这一"时间"境域提供足够的解释。

在《存在与时间》第六十九节c部分"世界之超越的时间性问题"中所讨论的内容,与澄明之境即所有存在形式的"时间"境域这个问题最为接近。在第六十九节中,海德格尔已经阐明了绽出之生存的结构即"先行-返回"("成为曾其所是"作为"向自己显现意义")正是存在者向绽出之生存显现自身意义的可能根据。在第六十九节c部分,他以"先验-境域"的方式重申了上述论点:

> 经由将"在世界之中存在"回溯至"时间性"之开抛的统一境域,我们就使绽出之生存这一基本建构在实存论-存在论上的可能性得到理知。[40]

> (绽出之生存)向来在绽出的境域之中持守自身。以那种方式展开自身的同时,它也在开敞之域中返回到自己所遭遇的存在者之中。[41]

39　GA 24：33.5—11 = 24.12—17(4 May 1927).
40　SZ 366.32—34 = 418.7—9.
41　SZ 366.4—6 = 417.18—21."展开"即自身到时的(sich zeitigend)。

第七章　过渡：从《存在与时间》到隐藏的澄明之境

在第六十九节c部分，他继续简明而独断地断言：有一个由三个环节（可以还原为两个）构成的统一境域，它与超越或者开抛（即"绽出"）的三重样态（亦可还原为两个）相称。换言之，"时间性"的绽出之生存乃是开抛活动，即空敞的境域图型（比如澄明之境的"环节"乃至"事域"）。它们的各个环节分别对应"成为"（或者先行）、"被抛状态"（或者向来已经先行到诸多的意义可能性中存在）以及"当前"（向自身显现意义以及让其他存在者显现意义）。构成开敞境域的那些"时间"环节为所遭遇的存在者的意义显现准备了"时间"雏形或者描绘了底色。早在1927年2月，他就洞见到了这一点。

在《现象学之基本问题》这一课程中，海德格尔更进一步，开始解释"先验-境域"的澄明之境如何决定如下两点：(1)开抛活动的"方向性"；(2)同我们照面的任何存在者的"时间"意蕴性。[42]在《现象学之基本问题》第二十一节a部分，[43]他认为，同绽出之生存即一般可能性的开抛活动的三种路径（实际可还原为两种）相称，也存在三种不同的"图型"，即"居有"与塑造我们自身以及其他可能对象的意蕴性的可能方式。[44]在《现象学之基本问题》中，他对于境域图型的阐述相当复杂。下列图表可能有助于直观解释这一内容。

42　SZ 365.20—21 = 416.30—32："整体时间性的境域规定着实际生存着的存在者本质上向何处展开。"
43　GA 24：431—445 = 303—313。
44　"图型"（希腊文 σχῆμα）由动词 ἔχω（有），确切地说，由其第二不定过去时形式 σχεῖν 衍生而来。σχῆμα 对应的拉丁文词汇为 habitus（与ἕξις类似），即某物居有自身、承载自身的方式。由这个定义进一步引申出"图型、形状、形式"（以及"外观、外表"）等含义。

"时间"境域之开敞

境域形式的绽出 时间性，Zeitlichkeit		境域图型 时间/时态性，Zeit/Temporalität
1. 当前化，Gegenwärtigen	⟶	1. 在场性，Praesenz, Anwesenheit （"为了……"，um ... zu）
a. 肯定层面：当前化， 　让某个存在者显现： 　比如，使用的器具		在场（Praesenz）
b. 褫夺层面：非当前化， 　让某个存在者"无法显现"： 　比如，未能使用的器具、遗失了的某物		不在场（Absenz）
2. Gewesenheit, 曾在状态	⟶	2.（尚未命名）
3. Zu-kommen, 走向	⟶	3.（尚未命名）

海德格尔将图型描绘为"何所往"（das Woraufhin），即作为开抛活动或超越自身活动的绽出之生存的方向性。另一方面，境域图型也规定了对象如何得到"塑形"即"时间"意蕴。他曾提到："任何一般的绽出活动皆有一个由之规定并首先实现其本真结构的境域。"[45] "成为"（常称为"将来性"，Zukünftigkeit）这个绽出活动打开了"关切自身"（绽出之生存为自身考虑）的事域。与此同时，"被抛"这个绽出活动则打开了"曾其所是"（das Gewesen）的事域。"让存在者显现"这个绽出活动打开了"为了……"（um ... zu）的事域。因此，一方面，它们都是开抛活动的三重统一环节；另一方面，它们又是开敞事域的三重统一环节，这

45　GA 24: 435.10—12 = 306.21—22.

第七章　过渡：从《存在与时间》到隐藏的澄明之境

个整体构建了开抛活动的关联，也就是属于我们的开敞状态的已被廓清的形状。

通过展现开抛活动同由它保持开敞而且已被廓清的境域之间的对称关联，海德格尔希望达成何种结论呢？这一点尚不明朗。其实，《现象学之基本问题》第二十一节a部分（"时态性与存在"）的内容无助于阐明在《存在与时间》第六十九节中出现的绽出之生存的开抛结构。因此，到底是否实施上述拟订的新方案，海德格尔尚存疑虑，踟蹰不前。"为了避免将本就艰涩难懂的'时间性'现象弄得更加复杂"，[46]他做出了双重限制。（1）他只阐明了三重境域图型中的一个环节，即"当前化"这个绽出活动（让存在者显现意义）。至于同"成为"与"已经"相关的境域图型，他却只字未提。（2）他甚至在"在场性"这个境域图型之内，做出了进一步限定，只讨论了器具，并未涉及其他的意义显现者。

如前述，存在这样一个境域图型，它既与事务层面持有并使用器具这个环节相关，又有所区别，海德格尔将其开抛的"时间"特征称为"在场"（Praesenz）。[47]"已经显现"这个绽出环节具有如下图式指引（Vorzeichnung），[48]亦即"在场"境域（也被称为"在场性"，Anwesenheit）：它向外超越，朝向并通达器具的适用性。因此，"在场性"这个图型构建了"领会一般适用性的可能条件"。[49]实际上，在"在场"这个事域之内，经由"已经显现"这个图型，我们得以领会任何已经显现出来的东西，也就是领会它们所具有的"显现意义"（ein

---

46　GA 24: 435.32—33 = 306.37—38。

47　为了在开抛（ex-static）与境域之间的关联中区分这两端，海德格尔通常使用德文术语来描述"开抛"这一端（比如Zeitlichkeit、Zukunft、Gewesenheit、Gegenwart），同时使用拉丁文概念来描述"境域"这一端（比如Temporalität、Praesenz、Absenz），但未能始终一致，见GA 24: 433.25—29 = 305.20—23。

48　GA 24: 435.20 = 306.28。

49　GA 24: 434.9—10 = 305.35—36。

269

praesentialer Sinn），换言之，我们将它们作为"显现意义的存在者"（als Anwesendes）。[50]

在刚才提到的《存在与时间》第六十九节c部分以及后来引用的《现象学之基本问题》的相关文本中，海德格尔阐析了器具的毁坏这一现象，并揭示了器具由已经显现到不再显现这一阙如样式，换言之，揭示了由有用到无用（由"上手状态"到"离手状态"）或者由在场到不在场（由"在场状态"到"离场状态"）这个样式。[51]他使用了否定前缀"非"来暗示如下现象：失去作用的器具仍待在木匠的店铺里，却不再以适用的方式显现。

> 因此，在一般层面上，没有与"阙如"这一特定"当前"样态相称的境域，但是，有某种特殊变异……显现境域。有"不在场"这种境域图型，它属于使"阙如"现象得以可能的"已经显现"这个绽出活动。[52]

> 由"阙如"经验所充实的当前化活动即"不在场"样态……（以褫夺的方式）让上手状态突显出来。[53]

阐明了这一点（GA 24：443.24 = 312.4），海德格尔关于SZ I.3的讨论便迈入一个新阶段，尽管进展缓慢。归根结底，我们将只能看到"在场"这个境域图型及其阙如样式"不在场"。它们均与"当前化"这个绽出活动相关。不过，他只是在器具的适用性层面展示了与"当前化"这个绽出活动相关的境域图型，却未曾提及以下对象：在器具经验层面，另外两种"时

50　GA 24：433.22 = 305.17 和 436.6 = 307.2。
51　GA 24：433.17 = 305.17 和 436.7—8 = 307.4—5。
52　GA 24：442.1—4 = 311.3—6。
53　GA 24：442.29—31 = 311.24—26.

第七章　过渡：从《存在与时间》到隐藏的澄明之境

间"图型（及其阙如样式）；在非器具层面上的所有"时间"图型；属于一般存在境域且构成统一的"时间"意蕴，这一点最为关键。关于SZ I.3拟订的方案，《现象学之基本问题》实际上几乎未能取得任何显著进展。这同时表明，《存在与时间》甫一出版，其原初的计划就陷入困境。

尽管海德格尔未能于1927年春夏之际在SZ I.3方面取得突破，但《现象学之基本问题》中针对SZ I.3提出的四个问题仍至少被保留到翌年夏天。在马堡大学任教的最后一个学期，他在《逻辑的形而上学奠基》这门课程临近尾声时（1928年7月10日）重提那个方案，只有少许改动：

1. 存在论差异
2. 廓清存在的"所是"与"这般"
3. 存在的"真理"特征
4. 存在的事域性以及存在观念之统一[54]

那年秋天（1928年10月24日），在弗莱堡大学任教的首个学期，作为胡塞尔的继任者，海德格尔曾向澳大利亚哲学家W.R.博伊斯·吉普森（胡塞尔《观念一》的译者）提到《存在与时间》剩余内容将于"不久后"面世，不会迟于胡塞尔主编的《年鉴》最新一期出版之时。[55]但是，从那之后，我们再未听到有关那部巨著完结的任何消息。《存在与时间》列出的方案早在马堡时期就已基本画上句点，彼时更是彻底中断。1953年问世的《存在与时间》第七版序言里，他提到：

> 本版删去了一直标有的"第一部"（＝ SZ I.1—2）的字样。时隔四分之一个世纪，第二部（尤指SZ I.3，但也包括II.1—3）将不

54　GA 26：191.29—194.2 = 151.24—153.4.
55　Gibson, "From Husserl to Heidegger", 72b.22—23.

理解海德格尔：范式的转变

再补续，否则就必须把第一部重新写过。但是，即使今天，那条道路依然是必要的，对存在问题的追问正激荡着作为绽出之生存的我们。[56]

* * *

现在暂且回到《存在与时间》第六十九节 c 部分。关于 SZ I.3 新增内容的"先验-境域"阐明，海德格尔曾附加过一条重要说明。他认为，鉴于我们实际的绽出之生存活动，所可能照面的任何存在者其实都已经在我们自己的开敞活动中得到揭蔽，即先天地获得意义。尽管

> 这类存在者总伴随绽出之生存自身的开敞活动而得到揭蔽，但这事由不得我们。唯有我们当下揭示与开展了什么，沿着何种方向，延展至何种程度以及如何揭示和开展，才是我们的自由之事，虽然仍始终在我们的被抛状态这一限度之内。[57]

"这事由不得我们"，这一点表明了海德格尔正在向 SZ I.3 过渡，开始思索与一般可理知性有关的澄明之境问题。如前述，他竭力避免一种印象，仿佛人的思想与意志能让澄明之境显出。[58] "赋义活动关联规定了世界的结构，它不是由非世界性的主体凌驾于存在者之上的形式网格。"[59] 不过，如前述，他采用了先验进路，同时使用"向境域'抛投'的绽出之生存"这类表述，因此确实容易招致误解：仿佛经由实存状态层面

---

56 SZ v.10—14（前言）= 17.10—14。
57 SZ 366.7—11 = 417.22—27.
58 见注释64。
59 SZ 366.12—14 = 417.28—30.

第七章　过渡：从《存在与时间》到隐藏的澄明之境

的某个活动，绽出之生存打开了澄明之境并为赋义活动奠基。试举一例，"经由'时间性'绽出的源始境域图型，我们得以领会存在"。[60]这一说法可能造成误解，好像我们自己在实存状态层面经由抛投活动而打开了存在的境域。由此可见，如果将"时间性"的绽出活动只是理解为绽出之生存的开抛活动的一个特例，海德格尔的上述观点就完全无法避免各种误解。其实，他曾在《存在与时间》中明确提出：与任何实存状态层面的存在者的存在领会方式相比，实存论结构层面的绽出之生存的被抛状态具有根本而必然的优先地位。

（存在者）的揭蔽不是认知的结果，因此它与知识并无同一个本源。无论存在者处于遮蔽还是揭蔽之中，它都在澄明之境中找到家园（即本源）。[61]

不过，他亦曾担忧某些读者会受到误导，仿佛绽出之生存通过自己的意志活动"主观地"抛投并打开了意义赋予的境域，"抛投"这个动词可能会加深那种误解。此外，由于使用了"存在"（Sein）概念，他也不得不与自己为敌。根据亚里士多德的"分类"（διορίσωμεν）原则，[62]我们理应做出如下区分：尽管海德格尔并未一以贯之，但在《存在与时间》里，动词 entwerfen 在实存状态层面与实存论层面上的含义相差悬殊。在实存状态层面，entwerfen auf 意指"向某个东西抛投某物"（而不是抛到某个东西"之上"）。还有更特殊的情况，即将 X 作为 Y 或者让 X 适用于 Y。伴随着抛投活动，我们可以设想如下图景：让 X 如其所是，并向前"抛投"，朝向某项事务或者某个可能的意义，以致最终辨清它是否适用

60　GA 24: 436.11—13 = 307.7—8.
61　GA 88: 311.7—10.
62　《形而上学》X 6, 1048a26。

于那项事务，或者能否成为特定谓词的可能主词。在上述情形中，"抛投某物"意味着经由某个东西来理解此物，比如经由捶打活动来理解岩石，或者经由哲学家来理解苏格拉底。这里的"抛投"活动意指实存状态层面的"综合-分离"(σύνθεσις作为διαίρεσις)活动，[63]也就是说，在思想或实践之中将两个存在者综合，同时亦让二者分别保持独立。

entwerfen还有第二层含义，即实存论结构层面的"抛投"之义。如前述，抛投与综合这类具体活动需要向来已经开敞的实存论"场域"作为其开展根据。海德格尔认为，那个场域并不是被个体自己的意志打开的。在实存状态层面将X向Y抛投"之前"，我们的绽出之生存结构上就是"被抛的"(geworfen；甚至就"作为被抛者"，als Entworfenes)。[64]因此，它还有第二层含义，即作为人本质结构的"抛投"或者"被抛"(Entwurf)。此处的Entwurf(对比同源拉丁语词projectum，某物向前被抛)，不是某个"抛投(某物)"活动，而是"被抛"状态。德语词Wurf既可指"抛投"(jacere)，亦可指"被抛"(jactum)。[65]综上所述，我将(1)实存状态层面的Entwurf译成"作为"活动(或者"抛投")，即让某个事物作为另外一个存在者；(2)实存论层面的Entwurf则被译为人向来"被抛"或者"被投掷"的开敞之域，即澄明之境。[66]

被抛活动意指打开并保持开敞之域、澄明之境。在澄明之境中，我们命名并理知的"存在"(而不是"存在者")作为存在本身

---

63 见GA 21：135—161 = 114—135。

64 GA 65：239.17—18 = 188.36："于是显而易见，他本身(即抛投者)越是具有开抛的作用，他就越是成为被抛投者。"GA 65：45.21 = 37.21："被抛的抛投者。"这些论述只是重提《存在与时间》的基本立场。

65 Wurf意指"被抛的东西"。它也指已被绘制的速绘；或者在棒球运动中，被抛投的一掷。它还意指在犬类繁殖方面，母犬被"抛掷"而生出幼崽。

66 见GA 66：325.30—32 = 289.19。

第七章　过渡：从《存在与时间》到隐藏的澄明之境

显现出来。[67]

诚然，澄明之境被抛而敞开，但这并非通过主体的意志活动来实现。海德格尔以其惯常的现象学方法，也就是说，从其得到细致描述的具体运作（operatio）到其充分可能的本质（esse）形式，从实际的人类活动到人类活动的可能根据，构建了那个先天的实存论层面的被抛状态。其实，我们必须经由实存状态层面的抛投活动才能赋予存在者意义。而且，如果我们事实上那样做了，就同时意味着我们也有能力那样做。海德格尔认为，经由实存论层面的被抛状态即被抛的一般可能性，实存状态层面的具体的抛投行为才得以可能。所谓被抛的一般可能性，乃指实存论结构上的开敞之域，我们正是在开敞之域中就存在者的诸可能性来理解存在者。

不过，一旦得出关于人之先天被抛状态的上述论断，海德格尔就将认为，并且必须承认：在我们的被抛活动的界限之内，无论是实践方面还是理论方面，我们实际上都基于自己的自主性而决定了存在者的意义。（电脑屏幕上蠕动的点就能代表某个介子或胶子吗？某位总统就是民主或者纳粹的标志吗？）诚然，就结构层面而言，我们乃是开抛活动，但作为实存状态层面的角色，我们自身决定了存在者当前的内容与方式，即它们的"各自当下存在"（jeweiliges Sein），这一点毫无疑问。更甚者，对于一切能知的事物或者能做的事情，我们原则上不受任何限制。我们不必在人类意志面前退缩，也不必睥睨居于现代世界中的实存状态层面的"主体"的科技成就，只要这些成就没有阻碍反而促进了人的完善，换言之，促进了绽出之共存（mitdaseinsmäßig），海德格尔也称其为绽出之共存的完善（perfectio）："在自由存在之中为了我们最本

208

67　GA 49: 41.25—28.

己的可能性（开抛）而能在。"[68]

　　海德格尔的整个哲学植根于如下实事，即除非凭借决定了人之为人的那个参量，否则我们将无法与任何存在者照面。那一参量就是：作为开抛活动的人社会地、历史地蕴含了逻各斯。就此而言，我们不得不赋予所遭遇的存在者意义，无论是理论方面还是实践方面。[69] 就理论方面而言，我们在以陈述（ἀποφαίνεσθαι）方式表达的言说（λέγειν）这类实存状态层面的活动之中赋予存在者意义，换言之，以我们（正确或错误地）判断它们的"所是"这种方式让其显现。就实践方面来说，我们同样赋予存在者意义，只不过通过改变它们的某种方式。学界向来对于实存状态层面的主体的实践成就略表担忧（遑论技术成就），包括以"改造世界"为目的的社会政治方案。[70] 作为"有逻各斯的动物"（τὸ ζῷον τὸ λόγον ἔχον），我们不仅拥有在认知层面上赋予存在者意义的能力，还能重塑世界，无论结果好坏。而且，正因为已在实存论层面被赋予理解与改造世界的能力（ὁ λόγος τὸν ἄνθρωπον ἔχων），我们才能现实地拥有那种能力。[71] 若无澄明之境，人将陷入比盲目无知更糟糕的境地：我们将会死。另一方面，若无"言说"这类实存状态层面的活动，澄明之境亦将沦为空无——我们同样会死。

68　SZ 199.15—16 = 243.27—28:"Das perfectio des Menschen, das Werden zu dem, was er in seinem Freisein für seine eigensten Möglichkeiten（dem Entwurf）sein kann."（请注意，dem Entwurf是与格，作为介词zu的对象，我用括号标出。）这一观点似乎同很多海德格尔拥趸的看法针锋相对，不过，我为何非得与他们一致呢？

69　仅当我们将某个事物引入人类世界，无论实践方面，还是理论方面时，我们赋予这个事物意义，实际上我们也在改变它，甚至将之"人化"。

70　关于海德格尔本人对此略显矛盾的表述，见 GA 16：702.33—703.25 = 81.27—33。

71　见 GA 40：184.11 = 195.11：φύσις = λόγος ἄνθρωπον ἔχων——澄明之境向来隐藏的兹有活动就意指，迂回地赋予事物意义这个必然性"居有"人。见 GA 9；75.3 = 59.24："语言'居有'人"，换言之，逻各斯或澄明之境——作为迂回的赋义活动（无论是静默地，还是经由语言）的可能根据——规定了人。

第七章 过渡：从《存在与时间》到隐藏的澄明之境

当然，我们乃是有意识的主体，不应刻意忽视甚至诋毁这个事实。意识主体其实是绽出之生存的某种既定样式，或者将之解释为胡塞尔笔下的心理学主体性，或者海德格尔笔下实存状态层面的主体性，抑或卡尔·马克思笔下的社会主体性。绽出之生存经由意向活动而让存在者面向心灵显现自身，乃至"表象"(vorstellen)它们，有时候还必须将它们作为"对象"(Gegenstände)对待，否则，一切捶打、铆钉等实践活动将乱成一团。海德格尔上述阐析的基点在于：由于实存状态层面的主体具有意向活动以及改造世界的能力，正如索福克勒斯《安提戈涅》第一序章里描述的那样，[72]"主体的主体性"[73]向来已被"拽出"[74]，这是主体的"本质"，它为世界性的意向活动奠基。考虑到其带给人类的一切成就，包括工具理性、科学探索、技术进步等，现代主体性本身是一件值得庆贺的幸事。即使海德格尔让现代主体性植根于有终结、有死亡的澄明之境，这一做法其实也丝毫无损于那些成就。从他自身的原则出发，实存论层面的有限的开抛活动与实存状态层面的有终的抛投活动之间的互动并不是零和博弈。

四、审视基础存在论

在《存在与时间》时期及其出版后数年之内，海德格尔将他的中心问题称为"关于一般存在之可理知性的基础存在论问题"，[75]并由此将这一研究工作称为"基础存在论"。但不久之后，他发现那个标题易遭

72　见GA 40：155及以后 = 163及以后；GA 13：35—36；GA 53：71及以后 = 57及以后。
73　SZ 24.6 = 45.31。
74　关于"拽出"，见GA 8：11.6—8 = 9.13—15："牵引我们"(zieht uns)等。
75　SZ 436.9—10 = 486.27—28。

致误解，于是删除。[76]尽管弃用了"基础存在论"这个术语，他仍未放弃《存在与时间》的整个方案，只是转变了具体的实施方式。在20世纪30年代，他在具体进路方面的转变，即由先验进路转为存在历史进路，常被认为就是"转向"(die Kehre)的含义。(我们将在第八章阐明，这并不是海德格尔提出的"转向"这个术语的真正所指。)实际上，他常将20世纪30年代发生的进路调整称为"转变"(Wendung)或者"转换"(Wandlung)，意指关于相同主题的进路调整。[77]这一进路调整与原先计划的从SZ I.1—2(绽出之生存即澄明之境的持守者)到SZ I.3(澄明之境即一切意义显现的源头)的过渡截然不同。所以，我们必须做出如下区分(在下一章将继续讨论这些问题)：

1. 从绽出之生存向澄明之境的过渡(按照1926年提出的计划)；
2. 由先验进路向存在历史进路的转变(20世纪30年代所开展的工作)；
3. "转向"(die Kehre)的原初含义。

现在，再次回到上述问题：在海德格尔放弃将早期工作描述为"基础存在论"之前，"基础存在论"究竟意指什么？对于这个问题，不仅学界的各种回答莫衷一是，就连海德格尔本人在《存在与时间》以及《现象学之基本问题》(1927年系列课程)中关于基础存在论的构成问题也出现分歧。总的来说，可以按照如下三种方式回答那个问题：

---

76 GA 9: 380.15—16 = 288.34—35; GA 14: 39.19—21 = 31.19—20.亦见GA 83: 222.19—21："基础存在论给一般的存在论制造了难题，它为此不再是存在论以及形而上学。"

77 见GA 11: 150.19 = xix.26—27，"运思中的转变"(Wendung im Denken); GA 9: 187.21—22 = 143.23，"运思的转换"(Wandlung des Denkens); 以及GA 9: 202.4—5 = 154.18，"问题的调整"(Wandel des Fragens); GA 14: 35.14 = 27.24，"海德格尔的思想调整"(Wandel des Heideggerschen Denkens)。见GA 65: 84.32—85.1 = 67.34："从基础而来发生的转变"(vom Grund aus wandeln)。

278

第七章　过渡：从《存在与时间》到隐藏的澄明之境

1. 基础存在论只包括了SZ I.1—2，关于绽出之生存即本真的操心（Sorge）与开抛活动（Zeitlichkeit）的基础实存论解析。
2. 基础存在论仅限于未出版的SZ I.3，即关于可理知性、可理知性的殊异样态以及事域之有终性的阐明。
3. 基础存在论构成了《存在与时间》原本方案的整个第一部，即SZ I.1—3。

我们至少可以肯定，1927年海德格尔对于那个问题仍态度暧昧。不过，他最终还是明确肯定了第三种方式，即基础存在论包括《存在与时间》第一部的整个计划大纲（尽管未能包括第二部）。[78]

为什么他的态度如此暧昧犹疑？我们还需要对此稍做解释。纵观刚才提及的两部作品，我从中推断，海德格尔似乎应该坚持第一种方式，也就是将基础存在论的范围仅限于关于绽出之生存的解析，即SZ I.1—2。这样的话，基础存在论就能与已发表的《存在与时间》中的描述符合一致：基础存在论就是为未发表的SZ I.3中所探讨的全新的根本存在论奠基。全新的根本存在论与传统存在论之间的差别在于：前者揭示了所有意义显现形式所蕴含的无法逃避的有终性，因为它们植根于最终的有死者，即无确定根据的澄明之境。所以，旨在解析绽出之生存的基础存在论正为全新的"元形而上学"与现象学视野下的"存在"预热（Vorbereitung）。[79]目前仍有不少学者坚持这一观点，而且在

78　基础存在论没有包括SZ II，但海德格尔也曾提到："存在的可理知性问题将无法真正具体化，除非我们完整经历了存在论传统的解构过程。"见SZ 26.29—30 = 49.8—9。

79　在GA 24：319.21，25和26 = 224.5，8和9；以及322.21 = 227.19，海德格尔也提到"预备的"（vorbereitend，为SZ I.3预备）。这一用法不同于构成SZ I.1的"关于绽出之生存预备的基础分析"（SZ 41.6 = 67.2—3）。在后一种情形中，SZ I.1乃是为SZ I.2所做的预备，由此引发的疑惑几乎在所难免。这也是海德格尔草率撰写SZ I.1—2的又一个例证。他认为SZ I.3也是某种存在论，这一点无可争辩，见SZ 37.21—26 = 61.35—40；以及GA 24：323.31—34 = 228.24—26。

理解海德格尔：范式的转变

《存在与时间》中确实能找到相当充分的文本依据。

> 凡是以非绽出之生存式的存在者为课题的各类存在论都能在绽出之生存自身的存在者结构中找到根据和动机,绽出之生存的存在者结构包括了前存在论层面的存在领会,并由此得到标明。
>
> 因此,肇始了其他一切存在论的基础存在论必须在关于绽出之生存的实存论解析中来探寻。[80]
>
> 显而易见,关于绽出之生存的存在论解析工作就构成了基础存在论。[81]

特别是在1962年,这一点愈加明显：

> 按照《存在与时间》,基础存在论就是关于绽出之生存的存在论解析。[82]

关于绽出之生存的存在论解析工作仅限于《存在与时间》已经出版的篇章内容,它廓清了绽出之生存的统一整体。

阐明绽出之生存的基本建构即实存论建构,也是从实存论上解析绽出之生存的结构这个任务。它旨在澄清绽出之生存的基本结构的根据,绽出之生存植根于自己的统一性(操心,Sorge)与整体性(向死存在,Sein zum Tode)中……在探讨基础存在论问题

---

80 SZ 13.17—23 = 33.31—34.2.
81 SZ 14.31—33 = 35.7—8.
82 GA 14: 39.24—25 = 31.23—24. GA 14: 40.1 = 31.35提到了"绽出之生存的基础存在论"。

第七章　过渡：从《存在与时间》到隐藏的澄明之境

（＝SZ I.3）之前,我们需要完善绽出之生存的实存论解析。[83]

由此观之,"基础存在论"中"基础的"这个形容词旨在说明SZ I.1—2为SZ I.3中阐明的根本的存在论奠定了基础,因此,基础存在论无法与SZ I.3完全等同。

如果对于绽出之生存的存在的解释乃是源始的,被视为廓清存在论基础问题的基础,我们就必须首先在实存论层面从本真性与整体性这些可能性出发阐明绽出之生存的存在。[84]

探究并回答(在SZ I.3中提出的存在之可理知性问题)需要关于绽出之生存的一般解析。换言之,关于绽出之生存的解析为存在论奠基。[85]

(实存论解析)仅被视为预备性工作,因为它旨在为根本的存在论奠基。[86]

综上所述,关于第一种方式,即基础存在论可被还原为SZ I.1—2的实存论解析,从而为"时间与存在"这个部分预热,似乎能由如下事实确证：在SZ I.3已经充分阐明存在之可理知性的根据以后,SZ I.1—2的实存论解析将会在SZ I.3的结论中得到"重演"或者"精炼"。"因此,

---

[83] GA 24：322.19—25,30—32 = 227.18—22,26—27.实存论解析不仅廓清了绽出之生存这个统一整体(如前述),还揭示了绽出之生存植根于作为"时间性"的澄明之境,见GA 24：323.10 = 228.7。最后,它还阐明了绽出之生存的本真性,见SZ 233.33 = 276.36。
[84] SZ 233.30—34 = 276.33—34.
[85] GA 24：26.21—24 = 19.32—34.
[86] GA 24：319.28—30 = 224.11—12.

281

理解海德格尔：范式的转变

随着存在之可理知性以及存在论境域的阐明,(实存论解析)将在更高的层面实现重演",[87]实际上,"也将通过完全不同的方式重演"。[88]

* * *

关于第二种方式,即将基础存在论的范围限定在未曾出版的SZ I.3,这也是可能的。例如海德格尔提到"关于一般存在之可理知性的基础存在论问题",[89]以及"关于存在的基础解析"。[90]不过,这些内容都属于计划展开却未能发表的"时间与存在"这一篇。显而易见:

> 我们无法将存在者层面与历史层面的区分问题当作研究主题来实施,除非事先确定它的指导线索,即从基础存在论层面廓清一般存在的可理知性问题。[91]

> 关于绽出之生存的解析……就为基础存在论的问题范式即关于一般存在之可理知性的问题研究铺路。[92]

按照这一思路,已出版的SZ I.1—2就不是基础存在论,而应被视为未曾完成的基础存在论的预备环节。换言之,SZ I.1—2只是描绘了绽出之生存的结构,而将基础存在论的解析工作——阐明绽出之生存的

87　GA 24: 319.30—32 = 224.12—14.见SZ 13.7—10 = 33.23—25; 333.35—37 = 382.30—32; 436.23—25 = 487.4—6。

88　GA 14: 40.13—15 = 32.12—14.

89　SZ 436.9—10 = 486.27—28:第83节的标题。

90　SZ 360.20 = 411.37.

91　SZ 403.35—39 = 455.23—26.

92　SZ 183.10—12 = 227.29—31.

第七章　过渡：从《存在与时间》到隐藏的澄明之境

结构的可能根据即澄明之境——留待SZ I.3完成。由此可见，第一种方式认为海德格尔在已出版的著作中已经阐明了基础存在论，与此相反，第二种方式却认为基础存在论从未展现于世人面前。鉴于海德格尔在1927年以后逐渐放弃了"基础存在论"这个术语，第二种方式因此认为，他卡在了基础存在论的关口，除了在《现象学之基本问题》中有过尚不充分的简短说明，他未曾再向那个计划迈进一步。总之，上述两种观点都认为，海德格尔提出的全新的根本存在论从未得到完整的阐明。

* * *

最后还有第三种方式，它调和了"基础存在论 = SZ I.1—2"以及"基础存在论 = SZ I.3"这两种观点。它认为"基础存在论 = 作为整体的SZ I.1—3"。海德格尔曾提到："它旨在某种基础存在论"，[93]而绽出之生存则"在基础存在论中有它的职能"。[94]进一步而言，在《现象学之基本问题》中，他表明了一点，即在SZ I.3中，绽出之生存并未失去它"在整个存在论问题范式中的优先地位，鉴于它所具有的存在之领会"。[95]此外，SZ I.1—2关于绽出之生存的所有解析都指向了SZ I.3对于存在之可理知性的追问。首先，"关于一般存在之可理知性这个基础问题的讨论与解答必须以关于绽出之生存的一般解析为前提"。[96]不过，这一实存论解析既无法单独成立，也无法就其自身而展开，毋宁说，"绽出之生存的根据……由（存在的源头问题）引导"。[97]因此，"关于绽出之生存的解析就在整体上围绕着一般的存在问题这一主导

---

[93] SZ 131.27 = 170.4—5，原文为斜体。
[94] SZ 182.11—12 = 226.35. SZ 372.10—19 = 424.4—14.
[95] GA 24：319.18—20 = 224.3—4.
[96] GA 24：26.21—22 = 19.31—33.
[97] GA 40：183.23—24 = 194：24—25.

理解海德格尔：范式的转变

任务"。[98]在关于卡西尔《符号形式哲学》一书的评论中,海德格尔提到,他需要一种"基于阐明一般的存在问题而与绽出之生存相关的根本存在论"。[99]在《存在与时间》中,他实际上将追问"实存论建构本身的意义"等同于先行追问"一般存在之可理知性"。[100]此外,在《存在与时间》的旁注中,他继续将绽出之生存的解析工作与基础存在论的有关主题相连。他提到,将某个存在者解释(即领会)成"基础实存论的"(fundamental existential)就等于说将之解释为"基础存在论的"(fundamentalontologisch),亦即与'存在'之揭蔽有关"。[101]再如,他还曾将"实存论问题范式"注解为"基础存在论的问题范式,即旨在追问一般的存在"。[102] 1927年至1928年,在关于《纯粹理性批判》的讲座课程中,海德格尔将 SZ I.1—3 的整个内容统摄于"基础存在论"这一标题之下(下列引文中的数字由笔者附加):

（1）所有存在者层面的研究都将存在者对象化对待。然而,只有通过（2）在存在论层面,尤其是前存在论层面对于存在结构的领会,存在者层面的对象化活动才得以可能。但与此同时,那类存在论探究以及关于存在的对象化活动还缺少（3）某个源始根据,这项工作由我们称为"基础存在论"的研究展开。[103]

笔者的意译如下:（1）科学将存在者对象化;但只有经由（2）关于存

98　SZ 17.6—7 = 38.7—8.

99　GA 3 : 265.30—32 = 187.17—18.

100　SZ 20.35—36 = 42.9—11. 必须注意的是,只有在澄明之境(一般而言的"存在之可理知性")被廓清之后,实存论建构才能得到阐明。

101　GA 2 : 190.7 及其注释,对应于 SZ 143.1 = 182.17 (Stambaugh 138 及其注释)。

102　GA 2 : 313 注释6,对应于 SZ 235 注释1 = 494.30 注释vi (Stambaugh 225 注释)。

103　GA 25 : 36.29—37.1 = 25.35—40. "领会"(Entwurf)。

第七章　过渡：从《存在与时间》到隐藏的澄明之境

在者之存在的尚未被专题研究的觉知和对象化过程（简言之，"存在论"），（1）才得以可能。不过，任何这类就存在者之存在来领会存在者的存在论都需要（3）"基础存在论"，即关于澄明之境的阐明，澄明之境向来开抛且由绽出之生存持守（在这个文本语境下，也就是"植根于绽出之生存中"，= SZ I.1—3），上述领会活动也正是在澄明之境中发生。

诸如此类的表述暗示了基础存在论由两个先验解析环节构成：绽出之生存即开抛的澄明之境（= SZ I.1—2），澄明之境即可理知性的可能性乃至必然根据（= SZ I.3）。在下列引文中，数字由笔者附加，但括号里的插入语引自海德格尔自己的说法。

> 我们可以得到如下结论：形而上学的基础问题需要（1）一种以"时间性"为基础关于绽出之生存的普遍彻底的阐释。从这一阐释出发，（2）关于存在以及存在论层面的领会这一本真的可能性就凸显出来……经由开展、实施（已得到阐明的上述四个主要问题中的）基础问题范式，（那一本真的可能性）就能得到理解。基础存在论意指存在论被澄清与构建的整个过程。基础存在论包括（1）关于绽出之生存的解析（= SZ I.1—2）以及（2）关于存在之"时态性"的解析（= SZ I.3）。[104]

通过对于上述文本的整体分析，我赞同如下观点：（1）基础存在论已经得到展开，但不限于SZ I.1—2，论述的高潮正出现在SZ I.3中；[105]（2）SZ I.3不仅以SZ I.1—2为"基础"，[106]而且直接导向前两篇的相关结

104　GA 26: 201.18—28 = 158.19—29. "时态性"（Temporalität）。
105　见SZ 200.26—29 = 244.37—39："我们对这个存在者（即绽出之生存）的解说愈适当、愈源始，我们就愈可靠地向最终解决基础存在论问题这一目标继续进展。"
106　我将"基础"二字用引号标出，因为海德格尔曾认为SZ I.1—2"无法与任何基于其上的东西兼容"（kein Aufbauen darauf verträgt），见GA 14: 40.12—13 =（转下页）

论;(3)海德格尔将"关于绽出之生存的存在论解析"亦描述为基础存在论,[107]它意图超出《存在与时间》已发表的内容,直至囊括未曾出版的第一部第三篇。换言之,(4)正如绽出之生存无法与澄明之境分离,为基础存在论(= SZ I.3)的完全展开预热的实存论解析(= SZ I.1—2)同样是基础存在论的组成部分。因此,冯·赫尔曼教授的下列判断准确无误:

> 关于一般存在之可理知性的基础存在论问题指引着关于绽出之生存的解析工作……它旨在阐明存在问题及其实存论解析。[108]

在1962年写给威廉·J.理查德森的那封著名的信里,海德格尔间接肯定了第三种方式。他提到了贯穿始终的统一计划:"仅当植根于海德格尔二中,海德格尔一(的思想)才得以可能。"[109]

第三种方式亦有助于理解海德格尔为什么后来放弃将"基础存在论"这一术语作为其哲学工作的标志。在第二次世界大战后发表的两个文本(1949年《〈形而上学是什么?〉导论》与1962年《讨论班纪要》)中,他解释了个中缘由。[110]这两个文本校正了他早期对于"存在论"和"基础"这两个概念的运用。在1949年发表的那个文本中,他提到,为了避免造成这样的错误印象,仿佛SZ I.3是某类一般的存在论即任何

(接上页)32. 11—12。不过,冯·赫尔曼教授将它视为"基础"(Boden),如正文所述。

107　GA 14: 39.24—25 = 31.23—24:"按照《存在与时间》,基础存在论就是关于绽出之生存的存在论解析。"

108　见编者后记,GA 24: 472.34—35 = 332.14—16以及473.7—8 = 332.20—22。海德格尔后来将"基础存在论的"(fundamentalontologisch)与"先验的"(transcendental)等同,这一点似乎与穆勒的报告相左。穆勒认为,海德格尔在更狭义的层面论述不同的超越或者存在论差异(见本章注释32)。

109　GA 11: 152.18—19 = xxii.15—17。

110　见GA 9: 365—383 = 277—290以及GA 14: 33—66 = 25—54。

第七章　过渡：从《存在与时间》到隐藏的澄明之境

形式的形而上学，他放弃了"基础存在论"这个标题。1927年，他误将那个传统标题用于研究存在者的开敞状态（die Wahrheit des Seienden：Ontologie）。不过，对他自己的哲学而言，一旦开始探究澄明之境本身的开敞状态（die Wahrheit des Seins selbst），就实际上已经先于任何一种存在论，而将存在论抛于其后了。

> "基础存在论"这个标题表明了，关于存在之开敞状态的思索——不是关于存在者之开敞状态的思索，像任何存在论那样——既然作为基础存在论，仍是一种存在论。但是，事实正与之相反，因为重唤存在之开敞状态的努力，就其回到形而上学的根基这一点来看，已经从一开始就将任何存在论事域抛于其后。[111]

（在上述文本中，海德格尔未曾将基础存在论仅限于 SZ I.1—2，还包括了 SZ I.3 的整个内容，这一点值得注意。）

类似地，海德格尔在1962年的《讨论班纪要》中也曾提及，"基础的"这个术语将会招致误解。（在这里，他似乎将基础存在论严格限制在 SZ I.1—2。）

根据这一内容（SZ 13.22—24 = 34.1—2），基础存在论似乎是存在论的基础，即存在论尚缺必须建于其上的基础……因此，基础存在论与存在之可理知性的阐明（尚未发表）的关系就可类比于基础神学与系统神学的关系。

然而，实情并非如此。我们无法否认，这一点在《存在与时间》中从未得到明确解释。《存在与时间》一直走在这样一条道路

111　GA 9: 380.22—28 = 289.2—7.

上:经由对于"时态性"(澄明之境)的解释,超越绽出之生存的"时间性"(Zeitlichkeit),进而找到一个"时间"概念及其最本己的根据(即澄明之境),作为意义显现的"存在"正是由它给定。不过,这也意味着:基础存在论的"基础"与任何建立在它上面的东西无法相容。[112]

从"基础"和"存在论"这两个向度,海德格尔发现自己早期的工作主题无法令人满意,同时易造成误解,因此弃之不用,而使用"澄明之思"(Seinsdenken)这类表述。"澄明之思"不只是深思熟虑(关于某个存在者的严肃思考),也没有聚焦于"存在"(Sein,存在者的意义显现)。毋宁说,它是某种"开端处的'在先之思'"(Vor-denken in den Anfang),[113]即"先行"到处于优先地位的存在开端那里运思。运思的对象是已经开敞的澄明之境(die Wahrheit des Seins),它乃是一切意义显现活动的诠释根据。

五、对先验主义的克服与存在境域

在1940年至1941年撰写的未刊手稿(《通向存在与时间之路》)中有一个简略的注释,海德格尔观察到:

> 澄明之境本身的发生也让人的本质同时发生,即作为被澄明之境所需要以及被一般的需要所持留、持守的东西而存在。就此而言,澄明之境本身就是澄明之境与人的关联。仅当为了澄明之

---

[112] GA 14:39.28—40.13 = 31.27—32.12.海德格尔将"存在"(Sein)用引号标出,旨在说明它在这里意指存在者的显现(Anwesen),而不是澄明之境。

[113] GA 86:189.26.

第七章　过渡：从《存在与时间》到隐藏的澄明之境

境同时被澄明之境所需要，人才在本质上成为人。[114]

依据上述文本，似乎澄明之境与人的本质乃是两个不同的现象，但"二者"其实并非如此。作为绽出之生存，人不得不持存，同时"是"开敞之域(Da)或者澄明之境(Lichtung)，也就是让意义得以发生的开敞之域。[115]

不过，在海德格尔的早期思想中存在一条先验进路，它易造成这样一种假象，仿佛持守澄明之境的绽出之生存只是实存状态层面的某个抛投自身的主体。但是，在上述手稿中，他还曾提到与《存在与时间》相关的表述："最初，人的主体性就被克服了，朝向存在本身的开敞状态得到持存，但这一提问方式和工作开展仍旧依循先验论轨道行进。"[116]尽管如此，海德格尔的先验进路与康德仍然大相径庭。康德受到牛顿科学宇宙论的影响，经由作为客体的存在者之存在，探究事物经验的可能性条件。因此，他仍囿于将存在视为存在者之始因(ἀρχή)的传统形而上学桎梏。[117]与之相反，海德格尔早期的先验进路探求一般存在的可能性条件，即为什么我们有必要领会存在者的存在（意义显现）？这一领会活动又如何可能？因此，海德格尔早期的哲学工作更像是某种过渡：(1)从"狭义"的形而上学倾向及其存在论差异，经由(2)实存论层面的先验进路，同时向(3)作为一般存在之开敞之域的绽出之生存的

114　见《道路》，ms. 20.18—22。我将Seyn译为"澄明之境"[通常被理解为"存在本身"，它是海德格尔的"问题的解释结果"(Erfragtes)]。原文如下："Der Bezug des Seyns zum Menschen ist das Seyn selbst, insofern es selbst wesend das Wesen des Menschen wesen läßt als das vom Seyn Gebrauchte und in den Brauch als der Brauch einbehaltene. Der Mensch ist im Wesen nur Mensch als der vom Seyn zum Seyn Gebrauchte."

115　《道路》，22.20—22："(只要人)被规定为居于存在的开敞之域中，并且'此'——'是'存在的澄明之境——绽出而生存。"

116　《道路》，19.16—19。

117　GA 65: 253.1—5 = 199.13—16。

289

理解海德格尔：范式的转变

"本有"结构过渡。[118]在上述手稿中，他还阐明了《存在与时间》与康德《纯粹理性批判》的先验进路的区别，他称前者为"进阶"（potenzierte）的先验论进路：由于它追问存在的可能根据，而不是存在者的可能性条件，因此，这条进路也"被赋予更高的解释力"。[119]由此即知：

> 传统的（gewohnten）思想方式将自身视为驿站……它能有助于摆明存在问题并将它置于当代的视野之下。但是，这种探索方式偏离了通达思想对象的合适进路，尤其从一开始（"前苏格拉底"时期）关于澄明之境的基本经验就无法足够原初、持续、清晰地领会（存在与时间的）源始关联，而且无法在自身的概念框架下返回到根基处。[120]

最后，海德格尔将《存在与时间》视为"过渡性"的著作，它处在通向廓清澄明之境即绽出之生存的途中。[121]这部著作同时表明，即使是"进阶"的先验进路，依旧无法充分完成SZ I.3拟订的方案。

> 这一任务并不是旨在超出存在者之外（作为超越者），相反地，它旨在略过（存在者与存在之间的）差异，由此略过超越者，转而从澄明之境及其无蔽状态即从开端处（anfänglich）开始追问。[122]

---

118 《道路》，22.15—17："《存在与时间》只是一次发生在'形而上学'与本有之间的非决定性的过渡。因此，《存在与时间》仍然处在由人通往存在，而且是自由地通往一般存在的道路上。"

119 《道路》，9.2—3。亦见 GA 73, 2: 1272.31—32。

120 《道路》，8.1—9.1。

121 见 GA 65: 305.24 = 241.24："基础存在论（乃是）过渡性的。" GA 65: 251.3 = 197.21："在过渡性的运思中。"

122 GA 65: 250.32—251.2 = 197.28—30. 见 GA 10: 116.12—15 = 78.33—36。

第七章　过渡：从《存在与时间》到隐藏的澄明之境

尽管海德格尔的观点与传统先验论不同，但其主体性轨迹与独创的先验进路看起来仍与"先验"观念脱不了干系。他最终发现，整个先验论框架将会成为上述"过渡"的拦路石。"那一篇（SZ I.3）的问题将无法得到有效回答，因为那种运思方式将无法充分地阐明从 SZ I.2 向 SZ I.3 的过渡，换言之，如果借用传统形而上学的语言，他将无法成功完成 SZ I.3 的任务。"[123] 所以，海德格尔不再使用"先验论"这个术语，亦不再尝试在先验论框架下展开 SZ I.3 的解析工作，正如他也弃用了"基础存在论"这个标题。

《存在与时间》的先验进路如何给海德格尔的思想进展设置了障碍？他又如何发现那一进路无法充分地阐明澄明之境？ 1945年，关于如何克服《存在与时间》的"先验-境域"进路，海德格尔曾在收录于《田间路中的谈话》的题为《趋近》(Ἀγχιβασίη) 的文章中给出委婉的（甚至隐喻的）解释。他提到，境域就是"囊括"了主体与客体的视域（Gesichtskreis），就主体而言，它是意向活动的可能根据，就客体而言，又是意义显现者的可能根据。[124] 所以，境域"超出了"客体之外，"正如先验论超出了关于客体的知觉"，而达至对于客体之存在的领会。[125] 他还强调，在先验进路中，超越者及其关联境域必须同时与意向活动的客体以及我们对客体的意义表象（Vorstellung）相关，才能得到规定。然而，要想理解让境域自身得以敞开的可能根据，上述方式显然不够充分。尽管境域是开敞的，但我们"无法从关于境域的认知中赢获它的开敞之域"，[126] 而必须另辟蹊径。而且，实际上，仅当境域已然开敞，我们才能认知它。换言之，

123　GA 9: 328.1—4 = 250.1—4，包括关于"让显示自身"（Sichzeigenlassen）的注释"a"。
124　GA 77: 111: 19—20 = 72.14—15. 见 GA 26: 269.4—10 = 208.12—18。
125　GA 77: 111.22—25 = 72.17—20. 此外，我将 vorstellend 译为"表象的"。
126　GA 77: 112.6—8 = 72.38—41。

理解海德格尔：范式的转变

> 因此，具有境域特征的那个东西必须回到我们这边，它是关于我们的开敞活动，它被朝向意义显现者的所见充实。作为我们表象（Vorstellen）活动的对象，那些意义显现者得以显现自身。[127]

即使仍旧依循《存在与时间》的"先验–境域"进路，境域的开敞活动仍不能归因于表象活动的意向性或者普罗米修斯式的抛投活动。开敞活动让具有客体表象能力的先验之思得以可能，因此，前者处于优先地位，我们不能反过来将先验之思作为开敞活动的解释根据。

问题于是变成：既然我们轻视了开敞之域（"回到我们这边"）也能被视为我们表思活动的境域这个事实，那么，开敞之域本身究竟是什么？它究竟如何被打开？对于这些问题，海德格尔以隐喻的方式给予回答，关键在于理解德语前缀 gegen 的含义：它不是"对立"的意思，而是在拉丁词源 contra（"在……面前"）的意义上被使用。[128] 开敞的澄明之境就像已经敞开的、环绕着我们（ent-gegen-kommt）并且不断延展的田间小径（die Gegend）。[129] 学界通常将 die Gegend 译为含混不清的"区域"，这种译法丝毫未能揭示被喻为"田间小径"的澄明之境。其实，在田间小径上开展任何活动之前（比如在草坪上野炊或者田间漫步），这条小径早已在我们面前（contra）敞开。换言之，无须作为对象（Gegenstand）站在我们即主体的"对面"，田间小径向来已经在我们面前铺开。这个隐喻揭示了"已然开敞的田间小径"，我们置身于其中，殊异存在者亦在其中显现自身的意义。

127　GA 77: 112.13—16 = 72.30—32.

128　参照地名"康特拉科斯塔县"（Contra Costa County），如果一个人向东望向海湾，那么，它位于这个人的面前，而不是与之相对。

129　见 GA 77: 113.17 = 73.23："迎面而来的"（entgegenkommt）。见 GA 83: 157.5 和 11—20："被划定的场域，即走向自身的、开敞的、环绕着的辽阔。"它被理解为"空间场域"（χώρα）："某个东西（这里指居于其存在之中的存在者）从中显现出来。"

第七章 过渡：从《存在与时间》到隐藏的澄明之境

我们由此发现了使"分离-综合"来回运作得以可能的另一个架构，如前述，"分离-综合"活动让我们将"这"视为"那"（或者将"这"视为"为那之故"），从而让存在者显现自身的意义。然而，澄明之境超越了（这里的"超越"就是"让……得以可能"的意思）海德格尔所谓"狭义的"存在论差异，即区分了存在者与存在者的存在（根据穆勒教授的报告）。因此，我们可以在"狭义的"存在论差异层面解释形容词"超越的"或者"先验的"：它们意指超越存在者而达至存在者的诸意义的运动。[130] 与此同时，我们必须将开敞之域描述为让这一运动得以可能的"超越-超越者"或者"先-先验者"。这类表述也揭示了海德格尔思想过渡的完整进路：(1) 经由规定了传统形而上学问题范式的"狭义"存在论差异, (2) 超越存在论差异, (3) 而达至"广义的"存在论差异，即在居于意义之中的存在者与让"狭义"存在论差异得以可能的澄明之境这二者之间做出区分。海德格尔并不囿于先验进路，而抵达澄明之境这个先天实事。在同"狭义"的存在论差异有关的下列文本中，他也描述了那个过程：

> 在《存在与时间》中，"存在问题"这个标题（乃是）关于存在论差异源头问题的简称。[131]

> 从"本有"视角出发，有必要让思想从存在论差异中解放出来。[132]

> 经由澄明之境，存在论差异消失了。[133]

130　见 GA 9: 413.17—19 = 312.25—26: "到处都有那种向存在者返回的超逾，即那种'绝对超越'（《存在与时间》第七节），亦即存在者的'存在'。"
131　见 GA 14: 87 注释 "(27)"（在英译本中未能找到这个注释）。
132　GA 14: 46.22—23 = 37.30—32. 海德格尔意指狭义层面的存在论差异。
133　GA 15: 366.27—28 = 60.44—61.3.

理解海德格尔：范式的转变

> ……在世界之本有中，存在论差异得到克服。[134]

> ……克服存在与存在者之间的差异这个问题。[135]

因此，从《存在与时间》向海德格尔后期著作的过渡揭示了：

> 首先，让（存在者与存在者之存在）的差异得到源始的廓清，然后跃出那一差异。但只有……先行跃入绽出之生存的本有，才能实现跃出。[136]

在《存在与时间》中，海德格尔尝试开展由SZ I.2向SZ I.3过渡的解析工作，这也是那部著作残缺不全的关键原因（我将在下一章讨论这个问题）。为什么海德格尔未能完成那部著作？这一点很难解释（crux interpretum），它也持续困扰着众多学者，他们尝试理解海德格尔思想前期与后期之间的明显鸿沟，并为其统一性辩护。实际上，在1927年至1930年开展过渡工作的过程中，海德格尔曾受到一个洞见吸引，它彻底改变了他的问题进路。

六、突破（1930年）：澄明之境的本然隐藏

正如威廉·J.理查德森于半个多世纪以前指出，《论真理的本质》

134　见GA 81：274.11："Verwindung（der Differenz）in das Ereignis von Welt"，作者意译。最后四个单词对应于"本有的澄明之境"（die ereignete Lichtung），见GA 71：211.9。GA 81：274的注释是给汉娜·阿伦特的吗（274.1的"H.A."）？

135　GA 81：348.3—5.亦见GA 29/30：521.32　522.18 = 359.12—28，以及GA 15：310.12—15 = 24.31—34。

136　GA 65：251.4—9 = 197.31—36.

第七章　过渡：从《存在与时间》到隐藏的澄明之境

这篇演讲是海德格尔思想发展过程中的"关键节点"，它构成了"海德格尔一向海德格尔二转变"的"突破口"。[137]这篇演讲发表于1930年12月，但直到1943年才正式出版。这一突破源于海德格尔的如下洞见，即本有的澄明之境本然隐藏着。《存在与时间》提到了开抛活动的隐藏，但尚未涉及澄明之境。[138]1929年，海德格尔在弗莱堡大学发表了就职演说《形而上学是什么？》，他些许迟疑地提到了澄明之境"本质上不可能被规定，在畏中我们与'无'照面"。[139]一年之后，在《论真理的本质》中，他终于开始旗帜鲜明地断言：就其自身而言，澄明之境乃是隐藏的，这并不是由于我们认知能力的限制。在那篇演讲的第六部分，他首次宣称，与"揭蔽二"即存在者之无蔽状态相反，"揭蔽一"即澄明之境的开敞之域始终遮蔽着，这一遮蔽状态正是"揭蔽一"的本质。[140]

不过，在那个重要文本中，海德格尔犯了两个错误，这一点颇为可惜。首先，与自己确立的原则相悖，他使用了"真理"这个极易招致误解的概念来翻译 ἀλήθεια-1 与 ἀλήθεια-2。[141]其次，他未能区分无蔽状态的两个层次。通过阐释下列艰涩的引文，并尽量切合原意，我们或许能够澄清上述主题（带括号的数字由笔者添加）：

(1) Die Verborgenheit ist dann,

137　Richardson, *Heidegger*, 211.3; 243.17; 254.12. 亦见 GA 9: 177—202 = 136—154。

138　SZ 348.26—30 = 399.32—400.3:"封闭状态"（Verschlossenheit）、"被抛状态"（Geworfenheit）、"实际性"（Faktizität）。

139　GA 9: 111.29 = 88.23—24，关于"无"（das Nichts）之"规定性本质上的不可能状态"，也就是说，就"无"本然的隐藏状态而言，海德格尔无法将"无"作为研究主题。

140　见海德格尔给海因里希·W. 佩茨的信，"Afterthoughts on the Spiegel Interview", Neske and Kettering, *Martin Heidegger and Nationalism Socialism*, 69.11—13:"在1930年《论真理的本质》这篇演讲中，本真的'转向'首次被提及。"

141　海德格尔甚至提到过"根本性的非真理"与"真理的根本性的非本质"这类表达，从而把事情弄得更加复杂。见 GA 9: 194.13—14 = 148.28。

理解海德格尔：范式的转变

(2) von der Wahrheit als Entborgenheit her gedacht,
(3) die Un-entborgenheit und somit die dem Wahrheitswesen eigenste und eigentliche Un-wahrheit.[142]

(1)"揭蔽一"，
(2)若与"揭蔽二"即存在者之无蔽状态相比，
(3)乃是遮蔽的，亦是一般的澄明之境最本己的本质特征。

换言之，澄明之境（"揭蔽一"）让存在者的意义显现活动（"揭蔽二"）得以可能，与此同时，它自身仍本然保持遮蔽或"隐藏"——它的成因和来源不可理知。这里面没有什么神秘的东西，仿佛它拥有某种不可名状的力量。我们应避免与澄明之境有关的诸种假说以及类人格化的理解，避免由于刻意强调反身动词而将上述理解置入海德格尔的语境之中："澄明之境隐藏自身。"[143]有鉴于此，诸如sich entziehen和sich verbergen这类表述应理解为"澄明之境已经退隐并隐藏"，而不是"澄明之境退隐自身并隐藏自身"。（对比etwas zeigt sich："某物显现"对比"某物显现自身"。）[144]总之，上述文本记录了海德格尔朝向后期工作的重要突破。我们可以用等式 ἀλήθεια-1 = λήθη-1 来标明这一突破，即作为任何事物实现意义揭蔽的基础，澄明之境本然隐藏着。此乃推动海德格尔思想工作的源始洞见，无论是前期还是后期。引用威廉·J.理查德森的原话，它是"元海德格尔的生活中心"。[145]

142　GA 9：193.24—27 = 148.12—14。
143　甚至"隐藏状态自身就隐藏着"，见GA 6, 2：319.1—2 = 214.8，这里的意思是："澄明之境本然地隐藏着。"
144　亦见"显示自身"（sich ausnehmen），GA 66：340.13—14 = 303.18—19。
145　Richardson, *Heidegger*, 640.28—29。

第七章　过渡：从《存在与时间》到隐藏的澄明之境

据海德格尔1946年的描述，那一洞见早在20世纪20年代就初露端倪，此后历经数年逐渐成形。在《关于人道主义的书信》中，他将那个洞见称为"基本经验"，[146]也曾尝试在《存在与时间》中予以阐明（但未能成功）。在《关于人道主义的书信》中，他还称其为"存在之遗忘（Seinsvergessenheit）的经验"。"存在之遗忘"这个概念有双重含义：(1)在本真的原初层面，它意指澄明之境的本然隐藏；(2)正是由于其隐藏特性，澄明之境才在传统形而上学中常遭忽视与遗忘，这就是在次生的抽象层面被诠释的"存在之遗忘"。但是，"存在之遗忘"这个术语在上述两种情形中均不太妥帖，因为存在总是存在者的存在，这样的存在并不是本然隐藏的，而是可理知的，并且长久以来就是传统形而上学的焦点。与此相反，那个本然隐藏着且遭到遗忘的东西，其实是本有的澄明之境，而不是"存在"。在《关于人道主义的书信》中，海德格尔还将它（λήθη-1）视为"基本经验"，尤其将之注释为"Vergessenheit—Λήθη—隐藏—退隐—本有之未现 = 本有"，[147]那一特性愈加彰显。《存在与时间》的先验进路阻碍了海德格尔对于那个洞见的阐明。这最终促使他在20世纪30年代由先验进路转向存在历史进路，后者旨在廓清绽出之生存的本有如何"给出"（使之得以可能）澄明之境的殊异样态。最后，作为西方哲学的未思之处，澄明之境的本然隐藏亦是澄明之境的历史要核，由此也能理解海德格尔为什么窥见到西方文化的式微。

由此可见，澄明之境具有双重特征：一方面，它保持隐藏；另一方面，它让存在者的意义得到揭蔽。"在存在者得到揭蔽之处，本源却

146　GA 9：328.11 = 250.10："基础经验"（Grunderfahrung）。
147　GA 9：328.11注释d = 250.10注释d。通常将Enteignis这个新造术语译为"失本"，它并不容易得到理解。这个文本阐明了"失本"就是本有（Ereignis）之隐藏状态（或者"退隐"），因此它等同于"遮蔽一"（λήθη-1）。

理解海德格尔：范式的转变

并未显现自身。"[148]海德格尔将这种双重特征称为"让存在者（在其存在之中）得到'揭蔽'的澄明之境，却隐藏自身"。他也将这种特征描述为"差异"，分别对应广义和狭义的存在论差异。[149]更甚者，他还将澄明之境的本然隐藏特性称为"隐秘"（das Geheimnis），但它并不是某个超越人之外的晦暗的"存在本身"，仿佛无人能够通达。隐秘意指我们没有能力抵达本有的背后，也没有能力回到我们本己的被抛状态身后，而理知其"始因"。在《存在与时间》中，他曾将这一现象称为"实际性"。1930年，海德格尔重提澄明之境的隐藏之谜，实际上也是我们（常遭忽视的）自身之谜，亦即绽出之生存的隐秘所在。因此，在那篇演讲中，海德格尔首先提到了这一本然的隐藏状态，并称为"绽出之生存的隐秘"（das Geheimnis des Daseins）。[150]它被视为"彻底贯穿我们的绽出之生存"的"唯一隐秘"。[151]他还称其为"遭到遗忘的绽出之生存的隐秘"（das vergessene Geheimnis des Daseins）。[152]与此类似，在向存在历史进路转变的过程中，他也提到了 λήθη-1 之隐秘即从澄明之境中退隐，并断言"这一退隐亦是绽出之生存的本性"（Der Entzug aber ist des Daseins）。[153]20世纪30年代末，他提到：

> 经由这一退隐（或本然隐藏），澄明之境就将我们的开敞存在

148　GA 4：92.21—22 = 116.15.以及 GA 5：336.3—4 = 253.30—31："它的本质以及本质源头的遮蔽。"然而，另一处文本有截然相反的说法，见 GA 5：337.3—4 = 253.35："存在退隐自身，由此在存在者之中揭蔽自身。"海德格尔试图揭示，澄明之境在存在者的意义显现中间接地让自身显现，见 GA 29/30：431.14—15 = 298.1—2："我们从来不能直接地看见世界现象。"

149　GA 70：98.28—29："存在的遮蔽状态，作为存在者的脱落，即（差异）。"

150　GA 9：197.26 = 151.9.

151　GA 9：194.6—9 = 148.22—24.

152　GA 9：195.23 = 149.28.

153　GA 65：293.9 = 231.8—9.

第七章　过渡：从《存在与时间》到隐藏的澄明之境

据为己有（带至本真的状态），就此而言，澄明之境的遮蔽状态最终植根于 Da 即开敞之域。[154]

他还认为，澄明之境是"最初源始的隐藏状态"，[155]由此断言，它在根本上是不可理知的，因为"理知"意指辨知某个存在者的原因，即亚里士多德所说的"知道某个存在者的始因（αἰτία）"。[156]如前述，通过"分离-综合"运动，存在者得以显现自身的意义。作为这一运动的可能根据，开敞之域却无法由迂回的理智活动通达。它只能在畏或惊诧（海德格尔为亚里士多德的"努斯"概念赋予了全新功能）这些非迂回的情态之中直接现身。[157]澄明之境的现身褫夺了我们的语言，[158]这是因为

> 澄明之境本身乃是"无中介的"。因此，任何间接的东西（比如迂回的语言）……无法使无中介者获得直接性。[159]

海德格尔认为，鉴于"本有"活动让我们能够赋予存在者意义，它就是任何人、知识以及行为"最初的在先基底"（προϋποκείμενον πρῶτον,

---

154　GA 65: 249.15—18 = 196.21—24.
155　GA 9: 194.11—12 = 148.26—27.
156　《后分析篇》I 2, 71b10—11: τὴν αἰτίαν γιγνώσκειν。关于rerum cognoscere causas，见维吉尔，《农事诗》II, 490，在拉斐尔的作品《雅典学院》里得到重现。这一作品位于梵蒂冈古希腊文明馆教皇厅。
157　见《形而上学》IX 10, 1051b24。经由努斯（νοῦς）的运作——这里的努斯被视为畏或者惊诧（ϑαυμάζειν）——海德格尔恢复了直接的"触及"（ϑιγεῖν）。见 GA 11: 22.11 和 14 = 85.1 和 4—5; "ϑαυμάζειν，即惊诧（das Erstaunen）"，以及"退隐到存在面前"（Zurücktreten vor dem Sein），亦即退隐至澄明之境面前。
158　GA 9: 112.14 = 89.5.
159　GA 4: 61.21—23 = 83.27—29.

praesuppositum primum）。[160]任何关于它的理知尝试，都必须以澄明之境为最终前提，因此，澄明之境早已事先蕴含其中。反过来描述，它又总是居于其"后"，甚至当我们静观它时，它也始终居于我们的身后（即不可理知）。为避免自相矛盾，我们不能"超越"或达至它的"背后"。我们不能追问任何追问活动之终极前提背后的前提（否则将陷入一个恶性循环）。"本有无源可溯，无因可知。"[161]毋宁说，它是"一切存在者源始的可能根据"，可类比于柏拉图之"善"理念。[162]

让任何存在者得以可能的那个东西本身如何可能？这个问题永远没有答案。甚至这种提问方式本身就不可理喻。这样会让我们陷入"循环论证"（petitio principii）的陷阱之中，[163]这类方式没有厘清一点：自提问伊始，我们早已居于所探求的答案之中。海德格尔确实曾经提到："抵达其原则根据（petere principium），这是哲学曾经向前迈出的唯一一步。"[164]不过，他其实想强调，真正的哲学之思必须将那个根据留于不可理知之中，而不是经由尝试追问它背后的东西，来积极地"预设"那个前提。因此，为理智寻找最终根基这个行为实际上已经预设了那个根基，这样就陷入了循环归因之中。[165]一言以蔽之，除了理知活动的

---

160 关于"在先基底"（προϋποκείμενον），它意指向来已经在先（πρό）位于（κείμενον）某物之下（ὑπό），见 Damascius, *De Principiis* III, 153.2 = *Dubitationes et solutions* I, 312.21。

161 GA 12：247.12—13 = 127.28—30。GA 10：169.6 = 113.18（见赫拉克利特，《残篇》52）："'因为'在游戏运作之中沉潜。游戏本身没有'为何之故'。"

162 GA 22：106.32 = 87.32："一切源始地得以可能。"亦见普洛丁，《九章集》VI 9：11.2—3："善不能'显现'或者被揭蔽（οὐκ ἔκφορον ἐκεῖνο ὄν）。"《九章集》VI 7：40.51—52："在它之前，无物存在（ᾧ δὲ μήτε τι ἄλλο πρὸ αὐτοῦ）。" GA 34：78.6 = 57.22："本质性的东西总是保持为不可被证实的东西。"

163 关于"循环论证"，见亚里士多德，《前分析篇》II 16, 64b28—65a9：τὸ ἐν ἀρχῇ αἰτεῖσθαι καὶ λαμβάνειν（"Petere et sumere quod ab initio quaesitum fuit"，Bekker III, 35a32）。

164 GA 9：244.32—33 = 187.28—29。

165 关于循环归因（τὸ κύκλῳ δείκνυσθαι），见《前分析篇》II 5, 57b18—59b1。

第七章 过渡：从《存在与时间》到隐藏的澄明之境

源头，一切皆可理知。[166]被抛状态的原因、源头，也就是澄明之境，乃是不可理知的。海德格尔最初称其为"实际性"，后来又喻为"隐秘"。

随着《论真理的本质》的问世，通向海德格尔后期思想的大门也同时开启。直到1930年12月，他积累了足够的资粮展开SZ I.3的研究，只是最终未能完成。现在，他终于不必再与先验进路强求一致，转而重新研究"实事本身"。历经数年，海德格尔才最终确定指引自己随后四十余年思想工作的新进路，不管怎样，那条进路逐渐明晰。向澄明之境过渡，这一在《存在与时间》中就取得初步进展的思想，亦属于20世纪30年代发生视角转变的存在历史进路。

* * *

这一章讨论了诸多问题，它们曾阻碍海德格尔在先验框架下完成SZ I的研究工作。无论那些阻碍是否存在，SZ I.1—3以及随后半个多世纪的哲学工作始终揭示了从绽出之生存即澄明之境朝向澄明之境即存在者意义显现之源头的过渡。要想廓清海德格尔的基本观点——澄明之境就是绽出之生存的"所为何故"（οὗ ἕνεκα）即一般存在的根据，刚才提到的视角转变就不可或缺。但是，这并不意味着，澄明之境，即"存在本身"（das Sein selbst，我们暂且这样描述，它属于形式显示的概念，颇具启发意义）的具体内容，乃是"异于"且"高于"绽出之生存并被赋予更高存在论地位的"超级现象"。换言之，揭蔽了"存在本身"的澄明之境不是海德格尔虚构的某个超级"存在"，好像它随意"生发"或"抑制"绽出之生存。[167]实际上，只有承认澄明之境是绽出

228

166　见本章注释16。
167　见GA 66：340.13—14 = 303.18—19，海德格尔将自己的观点与如下误解划清界限："存在将自身显现为'某个存在者'，人类由此走向它，或者与此相反。"

之生存的存在根据（raison d'être）这一事实，任何所谓澄明之境"优先"于绽出之生存的断言才能成立，因为澄明之境乃是绽出之生存的本质（proprium）。这个事实可喻为贯穿《存在与时间》出版以后长达半个多世纪的海德格尔思想的北极星，它也导致了20世纪30年代至40年代其哲学进路的转变。现在，我们将逐一讨论海德格尔后期思想的相关主题。

第八章

本有与转向

第二次世界大战以后,海德格尔曾提到,1936年起,他的工作重点将是"质朴地道说存在的开敞之域"。[1]他称为"本质运思"[2]的研究仍然明确围绕一个主题:澄明之境如何发生?对于存在者的意义领会而言,它又如何可能且必要?与此同时,那项研究也关注相同的另一个主题——整体的绽出之生存,既不多也不少。由于绽出之生存本身就是澄明之境,海德格尔的哲学主题因此始终是人,此乃实存论事域所能达到的广度、深度及边界。他一直在探求人的先天状态,即无论何处,只要有人存在,澄明之境就已经开始运作。所以,一言以蔽之,海德格尔逾半个世纪的哲学研究始终在践行镌刻于德尔菲神庙上的铭言:"认识你自己!"(γνῶθι σεαυτόν)[3]

本章将处理极其关键又易遭误解的两个论题——本有(das

---

[1] GA 9: 313 注释 a = 239 注释 a。
[2] GA 65: 47.13 = 38.34; GA 66: 49.23—24 = 41.6(英译本误译成"基础之思")。
[3] 柏拉图,《普罗泰戈拉》343b3。GA 31: 123.11—12 = 85.34—36:"根据其问题内容,正当被提出的一般存在问题促逼着对于人的追问"——"从其本质最深层的根基处而来的人",见 GA 88: 7.13—14。GA 66: 414.22—23 = 367.24—25:"因为存在问题最内在地植根于绽出之生存问题,反之亦然。"

303

理解海德格尔：范式的转变

Ereignis）与转向（die Kehre）。经由适当的诠释，我们将会发现：那两个术语实际上针对同一个对象，也就是引导海德格尔一切哲学的"实事本身"。为了廓清二者，我们必须重新审视学界关于"转向"的主流看法。有的学者认为，它意指海德格尔在20世纪30年代由先验进路转向存在历史进路，更有甚者，认为它意指由被抛回澄明之境的绽出之生存转向被抛入绽出之生存的澄明之境，这些观点都在根本上误解了"转向"。

* * *

在《存在与时间》出版十年之后，海德格尔开始使用Ereignis这个术语，并称其为"1936年以来引领自己思想之路的概念"。[4] 根据惯常的德语用法，Ereignis乃指"事件"，英语学界通常将之译成"事件"或者"本有事件"。然而，根据海德格尔自己的解释，他明确拒绝在任何层面将它理解为"事件"，自然也包括"本有事件"这类译法。

> 我们不能采用它的当前含义，即发生事件，来表述Ereignis这个术语。[5]

> Ereignis……并非意指发生事件。在这里，Ereignis这个概念不再关涉我们通常所谓的"发生事件"。[6]

> 在这里，Ereignis并非意指正在发生的某个事件（ein Vorkommnis）。[7]

---

[4] GA 9: 316注释a=241注释b。见GA 11: 45.15—17=36.15—16: "思想事业方面的引言"。

[5] GA 14: 25.33—26.1 = 20.29—33。

[6] GA 11: 45.19—20 = 36.18—19，在德文版注释76，海德格尔将Geschehnis与Vorkommnis注释成"发生事件"（eine Begebenheit）。

[7] GA 70: 17.19。

第八章　本有与转向

海德格尔回溯了 Ereignis 的词源学根据,即德文词"眼睛"。具体而言,格林兄弟曾廓清了 Ereignis 最初的词源——古高地德语 ouga,即眼睛(参见现代德语 Auge)。ouga 这个词始于古高地德语动词 ir-ougen、中古高地德语动词 er-öugen 和 er-äugen 以及已被弃用的高地德语动词 er-eigen,上述动词均意指"置于眼前,显现",亦可与拉丁动词 monstrare 和 ostendere 比照。不过,历经数个世纪,那个概念逐渐与先前毫无联系的形容词 eigen(本己的)发生关联,它的同根动词 an-eigen(本有)也开始与 sich er-eigen 有关。最终,"置于眼前"与"为己所有"这两层含义得到融合。17 世纪初,字母 n 也悄悄地加入其中(sich er-eignen)。

简言之,Ereignis 这个名词拥有较为复杂的历史,它承袭了"置于眼前"与"为己所有"这两个词根。海德格尔仿佛在 Ereignis 中听到了"置于眼前……显现"(in den Augen fallen ... erscheinen)这一回响,[8] 于是撷取了第一层含义;与此同时,他又将 Ereignis 称为"本有"(源于拉丁词 proprius,"为己所有"),甚至将人视为澄明之境的"居有者"(Eigentum),[9] 于是同时保留了第二层含义。我们可以发现,由于隐含了某种实体化运作的危险(澄明之境被视为能够将存在者"据为己有"的某个"实体"),第二层含义极易遭到误解。接下来我们将依次讨论上述两层含义。

第一,关于"显现"这层含义:即使海德格尔曾明确拒绝将 Ereignis 译为带有时态特征的"事件",但并未取消将之从"发生"层面理解的合法性,不过必须是非时间层面的"发生",即类似于"灵光乍现"这种发生,也就是现象学意向层面的"显现"。"发生"(occur)的词根是拉丁词 occurrere,意指"朝我们跑来"(ob-currere),以至于出现在眼前,显现自身,被给予我们,正如日常短语"……发生在我身上"或者"对我来说,它

8　GA 71: 184.17—19 = 156.20—24.
9　GA 65: 263.14 = 207.16:"本己活动规定着人对存有的居有。"这一用法会导致澄明之境或者存有的具象化以及绽出之生存的客体化。

显得……"。实际上，在拉丁文献中存有海量从"显现"而不是"发生"层面理解occurrere的例子。例如《埃涅阿斯纪》V, 8—9, 维吉尔提到埃涅阿斯的船已经驶出迦太基港口如此之远，以至于"陆地已然不得见"（nec iam amplius ulla / occurrit tellus：历史性的显现）。[10]西塞罗也说过："无论谁认为毕达哥拉斯与柏拉图的观点不是真的，其任何理由对我来说都显得没有根据。"[11]海德格尔对于Ereignis的使用，在上述"显得"或者更确切地说"已经显得"这一层面，就意指绽出之生存的开抛活动。

第二，关于"本有"这层含义：如果从"本有"（appropriation）的原初词源出发，Ereignis的第二层词源根据可以同第一层含义（"显现"）一起被考察。拉丁词proprius意指本己地从属于某个存在者。因此，拉丁词proprietas首先不是指某人已经获得的"财产"，譬如土地或房屋。它首先与通常意指附于存在者之上的某个性质，也就是存在者本来具有的特性或特征，正是这些特性让存在者是其所是，正如哲学层面所谓的某物之"特性"。[12]海德格尔提到的Er-eignis，常指让某个存在者居于自身本来的状态之中，以至于成为它自己，成为其本质所是的"特性"，而不是"据有"它。海德格尔发出了"成为自己"，在这个特殊的层面，Ereignis就意指绽出之生存向来已经被带入自身即开抛的澄明之境，并因此"发生"。[13]此外，"本有"还有另外一种形态"澄明之境的打开"，

10　维吉尔, 见http://www.thelatinlibrary.com/vergil/aen5.shtml。菲格尔斯的译文："视线里已无陆地"，《埃涅阿斯纪》, 153。

11　《图斯库卢姆辩论》1, 21(49)(ET, 58); 亦见《论神性》, 1, 14(36)(ET, 38): "某个无感觉的东西也能被理解为神，即使它在我们的祈祷、祈愿或者侍奉中从未曾向我们'发生'（显现、显出）。"

12　*Oxford Latin Dictionary*, 1495 b 和 c, s.v. "proprietās"。亦见 *The Stanford Encyclopedia of Philosophy*, "properties": http://plato.stanford.edu/entries/properties/。

13　GA 65: 262.2—3 = 206.10—11: "处于绽出之生存中的存在之真理的建基。"换言之，作为本有，绽出之生存成为它自身，即被打开的澄明之境的无更高根据的基础。见GA 65: 293.4—5 = 231.4—5: "只有基于绽出之生存，存有才能走向真理。"亦见GA 65: 294.9 = 232.9。

第八章 本有与转向

此乃已经运作的实事。[14]

因此，Ereignis的德语日常用法可能存在问题。尽管海德格尔明确拒绝了那一用法，我们仍须追问：本有是事件吗？它是构成时间连续体的某个独特环节，并区分前后吗？它在某个特殊的时刻发生，从而我们能够说"现在它正起作用，之前却没有"吗？显然并非如此。本有不是事件，而是已然发生并向来已经运作的实事。[15]更进一步，它就是"实事本身"，没有它，就不会发生人类事域内的其他事实、事件。[16]源始的实事规定了绽出之生存，而且始终与它并行一致，既不附随于它，也无法与之分离。

由此观之，海德格尔提到本己活动（Er-eignung）将人规定为澄明之境的"居有者"（Eigentum），其实揭示了人从根本上就向来已经被带入"自身"即发生赋义活动的开敞之域。作为开敞活动，人"持守着"（aussteht）澄明之境。鉴于海德格尔的误用，我们必须慎之又慎，竭力避免过于具象的表达，比如Ereignis或者Sein selbst或者Seyn，仿佛它是某个"窥视"人的东西，呼唤人显现自身，让人成为自己。下列表述就明显不妥：

> Er-eignen原初意指：把某个存在者带到眼前，也就是瞥见到

14　GA 49：41.26, GA 4：56.27 = 79.12等："澄明之境的澄明。"这也是Austrag（"拽出"）的含义，见GA 66：84.33—34 = 70.37—38："'拽出'意味着……打开，即澄明之境的澄明——本有即拽出。"

15　本有乃是"不可通达的"（das Unzugangbare），它揭示了如下不可通达的实情，即"我们原初本来就是有死者"，见GA 13：242.7—9。它向来已经开始运作，见GA 11：20.23—26 = 73.10—14。本有就是"我们曾是并在自身之中已经是的那个东西，因此它走向我们并在未来召唤着我们的本质"，见《道路》,26.5—7。

16　见GA 26：270.10 = 209.7,澄明之境的展开（die Zeitigung der Zeitlichkeit）不是某个"时态"事件，而是向来已经运作的"原初事实"。

理解海德格尔：范式的转变

它，呼唤它现身，并将之据为己有。[17]

根据海德格尔的阐析，被"带到眼前"的"某个存在者"就是绽出之生存。然而，这一过于实相的表述极易招致误解，好像某个超脱于绽出之生存的存在者"看见了"绽出之生存，并将之据为己有。与此相反，我们必须保留Ereignis的两个词源根据"置于眼前"与"为己所有"，将它译为"本有"（而不是"本有之事件"），换言之，绽出之生存已然"被带入自身的本质之中"（ad proprium），同时作为澄明之境"出现在眼前"。[18]"本有"指明了海德格尔哲学的"实事本身"，即向来开敞的"场域"（Da），正是通过它，我们才可能而且必须以迂回的方式从意义层面理知存在者。

海德格尔的术语库内存丰富而又有建设性，但始终潜藏着一个危险：那些术语均被赋予了独特含义，这样就取代了其原本指称的东西。比如有些学者将澄明之境（或者存在本身）视为"仿佛某个作为对象'超立于'我们之上的存在者"。[19] 按照这种方式，海德格尔的核心术语Ereignis——英语学界仅保留它的德语形式，存而不译——亦冒着遭受误解的风险：仿佛它是某个具象的东西，比如超越人之外的独立自存的宇宙存在者，它介入自己与绽出之生存的关联之中，统摄着绽出之生存，并将"存在"（Sein）派于绽出之生存，从而让自己成为超自然的隐秘。要想避免落入上述陷阱，同时珍视海德格尔笔下Ereignis的真实含

---

17 GA 11：45.13—15（英译本36.14删掉了这一段，并未予以解释）。德语原文的边注解释了最后一个词an-eignen，称之为"进入澄明之境"（in die Lichtung）。还有其他类似的例子，见GA 12：249.1—2 = 129.9："本有……在其关于人类本质的看见活动中。"

18 海德格尔曾多次给予清晰说明。见GA 12：249.5—6 = 129.13："它（即归本）释放了人自身之中的人类本质。"见GA 12：248.6—7 = 128.19—20："本有促使终有一死者逗留在其本质中，以至于它能够成为一个言说者。"见GA 12：248.15—16 = 128.29—129.1："本有就是这一法则，即终有一死者被聚集到对其本质的本有活动中，并且在这一活动中停留。"

19 GA 65：256.2—4 = 201.28—30.

308

义,我们就必须铭记这个术语意指开抛活动。作为"在世界之中存在"的无法植根的"无",开抛活动只能在畏或者惊诧中被经验到。总之,我们应该谨遵海德格尔针对"本有"订立的现象学原则:"竭力避开各种并不是在无的呼声中产生的标记。"[20]

* * *

为什么"本有"(Ereignis)这个日常词汇被赋予了如此陌生的哲学诠释?为什么海德格尔坚持使用那个术语?他关于"本有"的重新诠释不应造成一类误解,仿佛他在1936年偶然发现了从未关注的现象,乃至迫使他重塑哲学思想。与此相反,要想理解"本有",就必须认识到一点:海德格尔后期其实重新刻画了前期提出的"被抛状态"(Geworfenheit),或者完整地说,"被抛的开抛状态"(der geworfene Entwurf)。[21]

如前述,究竟是什么让一般的可理知性即存在(Sein)——总是存在者的存在——变得可能且必要?这是他提出的由来已久的基础问题。海德格尔前期的回答是先天的开抛活动即澄明之境,而海德格尔后期的回答同样如此:开敞之域这个"本有"结构,它让迂回的可理知性得以可能。被抛状态与本有乃是一回事,二者分别命名海德格尔前期与后期思想的同一实存论结构。海德格尔后期常将它们置于同等的位置,由此亦可发现"本有"与"被抛状态"的同一特征。

为己所有,让己被抛[22]

---

20 GA 9:113.8—10 = 89.24—26.
21 见GA 66:108.20—21 = 90.22—23:"被抛状态与开抛活动就是已经从存有的真理处被把握的澄明之境进程。"
22 GA 65:34.9 = 29.7.

理解海德格尔：范式的转变

> 被抛……即本有发生[23]

> 绽出之生存被抛出（即）本有发生[24]

我们还能经由海德格尔前后期思想中被称为"承担"这个与绽出之生存有关的结构看出二者的同一性：

> SZ：承担被抛状态[25]

> GA 65：承担本有发生[26]

在本有发生的过程中，被本有的东西（geworfen, ereignet）就是人自身。[27]不过，我们必须谨慎对待，不能将本有或者"存在本身"化为实体，仿佛某个存在论层面的超级存在者——它据有自己的生命，蓄力运作——它开展了本有发生与抛投行为。[28]绽出之生存为何开抛或者本有？这一点无因可溯（ohne Warum）。我们理应搁置关于人"被何物所抛或者所有"这类争论，可能的话，应该彻底肃清近些年来统治学界的

23　GA 65：239.5 = 188.25.
24　GA 65：304.8 = 240.16.见GA 65：252.23—25 = 199.3—4。亦见 GA 9：377注释d = 286注释d："被抛状态与本有。"
25　SZ 325.37 = 373.14—15.
26　GA 65：322.7—8 = 254.36—37. GA 94：337.7—8："决断"在被抛状态的承担之中返回自身而成长"。
27　GA 12：249.1—2 = 129.9. GA 94：448.31："绽出之生存的本有活动，由此绽出之生存得以归本。" GA 65：407注释 = 322注释1："在这里，本有在人之上被看见，人也从本有中被规定为绽出之生存。"亦见 GA 14：28.18—19 = 23.15—17。
28　GA 9：442.22 = 334.21："假设一个想象出来的世界本质。"见 GA 73，2：975.22—23："作为某个自为的现成之物"。 GA 66：340.13—14 = 303.18—19："存在显现为人走向或者背离的'某物'。"

第八章 本有与转向

"原型–形而上学"（当然，海德格尔自己也曾为这类乱象推波助澜）。试想，"存在还在等待，直到对人来说值得思索"，[29] 多么悲怆！或者"存在本身尚未苏醒，还无法在觉醒的本质之中瞥见我们"，[30] 多么愚蠢！与其将它喻为"沉睡的荷马"（dormitat Homerus），倒不如喻为"醉酒的诺亚"（inebriatus est Noe），由此可见，海德格尔的那些说法不值得严肃对待。

简言之，指引海德格尔整个哲学工作的"统一思想"[31] 就是绽出之生存的开抛活动或者本有。它亦是那个由来已久的基础问题的最终答案：为什么发生一般的意义显现？开抛活动与本有在实存论层面别无二致，共同构成了可理知性的可能根据。[32] 换而言之，仅当我们在实存状态层面将某个特殊的存在者作为适合特殊任务的器具（在实践方面的原初或诠释性的"作为"活动），或者就某个谓词理解某个主词（在陈述方面的用于判断的"作为"活动），[33] 现实的可理知性才得以显现。实存状态层面的具体活动揭示了存在者的"各自当下存在"（das jeweilige Sein），即存在者如何（"作为……"）向我们显现当下的意义，无论正确与否。[34]

* * *

1936年，海德格尔不仅开始使用"本有"来为自己思想的核心要素命名，而且引入了"转向"（Kehre）这个术语，并赋予全新含义，它与"本有"紧密关联。在 GA 65 中，他常提到：

29　GA 9: 322.30—31 = 246.15—16.
30　GA 10: 80.29—30 = 54.11—13.
31　GA 13: 76.9—10 = 4.10.
32　GA 16: 424.20—21 = 5.14—15: "无蔽状态或者澄明之境（可理知性）的场域。"
33　上述两种关于"作为"的用法均基于宽泛意义上的诠释学层面，这个诠释学视角可被进一步细分为实践层面上原初的诠释学"作为"以及次生的命题陈述方面的"作为"。
34　见《尼各马可伦理学》VI 3, 1139b15: "灵魂揭示真理"（ἀληθεύει ἡ ψυχή），即绽出之生存揭蔽存在者，以存在者各自的"揭蔽二"这种方式。

理解海德格尔：范式的转变

  die Kehre im Ereignis：在本有之中，转向（发生）[35]
  die im Ereignis wesende Kehre：在本有之中得以运作的转向[36]
  die Kehre des Ereignisses：与本有并行的转向[37]
  das Ereignis der Kehre：与转向并行的本有[38]
  das Ereignis und dessen Kehre：本有及其转向[39]
  die Er-eignung in ihrer Kehre：在转向之中的本有发生[40]

  在《论真理的本质》第六节里，海德格尔首次提到了"在本有之中开始运作的转向"。[41]同样在那一节，他还首次（尽管尚不成熟地）讨论了本有的澄明之境的本然隐藏之所，并由此阐明本有、澄明之境以及转向三者之间的共同性乃至同一性。那么，他在这里提到的"转向"究竟意指什么？

  首先，"转向"显然不是指海德格尔在20世纪30年代发生的思想进路的转变（die Wendung im Denken）。他在写给理查德森神父的信中提到："（我）关于'转向'的思想也是自己思想之路的转变。"[42]因此，日常的"转向"含义与海德格尔的哲学理解并不相同。(1) 在原初本真的含义层面，"转向"只是海德格尔哲学主题的别称而已；(2) 对于那个未

---

35 GA 65: 34.10—11 = 29.8; 57.10 = 46.15; 262.3—4 = 206.11; 267.12 = 210.17—18; 320.19 = 235.27; 407.6 = 322.31. 见 GA 65: 325.9—10 = 257.17—18: "在存在自身的本质中发生的转向。"

36 GA 65: 407.8 = 322.33. "（在本有之中得以运作的）转向"，见 GA 9: 193 注释 "a" = 148 注释 "a"。

37 GA 65: 311.5 = 246.18—19; 342.25 = 271.18—19; 351.22 = 277.40; 354.9—10 = 279.34—35.

38 GA 65: 311.13—14 = 246.27—28.

39 GA 65: 31.18—19 = 27.4—5.

40 GA 65: 342.22 = 271.15.

41 GA 9: 193 注释 a = 148 注释 a。

42 GA 11: 149.21—22 = xviii.25—26.

第八章　本有与转向

曾改变的哲学主题,在20世纪30年代,海德格尔经历了从先验进路到存在历史进路的思想转变。海德格尔接着辨析:第一,原初本真的"转向"乃是在本有之中开始运作的那个东西。第二,它是思想转变这类褫夺的"转向"的基础,二者构成解释循环:

> 在"转向"之中,"本有"实现最内在的发生以及最外在的延展。在"本有"中运作的"转向"也是其他一切从属的转向、循环与环周的隐藏基础,它们的源头晦暗不明。尽管未经审视,我们仍乐于将之视为(下列现象)的"最终根据",比如主导问题结构方面的转向(= 20世纪30年代出现的进路转变)或者领会方面的(诠释学)循环。[43]

海德格尔为什么选择"转向"这个特殊概念来为与本有相关的思想命名,这一点尚不清楚。既然这个术语曾遭到广泛误解,他大可搁置一旁,而在"转向"相应的位置上使用"映振"(Gegenschwung)。"映振"概念更能清晰传达海德格尔的本义。[44]他提出"'转向'即'映振'",表明了绽出之生存即 Da-*sein* 与澄明之境即 *Da*-sein 之间带有张力的同一性,即独有的"来回运作"(reci-proci-tas)这个统一现象。实际上,海德格尔后期经常使用实体性与对象化的语言来描述这类映振活动的"来

43　GA 65: 407.7—12 = 322.32—37。
44　映振(Gegenschwung)是海德格尔从动词gegenschwingen衍生而得的新概念。它首次出现在1936年的注释中,(据我推断)1946年以后逐渐消失。1928年,海德格尔提到了绽出之"振动"(Schwingen)对于世界构成的重要性。"这个绽出者作为一个世界振动着,并让自身到时",见GA 26: 270.4—5 = 209.2—3。关于映振,见GA 65: 29.15 = 25.18各处;亦见GA 70: 126.18; GA 75: 59.15; GA 78: 335.13等。关于映振和本有(Ereignis,常被误译为"事件"),见GA 65: 251.24及以后 = 198.14; 261.26 = 206.3; 262.7—8 = 206.15—16; 286.31及以后 = 225.19—21; 351.22 = 277.39—40; 以及381.26—27 = 301.29—30。

回运作"。比如,他曾提到"澄明之境与人之间的映振关系"。[45]它一方面揭示了人对于澄明之境的"呼"与"求"(Anspruch, Brauch);另一方面,同时揭示了人属于澄明之境并持守着澄明之境(Zugehörigkeit, Ausstehen)。[46]总之,没有绽出之生存,就没有澄明之境;没有澄明之境,就没有绽出之生存。[47]

> 澄明之境"需要"人才能开始运作,与此同时,人"属于"澄明之境。[48]

但是,澄明之境与人并不是"两个东西",好像前者需要后者,后者又属于前者。海德格尔进一步阐明:

> (人与澄明之境)的关系并不是在澄明之境与人之间延伸的纽带……那个关系其实就是澄明之境本身,人的本质亦是那一

---

[45] GA 73, 1: 795.19—20. 有些学者可能会将 kehrige 译为 reci-proc-al, 但翻译过程中连字符的使用理应有限度, 正如理查德森所言:"(语言)'简-化'论者会很'恼-火'"(pur-ists may find it an-noy-ing), 见 *Heidegger*, xxviii.12。

[46] GA 79: 69.21—23 = 65.25—28. GA 65: 32.7 = 27.22; 251.24—25 = 198.14. 有时候, 澄明之境对绽出之生存的"需要"被(拟人化地)描述为澄明之境对绽出之生存的"召唤"(Zuruf), 这无助于我们的理解, 见 GA 65: 233.23 = 184.15; 342.22 = 271.16; 372.15 = 294.14; 380.16 = 300.28; 384.2—3 = 303.17—18; 407.30 = 323.17。GA 6, 2: 443.4 = 78.4—5; GA 51: 89.3 和 5 = 75.6 和 8; GA 66: 224.13 = 198.20; GA 70: 106.1 等。

[47] 见 GA 45: 212.10—11 = 179.29—30 以及 GA 45: 212.11—14 = 179.30—32: 澄明之境是:"人之存在的承担根据, 而且仅当它(人之存在)植根于这一承担根据并从中绽出, 上述一切才得以发生。"

[48] GA 65: 251.11—12 = 198.2—3.(关于"迫切需要", 我对应的乃是德文 Not 这个概念, 侧重于海德格尔原初的含义"急难", 而不是其衍生含义"涌现"。)GA 65: 447.19—20 = 352.30. GA 15: 370.18—19 = 63.16—17。

第八章　本有与转向

关系。[49]

同理，他认为，仅处于与澄明之境"关系之中"的人其实"不是人"，并马上予以解释"既然人从澄明之境那里获得了自身的规定性"。[50] 换言之，澄明之境与绽出之生存并无区别，同时是绽出之生存得以绽出而生存的一般根据。它乃是处于实存状态中的人的实存论本质。这里没有相互分离的两个东西，好像绽出之生存在此，澄明之境于彼，二者经由"需要"和"归属"才被连接在一起。"二者"实际上从不同视角对同一现象展开描述：或者是被视为澄明之境的绽出之生存，或者是让一切意义得以可能的澄明之境。绽出之生存即开抛活动向来已是一个实存论场域，居于自身存在之中的存在者在实存状态层面的领会活动正于之发生。因此，严格说来，我们不能认为绽出之生存对澄明之境"敞开"。好像澄明之境是绽出之生存可以踏入的某个空间，正如某个人情愿或者不情愿踏进某个房间一样。[51]经由"在世界之中存在"（In-der-Welt-sein）这个概念，映振的同一性首次得到描绘，即绽出之生存的存在就是持守世界并存在于世界之中，与此同时，向来敞开的世界也是绽出之生存的根本存在。[52]海德格尔始终将结构层面的上述同一视为"统一现象，它必须被当作一个整体对待"。[53]由于"存在"与"意义世界"之

240

49　GA 73, 1: 790.5—8. Einspannen这个概念有联结、嵌套以及延伸的含义，见《道路》, ms. 20.18—22。

50　GA 15: 390.9—11 = 75.4—5. 见第一章注释133。

51　不过，海德格尔本人也造成了这种错误印象，例如，他曾提到"被抛入澄明之境"这类表达，见GA 69: 21.16各处。

52　GA 9: 154.18—19 = 120.24—25. 亦 见 SZ 64.19—20 = 92.32; 365.38 = 417.11; 380.28—30 = 432.17—18。还有 GA 24: 237.8—10 = 166.33—35。关于世界和澄明之境，见GA 9: 326.15—16 = 248.36—37: "存在的澄明之境，只有它是世界。"

53　SZ 53.12—13 = 78.22—23.

315

间映振的同一性(reci-proci-tas, Gegen-schwung)，意义显现才得以可能。[54]

只要在原初本真的层面理解了"转向"，即绽出之生存与澄明之境的映振，我们就会发现"本有"与"转向"都旨在命名"实事本身"，即人将动态的开抛活动本有。一旦脱离这个实事，就没有任何人事发生；但是，它也不是某个发生事件，而是一切发生事件的根据。那个映振的"来回运作"亦是有限的，因为它必然与绽出之生存这个可能者须臾不离，绽出之生存乃是对于自身完全显现的褫夺。假如绽出之生存这个有所缺失的自身离场者（＝可能者）转为完全的自身同一者，从而得到彻底的实现，那么，我们将不能（也将不必）再赋予任何存在者迂回的意义。赋义活动必须以尚未完成、尚未实现的可能性为前提，同时伴随以供中介运作的效果场域。海德格尔提出的"人之有限性"这个观念与传统解释迥异，后者必须将人的有限性与神的无限性进行对照，才能理解它。

> 本有的有限性……不同于任何关于康德的研究著作中提到的有限性。它无须借助自己与无限性的关系而得到说明，换言之，它乃是就自身而言的有限性，即有终性、终结、极限、本己性——它安身于人自己。[55]

---

54 这种表述基于某个实在论结构，见 GA 78：335.10—12："Geworfen—nicht aus sich./Woher anders denn aus Seyn selber？/Ereignis." 这句话的意思是：绽出之生存被抛而开敞，但并非出于自身。除了本有的澄明之境，还有什么能够作为这一开抛活动的解释根据呢？答案是本有。

55 GA 14：64.20—25 = 54.22—27.换言之，在个体的本有或者被抛状态中寻求安宁。(可参照 GA 3 的相关表述。) 见 GA 66：88.15—17 = 73.32—34："绽出之生存的'有终性'……是通过存有而发生的本质性的归本活动的根本结果。"

第八章 本有与转向

* * *

我们必须再次援引亚里士多德的"分类"原则,以区分不同层次的"转向"解释。虽然已经在原初本真的层面解释了"转向"的内涵,不过,海德格尔及其拥趸如此随意地使用那个术语,甚至不分青红皂白,沿用了许多"由之衍生的转向",[56]例如:

1. 自1926年起,海德格尔意欲从SZ I.2向SZ I.3过渡,也就是说,从作为澄明之境的绽出之生存向让一切意义显现得以可能的澄明之境过渡。这常被误认为"转向"的原本含义。
2. 20世纪30年代,海德格尔开始从先验进路向存在历史进路转变(die Wendung im Denken),这也常被误认为"转向"的原本含义。
3. 1949年,在《转向》这篇文章中,所谓的未来之"存在转向"得到描述,它将导向"迥然不同的世代"这一乌托邦。[57]
4. 1928年,海德格尔曾提及,将在未来得到完成的基础存在论(实际上从未出版的SZ I.3)与所谓"后存在论"[58]这一存在者层面的

56　GA 65:407.9 和 11 = 322.34。
57　GA 5:326.14—15 = 246.1—2。
58　关于"后存在论",1928年,海德格尔提到在SZ I.3之后"转向"(Kehre,见GA 26:201.30 = 158.30)事域存在论或者"存在者层面的形而上学"(metaphysiche Ontik,见GA 26:201.29 = 158.31)研究的可能性。它处理哲学人类学,乃至伦理学问题。"这种新型研究植根于存在论自身的本质以及(传统)存在论的转换,即其 μεταβολή(SZ I.3即将完成)。我将这一系列问题称为'后存在论',即紧随存在论工作之后",见GA 26:199.24—28 = 157.4—8(见GA 9:249.21—29 = 191.8—17; GA 22:106.26—28 = 87.26—28)。(海德格尔1935年至1936年撰写的关于艺术作品的那些论文或许正基于后存在论框架。)

理解海德格尔：范式的转变

探究之间发生"转向"。

关于"乌托邦式的转向"(第三个观点)，我将在后面章节予以讨论。关于"后存在论式的转向"(第四个观点，在海德格尔的著作中仅被提到一次)，我将列注说明(见注释58)。在这一章，我将探讨另外两个观点，即由SZ I.2向SZ I.3过渡(第一个观点)，以及发生在20世纪30年代的进路转变(第二个观点)。尽管未能揭示"转向"原义，但那两个观点常相互混淆，并被统称为"海德格尔的思想转向"。本人旨在：

- 区分二者；
- 解释二者为什么均不是海德格尔意指的"转向"；
- 阐明"转向"的原本含义；
- 阐明曾得到长期规划的由绽出之生存向澄明之境的过渡融入了20世纪30年代发生的未曾预计的进路转变之中。

在海德格尔的思想中，"转向"概念的同名异义现象对学界构成了严重困扰。廓清这些含义可能对海德格尔的哲学思想并不具有颠覆意义，但仍有助于我们加深对其著作的一般理解。或许只有沉迷海学的人才会关注"转向"问题，一般学者情愿跳过下面的讨论或者仅对之轻描淡写，就通向第九章的内容了。

一、《存在与时间》中发生的过渡

1927年，海德格尔将《存在与时间》的第一部分为：

SZ I.1—2：开抛(="绽出")的绽出之生存解析。

第八章 本有与转向

SZ I.3：关于境域的解析，这一境域与开抛的绽出之生存相关，既规定了意义显现的统一，也廓清了意义显现的殊异样态。

这两个环节亦在海德格尔为《存在与时间》第一部拟定的标题里有所呈现：

SZ I.1—2：就"时间性"阐释绽出之生存。
SZ I.3：阐释"时间"作为存在问题的先验境域。[59]

《存在与时间》出版一年后，在1928年举办的夏季课程中，海德格尔将这两个部分描述为：

SZ I.1—2：就"时间性"阐释绽出之生存。
SZ I.3：关于存在之"时间特征"的领会以及存在论的可能性。[60]

八年之后，他又将之表述为：

SZ I.1—2：处于与澄明之境关联之中的人。
SZ I.3：处于同人的关联之中的澄明之境及其开敞活动。[61]

从超越者（SZ I.1—2）向超越本身（SZ I.3）前进，这同时也是将焦点由境域构型之内的绽出之生存转向已得到先验构型的境域本身。1928

59　SZ 39.30—32 = 63.35—37.
60　GA 26：201.19—28 = 158.20—29.
61　GA 45：214.23—25 = 181.12—14："处于自身朝向存在的关联中的人，即处于转向中的人，同时就是存有及其同人发生关联的揭蔽。"

319

理解海德格尔：范式的转变

年，海德格尔首次将这种过渡称为"转向"（Kehre，但并未在原初本真的层面）。[62]SZ I.3的特殊任务就是，展现澄明之境乃是让我们能由存在者超越而至存在者之存在的开抛场域（der Entwurfbereich）。[63]然而，到了1943年，他提及自己在《存在与时间》中"有意搁置了"上述目标，因为此书借用"形而上学的语言"所装点的先验进路阻碍了他实现那种过渡，因而未能完成基础存在论的工作。[64]20世纪30年代，在全新的存在历史进路之中，海德格尔最终实现了这一"转向"（向SZ I.3的过渡）。基于对澄明之境的长期规划与现实关注，1946年，海德格尔还曾提到："我的思想首次抵达了这个地方、这一维度，即在《存在与时间》中通过存在之遗忘（Seinsvergessenheit）的基本经验而体验到的地方和维度。"[65]参照他在《论真理的本质》这篇演讲中提到的观点："关于澄明之境的本然隐藏（反过来说，它也导致传统形而上学长期忽视了澄明之境），'存在之遗忘'（Seinsvergessenheit）这个名称不甚妥当。"[66]

在这里，情况顿时变得复杂起来，我们必须区分不同层次。如前述，1928年以及1937年至1938年，海德格尔把由SZ I.1—2向SZ I.3的过渡称为"转向"，并在十年之后沿用了"转向"这一名称。[67]1946年，

62　GA 26：201.29 = 158.30，Kehre 为斜体。

63　关于"开抛场域"，见 GA 9：201.31—32 = 154.13—14；GA 14：35.23—24 = 27.31—33；Schellings Abhandlung，229.4 = 188.38 等。

64　见 GA 9：201.33 = 154.14—15："蓄意地未予展开"；以及 328.3—4 = 250.3—4："形而上学的语言"；还有 201.33—202.1 = 154.15—16："表面看来，我们的思想仍停留在形而上学的轨道上。"

65　GA 9：328.9—11 = 250.9—10。

66　关于本然的隐藏，见 GA 9：328 注释d = 250 注释d：被遗忘状态 = 遮蔽— = 隐藏 = 退隐 = 失本。

67　1928年，见 GA 26：201.29 = 158.30。1937年至1938年，见 GA 45：47.18 和 20 = 44.10 和 16；以及 GA 45：214.23—24 = 181.13："在转向之中。"

他进一步将之表述为自己工作方向的"颠转"(Umkehr)。("颠转"这个概念常被用来指称20世纪30年代向存在历史进路的转变,这一点不甚确当。)[68]然而,在上述任何情形中,"转向"从未在原初拟订的计划中得到阐明,也就是说,从未在《存在与时间》这一先验架构之中得到表述。其实,"转向"意指由绽出之生存向澄明之境这一过渡被置于"非先验"的全新范式之中得到描述。与此同时,海德格尔的核心主题"实事本身"就植根于本有的澄明之境中。"转向"在原初本真的层面就是上述核心主题的别称,意指绽出之生存/澄明之境的先天已经发生的映振(Gegenschwung),它被视为让一般意义显现得以可能和必要的无法植根的根据。综上所述,目前关于"转向"的区分有二:

1. 在本真层面上,"转向"被视为海德格尔思想的"实事本身"的别称;
2. 在衍生层面上,"转向"指称计划已久的由Da-sein向Da-sein的过渡。

海德格尔是否曾对这个论题予以更为清晰的说明而减少我们的困惑呢?答案无疑是肯定的。我在此献一良策:如果在原初本真的层面使用"转向"(Kehre),最好直接由"映振"(Gegenschwung)这个概念替代。

二、20世纪30年代发生的进路转变

学界常把两件事情混为一谈:一个是在《存在与时间》中早就被计

68　方向的"颠转"(umkehren)。见GA 9: 328.1及注释a = 250.1及注释a:"在这里,事情整个就颠转过来了",并被解释为"在被思对象以及思想的内容与方式上"。这里或许也暗指GA 2: 53注释a = 37注释†。

理解海德格尔：范式的转变

划的由绽出之生存向澄明之境的过渡，另一个是20世纪30年代发生的进路转变。两者不应被结合在一起，并被误认为原初本真的"转向"。

为了廓清那个概念，我们必须首先澄清如何翻译海德格尔赋予新解的seinsgeschichtlich概念。它与Denken相连，即seinsgeschichtliches Denken，它常被译为"存在历史之思"。这种译法过于口语，实则言之无物，未能把握Seinsgeschichte一词的要义。另一种译法"在自身历史性之中的存在之思"（GA 65英译版）亦未更佳。两种译法的缺陷在于：它们认为geschichtlich与Geschichtlichkeit两个概念都与历史学有关。然而，海德格尔强调Geschichte一词的德语动词词源schicken，即"派定"。[69]他借助Seinsgeschichte这个术语旨在阐明：本有乃是处于形而上学传统中的澄明之境的殊异构型的可能根据（由本有"派定"或"赋予"）。因此，我打算采用比"存在历史之思"更为口语的方式解释seinsgeschichtliches Denken这个短语，暂且视为权宜之计。这一做法无疑更贴近海德格尔的原意，便于展开关于本有如何打开（或者"赋予"）殊异存在的澄明之境的哲学研究。尽管难于诉诸文字，但仍有必要哪怕以迂回的方式表明海德格尔原本的意图。[70]

海德格尔常将上述改变称为由来已久的核心主题在研究方式上发生的"转变"（Wendung, Wandlung）。[71]因此，在1962年写给威廉·J.理查德森的信中，在一个极其重要又易受误解的文段里，海德格尔区分了原初本真的"转向"（绽出之生存/澄明之境的映振同一性）与关于核心主题的思考方式的"转向"，如下所示：

69　GA 10: 90.24—28 = 61.35—38.

70　这种情况正如理查德森所言："二者皆显粗鄙，只得择其略优者"，见*Heidegger*，50注释64。那类略优的译法或许更能贴近海德格尔的本意。不管怎样，理查德森还说过："人必须自食其力"，见*Heidegger*，579注释6。

71　见第七章注释76。

第八章 本有与转向

对我而言,(始于20世纪30年代)关于"转向"的思考确实也是一次思想转变。但这个转变不是对《存在与时间》的基本立场的调整,遑论放弃它的基本论题。与"转向"有关的思想转变(绽出之生存/澄明之境的映振)源于我在《存在与时间》中一直思考的实事。换言之,我沿着在《存在与时间》中被称为"时间与存在"(= SZ I.3)的方向继续追问。然而,"转向"(在本真层面)并不属于思想的发问过程,毋宁说,它根本上属于"存在与时间"及"时间与存在"这些标题所关涉的事域……"转向"在(那些标题所关涉的)事域里得到开展。它既非一时心血来潮,亦非仅依附于我自己的思考。[72]

随后的内容中,他又提到:

所谓"转向"之"发生",它追问的对象,就"是"一般的澄明之境。[73]

* * *

显而易见,如果"本有"与"转向"在本真的层面得到理解,二者就能得到统一:它们乃是阐明海德格尔哲学工作之"实事本身"的进阶方式。然而,这些关键术语,尤其是"本有",在海德格尔对于西方文化之"元历史学"的讨论中得到更丰富的揭示。他将"元历史学"阐释为"存在之历史"(die Geschichte des Seins),这个概念亦不甚明晰。我将在第九章予以廓清。

---

[72] GA 11: 149.21—150.1 = xvi.25—xviii.8. 这段译文与现有译文不同,但准确地表达了这个文段的内涵:"转向"这个概念既不意指由绽出之生存向澄明之境的过渡,也不指20世纪30年代发生的海德格尔研究进路的转变。

[73] GA 11: 151.14—15 = xx.17—18.

第九章
存在之历史

按照《存在与时间》的原初计划,第二部旨在展开关于存在论历史的现象学"解构",采用逆时顺序,从康德(SZ II.1)经由笛卡尔(SZ II.2),直到亚里士多德(SZ II.3)。[1]在海德格尔的思想架构中(在他将"时间"重新定义为澄明之境以前),[2]第二部旨在阐明西方形而上学已经隐晦地就某种"时间"观念来理解存在。然而,传统形而上学向来忽视了那个事实,甚至堵塞了通往事实的道路。[3]已完成的《存在与时间》第一部揭示了与绽出之生存相关联的先验境域具有某种"时间特征"(Temporalität,或者Zeit)。海德格尔做出断言:经由"拆解"或者"解构"康德、笛卡尔与亚里士多德的存在论传统,可以在其中发现某种已然运作却未能得到理知的"时间特征"。总之,那个事实的阐明过程与对于那些思想巨擘的存在论的解构工作应该同步开展。

尽管最终未能得到完成,《存在与时间》原初计划的存在论解构工作旨在充分重提传统形而上学中的那些最重要的"未曾言明的"要素。

---

1 SZ 39.33—35;40.2—9 = 63.38—39;64.6—12。
2 见第三章注释137—142。
3 SZ 21.21—22 = 43.7—8:传统存在论"阻隔了通向'源头'的进路"。

第九章　存在之历史

1930年,在那一思想突破发生之后,也就是首次明晰了澄明之境本然隐藏这一点以后,海德格尔正式着手开展解构工作。他曾提到,"解构不是重演"(Destruktion ist nicht Wiederholung)。[4]揭示并廓清上述隐藏状态并不是《存在与时间》第二部的目标,而是海德格尔后期从前苏格拉底直到尼采的形而上学阐释的目标。对于那些思想巨擘的重新诠释以历时的方式廓清了《存在与时间》以共时的方式所阐述的内容,即尽管通常遭到忽视,但经由本有发生,澄明之境得以打开并得到持守。从共时角度出发,绽出之生存在日常生活中"沉沦",从而忽视了自身本己而有死的开抛活动;从历时角度出发,在西方形而上学的历史传统中,本有的澄明之境始终遭到忽视。海德格尔关于这个历史传统的诠释植根于 ἀλήθεια-1 = λήθη-1,它在现象学上脱离于形而上学的历史传统。

现在,我将简述两个概念 Seinsgeschichte 与 Seinsvergessenheit。前者通常被译为"存在之历史学",后者则被译为"存在之遗忘",两种译法均未点明要旨。海德格尔所谓的 Seinsgeschichte,并非意指存在"历史学",就像弗里德里克·科普斯登撰写的哲学"历史学"那样。毋宁说,它是关于如下内容的精炼评述:在西方形而上学传统中,如何经由本有发生而在各种殊异构型中"给出"或"派定"(见 geben, schicken)澄明之境即赋义活动的根据("揭蔽一")。[5]换言之,它意指某个特殊的存在论历史,既以海德格尔关于本有的澄明之境的阐释为前提,又进一步阐明了本有的澄明之境。如果海德格尔打算将那些"派定"构型通过某种历时的叙述串在一起,他本可以撰写一部科学的历史学(Historie),即一部关于过往二十四个世纪以来如何经由本有发生"给出"存在并依此作为殊异存在构型之根据的哲学史,简言之,也就是一

4　根据1971年5月12日与作者在其弗莱堡家中的私人对话。
5　GA 10: 90.24—28 = 61.35—38.关于"给出",海德格尔意指"使之可能,让其发生,为之负责",比如 GA 22: 106.32 = 87.32: "源始可能的"(ursprünglich ermöglichend); GA 7: 10.18 = 7.20—21: "为之负责"(verschulden); GA 7: 12.10—11 = 10.2: "让其发生"(veranlassen)。

理解海德格尔：范式的转变

部关于存在之形而上学"派定"（Seinsgeschicke）的历史学。他在某种程度上确实那样做了，但不只是在某本著作中，而是在系列论著、演讲稿以及论文里，它们在整体上被称为"存在之历史"。存在之历史与未能包含上述预设的存在论历史学迥然不同。

同海德格尔"被派定的历史"无法分割的，还有"存在之遗忘"的历史，即西方形而上学传统"对于存在的遗忘"。然而，这个概念易导致误解，无论是它的德语原文还是英文翻译在表义方面都弊大于利。"存在"显然从未曾被西方形而上学遗忘，正如生物组织从未曾被生物学家遗忘，货币从未曾被资本家遗忘。自古希腊以降，整个哲学始终关注"存在"，比如托马斯主义者直接指出，以 esse 形式展现的"存在"正是阿奎那的形而上学的要旨所在。那么，海德格尔究竟如何阐明存在被形而上学"遗忘"呢？我们必须再次做出区分（distinguo）。"存在之遗忘"概念中的"存在"不是意指存在者的存在，而是指它们的可能根据即开抛的澄明之境。柏拉图与亚里士多德讨论的"理念"（εἶδος）与"实现"（ἐνέργεια），正如阿奎那廓清的"本质"（esse），都是为传统形而上学中的实体的本质与实存命名的特殊历史概念。如果将它们指涉存在，形而上学就会遮蔽自身的边界，就会在根本上未能关注让存在得以可能而且必要的澄明之境。因此，海德格尔所谓"存在之遗忘"的历史，更确切地说，就是"澄明之境的遗忘"（Lichtungsvergessenheit）或者"本有之遗忘"（Ereignissesvergessenheit）的历史。这一历史忽视了本有，但正是经由本有发生，本然隐藏的澄明之境即一切存在者之存在的历史构型之可能根据才得以打开并得到持守。

通过研究形而上学历史，海德格尔并非旨在重申存在-神-逻辑学关于存在者之存在的言说，[6] 而是在探寻存在-神-逻辑学的未尽之言。

---

6 关于存在-神-逻辑学，它意指"一般形而上学"（存在论）以及"特殊形而上学"（哲思性的神学）。

为此,他必须首先廓清传统形而上学的观点。他竭力从事形而上学的诠释工作,阐明从古至今的思想巨擘的"存在"观点。为了揭示遭到遗忘的澄明之境,海德格尔致力于解构存在-神-逻辑学,就此而言,他仍对形而上学家致以难以言表的敬意。此外,他还意识到,只要存在论——就其最自然的实存形式而言——仍与本然"超越了"存在者而达至它们的意义显现的存在有关,我们就不可能完全与形而上学一刀两断。意向性的绽出之生存不仅让存在者显现自身,还让它们的意义得以显现(即"居有存在")。人的本性就是形而上的,因此,拒斥形而上学就是拒斥人自身。无论是自然方面还是科学方面,无论是在个体的生活之内还是在西方哲学的历史之中,海德格尔都试图为"形而上"这种必然性寻找根据。

由于澄明之境的本然隐藏,我们忽视、遗忘了它。如海德格尔所言,它已消失在我们的视野之外逾两千年,直到他偶然发现了有终结、有死亡的绽出之生存。这一切发生在特殊的时代:由于哲学即一般的人遗忘了澄明之境,"现代世界"随着科技的繁盛而日渐式微。[7]我们即将廓清海德格尔如何解读自"前苏格拉底"时期以降的西方哲学文化史,然后继续追问,为了严谨地理解海德格尔丰富的思想内核,我们必须在多大程度上接受其关于西方没落命运的"元形而上学"概述。

海德格尔关于西方没落命运的阐述包括四个环节,我们将逐一予以讨论:

1. 前苏格拉底时期:隐藏的澄明之境曾得到揭示,但未被深入追问。
2. 形而上学时期:从柏拉图直至尼采,澄明之境逐渐遭到忽视。
3. 当代:未能觉察澄明之境正遭到忽视。

---

[7] GA 16: 117.6—7 = 13.18—19:"在它的裂缝处摩擦……在自身之中崩塌。"

4. 未来：海德格尔打开了拯救"澄明之境的遗忘"现象的可能性。

一、前苏格拉底时期：隐藏的澄明之境曾得到揭示，但未被深入追问

海德格尔认为，在前苏格拉底时期（仅限于讨论巴门尼德和赫拉克利特），哲学家曾发现了隐藏的澄明之境即"揭蔽一"，但未能阐明绽出之生存的本有发生正是澄明之境的存在根据。[8]

在古希腊时代，至少古希腊的艺术家与思想者，曾经擅长感受意义显现的"溢出"，此乃公元前6世纪和前5世纪希腊经验的内核。[9]然而，这一显现活动的开端究竟如何发生？海德格尔认为，巴门尼德与赫拉克利特曾觉察到存在者的显现根据，巴门尼德称之为"揭蔽"（ἀλήθεια），赫拉克利特称之为"涌现"（φύσις），两者描述同一个东西。[10]对海德格尔来说，这曾是古希腊哲学家所抵达的思想高度。囿于那一显现活动的隐藏源头，两位思想家未能追问"揭蔽一"的起源即"所从何出"。[11]换言之，曾得到觉察的"第一个开端"即澄明之境还需要"另一个开端"，它源于海德格尔的如下洞见，即绽出之生存的本有发生正是澄明之境的存在根据。与"前苏格拉底"时期曾达到的思想高度（遑论柏拉图与亚里士多德）相较，上述洞见又向前推进了一步，海德格尔曾

---

8 为使论述清晰明了，我省略了海德格尔1942年关于阿那克西曼德"必然性"（τὸ χρεόν）概念的那些"未尽之言"，但并不影响上述结论。见 GA 78 以及 GA 5：321—373 = 242—281。

9 见 GA 4：88.6—7 = 112.29—30："鉴于天命及其诸命运的盈满。"希腊人同样意识到，人就是这样一个场域，充盈的显现力量在其中创造性地发挥作用。

10 GA 40：109.26—27 = 112.12—14；GA 66：111.18—19 = 93.6—7；GA 15：344.5 = 46.30。

11 索福克勒斯也是如此。GA 40：159.4 = 166.27："主宰者"（das Überwältigende）。

云:"本有之思不是希腊式的。"[12]

我们能在哪些文本中找到古希腊人关于澄明之境的记录呢？海德格尔断言,在《残篇》1.28—30中,巴门尼德曾阐明澄明之境:

> 你必须知晓整全,
> 既关于完满"揭蔽"之平静的心,
> 也包括有死之意见。[13]

海德格尔还在巴门尼德《残篇》6.1里找到了关于澄明之境的描述ἔστι γὰρ εἶναι,他将之译为"澄明之境得以给出"(即正好在其隐藏之中显现并运作)。[14]简言之,他从巴门尼德那里获得如下洞见:与关于整全(πάντα)的经验即居有存在的一切存在者("揭蔽二")相伴,我们理应同时经验到作为"揭蔽二"根据的完满的开敞之域("揭蔽一")。他还认为,巴门尼德的"揭蔽"与赫拉克利特的"涌现"均意指向来隐藏的澄明之境。经由阐明赫拉克利特所描述的"涌现偏好隐藏"(《残篇》123:"φύσις κρύπτεσθαι φιλεῖ"),[15]他进一步发现,"涌现"概念廓清了隐藏的澄明之境的开敞活动。[16]不过,他同时认为巴门尼德与赫拉克利特

---

[12] GA 15: 366.31—32 = 61.4. GA 12: 127. 19—20 = 39.32:"不再而且从不是希腊式的。" GA 66: 315.8—10 = 280.22—24.

[13] Diels-Kranz, *Fragmente der Vorsokratiker*, I, 230.10—12 = 42.12—13. GA 14: 115.7—9; 83.11—13 = 67.22—24; 83.27—84.1 = 68.6—7:澄明之境(见注释20)就是"持守着无蔽状态的那个东西"。

[14] Diels-Kranz, *Fragmente der Vorsokratiker*, I, 232.21 = 43.1—2. GA 70: 53.23:"存在是。"

[15] Diels-Kranz, *Fragmente der Vorsokratiker*, I, 178.8—9 = 33.9.见 GA 15: 343.24—25 = 46.18—19:"隐藏自身是(存在者)显现运动的最内在的本质。"亦见 GA 15: 343.23—31 = 46.17—26的相关段落。

[16] GA 4: 56.26—27 = 79.11—12.

理解海德格尔：范式的转变

错失了关于"揭蔽/涌现"(ἀλήϑεια/φύσις)的两个现象学维度：(1)存在者只能经由自身的意义而与我们相遇这个事实；(2)开抛的绽出之生存就是一般澄明之境的存在根据这个更为基础的事实。他们未能像现象学家那样对此展开专题研究，也没有追问"揭蔽—"的本质即"所从何出"，没有追问本有的绽出之生存。[17]尽管如此，巴门尼德仍然揭示了澄明之境，赫拉克利特也廓清了它的隐藏特性。所以，他们共同构成了成果斐然的"第一个开端"，它意指关于澄明之境的思想，海德格尔界定为与澄明之境相符的意识活动。[18]

众所周知，海德格尔关于希腊远古乃至古典时期的思想解释颇具理想浪漫色彩，与他的偶像雅各布·伯克哈特关于希腊的那些赞辞一样，它们本来无伤大雅。[19]但是，如果仅从语言学和历史学（Historie）视角出发，仅凭借对于《残篇》只言片语的解释就得出上述断言，这难以避免过度诠释的嫌疑。他也曾质疑自己在历史学层面上关于古希腊思想的上述解释是否准确，例如，在关于赫拉克利特《残篇》16（"如何可能在永不隐没之处隐藏呢？"）[20]长达二十五页纸的细致阐释之后，海德格尔拷问自己：

17　GA 15：261.26—27 = 161. 23—24："在整个希腊哲学中，没有作为ἀλήϑεια的ἀλήϑεια（即ἀλήϑεια的本质）的位置。" GA 75：232.20 = 32.21—22：在希腊人那里，"ἀλήϑεια被窥见，但未能引起自觉的深思"。亦见GA 15：366.31—32 = 61.4。关于本有发生的绽出之生存，作为"给出"一切存在样态的"它"，见GA 73, 1：642.27—29："绽出之生存就是个别化的、给出一切的'它'；同时使之可能，也就是'兹有'。"

18　GA 79：71.13—14 = 67.11—12："这一开端处的（与澄明之境的）符合，本己的发生活动（亦即实存状态层面的具体活动）就是运思。"这类运思不是某种认知形式，而是"绽出地、内在地处于存在场域的开敞状态（即澄明之境）中"，见GA 6, 2：323.28 = 218.17（原文为斜体）。

19　海德格尔十分推崇伯克哈特的《希腊文化史》(1898—1902)。

20　Diels-Kranz, *Fragmente der Vorsokratiker*, I, 155.5 = 26.1.

赫拉克利特果真曾以我们的讨论方式设想自己的问题吗？我们所说的哪些内容又曾纳入他的概念领域呢？谁会知道？谁又能解答？[21]

而且，在很大程度上，仅通过对"前苏格拉底"时期思想家的只言片语的独特诠释，尽管它们经常缺少充分的文本支撑，海德格尔就在"元历史学"层面上概览性地揭示了西方思想与文化必然走向衰落这一现象。这种情况在对赫拉克利特《残篇》的诠释方面体现尤甚，并同样适用于对巴门尼德的思想诠释。[22]构成"存在之历史"并至少适用于思想"第一个开端"的那些东西，是否植根于"历史学"（Historie）研究呢？这一点值得怀疑。[23]

二、形而上学时期：从柏拉图直至尼采，澄明之境逐渐遭到忽视

由于经常未能向读者清晰地展现上述关键区分，海德格尔关于形而上学的历史解释常令人费解。通过下列图表，我们将简单重构他的观点。

21　GA 7: 286.34—286.1 = 120.21—23.与之类似，海德格尔亦在 GA 65: 253.14—15 = 199.25 中表明，自己在 GA 3 中关于康德的阐释"从'历史学'（historisch）层面看可能偏颇、有失精准，但它在发生历史层面（geschichtlich）是基础性的"。有鉴于此，他说："这是为未来之思的预备。"

22　巴门尼德将"存在"视为"圆球"（εὐκύκλου σφαίρης, VIII, 43），见 Boethius, *Consolatio philosophiae*, III, Prosa XII, 37. 波伊提乌借用巴门尼德的术语指称某个神圣的实体，它"让事物沿着圆形的轨道转动，但自身保持不动"，见 *Patrologia Latina* 63, 781.20—21。

23　我们可能联想到那个被归于黑格尔但真实性可疑的观点："那么，这意味着事实更糟糕！"或者意大利名言："倘若事实并非如此，那就太好了！"

理解海德格尔：范式的转变

海德格尔的"存在之历史"		
巴门尼德、 赫拉克利特 第一个开端	形而上学时期：自柏拉图以 降殊异的"悬置"(epochés)	海德格尔 另一个/第二个开端
隐藏的澄明之境 (= ἐποχή-1)得到觉察	隐藏而本有的澄明之境 (= ἐποχή-1)遭到忽视与遗 忘(= ἐποχή-2)	隐藏而本有的澄明之境 (= ἐποχή-1)得到重提并被 置入它的隐藏状态之中
本有即澄明之境的开敞活动 则遭到忽视	存在之殊异构型得到廓清 (比如"理念"及"实现"等， 直到"集置")	从传统形而上学或ἐποχή-2 中获得自由

海德格尔笔下的传统形而上学史乃是自柏拉图以降忽视本有的澄明之境的历史。巴门尼德与赫拉克利特不在此列，因为他们至少觉察到隐藏的澄明之境，尽管不知道它如何产生。他们共同构成了思索澄明之境的第一个（未完成的）开端。同理，海德格尔也被排除在ἐποχή-2这个历史环节之外，遂构成了就本有而言思索澄明之境的"另一个"或者"第二个"开端。简言之：

1. 本有乃是澄明之境的一般存在根据。但是，本有与澄明之境并不是两个东西。严格来说，本有的绽出之生存就是得到揭蔽的澄明之境。海德格尔使用"本有的澄明之境"这个概念阐明了二者的同一性。[24]

---

[24] GA 71：211.9 = 180.1—2.在（1）被视为给出澄明之境的本有与（2）"给出"或者"派定"存在的本有的澄明之境（见下面第5点）之间，海德格尔并未始终一致地做出区分。见GA 73,1：642.27—28。

2. 经由本有发生，各种殊异的存在构型得到"派定"，[25]这也让如下活动得以可能而又必要：经由将事物"作为"某个存在者，事物就同时得到理知。通过这类活动，意义显现（即"存在"）不仅在日常生活中发生，而且在形而上学中被视作研究主题。
3. 作为任何事物得以人格化的前提，开抛的澄明之境本然隐藏，也必然隐藏，海德格尔有时将之"悬置"（或者"括起来"）。[26]他将这一事态称为"存之遗忘"。然而，如前述，首先，该术语意指澄明之境的本然隐藏而不是"遗忘"；其次，它更应被描述为"本有之遗忘"，即本有的澄明之境的隐藏状态。我们可以将这种本然隐藏称为ἐποχή-1即先前讨论的λήθη-1。
4. 由于本有的澄明之境本然地隐藏自身，在日常生活以及传统形而上学中就始终遭到忽视，换言之，被括起来的澄明之境（= ἐποχή-1）经由不经意的遗忘（= ἐποχή-2）而愈加遭到悬置。[27]
5. 尽管本然隐藏（ἐποχή-1）并由此遭到形而上学的忽视（ἐποχή-2），澄明之境却让存在者之存在的一切构型得以可能，那些构型或者为形而上学所廓清，或者在日常生活中出现。西方哲学传统对澄明之境的忽视以及对特殊的存在构型的关注，二者共同导致在传统形而上学中出现了特殊的"悬置"。海德格尔并未将epoch理解成某个时期，而意指哲学家对于存在者之存在的廓

25　关于派定(schicken)，见 GA 71:47.15 = 37.4，它甚至被误译为"条例" (ordinance)。海德格尔还曾提到schenken(作为礼物赠予)，比如，GA 66:200.34 = 176.32。见 GA 73,1:642.28—29。

26　GA 6,2:347.19—22 = 239.7—8："这一自在的保持活动……被规定为存在自身的'悬置'，即每一存在历史的悬置。"

27　带点幽默的意味，海德格尔曾提到，澄明之境的隐藏与遗忘并不像某个哲学教授忘了带走自己的雨伞，而把它丢在了某个地方，见 GA 9:415.22—25 = 314.10—12。他或许同意尼采的看法，因为后者也说过："我忘了自己的雨伞"（残稿，1881年秋），见 *Sämtliche Werke*, IX [Nachgelassene Fragmente], 587。

清，与此同时，他们却忽视了让那些廓清得以可能的澄明之境。[28]（在类比的意义上，这也适用于日常生活中的"沉沦"解析。）为了避免从历时的角度设想epoch，同时为了强调它与澄明之境的"遮蔽"有关，我接下来将这个概念译为"悬置"。

6. 如果将上述一系列的历史"悬置"视为一个整体，就是海德格尔所指的形而上学历史，它廓清了殊异的存在构型，同时忽视了澄明之境。实际上，对于澄明之境的遗忘愈演愈烈，这一现象在当今世界中造成了灾难性的后果。

7. 倘若我们觉察到澄明之境并在决断之中承担自身的本有，那么，形而上学及其"悬置"（ἐποχή-2的所有构型）都将走向终结。[29]然而，形而上学的终结并不意味着隐藏的澄明之境"被彻底置于括号之外"，换言之，并没有从ἐποχή-1中彻底涌现并"展现自身"。毋宁说，决断活动（Entschluss）或者泰然任之（Gelassenheit）旨在意识到自身本有的本然隐藏，并主动地让它保持隐藏，同时从中绽出，有终结、有死亡地生存。

三、当代：未能觉察澄明之境正遭到忽视

"悬置"这个海德格尔的形而上学历史概念不仅存在于以往的哲学历史学之中，也保留在个体自身的日常生活之内。实际上，ἐποχή-2乃是我们的常态，在《存在与时间》中，它被描述为"沉沦"或"沉溺"。不过，鉴于海德格尔由"派定"概念切入并着手

28　见GA 6, 2: 347.19—22 = 239.7—8："这一自在的保持活动……被规定为存在自身的'悬置'（= ἐποχή-1），即每一存在历史的悬置（= ἐποχή-2）。"

29　GA 14: 50.1—4 = 41.2—4.

第九章 存在之历史

开展当代世界的解析工作,他似乎将"沉沦"现象普遍化,力图阐明目前全球都陷于沉沦状态之中。他未曾命名过往三千年来澄明之境的任何派定样态,除了两处地方:一个是所谓的"世界图景时代",它与笛卡尔相关;另一个被称为"集置"(das Gestell,有时也写成Ge-Stell),他视其为澄明之境数千年来遭到遗忘这个灾难的顶点。

如何翻译Gestell这个概念?它常被译为"框架"(或许因为Gestell可以意指"支架",比如摆放酒瓶的支架),但是,海德格尔并未如此设想。近来它还被译为"定位",或许为了突出某种"强制"含义(见Gestellung,即按既定计划"应召")。[30]我们最好找到它在海德格尔那里潜在对应的古希腊词汇,这个词就是"构型"(μορφή)。在阐释亚里士多德《物理学》II 1, 193a30—31的过程中,海德格尔曾将μορφή译为某个自然物"将自身置于外观之中"(die Gestellung in das Aussehen)。[31]他将μορφή理解为"让自身前置",准确地说,就是存在者"将自身导向"可理知的显现之中。他欲使我们关注Gestell概念中的stellen("置放"或"假定"),例如,他曾将它规定为"所有让人在当下绽出而生存的置放方式之总体"。[32]他认为,"集置"概念所蕴含的"设置"与"强制"正是某个强加于我们的特殊的派定样态,它迫使我们将人与自然视为可供提取的资源。因此,参照海德格尔的Gestellung概念所潜在对应的古希腊语词,有鉴于它被用来描述当今世界的气相,我欲将"集

---

30 见拉丁语positio的德文翻译Gestelle,见 *Deutsches Wörterbuch*, s.v. "Gestelle, Gestell", IV, 1.2, 4221.65。

31 GA 9:276.5—6 = 211.4—5. μορφή源于拉丁语forma,埃克哈特大师将forma译为"置架"(Gestellnis),见GA 81:286.6—10。(Gestellnis这个词并未出现在 *Deutsches Wörterbuch* 中,因为这部词典仅收录了1450年以来的术语,埃克哈特则在1327年就已经去世。)

32 GA 15:388.19—21 = 74.2—4.

335

理解海德格尔：范式的转变

置"解释为"盘剥世界",[33]因为海德格尔认为,现今的派定现象激发甚至逼迫我们将任何存在者都视为"旨在消费的盘剥物",也就是说,存在者之存在如今被视为将存在者转化成可供使用与娱乐的产品的能力。

　　"集置"与"技艺"(Technik)的悬置密切相关。"技艺"的悬置将存在者之存在揭示为盘剥性,同时忽视了澄明之境。我将Technik译为新词"技艺"(technik),以显示它与"科技"(technology)以及"技术"(technique)的区别。集置与技艺一道,一方面构成当今的"意义世界",另一方面又被视为现时代的"在世"方式,二者共同将存在者揭示为可供使用的盘剥物。海德格尔断言,在被工具理性统治的现代世界中,科技手段与技艺设定主导了存在者的理解与关联方式。如今,我们将地球视为人与自然浩森的资源库,那些资源的价值和实在即它们的存在仅通过以消费为目的的适用度衡量。[34]存在者首先与通常被视为"为了商业用途而亟待盘剥的东西"(producenda et consumenda),这一点显而易见。它们的意义由自身可供占有、存储、市场化、销售以及消费的程度衡量。与之对应,依循现象学关联,人也同时仅由自身提取、加工、销售以及消费的能力衡量。以生产与消费为目的的盘剥能力已经被视为存在者的"真理"("揭蔽二"),现今乃至可预见的将来,它都会是存在者主要的揭蔽方式。由于以生产与消费为目的的盘剥能力被视为存在者的"揭蔽二",它的源头"揭蔽一"就完全遭受忽视。关乎实在的存在论与关乎人之理解力的哲学人类学如今都被某种意识形态奴化。这

33　"盘剥"(Ex-ploit)这个概念对应拉丁文ex-plicare(展开、铺展、解脱)。在这里,它有实践层面的"保真"(ἀληθεύειν)含义,即让自身揭蔽为某类可用的东西,也就是从不可使用到可被使用的东西。这一解释极其反常吗？结合海德格尔对于当代世界的看法,我并不这样认为。回想理查德森为自己的翻译所做的无奈辩护:"这个大师(海德格尔)的真正追随者又怎会嫉妒我们的这种温和慰藉呢？"见*Heidegger*,40注释35。

34　见GA 7: 16.10—20 = 15.12—23。

第九章　存在之历史

种意识形态将任何存在者视为原初质料，以供技艺之思将其理性化，以供技艺之行将其虚拟化。

现今，通过首先将任一存在者量化，然后将它还原为工具理性以及商品化的关联物，绽出之生存已经在无法植根的澄明之境中丧失根基，从而肆意狂奔。澄明之境这一原初现象未能在当代科技与经济的雷达荧幕上闪现，与此同时，鉴于西方文化的全球传播，它几乎未能在大多数世界居民的意识中出现。过往逾五个世纪，盘剥之风席卷了整个世界，如今不仅欧洲与北美，全球都陷于危机之中。关于现代性灾难，海德格尔这样描述："全球都从裂隙出离。"[35]

关于由"盘剥-生产-消费"之技艺精神主宰的世界，海德格尔那些梦魇般的描述可能会引起有些读者的强烈共鸣，尽管并不必然出于他曾列举的原因。"形而上学造成了这一切"，这个信念驱使他展开上述解析。在形而上学的历史上，任何"悬置"都带有一个共同特征，即本有的澄明之境遭到忽视，正是澄明之境让技艺这一当今时代的"悬置"与众不同。如今，还有一点岌岌可危：我们对澄明之境的忽视竟然达到了顶点，也就是说，我们竟然忽视了澄明之境一直遭到忽视这个事实。技艺这种"悬置"方式不仅无视澄明之境，"甚至无视了自己的无视活动，"[36] 此乃"遗忘之遗忘"。[37] 对于开抛的澄明之境的无视活动愈演愈烈，生产的主体性力量得到增强，竟达到如此程度，以至于任何存在者都遭到我们当下或者最终的控制。有鉴于此，人的真实本质——有死的绽出之生存即有界无限的可理知能力的承载者——已然退化至虚无境况之中。因此，虚无主义时代随之降临："非-存在者"即澄明之境已然沦为彻底的"无"。[38]

259

35　GA 9：242.4 = 185.23.
36　GA 6,2：325.22—23 = 219.30—31.
37　GA 79：75.19—20 = 71.11—12.
38　见GA 9：106.11—12 = 84.22："科学对'无'一无所知。"

理解海德格尔：范式的转变

有鉴于此，海德格尔一头扎进彻底的社会政治保守主义以及文化上的反现代主义思潮之中，开始对于当代世界展开狂热的"哲学"阐析，例如带有报复性质的社会、文化与政治偏见，包括种族主义。它不仅渗透了海德格尔的哲学，也以相同方式在其个人生活中得到贯彻。本书无意研究、评估海德格尔私人与政治的意识形态主张，包括反犹主义，它曾贯穿了海德格尔关于现代性之衰退现象的历史研究，充满守旧愚昧。(顺便一提，上述内容皆出自这样一个哲学家：每当小心翼翼地将自己的哲学置入纳粹的意识形态之下时，他竟然同时要求自己严格"自省"。)[39] 倘若要对海德格尔关于当代文化历史的那些阐释，尤其是关于过去两个世纪社会、政治、科学以及技术成就的那些观点进行评价，我们必须保持高度警惕，秉持坚定的怀疑精神。自由主义与民主(可能需要得到重新界定)，更不用提"犹太人"，都不是海德格尔热衷交往的朋友。[40] 文化现代性——从收音机、电影院乃至"现代艺术"的一切事物——在那个面临社会交往障碍、文化视野狭窄、根本上趋于保守的哲

39　GA 16: 108.1—2 = 6.8—9(自省, Selbstbesinnung); 104 = 48(决断, Entschlossenheit); 最显而易见的表述，见 GA 16: 190—93 = 49—52。

40　关于海德格尔反犹倾向的研究，可见如下文本：GA 95: 96.33—97.6("犹太民族"的"无根基状态"，见97.1—2); GA 96: 46.22—28("犹太民族暂时的权力跃升"，见46.22—23), 56.16—19("犹太人凭借举世闻名的精打细算天赋'讨生活'，根据其种族原则长久以来便是如此"，见56.16—18); 133.15—19("那个'国际化'的犹太民族"，133.16); 243.1—14("融入世界的犹太民族"，243.10和11); 以及262.8—12(写于1941年？"融入世界的犹太民族"从未参与战争，却倒在日耳曼面前，"流尽了自己民族至善的血液")。还可见 Heidegger, "Über Wesen und Begriff von Natur, Geschichte und Staat", 82.26—29 = 56.13—16: "它(我们德意志空间的本质)可能从未向闪米特人开敞显现。"最后，还可见 Petzet, *Auf einen Stern zugehen*, 40 = 34: "海德格尔缺失了某种'都市情结'，并与都市生活的一切相疏离，而在西方大都市的犹太圈里弥漫着那种都市精神。尽管如此，这种态度仍不应遭到曲解，而被视为反犹主义。但是，我们实际上经常那样理解。"

338

学家的世界之中显得格格不入。[41]至于那些社会、政治以及文化方面极端右翼的思想观念,我们大可遵照《神曲》中维吉尔充满反讽意味的建议:"勿再谈论,只须静观,随它而去(Non ragioniam di lor, ma guarda e passa)。"[42]不过,我们仍不得不探究海德格尔本人的哲学思想及其论题,以便弄清它们是否影响了其关于西方式微的历史阐释。如果是,又如何影响呢? 我将在第十章探讨其中的部分问题,限于本书篇幅,更为细致的研究工作只得留待以后展开。

四、未来:拯救"澄明之境的遗忘"现象的可能性

早在20世纪发生的那些历史灾难(包括纳粹、第二次世界大战、大屠杀等)之前,海德格尔就对当代世界极其悲观。这一悲观情绪或许从其早期深刻而保守的天主教信仰及其带有报复性质的国家主义情结之中生发出来,同时伴随着第一次世界大战的悲剧、德意志帝国的瓦解以及随后到来的经济萧条。第二次世界大战以及纳粹的失败似乎加深了他对这个时代的绝望。在战后那段灰暗的岁月中,海德格尔曾经提到"存在末世论"。它不是指某个发生在未来的世界末日——彼时"存在"将会显现自身,而是意指澄明之境的遗忘现象将在技艺的"悬置"之中达至最极端可怕的形式(ἔσχατον)。[43]然而,学界(在某种程度上也归咎海德格尔自己)仿佛断言了这样一个传说,即让我们期待未来的某

---

41 关于现代文学和艺术,见GA 16: 670.30—31 = 64.17—35;以及682.6—24 = 57.10—11。(假设海德格尔先读了梅耶尔·夏皮罗的作品,而不是夏皮罗先读了海德格尔的作品,见Schapiro, "Nature of Abstract Art", 1936。)关于收音机和电影,见GA 79: 77.2 = 72.27—28。关于大都市,见GA 16: 521.24—25 = 48.13。关于美国游客,见GA 75: 221.15 = 12.18。关于一般的旅游业,见GA 15: 389.23—25 = 74.33—34。

42 《地狱篇》Canto III, 51(http://www.danteonline.it/english/opere.asp?idope=1)。

43 关于存在末世论(Eschatologie des Seins, ἔσχατον),见GA 5: 327.17及以后 = 246.33及以后。类似的启示性表述,见GA 5: 325.33及以后 = 245.27及以后。

理解海德格尔：范式的转变

天，最终的"存在"将降临人世并开启新的千年——"世界现状的改变"将导致"根本不同的世界时代"，"众神之神将从中显现自身"[44]——那时将不再发生"存在之遗忘"，正如圣诗的预言："不再有悲哀、哭号、苦痛。"[45]但是，对于海德格尔而言，即便有所谓的"拯救"（Retten），就本性来说，澄明之境依然会保持隐藏。嗟乎！倘若学界指望某天"存在"将从隐藏之处显灵而揭示自身，那恐怕遥遥无期！[46]

我们已经阐明，关于澄明之境遭到忽视这一现象，海德格尔分别展开了"共时"和"历时"的讨论，二者具有同源关系。(1) 在《存在与时间》中，这一现象被称为"沉沦"或者"沉溺"，经由沉沦或沉溺现象，我们并没有忽视存在（否则我们将无法理解任何存在者），而是忽视了本己有死的开抛活动，它被视为一切意义显现的源头。(2) 这一点同样适用于海德格尔关于形而上学的历史阐释，即"存在之遗忘"不是对于存在的忽视，而是对于派生一切存在构型的澄明之境的忽视。对于如何克服"澄明之境的遗忘"现象，上述同源关系同样适用。关于第一种情形，在《存在与时间》中，经由决然承担自身有终的开抛活动，向死而生，我们回应了"良知的呼声"（或者在畏中惊醒而通达"无"），从而克服了那一现象。另一方面，在海德格尔的后期著作中，以"本有转向"[47]

---

44 见 *Zollikoner Seminare* 332.22—23 = 266.7—8；GA 5：326.14—15 = 246.1—2；以及 *Zollikoner Seminare* 332.19—20 = 266.4—5。见 Müller, "A Philosopher and Politics", Neske and Kettering, *Martin Heidegger and National Socialism*, 181："海德格尔提到了'集置'(Gestell)，它无法被拒绝而必将贯彻始终，然后，新世界将会来临。这一切颇有传教士般的罗曼蒂克意味。"

45 《圣经·启示录》21：4：οὔτε πένθος οὔτε κραυγὴ οὔτε πόνος。

46 带着更为狂热的幻想，"赎清罪孽"的海德格尔的拥趸饶有兴致地品味着分析哲学家们可能受到的震撼：某一天醒来，他们发现《纽约时报》头版头条竟是"存在显现自身！海德格尔学界终于证实了它！"

47 GA 14：51.33—34 = 42.30—31；见 GA 14：50.23 = 41.24 以及 GA 15：390.12 = 75.6。

第九章　存在之历史

这种形式呈现的"决断"仍是我们领会向来隐藏的澄明之境的有效方式。在第一种情形（海德格尔前期思想）中，我们从常人状态的主宰中转而承担自身有死的绽出之生存，从而成为自己人生叙事的主角。世界得以重新敞开，并让崭新的生活方式（καινότης ζωῆς）得以可能，海德格尔称之为"处境"，即经由个体的决断而开启的意义场域。[48] 在第二种情形（海德格尔后期思想）中，个体从整个形而上学传统，尤其是技艺的"悬置"时代对于澄明之境的忽视中实现转向，开始在本有发生中承担自身的归宿，[49] 以致重新敞开意义世界（das Welten von Welt）。[50] 在海德格尔的前期思想中，实存论结构上的开抛活动与他的晚期思想中的本有的澄明之境实际上是同一个东西。同理，个体承担自身本质[51]并因此"成为其所曾是"[52]这一方式在他前期的"历时"解析与后期的"共时"叙述中并无不同。

* * *

然而，如果探讨关于技艺"悬置"的可能"拯救"，海德格尔后期似乎走向了宇宙论。1949年，他名为《转向》[53]的讲座描绘了盘剥世界的终结情形，那一场景很像某种流行的"世界末日说"。那个讲座稿不易品读，由于海德格尔出乎寻常的实体化以及具相化描

48　SZ 328.22—25 = 376.26—29.
49　GA 79：70.19 = 66.18—19.那么，我们就能在实存状态层面处于"泰然任之"的状态之中。"泰然任之"（Gelassenheit），见 GA 77：117.25 = 76.27，是海德格尔后期使用的概念，与他前期的"本真性"概念有异曲同工之妙。
50　GA 79：74.21—22 = 70.17—18.
51　SZ 325.37 = 373.14—15（和325.38—326.4 = 373.16—21）；以及 GA 65：322.7—8 = 254.36—37。
52　SZ 145.41 = 186.4.
53　GA 79：68—77 = 64—73.

341

理解海德格尔：范式的转变

述——仿佛存在本身，在数个世纪"拒绝"向人类显现自身之后，突然决定转向，从而对我们揭示自身——我们因此面临诸多理解困难。这类"拒绝"方式无益于我们廓清澄明之境的本然隐藏以及延伸数个世纪的、忽视澄明之境的历史。因此，如果列举那篇演讲所讨论的主题，我们理应避免上述语言及其蕴含的"原型-形而上学"思想。

尽管带有一定的"过度诠释"，海德格尔其实并未讨论某个在未来的历史中发生的事件，仿佛那一刻我们将本真地"居有'本有'状态"，好比穿过了一座桥而走入"后形而上学"的瓦尔哈拉殿堂。诸如此类的虚构不过是学界的某种臆想，实际上并没有关于存在的宇宙论关联，也没有关于本有的社会性承担［暂不考虑海德格尔1933年曾尝试将"决断"视为德意志民族（Volk）实现联合的可能方式］。[54]关于"转向"的过度诠释似乎描绘了这样的宇宙图景：尽管不是每一个体，但至少被海德格尔称为"少数人"[55]的精英团体将突然从盘剥世界中获得自由，而走入存在论上的乌有之乡。但是，海德格尔的本意实际上并非如此。在思路愈发清晰之后，他并未坚持在社会层面上探索从当前的派定构型中获得解放的可能，而突出了在领会本己的绽出之生存的过程中实现个人层面上的转换。[56]要想从本有的忽视现象中获得解放，既不能借助外来的"诸神归来"（荷尔德林），也不能经由超自然的"最后的上帝"或者超实存论的"转向存在本身"实现，而只能通过向内承担自身开抛的实存论命运来完成。它发生在看似矛盾的双重觉醒之中，即"从'存

54　见海德格尔1933年11月10日和11日分别发表的演讲，当时正值德国退出国际联盟的全民公决前夕，这一决议自1933年11月18日起生效，见GA 16: 188—193 = 47—52。

55　GA 65: 11.21 = 11.38各处。

56　GA 45: 214.18 = 181.7—8。

在之遗忘'到'存在之遗忘'"。[57]海德格尔的本意是：从ἐποχή-2（本有发生的忽视）中觉醒，主动承担起ἐποχή-1（本有的本然隐藏）。

海德格尔认为，个体"经由觉醒而回到本有"就同时意味着（gleichbedeutend mit）形而上学的终结。

> 对本有之思而言，换言之，对已经走入本有的思想来说……"存在之历史"走向终结。此刻，思想出现在派定了存在的殊异"悬置"构型的根据面前。[58]

> 这就意味着：对于走入本有的思想来说，以存在作为思想对象的历史走向终结——即使形而上学仍然应该继续下去——那由不得我们。[59]

海德格尔将个体层面的转换视作可能的拯救，意指个体从"沉沦状态"（=海德格尔一）以及从技艺即当今的"在世"方式（=海德格尔二）中获得解放。他曾说："让（隐藏的澄明之境）为己所有，也就是说，转向你自身的开敞活动。"[60]

这也意味着，人的本质必须首先向技艺的本质打开自身（亦即本有）……（为了克服ἐποχή-2）人如今必须首先与通常找到返回

---

[57] GA 14：63：22 = 53.25—26："在本有中苏醒。"以及63.24—25 = 53.28—29："从对它的存在之遗忘状态中醒来。"我们可以推测，海德格尔传达了斯蒂芬·迪德勒斯的意思："存在之历史是一个噩梦，我正尝试从中醒来"，见 *Ulysses*, Episode 2 (Nestor), 35.19—20。

[58] GA 14：50.1—6 = 41.3—7.我将这里的"存在之历史"用引号标出。

[59] GA 14：50.31—51.3 = 41.32—42.2.

[60] GA 88：261.16.海德格尔还在另一个文本中重述这个观点，进入本有乃是"从人与存在的关联中跳出，并经由它转向与自己的关联中"，见GA 70：93.22—24。

理解海德格尔：范式的转变

自身根本场域（开抛的澄明之境）的方式。[61]

除非事先在居有我们本质的场域之中构建自己并栖居其中，否则我们将无法在当前盛行的派定构型之中居有任何存在者的本质。[62]

即使个体从技艺的"悬置"中获得自由，盘剥世界本身仍不会远离。毋宁说，海德格尔的箴言揭示了具体个人与他的开抛活动在同一个盘剥世界中的全新关联。这个过程诚然有赖于决断活动，但这并不是作用于个人某部分的独创行为，而是个体经由本有"召唤"而承担本有的活动。他在《存在与时间》中曾经提到，经由个体实存论本质的"召唤"而在常人状态中承担起自身有死的开抛活动。他同时认为，我们在结构层面上就与自身的本质"处于某种关联之中"(Ver-hältnis，亦即我们"命定地"开抛)，因此，个体必须成为其向来所是，[63]这一点尤为重要。不过，这个过程不是"占有"自身的开抛活动，而是在开抛活动中得到"释放"(Gelassenheit)，他称之为"为了已然运作的所是而释放自身（即让它'到来'）"，[64]或者"为了澄明之境的开敞而释放自身，从而获得自由"。[65]这个过程首先揭示了技艺这种"悬置"的根本"危险"(Gefahr)，即遮蔽了意义显现的隐藏源头。

仅当那种危险……首先被视为"危险"而得到廓清，这一转

---

61 GA 79: 70.4—14 = 66.3—13.这也会构成形而上学的终结。GA 83: 220.17—18: "伴随形而上学的克服，存有的天命也随之终结。"
62 GA 79: 70.18—21 = 66.17—20.
63 GA 79: 70.16 = 66.15以及SZ 145.41 = 186.4。
64 GA 86: 508.2.
65 GA 69: 24.5.

第九章 存在之历史

向——从遗忘本有转向持守其本质——才会本真地发生。[66]

那也同时揭示了如下情形:我们将本有之发生持守在隐藏状态中,同时觉察并承认它乃是一般可理知性的存在根据。这一情形也是"通过运思让我们与不在场的本有的澄明之境相遇"。[67]海德格尔也称其为"向本有之隐秘的一瞥"(das Ausblick in das Geheimnis)。[68]决断活动乃是一种将危险视为危险的显性意识,它等同于"走入本有"。

那一转换不是关于人类如何理解意义及其源头的"星际"更迭,相较于在实存状态层面上对于个体本己的有终性与有死性的洞察,它具有同样的戏剧张力。海德格尔运用了一系列隐喻来描述那个环节,同时也冒着这样的危险,即那些隐喻被误解成系列不同的"宇宙"事件,尽管它们实际上乃是同一个东西。如果本有遭到彻底忽视这一危险被视为"世界本有地发生"(ereignet sich Welt),[69]即个体承担并转向本有,那么,澄明之境就将同时"蕴含在开抛活动之中"。他认为,这个意义"新"世界(das Welten von Welt)"突然地"发生,毫无任何预兆,犹如一道闪电(das Blitzen),与畏之体验产生的震撼类似。[70]在那个宝贵的瞬间,生命的无法植根的根基状态在一束光中被照亮,毫无任何迂回曲折而直接显现,个体由此体验到向来隐藏的澄明之境(以不在场的方式)在场。但是,在《转向》演讲中,他又回到了实体化语言风格,这对于上述观点的阐明毫无助益。我们可以借助海德格尔从ereigen/eräugen出

66　GA 79:71.26—28 = 67.24—26.这里的"转向"(Kehre)意指决断或者泰然任之。
67　GA 6,2:332.23—24 = 225.20—21. GA 6,2:352.27 = 243.19—20.
68　GA 9:198.21—22=151.36.海德格尔指出,"一瞥"即我们必须"跳出已偏离的轨迹",换言之,必须从对于意义存在者而言的沉沦状态(就目前情况来说,就是盘剥世界)之中绽出。
69　GA 79:73.13 = 69.11.关于"世界"(Welt),见 GA 79:77.3—28 = 72.28—73.17。
70　GA 79:74.1 = 69.31—32;"突然地照亮,就是一道闪电。" GA 79:75.24—25 = 71.17—18;"在所有'集-置'的错置活动中,世界的光亮被照亮了,存有之真理也闪现出来。"

345

理解海德格尔：范式的转变

发关于"本有"的诠释，他曾提到，人在"管窥"(Einblick)本有发生的同时，获得"瞬间"(Die Menschen sind die im Einblick Erblickten)，[71]由此在人身上实现那一转换：

> 仅当在本有之一瞥中摆脱掉人自身的顽固习气，将自身抛投至这一"瞥"里，出离自身，我们才能在自身的本质之中响应那一"瞥"的召唤。[72]

尽管运用了具相化的语言，但他的意思仍然明了。鉴于本有之"召唤"，通过有死性和有终性即一切意义的源头这一视角领会自身，我们便成为自身的本质所是。[73]

这一切如何进入个体的日常生活呢？海德格尔的相关著作在选择与决断方面又能给予我们哪些指导呢？作为《存在与时间》的后续计划，"元存在论"思想所讨论的哲学伦理学又体现在哪里？对于上述问题，海德格尔并未回答，他或许只能提供简单的说明："绽出之生存问题只能经由实际的绽出之生存活动直接解答。"[74]

基于对海德格尔"历史"观念的简单勾勒，我们是时候重提本章开头的那个问题：为了严谨地把握海德格尔丰富的思想内核，我们必须在多大程度上接受他关于元形而上学的概述？在我看来，他关于西方哲学家个人思想的那些解释一直富有吸引力，也十分睿智。我曾被他的

71　GA 79: 75.34—35 = 71.27—28. 见 GA 11: 45.13—15（英译本的 36.14 删掉了这些内容，且没有任何说明）。

72　GA 79: 76.1—5 = 71.29—33.

73　这也等同于本真的哲学工作，它被理解为如下意义层面的实存方式："在存在之揭蔽之中，历史性的人类（'Da-sein'）处于根本的归属状态。"见 GA 71: 47.2—4 = 36.26—28。

74　SZ 12.30—31 = 33.8—9.

第九章 存在之历史

观点说服，即传统形而上学持续地忽视了绽出之生存的本有发生。然而，对其关于西方文明式微的哲学历史解释以及随之列出的关于当今世界可怕现状的原因分析——本有已经遭到遗忘——我却不敢苟同。海德格尔的哲学要核相当牢固，它不仅奠基于20世纪20年代撰写的系列演讲稿以及相关出版物，还扎根于20世纪30年代乃至第二次世界大战后的部分哲学著作。总的来说，海德格尔的思想要核还是站得住脚的，也曾对哲学的发展做出过坚实的贡献，除了关于存在之遗忘的宏大结构，他认为这一结构蕴藏了历史危机，但又对此摇摆不定（最终也未能成功）。他的思想要核包括：关于传统"存在"即存在者之意义的现象学重释；在实践与陈述层面，关于我们如何理解存在者这一内容的颇具说服力的解释；关于一切赋义活动之根据的阐明，这个根据植根于有死的映振即"先行-返回"的运动这一人的先天结构中；除此之外，还包括了以上述要核为基础的某种强有力的哲学劝导，它植根于古希腊哲学的传统箴言"成为你向来所是"，他劝导个体以此为戒，引导自身的生活。不过，海德格尔关于西方式微现象的"形而上的"历史描述如何？我们最好置之不理。

* * *

纵观海德格尔半个多世纪的哲学生涯，他所拟订的计划曾经历了两个重要阶段：(1) 从绽出之生存即澄明之境的开敞状态向澄明之境本身即一切意义的源头过渡；(2) 向本有的澄明之境之隐藏状态转换，这也是决定性的"一瞥"。此乃海德格尔20世纪30年代从前期的先验范式向后期的"澄明之境的发生"方式的转变。尽管他不断调整自己思想的内部结构，但他后期的哲学工作与前期的计划目标之间仍具有连续性。海德格尔后期试图通过植根于本有发生中的现象学关联（他认为此乃西方哲学自巴门尼德直至胡塞尔的思想要核）——开

理解海德格尔：范式的转变

抛活动与澄明之境之间无法植根的映振同一性，即我们这个"无之看护者"[75]的本质——来展开形而上学的"克服"工作。这一切工作都旨在让我们自己做好准备(Vorbereitung)，劝导我们承担自己的本然样态(proprium)即有死的场域，它正是一切中介力量与赋义活动发生的场域。

无论是其思想前期还是后期，引导那项工作的基本原则都植根于他对于亚里士多德"运动"(κίνησις)观念的重新阐释，在《存在与时间》的开篇部分，他就廓清了运动概念所蕴含的准则"可能性高于现实性"。[76]对他来说，绽出之生存就是那类"运动"本身。我们的本质就在于作为一般可能性而被抛入诸多可能性之中，首当其冲的就是我们本己的必然性（死亡）这一可能性。在《存在与时间》中，他曾借助各种方式阐明了这个观点，比如我们不可避免地与旨在赋义的澄明之境发生关联(In-der-Welt-sein)；与作为开敞状态（揭蔽—）之源始结构的操心(Sorge)发生关联；或者与作为塑造存在之境域的开抛活动(Zeitlichkeit)发生关联。纵观其关于绽出之生存的各种解释，"被抛状态"(Geworfenheit)这个源始的实存论特征亦是生命与思想的顶点。鉴于海德格尔在1930年的全新发现，即澄明之境本然隐藏，其后期关于"本有"的论述只不过重新廓清了这个最基本的人类结构。换言之，这一切驱使海德格尔同形而上学历史中的思想巨擘展开对话，他区分了不同版本的存在者之存在，尝试从他们的文本中探索缄默隐藏的澄明之境。

这项工作在"上帝死了"之后尤其具有决定性的意义。这一有终结、有死亡、无可名状且隐藏的澄明之境，即属人的开抛活动，曾被冠以

---

[75] GA 9: 118.20 = 93.26，"看护者"(Platzhalter)居然被误译为"陆军中尉"(lieutenant)，也许是受到法式英语的影响。

[76] SZ 38.29—30 = 63.2.

第九章 存在之历史

"最后的上帝"之名。海德格尔断言,只有这个上帝能拯救我们。[77]

> 绽出之生存的本质……就在于看护并持守本有发生的澄明之境即最后的上帝的开敞状态。[78]

海德格尔曾亲历并超越了先验之思的界限,从而明见了开抛的澄明之境的本然隐藏,于是继续从属人的本有的澄明之境这个角度——西方形而上学的整个历史都未曾追问它——重新廓清那一点。作为由诸个哲学家贯连起来的历史,海德格尔的"存在历史"(Seinsgeschichte)有其独特价值。这一评价同样适用于海德格尔对于形而上学缄默隐秘的发掘与厘清。不过,他是否有效论证了随后的断言,即通过本有之遗忘就能充分解释整个世界的现状,这一点尚存争议。我对此持否定意见,这将是最后一章探讨的论题。

77　GA 16：671.26 = 57.31.
78　GA 65：35.1—2 = 29.33—35. 亦见 GA 65：308.24—26 = 244.23—25："绽出之生存的本质……乃是把存在之真理、最后之神庇护到存在者之中。""庇护"(Bergen)乃是拉丁文 servare 和 tueri 的早期德语译名。

第四部分
结　论

第十章
批判与反思

我将再次回到海德格尔以"集置"（das Gestell，意指被抛于我们面前的当今的盘剥世界）与"技艺"（Technik，意指无意识地忽视隐藏的澄明之境这种揭示存在者的当前方式）为题所展开的关于当今世界的解析，[1]第二次世界大战后他曾对此予以诸多关注。这一章将对他1953年的演讲《关于技艺的追问》展开批判与评论。[2]在那个文本中，海德格尔对于本有之遗忘问题发表了自己鲜明突出的见解，将我们带入其后期哲学的思想实质。提到海德格尔的"后期哲学"，在专题研究层面，而不是基于历时的叙事视角，我较之前更为狭义地使用这个术语。"海德格尔的后期哲学"不是泛指他在1932年之后开展的一切工作，而是特指他从本有之忽视这一视角解释当今世界的悲剧现状，这个观点主导了海德格尔的后期思想。在一个世纪以前，柏格森曾提到哲学家始终思考一个对象："那单一的事物，如此纯粹，无限而脱俗，以至于从未

1　见第九章的相关讨论。
2　GA 7: 7—36 = 3—35. 这一演讲发表于1953年11月18日，讲稿在1954年得以出版。它还以"技艺与转向"（*Die Technik und die Kehre*）为题单独刊行，但在3.10错误地宣称这一演讲首次发表于1955年。

理解海德格尔：范式的转变

成功得到言明。此乃哲学家究其一生始终不断展开言说的原因。"[3]经由《关于技艺的追问》，我们得以理解海德格尔余下的哲学工作始终围绕"纯一思想"，[4]即本有之隐藏以及对其忽视而导致的悲剧后果。通过1953年的演讲以及关于那个论题的拓展文献，我们得知：海德格尔的思考重心体现在如何廓清自己哲学的当代意义。[5]与此同时，那篇演讲还指明了他的整个哲学计划的严格界限，因此也适于对其思想研究展开总结与反思。

在先前的章节中，我已经初步探讨了"集置"与"技艺"概念，但它们理应得到更多关注、批判。《关于技艺的追问》写于德国政府禁止海德格尔从事任何教学活动三年以后，那篇演讲可被视为海德格尔为自己所做的某种辩护（apologia pro sodalitate sua）。他从"哲学"层面阐明了20世纪30年代支持纳粹的缘由。1953年，即发表那篇演讲的同年，他还参与编辑了1935年夏季学期课程讲稿《形而上学导论》（Einführung in die Metaphysik），最终作为 GA 40 出版。1935年，当课程临近尾声，正值纳粹反犹运动如火如荼地展开，逐渐达至顶峰。在带有种族主义色彩的纽伦堡法令颁布数周之前，海德格尔猛烈抨击了当时流行的"价值哲学"（他认为它"称自己为哲学"），并且提到：

近来关于国家社会主义哲学的争论甚嚣尘上，这对于纳粹内

3　Bergson, *Le Pensée et le mouvant*, 119 = 128. 来自柏格森于1911年发表的一次演讲。对比柏拉图，《第七封信》341c5: ῥητὸν γὰρ οὐδαμῶς ἐστιν（"事物自身"无法诉诸语言）。

4　GA 13: 76.9—10 = 4.10.

5　"这项工作及其逐渐达成的结果对海德格尔老年时期的思想最为重要"，见 Petzet, "Afterthoughts on the Spiegel Interview", Neske and Kettering, *Martin Heidegger and National Socialism*, 72。

第十章 批判与反思

在秉持的真理与伟大并非无关紧要。[6]

海德格尔脑海中的那些"鼓噪者"很有可能以阿尔弗雷德·罗森堡（1893—1946）、恩斯特·克雷克（1882—1947）以及阿尔弗雷德·鲍姆勒（1887—1968）为首。然而，与他们的哲学相较，"纳粹内在秉持的真理与伟大"到底在说什么？1935年，海德格尔并未予以说明。然而，数年之后，当编校亟待出版的手稿之时，他终于澄清了上述问题：

（亦即行星科技与现代人类的相遇）[7]

海德格尔究竟意指什么？经由上述关于纳粹"内在秉持的真理与伟大"这一非同寻常的结论的解释，他是否事后追溯了当初加入纳粹党以及被指派担任弗莱堡大学校长的"哲学"理由？或者这些理由只是海德格尔第二次世界大战后的凭空捏造？还是他出于自我辩护而努力博取同情？[8]鉴于海德格尔20世纪20年代至30年代发表的那些社会政治观

---

6 GA 40：208.2—5 = 222.5—8.见 Fried and Polt 的英译本，xiv—xvii。显然，海德格尔于1953年将1935年手稿里的缩写"N.S."（= "Nationalsozialismus"）改写成"这个运动"（diese Bewegung），或许他想与自己曾在20世纪30年代初期坚定支持的纳粹党划清界限。

7 GA 40：208.5—6 = 222.8—9；在最初的《形而上学导论》中，152.8（"内在的真理与伟大"）以及9—10（"即与之照面"）。在 GA 40 的英译本里，见222注释115，Fried and Polt 曾插入括号予以注释："几乎可以肯定，这两处内容为海德格尔准备将文稿付梓时所加。"

8 见 Petzet，"Afterthoughts on the Spiegel Interview"，Neske and Kettering，*Martin Heidegger and National Socialism*，71："他问心无愧，没有任何理由悔恨一生，或者为自己的行为乃至思想进行自我辩护并努力博取同情，那等于是承认它们是错误的……他认为自己于1934年2月坚决辞去弗莱堡大学校长职务，就已经清楚表明他从来不是一名纳粹。"

理解海德格尔：范式的转变

点（暂且不提汉娜·阿伦特的说辞）[9]已耳熟能详，如果谁还倾向于认为那是他的某种捏造或者辩护，这也完全可以理解。即使有人认为他对纳粹意识形态及其政治的攀附根本上与科技无关，但自20世纪20年代起，他确实深受生命文化领域日益增长的工具理性与科技浪潮困扰，因为它给20世纪初期他所想象的德国乡村的宁静生活造成了威胁。[10]

海德格尔战后关于科技的反思并不是其哲学生涯的画蛇添足，具体而言，它既不意味着海德格尔的哲学向现代世界妥协，也不应仅被视为社会文化方面的某种独白。实际上，它是海德格尔后期思想所曾达到的顶峰，甚至为探究他的前期思想打开了一扇窗。[11]1953年，当他提到"行星科技与现代人类的相遇"之时，他似乎曾将亲身经历映入脑海。现代科技给他对于德国西南简单宁静的田园生活的浪漫憧憬笼上了一层阴影。他曾亲历第一次世界大战，目睹了科技造成的毁灭性灾难，潜伏其后的思想动因更是令他忧心忡忡：在未来的蓝图中，人类意欲经由科技的更新换代主宰世界。在由理性席卷一切的现代化浪潮中，海德格尔终其一生关注的东西迅速在视野中隐退：人的不可计算性与隐秘的有限性，此乃人的内核，它们优先于理性、科学和技术，比这些事物更加深刻，而且，它们也是一切意义的最终源头。在弗莱堡大学任职早期，他首先从神秘主义与基督教末世论视角解析了人之隐秘的有

---

9 她提到，海德格尔"满口谎话，这一点臭名昭著"，见 Elisabeth Young-Bruehl, *Hannah Arendt*, 247。见 GA 16: 247.16—17，战争期间，海德格尔曾在爱登森林担任气象员（协助采用毒气攻击，阻止美军朝色当前进），但他改写成"在凡尔登"服役，见 Sheehan, "'Everyone Has to Tell the Truth'", 30 及注释2。

10 见 GA 13: 9—13 = 27—30，尤其是 12.8—28 = 29.11—28，包括海德格尔关于托特瑙山滑雪者的评述。亦见由迈克尔·哈内克2009年执导的电影《白丝带》（原名《一个德国儿童的故事》）。

11 见 Petzet, "Afterthoughts on the Spiegel Interview", Neske and Kettering, *Martin Heidegger and National Socialism*, 72："这项工作（1949年以后海德格尔重新开展的工作）及其逐渐达成的结果对海德格尔老年时期的思想最为重要。"

第十章　批判与反思

限性问题(GA 60)。然后,1921年至1922年,他开始由宗教现象学视角转向关于亚里士多德思想的重新阐释(GA 61—63),这一点众所周知,它旨在从不带任何宗教色彩的现象学层面廓清处于日常状态中的绽出之生存。海德格尔前期思想的巅峰之作《存在与时间》将个体自身喻为开抛的有死深渊,一旦承担了本真的自己,个体就能改变原来的生存方式,并由此揭示绽出之生存的那一隐秘维度。

然而,究竟如何才能改变社会呢? 1933年1月,希特勒就任德国总理,这让海德格尔尤为关注这个问题。一个月后,希特勒解散国会,篡夺权力。海德格尔果真认为法西斯政权一旦得到稳固,就能帮助"现代人"克服某个程度的有限性,并抵御科技的猛攻吗?即使假定他在1933年确实相信,甚至在集中营(达豪,1933年3月)刚建立以及罗姆大屠杀(1934年6月30日)发生后不久仍坚持上述看法,但是,身为一个思想家、哲学家,同时也是一个具有理性与责任感的公民,海德格尔如此愚蠢盲目,对此我们又该做何评价? 1933年至1945年,他究竟居住在一个怎样的星球上? 卡尔·雅斯贝尔斯曾于1933年追问海德格尔:"怎能想象像希特勒那样的莽夫能够统领德国?"他竟然回答:"教育并不意味一切。且看其美妙的双手!"[12]更不必提他自1933年以来犯下的诸种丑行(勾结盖世太保,排挤同侪,甚至拒绝指导犹太博士生),[13]上述一切皆与《存在与时间》的教导自相矛盾。

本书关注"哲学家"海德格尔,而不是作为"常人"或者"政治角色"的海德格尔,因此,以下内容特别聚焦于他在科技、历史以及现代文

12　Jaspers, *Philosophische Autobiographie*, 101.22—25.

13　见Sheehan, "Heidegger and the Nazis", 各处。亦见Müller, "A Philosopher and Politics", Neske and Kettering, *Martin Heidegger and National Socialism*, 各处, 尤其是187:"但自从海德格尔当了校长, 再也没有已经跟随他开题的犹太学生获得博士学位……1933年之后, 海德格尔仍旧希望他的犹太学生能够拿到博士学位, 但不是由他作为他们的指导老师。"

理解海德格尔：范式的转变

化方面的哲学观点。至于其个人复杂的政治生活，有关这方面的细致研究已经超出了本书的讨论范围。否则，我们必须涉猎他所有的哲学作品，包括他在德意志第三帝国时期所有的公共与私人言行，以及只有部分内容公之于众的浩瀚书信。除此之外，我们还必须关注其更为私密的生活内容，比如1945年至1946年曾出现的精神崩溃，乃至1969年9月，他在临近八十岁生日数天之前与理查德·韦瑟尔的私人谈话："人神关系必然伴随孤独……是啊，那是个难题……我很孤独。你从未体会过的那种孤独。"[14]

* * *

缘于第一次世界大战特殊的亲身经历，海德格尔开始关注科技，伴随对于恩斯特·荣格《劳动者》一书的精微研究（参见GA 90），这一兴趣在20世纪30年代变得愈加浓厚。在1936年至1938年写就的《哲学论稿》(GA 65)以及相关著作中，亦曾出现关于现代科技的零星评论，不过，关于这个问题最集中的讨论出现在1953年《关于技艺的追问》这篇演讲之中。海德格尔的挚友、巴伐利亚州议员埃米尔·普雷托尤斯，时任慕尼黑巴伐利亚艺术学会主席，曾邀请海德格尔重新出山，出席"科技时代的艺术"会议。在那次演讲中，海德格尔更愿意从哲学的视角讨论科技问题，而不是艺术问题（尽管在演讲的尾声，他曾略提艺术）。如前述，他认为哲学是"关于存在者本质的知识"。[15]因此，他迅速回顾了科技，同时视其为朝向目的的手段（他称之为"工具式"或者"人类学"进路），[16]以便通达技艺的本质。接下来我将围绕以下三

---

14 Neske, *Ereinnerung an Martin Heidegger*, 271.21—26.
15 GA 45：29.28—29 = 29.18—19.见第二章注释1。
16 GA 7：8.5—6 = 5.5—6.

个主题解释那个文本，以便廓清海德格尔对于技艺及其本质的理解内容与探讨方式。它们分别与一般问题结构的三个环节逐一对应，即它的"实质对象"（Befragtes）、"选取视角"（Gefragtes）以及"解释结果"（Erfragtes）：

1. 海德格尔的解析事域（将占据一定篇幅）；
2. 那一事域聚焦的论题（相对简要论述）；
3. 海德格尔通过反思得出的最终结论。

一、事域

海德格尔正在探求的本质事态究竟是什么？换言之，他究竟如何描述探究的实质对象？那篇演讲标题中的"技艺"（Technik）概念究竟意指什么？是科技吗？或者是亚里士多德所提到的作为"理智德性"之一的"技术"（τέχνη）？还是作为某种"逻各斯"的技艺之思？[17]我们将在海德格尔关于这个主题的现象学描述中廓清上述问题。

他似乎认定当时的听众已经明白了自己所说的"技艺"含义。然而，我们呢？他列举的事例甚少单薄，它们皆与德国前现代时期的田园牧歌构成对立："机械农业"与农耕生活相对，莱茵河中央的水电厂与横穿河流的木桥相对，现今的林场业与跋涉黑森林的樵夫（某个人的"祖父"）相对。[18]上述对立关系的前项皆折射了西方文化的堕落，此乃海德格尔的未尽之言。他对此究竟秉持何种观点？他借用"技艺"概念意指那些新兴的机器？包括填充我们钱包、口袋、桌面乃至日常生活的

17　胡塞尔将规范逻辑学（可与其早期构建"纯粹逻辑学"的艺术学说进行比照）特指为"关于科学的艺术学说"，即"科学（实践）的技术"，见"Über psychologische Begründung der Logik"，346.20—21。

18　GA 7: 15.34—16.6; 16.28—30; 18.29—32 = 15.1—7; 16.9—11; 18.17—20.

那些数码产品？或者使那些产品得以运作的程序？或者程序员的运思？或者运行那些程序的数字化机器？还是为了使用那些产品必须掌握的技巧？《关于技艺的追问》这篇演讲发表九年之后，在1962年7月18日举行的另外一个演讲中，海德格尔区分了机器、机器制造的产品以及运行那些产品的思辨理性。然而，他认为以上三种事物，不管予以单独考察，还是作为整体对待，皆无益于我们理解技艺的本质。[19]倘若技艺实际上与机器本身无关，而只与制造机器的运思有关，那么，约公元前200年制造的阿基米德螺旋抽水机、1756年生产的詹姆斯·瓦特蒸汽机以及1947年制造的威廉·肖克利晶体管这三个产品在智能层面还有什么区别呢？那么，约公元前2500年苏美尔人制造的算盘与现今计算机神经系统科学使用的、运行速度比个人电脑快了九千倍的电路板在思辨理性层面又有何区别呢？[20]

在《关于技艺的追问》中，海德格尔使用了三个术语"技艺者"（das Technische）、"技艺"（die Technik）和"技艺的本质"（das Wesen der Technik）。[21]关于技艺者，海德格尔特指制造产品的工具（机器），它不是任一机器，而仅是现代机器。技艺者与技艺有何不同？技艺就是目前英译本标题所指的"科技"吗？实际上，他常常混淆作为"朝向目的的手段"（使产品得以运行的机器）的科技与作为"人类活动"（控制产品所需的技巧与整个控制活动本身）的科技。[22]有鉴于此，"科技"概念模棱两可而又含义多变，它涵盖了一切要素（产品的技巧、程序、工具、

19　Heidegger, *Überlieferte Sprache und technische Sprache*, 10.15—26.

20　B. V. Benjamin et al., "Neurogrid: A Mixed-Analog-Digital Multichip System for Large-Scale Neural Simulations", 699—717. https: //ieeexplore.ieee.org/stamp/stamp.jsp?tp = &arnumber = 6807554.

21　GA 7: 7.11 和 16—17 = 4.3 和 7—8。

22　关于技艺作为"朝向目的的手段"（ein Mittel für Zwecke）以及"人类活动"（ein Tun des Menschens），见 GA 7: 7.28—31 = 4.19—21。

第十章　批判与反思

进程以及制造），正如米歇尔·福柯提到的科技"经济"所遭遇的情形。不过，海德格尔的技艺概念更有可能是亚里士多德τέχνη概念的现代翻版，它意指"知道－如何"活动，而不是"知道－如何"运思下的产品，尽管诸如机器这类产品生产出了更多的机器。技艺乃是亚里士多德所谓实践序列中的"理智德性"之一，尤指创造了程序并管理机器的"伦理"实践方面的认知。因此，我将"科技"意指机器，同时将Technik译为宽泛而言的技艺，即实践方面的"知道－如何"，亦即与创制技艺（ποίησις）紧密相连并被视为创制运思的"技艺"（τέχνη）。所以，拨开层层表象，他在那篇演讲中关注的主题或者实质对象（Befragtes）并不是那些"科技质料"（das Technische）或者批量生产的程序与机器（die moderne Technologie），而是"技艺"（τέχνη）这种存在者的揭蔽方式，尤其是它的当代构型。

* * *

《关于技艺的追问》这篇演讲将揭蔽的当前构型回溯至亚里士多德的"技艺"（τέχνη）概念，即经由创制或者塑形活动而让存在者意义显现的属人能力，它与"自然"（φύσις）相对，因为存在者由之让自身自然涌现。海德格尔断言，我们仍然必须通过亚里士多德的技艺或者它的当代版本来谈论"揭蔽"（ἀληθεύειν），也就是说，经由将存在者带入其"揭蔽二"即"前理论静观"的理知能力，从而让它们得到揭蔽。我们不是经由思考或者语言，而是通过实践，换言之，通过将它们塑造、转化而成为先前并不存在的存在者来实现这个过程。海德格尔关于技艺的诸多探讨应植根于亚里士多德《尼各马可伦理学》VI，特别是关于理智德性的阐释。假如读者不熟悉那个文本，就可能会遗漏海德格尔相关阐释的关键因素，因此，我们有必要花点时间来温习。不过，如果您对此已烂熟于心，只需粗略浏览以下表格，便尽可略过当前内容。

277

理解海德格尔：范式的转变

灵魂及其能力

	τὸ ἔμψυχον ψυχή / ζωή[1] animatum anima / vita 灵魂	
τὸ ἄλογον[2] irrationale anima irrationale 无理性的部分 （ἀρεταί ἠθικαί）[3] （virtutes morales） （伦理德性）		τὸ λόγον ἔχον[4] rationale / intellectivum anima rationalis 有理性的部分 （ἀρεταί διανοητικαί）[5] （virtutes intellectuales） （理智德性）

τὸ θρεπτικόν[6] τὸ φυτικόν[11] vegetativum nutritivum 营养能力 滋生能力 anima vegetabilia 有营养能力的灵魂 （τὸ φυτόν） planta 植物	τὸ αἰσθητικόν,[7] ὀρεκτικόν, ἐπιθυμητικόν[12] sensitivum appetitivum/ concuscibile 感觉能力、欲求能力、欲望能力 anima sensibilis 有感觉能力的灵魂 （τὸ ζῷον ἄλογον） animal irrationale 无理性的动物	τὸ λογιστικόν,[8]λογισμός[9] opinativum rationativum 筹谋能力 anima rationalis 有理性能力的灵魂 （τὸ ζῷον τὸ λόγον ἔχον） animal rationale 有理性的动物	τὸ ἐπιστημονικόν[10] scientificum speculativum 科学能力、思辨能力 anima rationalis 有理性能力的灵魂 （τὸ ζῷον τὸ λόγον ἔχον） animal rationale 有理性的动物
τὸ τρέφεσθαι[13] τὸ αὐξεσθαι[20] nutrimentum augmentum 营养活动 生长活动	αἴσθησις[14] ὄρεξις[21] sensus appetitus 感觉活动 欲求活动	Τέχνη[15] ars 技艺活动 （ποίησις）[22] productio 创制活动	Φρόνησις[16] prudentia 明智活动 （πρᾶξις）[23] actio 实践活动	νοῦς[17] intellectus 努斯活动	ἐπιστήμη[18] scientia 科学活动	σοφία[19] sapientia 智慧活动

1.《论灵魂》II 2, 413a21。此处亚里士多德还提到 τὸ ἄψυχον，意指没有灵魂或生命的事物，拉丁语为 inanimatum。
2.《尼各马可伦理学》I 13, 1102a28; 1102b29; VI 1, 1139a4—5。
3.《尼各马可伦理学》I 13, 1103a5。
4.《尼各马可伦理学》I 13, 1102a28; VI 1, 1139a5。
5.《尼各马可伦理学》I 13, 1103a5—6。
6.《论灵魂》II 3, 414a31 及 33。
7.《论灵魂》II 3, 415a1—2。
8.《尼各马可伦理学》VI 1, 1139a12 (13 = λογίσθαι)。它针对可变化的事物（τὰ ἐνδεχόμενα）; VI 6, 1141a1。
9.《形而上学》I 1, 980b28。
10.《尼各马可伦理学》VI 1, 1139a12。它针对不变的事物（τὰ μὴ ἐνδεχόμενα）; VI 6, 1141a4。
11.《尼各马可伦理学》I 13, 1102a32—33。
12.《尼各马可伦理学》I 13, 1102b30。
13.《尼各马可伦理学》I 13, 1102a33。
14.《尼各马可伦理学》VI 2, 1139a18。
15.《尼各马可伦理学》VI 4, 1140a7。
16.《尼各马可伦理学》VI 4, 1142a23。
17.《尼各马可伦理学》VI 6, 1141a5。
18.《尼各马可伦理学》VI 3, 1139b18。它针对论证（ἀπόδειξις）; VI 6, 1141a2—3。
19.《尼各马可伦理学》VI 7, 1141a9。
20.《尼各马可伦理学》I 13, 1102a33。
21.《尼各马可伦理学》VI 2, 1139a18。
22.《尼各马可伦理学》VI 4, 1140a16。
23.《尼各马可伦理学》VI 4, 1140a16。

第十章 批判与反思

亚里士多德将生命(ζωή)划分为无逻各斯的生命(τὸ ἄλογον)以及有逻各斯的生命(τὸ λόγον ἔχον),后者常被笼统地称为"理智的"生命。[23] 有逻各斯的生命拥有正确(或者错误的)理知能力,无论是理论方面还是实践方面。在解读《尼各马可伦理学》VI的过程中,海德格尔曾将有逻各斯的生命诠释为"绽出之生存"。亚里士多德进一步将理知能力分为"知道-如此"(τὸ ἐπιστημονικόν)与"知道-如何"(τὸ λογιστικόν)这两种能力,后者也被称为"筹谋思维"(λογισμός)。[24] 以上两种理知能力都在适当的范围内揭示了存在者,[25] 即在"揭蔽二"这个层面让存在者的意义得到显现。一旦开始正确地运作,"知道-如此"就以其实际所是的方式揭示了存在者。同理,一旦得到合适的运作,"知道-如何"就能揭示如何改变存在者,并且按照我们想要其成为的样子让它们显现自身的意义。[26]

根据两种不同的理知方式,就相应存在有利于我们最好地(ἄριστον)实现理知能力的两种不同"德性"(ἀρεταί)。[27] 亚里士多德认

---

23 《尼各马可伦理学》VI 1,1139a4—6;《尼各马可伦理学》I 13,1102b17和24。

24 《形而上学》I 1,980b28。在某些学者的嘴里,"筹谋思维"实际上是一句脏话,甚至海德格尔本人在其一生中也常这样使用。

25 《尼各马可伦理学》VI 3,1139b15: ἀληθεύει ἡ ψυχή。

26 哲学专业的学生可能认为自己理解"趋近"(Αγχιβασίη)的含义(赫拉克利特,《残篇》122),事实上却弄错了。木匠可能认为自己知道如何完成这项任务,事实上结局却是搞砸了,与前一种情况类似,他也弄错了。在以上两种情形中,"知道-如此"与"知道-如何"未能奏效。那个学生考试挂科,那个木匠遭到解雇。这两种"知道"方式均通过"肯定或否定"(τῷ καταφάναι ἢ ἀποφάναι)来进行判断,见《尼各马可伦理学》VI 3, 1139b15。

27 见《尼各马可伦理学》I 13, 1103a5—6。它一方面描述了"理智德性"(ἀρεταί διανοητικαί),它协助"知道-如此"与"知道-如何"发挥作用;另一方面解释了"伦理德性"(ἀρεταί ἠθικαί),它协助品质的养成。理智德性帮助我们在上述两种功能中取得对"理性"(λόγος/διάνοια)而言最好的东西。伦理德性亦是如此,帮助我们养成最好的"善"(τὸ ἀγαθόν)。对人来说,我们的伦理品质能够参与并被理智能力所引导(《尼各马可伦理学》,1102b26),只要前者"顺从"(κατήκοον)后者,并被后者"说服"(πειθαρχικόν),见《尼各马可伦理学》,1102b26和31。

为,德性意指个体擅长做某事的"好习惯"。[28]我们可称之为"习惯能力"。他将理智能力分为(1)属于"知道-如此"的三种能力,即关于最高原则的理智直观(νοῦς)、关于不变事物的论证理知(ἐπιστήμη)以及智慧(σοφία);(2)属于"知道-如何"的两种能力,即明智(φρόνησις)与技艺(τέχνη)。在《关于技艺的追问》中,海德格尔仅关注"知道-如何"即推理思维或者工具理性(朝向目的的手段)。推理思维与某类前瞻活动有关,它在时间上预先知道自己想要实现的内容以及方式。前瞻性的"知道-如何"这类习惯能力又可做如下区分。

第一类是明智(φρόνησις),意指在个人与社会方面(比如伦理、政治或者经济方面)的人类事务中良好实践的能力。[29]在这类情形中,我们能够预见将要达成的目的以及实现目的的最佳手段。人类事务的目的就是某种人的善(τὸ ἀνθρώπινον ἀγαθόν),[30]这类目的在建立城邦与减轻体重方面有所不同。[31]针对人类事务的预见能力就被称为"明智",我们由此预见并揭示了某种想要达成的人之善及其实现方式。明智属于推理的德性活动,它在《存在与时间》中被称为"前瞻"(Umsicht),即在实存论层面上预见目的及其手段的能力。(Umsicht这个概念意指向前看,而不是"警惕地向四周看",如目前英译"环视"这类译法。)[32]由前瞻性的明智所引导的对象正是亚里士多德所谓的"实践"(πρᾶξις),然而,它不是任意一种行为,而特指根据逻各斯(μετὰ λόγου)

---

28 见 ἔχειν = 拉丁文 habere,"居有";ἕξις = habitus,"居有自身"的某种方式(即成为自身所是的某种方式)。见 GA 18: 172—80 = 116—22,关于《形而上学》V 20 和 23 以及《尼各马可伦理学》II 1—5 的评述。

29 《尼各马可伦理学》I 5,1097b11:φύσει πολιτικὸς ἄνθρωπος。

30 《尼各马可伦理学》I 1,1094b7。对亚里士多德来说,那种善是社会政治性的,见《尼各马可伦理学》,1094a26—28。

31 关于建立城邦,见《政治学》。关于减轻体重,见《形而上学》IX 6,1048b19—20。

32 向前看抑或向四周看? 见拉丁文 pro-videre;以及由此衍生的 pro-videntia,它被缩写成 prudentia,作为希腊文"明智"(φρόνησις)的拉丁文译名。

的行为,³³这类行为与某种可被觉察的、为了我们自己或者他人的人之善有关。

第二类(海德格尔曾在演讲中特别提及)是技艺(τέχνη),它旨在改变非人的事物,也是一种前瞻性或者推理式的运思,比如将一捆木头制作成书橱,或者将一座山开采为露天矿,简言之,它创制了某个产品。对于这类推理运思,带有前瞻性的"知道-如何"——引导创制过程的技巧或实践认知——就被称为"技艺"(τέχνη,拉丁文 ars),相应地,关于产品的先导或者前摄活动则被称为"创制"(ποίησις)。创制与技艺既紧密相连,又有所不同,因为创制由技艺引导。(即使实现活动未能成功,艺术家的技艺仍然值得信赖,比如某个雕塑家熟练设计了一座雕像并选取了一块完好的大理石,但他的创制活动却搞砸了。)技艺乃是一种理知形式,因此也是一种揭示方式。它亦是一门揭蔽的技艺,体现在:(1)事先预见某个欲求的产品;(2)熟知完成那个创制活动的正确手段。通过技艺而被预见与揭示的对象首先已经得到设计,即"事先选定"的产品的"形式"(εἶδος προαιρετόν),换言之,具体的创制活动在正式开始之前就已经得到想象与设计。³⁴比如,卡尔·马克思曾将最蹩脚的建筑师与最勤劳的蜜蜂对比,便是此意:"最蹩脚的建筑师一开始就比最灵巧的蜜蜂高明的地方,是他在用蜂蜡建筑蜂房以前,已经在自己的头脑中把它建成了。"³⁵

* * *

正如亚里士多德在《尼各马可伦理学》中所阐析与赞许的,技艺曾

33　《尼各马可伦理学》VI 4,1140a7。
34　海德格尔关于"选定形式"(εἶδος προαιρετόν,在亚里士多德的著作中并未出现这个短语)的相关论述,见 GA 9: 251.13—252.2 = 192.23—193.6。
35　见第二章注释98。

理解海德格尔：范式的转变

催生出古希腊的诸多荣耀，然而，对海德格尔而言，它长久以来潜藏于由正在戕害现代世界的女巫所造的蜜酿之中。如今的"技艺"已经不再是纯粹的τέχνη，远非海德格尔于20世纪20年代在托特瑙堡描绘的农夫操习的技艺。那位农夫一面望着刚在黑森林中被砍伐并被拖回农舍的圆木，一面吞云吐雾。在海德格尔眼里，如今的技艺就是一种与激素类似的τέχνη，它掌控了这个星球上每个人的身体、心灵与生命，将人们从平静的乡村生活中拽出，同时让他们陷入疯狂之中，使之与宇宙城邦的"生命"疏离，这类"生命"以技艺的思想与行动作为唯一的生存方式。违背人性的"在世存在"方式以及事物的揭蔽方式使曾经美妙的田园牧歌扭曲成商品即消费品。盘剥世界迫使我们将照面的任何存在者，包括人与物，仅仅从可供使用这个方面来理解。它们被视为自然或人类的"资源"，也就是可供开采、加工、储存、贩卖以及消费，而后又加以回收、再造、再分配以及再贩卖的原材料。海德格尔将这种螺旋下降的揭蔽方式称为"促逼"（Herausforderung）。现代人受到了某种尚不可见的神秘力量"促逼"，从而又"促逼"其他的存在者，使之委身于某个能够循环流通并被消费的东西。

关于现代工业社会的上述阐释并不新鲜，不过，海德格尔的解释进路仍有独到之处：他廓清了那种糟糕处境产生的方式及原因，也厘清了现代技艺的本质以及当今世界处于可怕境地的原因，而且，他的相关阐析并不囿于过往二十五个世纪经济、社会或者政治方面的研究观点，而是从形而上学的视角出发来审视自古希腊以降的整个西方历史，换言之，他通过哲学方式得出了以上结论。早在1935年，他就清醒地觉察到经由形而上学导向的危险陷阱：

> 脱缰的科技绝望地狂啸，常人缺失根基，抱成一团……精神的萎靡……世界昏暗，诸神隐匿……大地瓦解，人类被打回原形，一片混乱，只剩下平庸的卓越……精神遭到剥夺、腐化、衰减、压制以

第十章　批判与反思

及误解……所有存在者沉沦为同一层次、同一平面，宛若一面黑暗之镜，不再反射任何事物，无法发出任何回响……还有冷漠而混一的浩瀚冗余……猛烈摧毁一切境界以及一切创世精神动力的修罗场……生产物质关系的规制与统治……精神的工具化与扭曲。[36]

1935年，他已经发现，一切的毁坏最终归于一点，正是西方对于隐藏的澄明之境这一人类本质以及意义源头由来已久的灾难性忽视。他还认为，19世纪经济、社会以及精神方面的毁灭性打击正是源于我们遗忘了

那一深渊，从中本质的东西始终往返于人类，迫使他们变得卓越并根据那个境界展开行动……（对抗着）猛烈摧毁一切境界以及一切创世精神动力的修罗场。[37]

它还产生了一个后果，也是我们如今正在经历的灾难：

西方世界的精神力量陨落了，它的结构土崩瓦解，奄奄一息的文明显象在自身内部崩塌，它将所有力量引向混乱，在疯狂之中令人感到窒息。[38]

海德格尔辨清了一点：上述发生的一切无法归咎于人类，亦不能以人

---

[36] 引自 GA 40：40.32—51.10 = 41.26—52.19。
[37] GA 40：49.17—21 和 34—35 = 50.23—25 和 51.6—7。
[38] GA 16：117.5—8 = 13.18—20。这一切发生在1933年。见 Petzet, "Afterthoughts on the Spiegel Interview", Neske and Kettering, *Martin Heidegger and National Socialism*, 70："1961年9月，他（海德格尔）从托特瑙山写信给我，提到西方文明的空洞本质如今显露出来，但与此同时，人们却未曾予以关注。"

理解海德格尔：范式的转变

类为始因。实际上，它最终与所谓充斥个人与社会决断以及成王败寇剧情的人类历史毫无关系。毋宁说，当代已经或者正在发生的违背人性的揭蔽世界方式经由不可领会的"它"(es)而被给予我们，作为我们的天命。那个"它"给出(gibt)或者派定了(schickt)一切意义世界，包括我们如今正陷于其中的这个世界。在盘剥世界中，"存在"乃是与我们照面的任何存在者的可生产性和可消费性。它始终无视有死的开抛活动，但正是这个活动让上述一切得以可能，包括那类崩塌化的揭蔽活动以及人的异化方式。开抛活动被赋予了"集置"——盘剥世界与技艺悬置——这个天命，通过本然隐藏，便发生了上述一切。

海德格尔如何获得关于现代境况之本质的洞见呢？他关于"集置"阐析的主导方法又是什么？海德格尔不大乐意使用"方法"这个术语，而更愿意借鉴亚里士多德提到的 μέθοδος，即关于某个主题的"探寻"。参照《物理学》III 1, 200b13 的注释，海德格尔提到：

> μέθοδος：关于主题一步一步的探寻，而不是后来所谓的方法论层面的"方法"。[39]

不过，究竟如何具体展开对于现代世界境况的层层探寻呢？苏格拉底在《斐德罗》里提供了指导原则：

> 每当反思任何事物的本质时，我们应该首先判别想要认知并盼与别人交流的对象究竟是单一物还是复合物……如果它是复合

39　GA 9: 271.10—12 = 207.19—21.

第十章 批判与反思

物,就逐一列举它的部分。[40]

现代"科技"——无论以机器、思想倾向或者意义世界等任一形式出现——都是相当复杂的主题。在《关于技艺的追问》中,海德格尔试图探寻"本质",这个主题错综复杂,其粗略而带有预备性质的描述方式显然无法与最终目标匹配。那篇演讲省略了这个宏观的全球现象的多面元素,将技艺还原为某种亚历山大·索尔仁尼琴式的悲叹,控诉它对一般的现代性及其田园牧歌生活所造成的侵扰。海德格尔可能轻易摆脱"现象学家"这个身份吗?如果不能,现象学提供了关于生活经验的丰富可信的描述,在这种经验中,我们与所追问的现象产生关联并受其影响。现象学质疑了自然态度,后者预设我们仅由"静观"事物便可理知其未来的生成内容,或者我们仿佛被赋予了某种理知方面的"X射线",它能在现象之复杂性得到充分揭示之前就直观到它的本质。显然,海德格尔眼中的现象学认为事态是历史性的,总在具体情境之中生成——不仅属于个人,还具有经济、社会、政治、文化方面的特质——它们不可能在浅薄的逸事"描述"中得到廓清。

然而,海德格尔关于现代"科技"与技艺的印象主义描绘甚少涉及具体的历史情境,他没有考察催生出现代"科技"的多重历史条件(无论是机器、思想还是意义方面)。因此,我们从中仅能获得某类草图,它同农耕作业与机械农业、现代林业与德国祖辈跋涉的森林这些对立景象有关。这类草图带有明显的地域与个人色彩,我们迫切想要了解那些系于海德格尔自身极其有限的经验世界的影射片段是否深刻切入了所要探讨的主题对象。当然,我们不应苛求他成为经济学、社会学或者政治科学领域的专家,从而阐明现代科技如何蕴含在上述权力构型

283

---

[40] 《斐德罗》270c10—d6。这里用于描述"认知"的术语是"成为技艺纯熟的"(εἶναι τεχνικοί),也就是"知之颇深"。

理解海德格尔：范式的转变

之中。[41]诚然，那篇演讲提到了"以最低消耗赢得最高产出"这个经济学原则，[42]同时在 GA 65 中，海德格尔还粗略提及产业工人在社会方面的颠沛流离以及在经济方面被剥削利用——"他们被从家乡与历史中抽离出来，被利益榨干"——但这个观点很快在其精英式的絮叨中了无踪影。"机械方面的规训，即机器化与商业。这里发生了何种人的转化？"[43]我们能否做出这样的系列假设，即海德格尔已经充分意识到了催生出现代科技的、具有历史决定性以及非决定性的那些因素？他在那篇演讲中已经将之视为前提？如果他已经充分意识到那些因素，究竟为什么它们在那次演讲中从未被提及，不管是关于现代"科技"的描述，还是关于"科技"本质的解析？在被当代科技催生的那些新关系中运作的历史"世界"这类独特情境究竟是什么？何种政治和经济力量催生了这类世界并继续主宰它们的运作方式？这些问题将有助于我们展开针对现代"科技"更为丰富厚实的现象学描述，同时能为在哲学层面上廓清它的"本质"确立更加合适的标准。

二、论题

关于上述问题，海德格尔着眼于技艺的本质解析，由此也间接解析了所谓"集置"的程序、机器、产品乃至生活方式的本质。有鉴于此，我们可以推知，在着手解析当代境况之前，他早已知晓"集置"产生的动

---

41 海德格尔"完全拒绝大都市的社会学与心理学及其堕落的思想方式"，见 Müller, "A Philosopher and Politics", Neske and Kettering, *Martin Heidegger and National Socialism*, 178。

42 GA 7: 16.13—14 = 15.16—17.这并不是什么新观点，就连斯蒂芬·迪德勒斯也知道"低价买进，高价卖出"这类游戏，见 Joyce, *Ulysses*, Episode 2 (Nestor), 39.36。

43 GA 65: 392.20—24 = 310.8—11. Rojcewicz and Vallega-Neu 将德文 auf Verdienst gesetzt 译为"设置为雇佣劳动者"，我在这里采纳了 Parvis Emad and Kenneth Maly 的译文 (274.13—16)。

因，这一看法并无不妥。(如前述)我们甚至可以说，海德格尔的一切哲学，无论是前期还是后期，皆旨在阐明西方文明对本有即意义显现的源头的忽视，这同时解释了他在1909年秋离开故乡梅斯基尔希而前往大城市弗莱堡的途中，为什么一路上总看到令他伤感的景象。海德格尔认为，在19世纪晚期，当德国的平静午后渐入世界大战黑夜之际，密涅瓦的猫头鹰才开始起飞。与此同时，他还预见到"世界之昏暗"显露的原因。正如柏格森所言："那就是为什么海德格尔终其一生都在不断地发声。"[44]

如前述，技艺之"悬置"并非意指一段时期，而是指对于一切意义源头的无视以及无意识的悬置（ = ἐποχή-2），根据它的隐藏本质，一切意义的源头同时将自身"悬置"（ = ἐποχή-1）。因此，ἐποχή-1即本有之隐藏最终构成ἐποχή-2即对于隐藏源头之忽视的根据。就此而言，对于任何澄明之境的"派定"构型，包括以"生产-使用"这种构型所"派定"的当今世界的遗忘现象，并非由任何具体的人类活动或者态度导致。毋宁说，它被"指派给"我们，甚至在我们的能力之外"命定于"我们。所以，现代科技"促逼"一切事物，将它们降格为旨在商业积累与贸易的存在者。现代科技不是由实存状态层面的个体创生（"它既不单独在人之中发生，也不必然经由人而出现"），[45]而是产生于我们无法掌控的存在论源头，它迫使我们仅仅将自然揭蔽为可供提取与市场化的使用价值之源。

人无法掌握揭蔽活动本身，即现实存在者的任何一次显现或者退隐。[46]

44　见本章注释3。
45　GA 7: 24.31—32 = 24.2—3.
46　GA 7: 18.18—20 = 18.5—7.

理解海德格尔：范式的转变

> 揭蔽本身，在其中发生的（自然与人方面的）安排，人都对其开展活动无能为力。它也不是人所经历的如下环节，即作为主体与客体发生关联。[47]

> 仅当人被促逼而开始利用自然能源时，关于（自然与人的）安排这一揭蔽活动才得以发生。[48]

换言之，这里讨论的内容最终着眼于本有发生及其派定构型。因此，经由本有发生，我们当前被赋予关于其本质揭蔽的特殊构型，即以凝练而整合的 τέχνη 构型显现的技艺，这个过程同样超出我们的掌控。鉴于人类掌控之外的上述原因，我们发现：经由某种外力，我们被迫陷入盘剥关系之中，从而囿于被派定于我们自身之上的盘剥世界。

通过上述分析，海德格尔阐明了那一过程的实质，解析了产生现代性浩劫的哲学病因。关于技艺以及现代"科技"本质的论证由如下三个环节构成：

1. 所谓本有（Ereignis），意指那个"派定"一切意义世界的东西，它与人在世界"之中"的存在方式产生现象学关联。
2. 由此，本有也派定了当前的（集置）世界，并赋予现代人在"技艺"模式中揭蔽任何存在者这般"命运"。
3. 源于西方文明对本有发生活动日益加深的忽视，本有才如此派定。与之相伴，人开始主宰自然，将自然仅视为消费的对象。[49]

47　GA 7: 19.9—13 = 18.30—33.
48　GA 7: 18.23—25 = 18.11—13.
49　见 GA 14: 62.14—15 = 52.18—19："存在之历史（是）不断攀升的存在之遗忘（即本有之遗忘）的历史。"

第十章　批判与反思

在海德格尔那里,技艺的"本质"不是意指事物的"是其所是"。这是关于本质的传统看法,比如亚里士多德的 τὸ τί ἦν εἶναι 或者中世纪的 quid erat esse,即某个"恒常"的东西。实际上,海德格尔的"本质"意指存在者之中那个"被给出"的东西,那个针对存在者如何保持并显现自身的解释根据,乃至那个"永久允诺存在者的东西"(参照我对于歌德 fortgewähren 这个术语稍显晦涩的解释)。[50] 有鉴于此,在海德格尔的"派定"这一理论视角下,技艺的"本质"就被理解为对世界的"允诺",即"经由允诺活动,被揭蔽的(世界)得到允诺,并且也成为允诺者"。[51]

　　这类高度严格理论化的"哲学"观点同"在世界之中存在"的现代方式的最终根据有关,这一观点是否恰当?海德格尔的现象学解析步频是否过快?关于这些问题,他尚未提供任何更为深入的说明,就直接断言:技艺之悬置——仅从有用性揭示事物,从而忽视了本有——适用于一切场合,它排除了任何其他的揭蔽世界。然而,那些以编写代码为生的新教徒、正统犹太人以及瓦哈比穆斯林,是否会将他们的一切(包括家人与朋友)视为即将遭受盘剥与利用的"资源"呢?海德格尔似乎想要表明,即便他们目前尚未如此,很快必将难以幸免。我们接着扩大讨论的范围,海德格尔能否如实地向我们揭示整体文明(比如古希腊)如何看待实在?他是否认为,公元4世纪的希腊整体文明均由柏拉图"理念"(εἶδος)这种悬置方式主宰,尽管它也同时与亚里士多德的"实现"(ἐνέργεια)这一悬置方式交叠着?悬置难道不是"沉沦"或者"沉溺"的个体在世界之中存在的方式吗?既然如此,这类个体的悬置活动何时,又如何能够扩展到整个人类、整个文明乃至整个世界呢?

50　"永久允诺"是歌德使用的一个罕见术语,见 *Die Wahlverwandtschaften*, *Sämtliche Werke* IX, 476.26:"人正好从两个方面让一切得到永久允诺。"相应地,见 *Elective Affinities*, trans. Constantine, 187.36—37:"(让事物)持续。"亦见 *Elective Affinities*, trans. Hollingdale, 238.25—26:"(让事物)继续,如从前那样。" GA 7: 32.19 = 31.6.

51　GA 7: 33.7—8 = 32.2—3.

理解海德格尔：范式的转变

更甚者，技艺和"科技"的"本质"与过去五百年的具体历史（historisch）事件之间又存在何种关联？"历史"这个术语通常意指海德格尔前期所谓的"发生事件"，即引导我们生活，同时我们又借由各种活动予以回应的那些质料、外力以及偶然事件，也就是作为"事件序列"的历史。不过，这里的难题在于：除非通过对于诸多形而上学家的文本诠释，否则，海德格尔所叙述的"形而上的历史"将同通常所言的历史毫无关系。实际上，他所描绘的西方文明的"厚重历史"与人在自然或社会中的劳作生产无关。或者说，他认为，自从阿那克西曼德、巴门尼德以及赫拉克利特未能追问"涌现"（φύσις）与"揭蔽"（ἀλήθεια）的可能根据，历史就开始倒向灾难。通过关于那些哲学家的"共时性的"个人阐析，并将他们历时性地拴在一起，海德格尔描绘了西方文明如何在撒旦般的科技的黑暗压榨之下无可奈何地走向终结。

存在-神-逻辑学的结构固然能在殊异的形而上学家那里得到勾勒，海德格尔亦常如此展开研究并独具慧眼。不过，这类哲学叙述的任何一个环节如何融入并折射当时的社会政治历史，海德格尔对此漠不关心。与此相反，关于西方文明如何堕入现代性梦魇，他却提供了某类形而上的历史"阐释"。对于一个认为"形而上学乃是西方历史的根基"的哲学家，我们又能抱有什么奢望？[52] 那个观点近乎某个唯心论者的狂想：形而上学推动了世界历史，所以我们只须廓清那些伟大的哲学家如何理解存在者的存在，以便理解我们自身缘何于此存在。上述想法未能借鉴火药、箍筋或者印刷术的发明，遑论导致非洲与美洲大片土地遭到殖民的"航海大发现"。试举一例，由弗朗索瓦·雅兰教授与克里斯朵夫·佩兰教授编纂的三卷本《海德格尔术语一致性研究》搜罗并标注了目前已经出版的三万页《海德格尔全集》中的七千个主要术语出现的卷次、页码。我检索了第二卷，词条从 Kampf um Dasein 跳到

---

52 GA 76: 56.18.

kategorial,[53] 换言之,在所有出版的海德格尔著作(截至本书完成共有96卷)中,竟无一处提到"资本主义"(Kapitalismus)。[54] 海德格尔的"式微论"始终未受"存在者层面的"历史浸染,因此与基督教的"原罪说"具有类似的解释力。

三、最终结论

在1953年的那篇演讲中,海德格尔展示了"克服"现代科技(或者至少从中解放)的希望,即借助唤醒与回应某种隐藏的力量,正是它"派定"我们与技艺有关的集置。首先,他必须辨清我们将要从中得到解放的危险究竟如何。

> 对人类造成的威胁首先并不来自潜在致命的科技机械与机器。真正的威胁已经经由人的本质折磨着我们。盘剥时代的统治以如下方式可能构成威胁,即我们被迫拒绝进入更为源始的揭蔽之中,由此无法体验更为源始的揭蔽之召唤。[55]

真正的威胁不是体现在"存在者"层次与历史层面上,而是体现在"存在论"层面上——从盘剥性出发揭蔽存在者的存在,这是我们的命运。在19世纪或者20世纪的某个时刻,本有"突然难以名状地"(无法找到

---

53 Jaran and Perrin, *The Heidegger Concordance* I, 781.

54 雅兰教授提示我,海德格尔曾在两处使用过"资本主义"这个术语,见GA 16: 321.11("资本主义历史")和GA 90: 118.4("'资本主义'中的机器与工业");还曾在两处提到"资本主义的"这个概念,见GA 90.115注释1("资本主义的经济")和157.19("资本主义的力量运作")。由于上述四处用法不太重要,它们并未收录于《海德格尔术语一致性研究》。

55 GA 7: 29.9—15 = 28.9—14.

理解海德格尔：范式的转变

历史原因地)"派定"我们集置与技艺,并将二者作为"揭蔽存在者的派定方式即催生方式",[56]我们正深陷其中。尽管如此,我们仍有希望！只有心灵发生精神性的内在转换,经由领会与承担本有(Ereignis)而颠覆上述一切,我们才可能从那个梦魇之中苏醒。(我不由自主地联想到某个虚构的德国教授,勤勉一生,竭力将引力观念从人们的头脑中消除,从而停止沉沦。遗憾的是,人们却继续沉溺其中。)[57]透过荷尔德林的诗歌,海德格尔在目前的派定构型中看到了一股可能的"拯救力量":

哪里有危险,
哪里就有拯救。[58]

(本有)即派定殊异揭蔽构型的持守者——它本身也蕴含着某种派定可能——正是那股拯救力量……它让我们得到窥见并将自身最高的根本尊严为己所有。[59]

这种尊严正源于我们在澄明之境的本然隐藏或者λήθη-1之中持守"揭蔽一"这一使命。倘若我们窥见并承担了集置自身的隐藏源头,那么,"在那一最外层的危险之中,那种确保我们的、最内在而坚不可摧的本性便涌现出来"。[60]对海德格尔而言,集置显得模棱两可:一方面,它迫使我们面临自然沦为可用对象这一危机;另一方面,它又能让我们体验到我们的使命与最高可能性正在于持守本有(即使不是现在,也

56　GA 7: 30.34—35 = 29.31—32 和 32.28—29 = 3.17—18。关于"突然难以名状地",见 GA 7: 31.4—5 = 29.36:"一切运思都突然变得不可解释。"
57　Marx and Engels, *Die deutsche Ideologie*, 3.30—37. 见 GA 11: 158.28—160.35.
58　*Patmos*, 3—4, Hölderlin, *Selected Poems and Fragments*, 230.
59　GA 7: 33.11—14 = 32.6—9.
60　GA 7: 33.19—21 = 32.14—16.

会"在未来体验更深")。[61]因此,他得出如下结论,在另一种"技艺"即艺术之中,我们能够经由艺术作品的"质料"(语词、运动、石头、颜色等)完整直观到揭蔽本身("揭蔽一")的揭蔽。最后,他援引柏拉图的说法,将揭蔽本身的揭蔽称为 τὸ ἐκφανέστατον,[62]即"最耀眼的显现——确切地说,在其隐藏状态之中显现"。"揭蔽一"即纯粹的开抛活动始终以不在场的方式在场,[63]这也是一切人事以及一切美、善和意义的根源,它令人惊诧,忍不住追问。海德格尔认为,这类追问正体现了"思想之虔敬"。[64]到此为止,那篇演讲正式落幕。

倘若真如海德格尔所言,集置与技艺被派定于我们,超出我们的掌控之外,那么,他将会几乎无法提供任何"克服"科技的有效指导,甚至无法劝导我们如何行动。

> 反抗的"细胞"将在任何与科技脱缰之力量对峙的地方繁殖。它们将悄无声息地保持反思的鲜活,也将在人们无法忍受普遍的破坏之时为他们的张皇失措做好预防,同时给予他们从中抽身的机会。
>
> 在世界的任何角落,我如今都听到了关于这类反思及其探寻方式的呼唤,即拒绝科技力量之显见后果的声音。[65]

为了将自身从"科技"的统治中解放,我们似乎只能进行内在的抵抗,

61　GA 7: 34.11 = 33.8—9:"虽然迄今为止都没有被经验到,但可能在未来被经验到。"

62　《斐德罗》250d7。

63　GA 14: 23.35 = 18.30. 见 GA 54: 176.19—23 = 119.4—9。

64　GA 7: 36.35 = 35.30。

65　Zollikoner Seminare 352.18—24 = 283.3—10. 关于"颠转"(Umkehr),它在这里与"回转入本有"(Einkehr ins Ereignis)同义,而不是指 SZ I.3 方面的转换。见第七章注释 17。感谢理查德·波尔特提示我关注这个文本。

理解海德格尔：范式的转变

坚持某种哲学的"无为"，由此，当身为本有的持守者的我们与自身的本质相契之时，便能同技艺的思想与实践保持距离。"走入本有"——《存在与时间》里所谓的"决断"——或许给予我们某种从科技历史之中获得"自由"的体验，即使在它仍旧肆虐之时。未来也许将有崭新的黎明出现，也许依然晦暗无光。海德格尔对此保持沉默，其探索只能到此为止。

* * *

在《关于技艺的追问》这篇演讲中，海德格尔思想的局限性展露得淋漓尽致。首先，他提出了一个近乎不可能成立的预设，即我们能够抵达现代"科技"——包括机器、思想倾向或者与之相伴的意义世界的任何方面——这一如此繁杂多元的现象的本质。但是，我们尚需关于实质对象更为细致严格的描绘，至少应该对人和自然遭受盘剥的历史根源以及当前的社会经济形式进行概述。此外，关于上述问题的实质对象（das Befragte）的描述方式面临如下危险，即针对现代工业的肆虐而只能发出垂朽老者式的哀叹。海德格尔曾云："无人能够跃出自己的影子。"[66] 他也可能援引了荷尔德林的诗句："如汝所始，从一而终（Wie du anfiengst, wirst du bleiben）。"[67] 上述内容也许为他自身通向现代历史与科技的进路提供了线索。不过，海德格尔自己的影子——其有限的个人文化经历、略显苍白的世界观以及根深蒂固的反现代保守主义——是否限制了他理解与适当介入现代历史事实的能力？这一点令人好奇。此外，我们还想知道他究竟如何思考历史。1941年12月11日，日

66　GA 41：153.24 = 150.28—29.

67　GA 12：88.25 = 7.24—25. 这句诗引自 "Der Rhein", line 48, *Selected Poems and Fragments*, 198。

第十章　批判与反思

本偷袭珍珠港三天之后，希特勒宣布向美国开战，从而将那个早先一直保持中立的国家带入欧洲的纷争之中。同日，美国国会发布了对抗德国的战争宣言。与此同时，海德格尔却向他的学生发表如下评论，仿佛希特勒对此毫无责任：

> 我们得知，今天代表美利坚主义的盎格鲁-撒克逊世界决定对欧洲这一故乡（Heimat），即西方世界的开端（Anfang）展开虚无运动。然而，伴随开端而生的一切都将坚不可摧。美国介入这个星球发生的战争并非同时走入历史（Geschichte）。与之相反，这是美国由于缺少历史而做出的瓦解自身的最后行动。这一（战争宣言）是对源头的切断，美国由此注定同那一根源相脱离。[68]

与此类似，当希特勒的装甲战车于1940年6月驶进巴黎时，他亦向学生宣告，法国战败这个事件实际上折射了西方形而上学，尤其是笛卡尔式的主体主义的崩塌。

> 这些日子，我们亲证了这样一条隐秘的历史规律：某一天，那个民族（法国人）不再与从自身历史生发的形而上学相互匹适而获得成长，确切地说，那一天正在形而上学已经转换为绝对者的瞬间

---

[68]　GA 53：68.8—16 = 54.38—55.3.海德格尔显然厌恶美国。见GA 53：179.18—20 = 143.29—31：“例如美利坚主义，它没有历史（ungeschichtlich）。如果只是违背本性，那就是'缺少历史性'（geschichtlos），并由此灾难重重，可能已经丧失本性。"在这个文本之前的论述（179.13—14和17 = 143.24—26和28）中，这种无历史性被界定为脱离了人类的本性［即"脱离了"（Abbruch）人最本己（Eigenstes）的"根本方式"（Wesensart）］。亦见海德格尔更早（1941年夏）关于"美国货币哲学"的评述，见GA 51：84.1—2 = 70.33—34。鉴于海德格尔有限的英文能力，我们并不清楚他针对的是哪些美国哲学家。关于"被席卷交混在一起的纯粹美国人"，见GA 51：14.3—4 = 11.24—27。

379

到来。[69]

从独树一帜的元形而上学式的历史观出发，海德格尔解释了上述一切，甚至包括第二次世界大战与大屠杀。从哲学视角出发，他描述了西方文明如何自公元前六世纪希腊的繁荣而逐渐堕落，最终导致现代科技的浩劫。他还同时解释了堕落的根源，即对本有（Ereignis）的遗忘。同海德格尔关于自巴门尼德以来直至尼采的系列哲学家的思想阐释一样，上述解释颇具启发意义，不过，那个问题其实已经远超他的能力范围。对此，我们只能引用彼得·戈耶尔对于阿诺德·汤因比作品的评价："这极尽华美，但不是历史。"[70]

上述对于技艺病因的诊断要想赢得任何严肃的哲学关注，海德格尔（及其拥趸）需要结合更广泛的"元形而上学"解释，而不应仅限于刻意挑选的那些哲学家的有限文本。我们必须重新考察他关于（存在论层面的）存在历史与（存在者层面的）鲜活历史（它植根于具体质料的显现）这两种历史关系的论述。海德格尔果真认为本有之遗忘就是西方历史的驱动力量吗？或者认为它只是哲学层面关于那种驱动力量的反思结果？还是介于那两种观点之间？众所周知，海德格尔对此模棱两可：一方面，他似乎赞同黑格尔，认为哲学总是姗姗来迟，而无法引导历史进程。但另一方面，他又如此肯定自己找到了"世界从接缝处脱离"的终极原因，同时尝试"窥见当今世界的真实现状"。[71]海德格尔

---

69 GA 6, 2: 146.11—15（= GA 48: 205.2—6）= 116.27—30. 数周之后，海德格尔认为，德国不会为此类行动辩护（也不会采取此类行动）：1940年7月3日，英军摧毁了驻扎在阿尔及利亚奥兰的法国舰队。这距离德国国防军1939年9月25日至26日占领华沙不到一年，见GA 6, 2: 176.12—17（= GA 48: 264.32—265.3）= 144.24—145.2。

70 Pieter Geyl, "Toynbee's System of Civilizations", Pieter Geyl, et al., *The Pattern of the Past*, 43.9, reprinted from *Journal of the History of Ideas* IX（1948）1, 93—125（at 111.3—4）.

71 GA 9: 242.4 = 185.23. GA 79: 74.29 = 70.27.

第十章　批判与反思

关于世界的当前状况即西方历史的整个发展趋势的那些自以为是的论述，借助了一个又一个异常独特的"观念运动"，却同时拒绝接受历史运动，这是否应该只归于某种哲学解释？

理查德·罗蒂认为："海德格尔的立场的整个动力植根于他关于哲学史的解释。"[72] 如果这个论断包括了他关于形而上学如何在西方文明中展开自身及由此而来的科技后果这一"式微"论调，那么，罗蒂的上述观点显然站不住脚。海德格尔关于哲学史的解释，特别是他在20世纪30年代至40年代所开展的工作，显然已经不限于哲学史的范围。海德格尔哲学的重中之重，始终旨在阐明可能遭到忽视的根本的人类有终性——不再需要某个与之相伴的神明或者某个超自然的"存在"——就是一般赋义活动与一切历史文化构型的最终源头。在他的代表著作以及关于各个西方传统哲学家的系列解释作品中，他都为上述阐释工作埋下了伏笔。他的工作只到这里便戛然而止。

* * *

海德格尔原本将《存在与时间》分为两部：首先，将意义显现回溯至有终结、有死亡的开抛活动（"时间性"），它具有境域构型与显现规定这两个功能；然后，

> 解构（康德、笛卡尔以及）古代哲学的传统内容，直到抵达源始经验。在它之中，我们便获得了关于存在本性最初的规定方式，那些方式一直以来引导着我们。[73]

72　Richard Rorty, *The Consequences of Pragmatism*, 52.
73　SZ 22.28—31 = 44.14—17.

理解海德格尔：范式的转变

如果《存在与时间》的第一部在1927年便得到开展，或许就不会再有后来对于先验框架的克服，而进入海德格尔后期标注为"澄明之境的派定"的哲学工作。有鉴于此，我们几乎可以肯定，《存在与时间》的第二部将不会回溯到亚里士多德之前，描述前苏格拉底时期的那些哲学家对于隐藏的澄明之境的觉察现象。尽管如此，海德格尔所谓的"关于存在本性最初的规定方式"这一表述仍显得模棱两可：他究竟意指形而上学传统中的那些最初方式，还是意指前苏格拉底时期关于存在的"前形而上学"的规定？

在以上所列的任何一种情形中，无论是希腊古典哲学（柏拉图、亚里士多德）的思想，还是前苏格拉底时期的思想，1927年拟订的《存在与时间》的写作计划皆未能揭示从古希腊延续至现代科技的相似规定方式的存在之历史（Seinsgeschichte）。显然，如果没有这项工作，《存在与时间》拟订的计划将会更为通畅（同样，如果未曾投身于政治之中，海德格尔个人的命运也将得到改善）。从阿那克西曼德直到原子弹，海德格尔试图揭示一条贯穿其中的引线，但这一努力最终失败，由于聚焦在哲学反思层面，它也必然失败。关于现代性的终极根源，那种"先验形而上学"层面的叙述未能关涉如下问题，比如法国大革命、犹太人的解放运动、19世纪蔓延的殖民主义与种族主义、20世纪关于左翼与右翼、自由经济与新自由经济的意识形态之争等。这一失败也让他从头至尾的西方哲学历史叙述欠缺严谨，略显苍白。海德格尔早先曾说："我们不能让形而上学（当时也包括自己的哲学）脱离实证研究。"[74] 然而，在其后期关于当代世界"哲学化"的阐释中，他似乎忘记了那个原则。关于当今境况（包括科技的发展与统治）真实而有建设性的哲学阐释，还需要不同于存在之历史视角的探究。除了"本有之思"，我们还需要其他方面的研究，海德格尔欠缺的正是那些角度的哲学论证。

---

[74] GA 29/30: 279.9—10 = 189.24.

第十章 批判与反思

曾有一段时间,海德格尔的哲学要旨体现在如下论述之中,即人的本真有限性被揭示为我们所栖居的现象世界的不可植根之根据。此外,它还表明,西方的形而上学及其存在-神-逻辑学中的"神"之预设,同时完成了一场令人敬畏的殉葬仪式。在《存在与时间》以及相继出版的著作中,那些特定的西方文明范式,比如持存优先于流变,永恒优先于时间、历史,"一"之统摄优先于"多"之离散等,也走向终结。上述内容旨在阐明西方文明中曾发生的一次思想转换,可类比于19世纪路德维希·费尔巴哈曾做出的尝试。正值黑格尔将古希腊与基督教的形而上学带至宏大的存在-神-逻辑学巅峰之际,费尔巴哈出场了,着手完成了"由神学向人类学的转换"。[75] 在20世纪,海德格尔将尼采视为最后一位存在-神-逻辑学家。站在尼采的肩膀上,借由作为一般赋义活动难以名状的有终根据这一表述,他着手展开对于形而上学以及一切形式的主体主义(包括费尔巴哈人类学)的解构工作。

向费尔巴哈与海德格尔致敬!他们的精神遗产泽被后世。经由费尔巴哈,我们学会了如何卸下形而上学的沉重外壳而独立生存。经由海德格尔,我们学会了如何承担自身的命运(μοίρα),也就是说,一面让死亡悬临,一面为世界赋义。发出最终的劝导"成为你向来所是"之后,通过解构存在-神-逻辑学,让我们面向自身根本的有终性,海德格尔就此认为自己的使命业已达成。然而,我们其实仍任重道远。针对前辈费尔巴哈的评价同样适用于海德格尔:"他没有注意到,那项任务达成之际,主要工作仍待展开。"[76]

---

75 Feuerbach, *Grundsätze der Philosophie der Zukunft, Gesammelte Werke*, IX, 265 = 5:"近代的任务就是上帝的现实化与人化,即由神学向人类学的转换。"

76 Fourth Thesis on Feuerbach, *Marx Engels Gesamtausgabe*, Abt. I, Bd. 30, no. 2, 793.45—46;*Marx Engels Gesamtausgabe*, Abt. IV, Bd. 3, no. 1(1998), 20.18—20;以及 *Die deutsche Ideologie*, 534.22—33。见《尼各马可伦理学》VI 7, 1141b3—8。

附　录

一

关于开敞活动与操心的实存论构成要素

  《存在与时间》是一部仓促写就的作品,这一点在海德格尔关于实存论构成要素五花八门的罗列中体现得淋漓尽致,比如"揭蔽状态"(Erschlossenheit)、"打开或开敞状态"(das Da)、"意义关联"(In-der-Welt-sein)以及"操心"(Sorge)。在《存在与时间》的后半部分中,海德格尔清晰阐述了Rede(话语,他在《存在与时间》里关于"逻各斯"的初步探讨)指称绽出之生存这一整体,并为此展开进一步描述:"仅就Rede的时间性方面即一般的Dasein而言,我们才能廓清'意义'是如何'产生'的。"[1] 早些时候,他还曾提到,作为开敞活动的绽出之生存在结构上由"现身"(Befindlichkeit)与"领会"(Verstehen)构成,这一双向的开敞活动又由"话语/逻各斯"(Rede/λóγος)规定(见如下1.1—2.3)。以上说法应是对于开敞活动结构的准确表述。

  不过,他将现身、领会以及话语混为一谈,上述原本清晰的阐明遂陷入云雾之中,好像三者是构成开敞活动同等重要的三个要素(见2.4—2.7)。

  海德格尔这样规定"操心",即它是(1)实存论建构(Existentialität

---

[1] 见SZ 349.32—33 = 401.2—4。

与实际性（Faktizität），以及（2）"寓而存在"（Sein bei，意指日常生活中的沉沦状态，Verfallenheit）之间的双向运动，并且提到上述同一的双向结构由话语"廓清"。这样一来，他又重回原先的观点（见3.1—4.1）。

海德格尔接着又将现身、领会、沉沦以及话语这四者混为一谈，好像它们是构成开敞活动同等重要的四个要素，这样一来，疑窦顿生（见4.2和4.3）。

* * *

1. 只关乎现身和领会[2]

1.1 "我们将在现身与领会中看到组建开敞活动的两种同等源始的方式"，见SZ 133.22—23 = 171.38—172.1。

1.2 "组建着开敞存在即意义关联之揭蔽状态的基本实存论环节乃是现身与领会"，见SZ 160.27—29 = 203.17—19。

1.3 "在（绽出之生存的）存在中，它让自身揭蔽。现身与领会组建了这一揭蔽状态的存在样态"，见SZ 182.7—8 = 226.29—31。

1.4 "绽出之生存是由开展活动组建起来的，也就是说，是由现身的领会（befindliches Verstehen）组建起来的"，见SZ 260.31—32 = 304.36—37。

---

[2] 见SZ 181.4—5 = 225.18—20："所追问的是实存论建构与实际性的存在论统一，或实际性在本质上归属于实存论建构的情形。"

2. 在现身与领会的关联之中提到话语

2.1 "现身与领会同等源始地经由话语规定",见 SZ 133.26—27 = 172.4—5。

2.2 "话语同现身、领会在实存论上同等源始",见 SZ 161.5—6 = 203.34。原文为斜体。

2.3 "话语对于开敞存在即现身与领会具有构成作用",见 SZ 165.12—13 = 208.29—30。

2.4 "(这一章)的主题是本质上属于绽出之生存的开展活动的存在论建构。(开展活动的)存在是由现身、领会与话语组建起来的",见 SZ 180.12—14 = 224.28—30。

2.5 "开展活动是绽出之生存的基本特征,它以这种方式而是开敞存在(Sein Da)。开展活动是由现身、领会和话语组建的",见 SZ 220.31—34 = 263.19—21。

2.6 "(开展活动)由现身、话语以及领会组建",见 SZ 295.32—33 = 342.13—14。

2.7 "组建开展活动的第三个本质环节正是话语",见 SZ 296.6 = 342.26。

3. 实存论建构、实际性以及"寓而存在"(或者沉沦)[3]

3.1 "(绽出之生存)基本的存在论特征乃是实存论建构、实际性以及沉沦存在(Verfallensein)",见 SZ 191.21—22 = 235.36—

---

[3] 在上述文本中,海德格尔谈论"先行于自身已经在世的存在"时,实存论建构与实际性常常同时得到理解。

38。

3.2 "在先行于自身已经在世的存在中,本质上就一同包括了沉沦地寓于(存在者的)存在(verfallende Sein bei)",见SZ 192.31—33 = 237.5—7。

3.3 "(操心)意味着先行于自身已经在(世)的存在,即寓于(世内照面的存在者的)存在",见SZ 192.36—37 = 237.11—12。[4]

3.4 "操心的组建环节,即实存论建构、实际性以及沉沦之统一……",见SZ 316.33—34 = 364.28—29。

4. 领会、现身、沉沦以及话语

4.1 "由领会、现身与沉沦组建而成的完整的开敞存在之开展活动通过话语实现相互关联",见SZ 349.5—6 = 400.16—18。[5]

4.2 "我们自己向来所是的这种存在者的基本建构即开展活动是由现身、领会、沉沦与话语组建而成的",见SZ 269.26—28 = 314.10—12。

4.3 "就实存论现象来说,良知所开展的、所归属的范围也就是组建着开敞存在(das Da)这类开展活动的诸实存论现象。现身、领会、话语以及沉沦的最一般的结构已经得到剖析",见SZ 270.14—18 = 315.10—13。

---

[4] 亦见 SZ 317.1—3 = 364.31—33;327.13—14 = 375.8—10;322.17—19 = 369.5—7。

[5] 海德格尔紧接着提到话语并没有某个已被规定的绽出样式:"所以话语并非首要地在某一种确定的绽出样式中到时",见SZ 349.7—8 = 400.18—19。

二

亚里士多德的"灵魂"、"创制的努斯"以及阿奎那思想中的"自然之光"概念

以下所有引文均源自亚里士多德的《论灵魂》,除非特别标注。

1. 灵魂(ψυχή)与努斯(νοῦς)乃是一体两面

1.1 灵魂能够被动地接受所有事物,因此总能以某种方式生成所有事物。

    III 4,429a15—16:
        δεκτικόν τοῦ εἴδους καὶ δυνάμει τοιοῦτον ἀλλὰ μὴ τοῦτο
        能够接受理智显现并潜在地与之相似,但无法与之同一

    III 4,429a21—22:
        φύσιν μηδεμίαν ἀλλ' ἢ ταύτην, ὅτι δυνατόν
        (灵魂)仅有这种本性,无非其他:具有(接受一切理智显现的)潜能

    III 4,429b24—25:
        τὸ νοεῖν πάσχειν τί ἐστιν
        思想乃是某个遭受是其所是的东西

III 5, 430a14—15：

ὁ [νοῦς] τῷ πάντα γίνεσθαι

理智的作用在于生成所有事物

III 8, 431b21：

ἡ ψυχή τὰ ὄντα πώς ἐστι πάντα

灵魂乃是关于一切事物如何存在的东西

1.2 努斯主动地制作出事物的可理知性。

III 5, 430a15：

ὁ [νοῦς] τῷ πάντα ποιεῖν [νοητά]

理智的作用在于让所有事物（可被理知）

[理智这一实现活动（ἐνεργείᾳ）以及主动的制作功能（ποιητικός）就被称为"活动的理智"。]

2. 活动的理智激活了可理知者

2.1 光的类比

亚里士多德曾将活动的理智功能与光对于颜色的作用进行类比，具体过程如下（见 III 5, 430a16—17）：

2.1.1 所见的东西乃是颜色（τὸ ὁρατόν ἐστι χρῶμα，见 II 7, 418a29）。

2.1.2 黑暗中，颜色与眼睛间的空间并不透亮，颜色不可见（"被隐藏着"）。它们只具有被看见的潜能（δυνάμει，见 III 5, 430a16; ἔχει τὸ αἴτιον τοῦ εἶναι ὁρατόν，见 II 7, 418a31）。

2.1.3 如果空间这一中介被照亮而变得透亮，颜色就成为能被现实地看见的东西（ἐνεργείᾳ，见 III 5, 430a18; κατ᾽ ἐνέργειαν，见 II 7, 418b1）。

二　亚里士多德的"灵魂"、"创制的努斯"以及阿奎那思想中的"自然之光"概念

2.1.4 然而,仅当观者的眼睛现实地看见颜色,它们才同时现实地被看见。

2.2 可理知者

2.2.1 理智(νοῦς)所理知的东西就是可理知者(τὸ νοητόν)。

2.2.2 如果事物被视为与理智毫无关联(对理智"隐藏"),亦即它们并非被视为某个"根据逻各斯"(κατὰ τὸν λόγον)的东西,那么,它们就只具有被理知的潜能。

2.2.3 类比于照亮了空间中介而使颜色得以示人的光(οἷον τὸ φῶς,见III 5,430a15),活动的理智(ὁ νοῦς ποιητικός,见III 5,430a15)使得事物能被现实地理知。打个比方,它"抽离出"事物的可理知性这个特征,换言之,它从那些特殊的典型事物之中区分出"可理知者"(拉丁文,intelligibiles)。

2.2.4 然而,仅当理智(νοῦς, intellectus)现实地理知它们,可理知者才同时现实地被理知(intellecta)。

2.3 上述立场溯源

潜在地能被理知、现实地能被理知以及现实地被理知这三重划分曾在某个引起争议的文本中被隐微提及,见III 5,430a17—22(οὗτος ὁ νοῦς χωριστός ... οὐχ ὁτὲ μὲν νοεῖ ὁτὲ δ᾽ οὐ νοεῖ)。它经由阿奎那阐释(活动的理智乃是人的某种能力)而在一定程度上被海德格尔接受,见托马斯·阿奎那,《亚里士多德〈论灵魂〉笺注》,liber III, lectio X, nn. 732—741。亦见http://www.dhspriory.org/thomas/DeAnima.htm#310。

3. 活动的理智激活了潜在的理智

3.1 亚里士多德认为,"理知活动"意味着理知者同时也是现实的

393

被理知者(见III 5,430a19—20)。因此,可以说,激活事物(即使之能现实地被理知)的过程中,活动的理智同样激活了潜在的理智(见上文1.1:III 5,14—15以及III 4,429a21—22)。

3.2 活动的理智这样开展理知活动:经由制作(ποιεῖν),即"抽离"或者区分(见2.2.3)出理智显现(拉丁文,species intelligibilis)。

3.3 如果由潜在的理智"接受"(δεκτικόν,见III 4,429a15—16)或者对它"产生印象",

3.4 那么,理智显现就规定、激活了潜在的理智并使它运作出"得到表明的可理知种类",即intentio或verbum mentale(阿奎那)。

3.5 通过这种方式,理智得以现实地理知一切(ἡ κατ' ἐνέργειαν ἐπιστήμη,见III 5,430a20以及III 7,431a1)。

4. "自然"之光与其他的光

4.1 阿奎那接受了亚里士多德关于活动的理智与光的类比。然而,出于神学原因,他将活动的理智(intellectus agens)仅论述为理智的自然之光(lumen naturale rationis,海德格尔亦曾提及,见SZ 133.1 = 171.17),

4.2 并将它与神圣之光对比(lumen dei对比lumen naturale rationis,见《神学大全》I,12,11,ad 3以及I,12,13),

4.3 同时与信仰之光(lumen fidei或lumen gratiae)以及

4.4 启示之光(lumen prophetiae)对比(信仰之光与启示之光这些说法参见《灵魂辩》,quaestio unica,art.5,ad 6)。

4.5 最后,阿奎那还将自然之光与荣耀之光(lumen gloriae)对比(见《神学大全》I,12,5,ad 3)。

三

古希腊文的语法以及"现在完成"时态

1. 根据古希腊文的语法,名词 χρόνος 既意指"时间",同时就语法层面而言,也意指"时态"。
2. 一般来说,若语法学家提到它的过去时态,则要么是 ὁ χρόνος παρελθών(不定过去时),要么是 ὁ χρόνος παρεληλυθώς(过去完成时)。
    2.1 παρελθών 乃是 παρέρχομαι(παρά + ἔρχομαι)的阳性单数第二不定过去时态分词,意指流逝、过去。
    2.2 παρεληλυθώς 指的是 παρέρχομαι 的阳性单数完成时态分词。
    2.3 因此,一般过去时态被理解为指涉"已经流逝的时间"。
3. 现在完成时态由古希腊语法学家狄奥尼修斯·特拉克斯(约公元前170—前90)在其颇具影响的著作《希腊语法》里首次提到。他提出了 ὁ [χρόνος] παρακείμενος,意指"刚刚流逝的(时间)",即刚刚消逝仍距离很近的时间。
4. 公元4世纪至7世纪之间的某段时间,拜占庭语法学家斯特凡努斯在其关于《希腊语法》的评注里提到:"ὁ δὲ παρακείμενος καλεῖται ἐνεστὼς συντελικός." 这句话大意如下:"表示已经消逝却距离很近(的时间),我们将这个时态称为ἐνεστὼς συντελικός。"

4.1 ἐνεστὼς 乃是原因动词 ἐνίστημι(放置,使某物保持显现)的阳性单数完成时态分词。

4.2 συντελικός(源于 συντελέω,引向终点,完成)意指"已完成的"或者"引向完成"。

4.3 因此,ἐνεστὼς συντελικός 意指这样一种时间形式,它"保持(已经被迫保持)当前状态,但同时已经完成或完结(已经全然施行、执行)"。换言之,它作为已经完成的东西仍然保持至现在,即"现在完成"时态,就其已经完成同时仍然显现而言。

参考文献

Dionysius Thrax, *Dionysii Thracis Ars Grammatica* / Τέχνη Διονυσίου γραμμτικοῦ, ed. Gustav Uhlig, in *Grammatici Graeci*, I, i (Leipzig: B.G. Teubner, 1883; reprinted, Hildesheim: Georg Olms, 1965), 5—100.

"The TEKHNÉ GRAMMATIKÉ of Dionysius Thrax," translated by Alan Kemp, in Daniel J. Taylor, ed., *The History of Linguistics in the Classical Period* (Amsterdam and Philadelphia: John Benjamins Publishing Company, 1987), 170—189. (它取代了 T. Davidson 于1874年的译本,那个译本首次出现在 *Journal of Speculative Philosophy* 里。)

斯特凡努斯关于《希腊语法》的评注目前仅以残篇的形式保存在 *Scholia in Dionysii Thracis Artem Grammaticam*, ed. Alfred Hilgard,

三 古希腊文的语法以及"现在完成"时态

in *Grammatici Graeci*, I, iii (Leipzig: B.G. Teubner, 1901; reprinted, Hildesheim: Georg Olms, 1965), 251.4 中。

关于斯特凡努斯, 见:
Pauly-Wissowa, *Real-Encyclopädie der classischen Altertumswissenschaft*, III/A, ii, 2401a and b, s.v. "Stephanos," no. 13.
J. R. Martindale, *The Prosopography of the Later Roman Empire* (Cambridge: Cambridge University Press, 1980), II (A.D. 395—527), 1030, s.v. "Stephanus 16."

奇怪的是, Robert A. Kaster, *Guardians of Language: The Grammarian and Society in Late Antiquity* (Berkeley: University of California Press, 1988), 361—363 and 464—465 中, 未曾提及斯特凡努斯。

还可见 *Scholia in Dionysii Thracis Artem Grammaticam: Scholia Marciana*, 405.14—15: πεπληρωμένος "(乃是) 已经得到实现的" (对比 Mark 1: 15)。

参考文献

海德格尔德文原著及其英文译本

一、《全集》中的相关著作

1. 1910年至1976年间出版的专著

- GA 1: *Frühe Schriften*. Edited by Friedrich-Wilhelm von Herrmann, 1978; first edition 1972; texts from 1912–1916.
  ○ GA 1: 1–15, "Das Realitätsproblem in der modernen Philosophie (1912)" = "The Problem of Reality in Modern Philosophy," translated by Philip J. Bossert, revised by Aaron Bunch. In *Becoming Heidegger: On the Trail of His Early Occasional Writings, 1910–1927*, edited by Theodore Kisiel and Thomas Sheehan, 20–29. Evanston, IL: Northwestern University Press, 2007.
  [Earlier] "The Problem of Reality in Modern Philosophy (1912)," translated by Philip J. Bossert and John van Buren. In *Supplements: From the Earliest Essays to Being and Time and Beyond*, edited by John van Buren, 39–48. Albany: State University of New York Press, 2002.
  ○ GA 1: 17–43, "Neuere Forschungen über Logik (1912)" = "Recent Research in Logic, translated in part by Theodore Kisiel." In *Becoming Heidegger*, 31–44. (See above.)
  ○ GA 1: 55.23–57.14 ["Antrittsrede, Heidelberger Akademie der Wissenschaften" (1957)]" = "A Recollective 'Vita' (1957)," translated by Hans Seigfried. In *Becoming Heidegger*, 9–10. (See above.)
  ○ GA 1: 189–411, *Die Kategorien- und Bedeutungslehre des Duns Scotus (1915)* = *The Doctrine of Categories and Meaning of Duns Scotus*. Translated by Joydeep Bagchee. Bloomington: Indiana University Press, forthcoming.
  ○ GA 1: 399–411, "Schluß. Das Kategorienproblem" = "Conclusion [to *Die Kategorien- und Bedeutungslehre des Duns Scotus*: The Problem of Categories (1916)," translated by Roderick M. Stewart and John van Buren. In *Supplements*, 62–68. (See above.)
  ○ GA 1: 412, "Selbstanzeige (1917)" = "Author's Notice," translated by Aaron Bunch. In *Becoming Heidegger*, 77–78. (See above.)
  [Earlier] "Author's Book Notice [on *Die Kategorien- und Bedeutungslehre*]," translated by John van Buren. In *Supplements*, 61–62. (See above.)

理解海德格尔：范式的转变

- ◦ GA 1: 413–433, "Der Zeitbegriff in der Geschichtswissenschaft (1916)" = "The Concept of Time in the Science of History," translated by Thomas Sheehan. In *Becoming Heidegger*, 61–72. (See above.)
  [Earlier] "The Concept of Time in the Science of History (1915)," translated by Harry S. Taylor, Hans W. Uffelmann, and John van Buren. In *Supplements*, 49–60. (See above.)

- GA 2: *Sein und Zeit*. Edited by Friedrich-Wilhelm von Herrmann, 1977; first edition 1927.
  ◦ *Being and Time*. Translated by John Macquarrie and Edward Robinson. New York: Harper & Row, 1962.
  ◦ *Being and Time: A Translation of Sein und Zeit*. Translated by Joan Stambaugh, revised by Dennis J. Schmidt. Albany. New York: State University of New York Press, 2010.

- GA 3: *Kant und das Problem der Metaphysik*. Edited by Friedrich-Wilhelm von Herrmann, 1991; first edition 1929.
  ◦ *Kant and the Problem of Metaphysics*, 5th, enlarged ed. Translated by Richard Taft. Bloomington: Indiana University Press, 1997.

- GA 4: *Erlaüterungen zu Hölderlins Dichtung*. Edited by Friedrich-Wilhelm von Herrmann, 1981, 1996; first edition 1944. Texts from 1936–1968.
  ◦ *Elucidations of Hölderlin's Poetry*. Translated by Keith Hoeller. Amherst, MA: Humanity Books, 2000.

- GA 5: *Holzwege*. Edited by Friedrich-Wilhelm von Herrmann, 1977, 2003; first edition 1950. Texts from 1935–1946.
  ◦ *Off the Beaten Track*. Translated by Julian Young and Kenneth Haynes. New York: Cambridge University Press, 2002.
  [Earlier in the following:]
  ◦ GA 5: 1–74, "Der Ursprung des Kunstwerkes (1935/36)" = "The Origin of the Work of Art," translated by David Farrell Krell. In *Basic Writings: From Being and Time (1927) to The Task of Thinking (1964)*, rev. and exp. ed., edited by David Farrell Krell, 143–212. San Francisco: HarperSanFrancisco, 1992.
  ◦ GA 5: 75–113, "Die Zeit des Weltbildes (1938)" = "The Age of the World Picture." In *The Question Concerning Technology and Other Essays*, edited and translated by William Lovitt, 115–154. New York: Harper & Row.
  [Earlier: "The Age of the World View." Translated by Marjorie Grene, *Measure: A Critical Journal* 2 (1951): 269–284.]
  ◦ GA 5: 115–208, "Hegels Begriff der Erfahrung (1942/43)" = *Hegel's Concept of Experience*. Translated by J. Glenn Gray and Fred D. Wieck. New York: Harper & Row, 1970.
  ◦ GA 5: 209–267, "Nietzsches Wort 'Gott ist tot' (1943)" = "The Word of Nietzsche: 'God Is Dead,'" In *The Question Concerning Technology and Other Essays*, 53–112. (See above.)

参考文献

- GA 5: 269–320, "Wozu Dichter? (1946)" = "What Are Poets For?," translated by Albert Hofstadter. In *Poetry, Language, Thought*, 91–142. New York: Harper & Row, 1971.
- GA 5: 321–373, "Der Spruch des Anaximander (1946)" = "The Anaximander Fragment," translated by David Farrell Krell. In *Early Greek Thinking*, translated by David Farrell Krell and Frank A. Capuzzi, 13–58. New York: Harper & Row, 1975.)
- GA 6.1: *Nietzsche* vol. I. Edited by Brigitte Schillbach, 1996; first edition 1961. Texts from 1936–1939.
  - GA 6.1: 1–224 (= GA 43: 3–274.8), "Der Wille zur Macht als Kunst" (1936–1937) = "The Will to Power as Art," translated by David Farrell Krell. In *Nietzsche, Volume One: The Will to Power as Art*, edited by David Farrell Krell, 1–220. New York: Harper & Row, 1979.
  - GA 6.1: 225–423 (= GA 44: 1–233), "Die ewige Wiederkehr des Gleichen" (1937) = "The Eternal Recurrence of the Same," translated by David Farrell Krell. In *Nietzsche, Volume Two: The Eternal Recurrence of the Same*, edited by David Farrell Krell, 1–208. New York: Harper & Row, 1984.
  - GA 6.1: 425–594 (= GA 47: 1–295), "Der Wille zur Macht als Erkenntnis" (1939) = "The Will to Power as Knowledge," translated by Joan Stambaugh and David Farrell Krell. In *Nietzsche, Volume Three: The Will to Power as Knowledge and as Metaphysics*, edited by David Farrell Krell, 1–158. New York: Harper & Row, 1987.
- GA 6, 2: *Nietzsche* vol II. Edited by Brigitte Schillbach, 1997; first edition 1961. Texts from 1939–1946.
  - GA 6, 2: 1–22, "Die ewige Wiederkehr des Gleichen und der Wille zur Macht" (1939) = "The Eternal Recurrence of the Same and the Will to Power," translated by David Farrell Krell. In *Nietzsche, Volume Three: The Will to Power as Knowledge and as Metaphysics*, edited by David Farrell Krell, 159–183. New York: Harper & Row, 1987.
  - GA 6, 2: 23–229 (= GA 48: 1–332.32), "Der europäische Nihilismus" (1940) = "European Nihilism," translated by Frank A. Capuzzi. In *Nietzsche, Volume Four: Nihilism*, edited by David Farrell Krell. New York: Harper & Row, 1982.
  - GA 6, 2: 231–300, "Nietzsches Metaphysik" (1940) = "Nietzsche's Metaphysics" In *Nietzsche, Volume Three*, 187–251. (See above.)
  - GA 6, 2: 301–361, "Die seinsgeschichtliche Bestimmung des Nihilismus" (1944–1946) = "Nihilism as Determined by the History of Being," translated by Frank A. Capuzzi. In *Nietzsche, Volume Four: Nihilism*, 199–250. (See above.)
  - GA 6, 2: 363–416, "Die Metaphysik als Geschichte des Seins" (1941) = "Metaphysics as History of Being," translated by Joan Stambaugh. In *The End of Philosophy*, edited by Joan Stambaugh, 1–54. Chicago: University of Chicago Press, 2003; originally New York: Harper & Row, 1973.
  - GA 6, 2: 417–438, "Entwürfe zu Geschichte des Seins als Metaphysik" (1941) = "Sketches for a History of Being as Metaphysics," translated by Joan Stambaugh. In *The End of Philosophy*, edited by Joan Stambaugh, 55–74. (See above.)

- GA 6, 2: 439–448, "Die Erinnerung in die Metaphysik" (1941) = "Recollection in Metaphysics," translated by Joan Stambaugh. In *The End of Philosophy*, edited by Joan Stambaugh, 75–83. (See above.)

• GA 7: *Vorträge und Aufsätze*. Edited by Friedrich-Wilhelm von Herrmann, 2000; first edition 1954. Texts from 1936–1953.

PART ONE:
- GA 7: 7–36, "Die Frage nach der Technik" (1953) = "The Question Concerning Technology," translated by William Lovitt. In *The Question Concerning Technology and Other Essays*, 3–35. New York: Harper and Row, 1982.
- GA 7: 39–65, "Wissenschaft und Besinnung" (1953) = "Science and Reflection," translated by William Lovitt. In *The Question Concerning Technology and Other Essays*, 155–182. (See above.)
- GA 7: 69–98, "Überwindung der Metaphysik" (1936–1946) = "Overcoming Metaphysics," translated by Joan Stambaugh. In *The End of Philosophy*, 84–110. Chicago: University of Chicago Press, 2003; originally New York: Harper & Row, 1973.
- GA 7: 101–124. "Wer Ist Nietzsches Zarathustra?" = "Who Is Nietzsche's Zarathustra?" translated by David Farrell Krell. In *Nietzsche, Volume Two: The Eternal Recurrence of the Same*, 211–233. New York: Harper & Row, 1984.

PART TWO:
- GA 7: 129–143, "Was heißt Denken?" [not translated].
- GA 7: 147–164, "Bauen Wohnen Denken" = "Building Dwelling Thinking." In *Poetry, Language, Thought*, translated by Albert Hofstadter, 145–161. New York: Harper and Row, 1975. (Also in *Basic Writings*, rev. and expanded ed., edited by David Farrell Krell, 343–363. San Francisco: HarperSanFrancisco, 1993. (See also GA 79.)
- GA 7: 167–187. "Das Ding" = "The Thing." In *Poetry, Language, Thought*, 165–186. (See above.)
- GA 7: 191–208, ". . . dichterisch wohnet der Mensch . . ." = ". . . Poetically Man Dwells. . . " In *Poetry, Language, Thought*, 213–229. (See above.)

PART THREE:
- GA 7: 213–234, "*Logos* (Heraklit, Fragment 50)" = "*Logos* (Heraclitus, Fragment B 50)," translated by David Farrell Krell and Frank Capuzzi. In *Early Greek Thinking*, 59–78. New York: Harper and Row, 1985.
- GA 7: 237–261, "*Moira* (Parmenides VIII, 34–41)" = "*Moira* (Parmenides VIII, 34–41)," translated by Frank Capuzzi. In *Early Greek Thinking*, 79–101. (See previous entry.)
- GA 7: 265–288, "*Aletheia* (Heraklit Fragment 16) = "*Aletheia* (Heraclitus, Fragment B 16)," translated by Frank Capuzzi. In *Early Greek Thinking*, 102–123. (See previous entry.)

• GA 8: *Was heißt Denken?* ed., Paola-Ludovika Coriando, 2002; first edition 1954. Lecture course 1951–1952.

参考文献

- *What Is Called Thinking?* Translated by Fred D. Wieck and J. Glenn Gray. New York: Harper and Row, 1968.
- GA 9: *Wegmarken*. Edited by Friedrich-Wilhelm von Herrmann, 1976; first edition 1967. Texts from 1919–1958.
  - *Pathmarks*. Edited by William McNeill. New York: Cambridge University Press, 1998.
  - GA 9: 1–44, "Anmerkungen zu Karl Jaspers *Psychologie der Weltanschauungen* (1919/21)" = "Comments on Karl Jasper's *Psychology of Worldviews* (1919/21)," translated by John van Buren, 1–38.
    [Also, "Critical Comments on Karl Jasper's *Psychology of Worldviews*," translated by Theodore Kisiel. In *Becoming Heidegger*, edited by Theodore Kisiel and Thomas Sheehan, 111–149. Evanston, IL: Northwestern University Press, 2007.]
  - GA 9: 45–67, "Phänomenologie und Theologie (1927)" = "Phenomenology and Theology (1927)," translated by James G. Hart and John C. Maraldo, 39–54.17. (See GA 80.)
  - GA 9: 68–77, "Einige Hinweise auf Hauptgesichtpunkte für das theologische Gespräch über 'Das Problem eines nichtobjektivierenden Denkens und Sprechens in her heutigen Theologie" (11 March 1964) = "The Theological Discussion of 'The Problem of a Nonobjectifying Thinking and Speaking in Today's Theology'—Some Pointers to Its Major Aspects," translated by James G. Hart and John C. Maraldo, 54–62.
  - GA 9: 79–101, "Aus der letzten Marburger Vorlesung (1928)" = "From the Last Marburg Lecture Course (1928)," translated by Michael Heim, 63–81.
  - GA 9: 103–122, "Was ist Metaphysik? (1929)" = "What Is Metaphysics?," translated by David Farrell Krell, 82–96.
  - GA 9: 123–175, "Vom Wesen des Grundes (1929)" = "On the Essence of Ground (1929)," translated by William McNeill, 97–135.
  - GA 9: 177–202, "Vom Wesen der Wahrheit (1930)" = "On the Essence of Truth (1930)," translated by John Sallis, 136–154.
  - GA 9: 203–238, "Platons Lehre von der Wahrheit (1931/32, 1940)" = "Plato's Doctrine of Truth (1931/32, 1940)," translated by Thomas Sheehan, 155–182.
  - GA 9: 239–301: "Vom Wesen und Begriff der Φύσις. Aristoteles, Physik B, 1 (1939)" = "On the Essence and Concept of Φύσις in Aristotle's *Physics* B, 1 (1939)," translated by Thomas Sheehan, 183–230.
  - GA 9: 303–312, "Nachwort zu 'Was ist Metaphysik?' (1943)" = "Postscript to 'What Is Metaphysics?' (1949)," 231–238.
  - GA 9: 313–364, "Brief über den Humanismus (1946)" = "Letter on 'Humanism,' (1946)," translated by Frank A. Capuzzi, 239–276.
  - GA 9: 365–383, "Einleitung zu 'Was ist Metaphysik?' (1949)" = "Introduction to 'What Is Metaphysics?' (1949)," translated by Walter Kaufmann, 177–290.
  - GA 9: 385–426, "Zur Seinsfrage (1955)" = "On the Question of Being," translated by William McNeill, 291–322.
  - GA 9: 427–444, "Hegel und die Griechen (1958)" = "Hegel and the Greeks (1958)," translated by Robert Metcalf, 323–336.

- GA 9: 445–480, "Kants These über das Sein (1961)" = "Kant's Thesis about Being (1961)," translated by Ted E. Klein Jr. and William E. Pohl, 337–363.
• GA 10: *Der Satz vom Grund*. Edited by Petra Jaeger, 1997; first edition 1957. Lecture course 1955–1956.
  - *The Principle of Reason*. Translated by Reginald Lilly. Bloomington: Indiana University Press, 1991.
• GA 11: *Identität und Differenz*. Edited by Friedrich-Wilhelm von Herrmann, 2006.
  - GA 11: 3–26, "Was ist das—die Philosophie? (1955)" = *What Is Philosophy?* Translated by Jean T. Wilde and William Kluback. London: Rowman and Littlefield, 2003; originally New York: Twayne, 1958.
  - GA 11: 27–50, "Identität und Differenz" = "Identity and Difference." In *Identity and Difference*, translated by Joan Stambaugh, 21–41. Chicago: University of Chicago, 2002; originally New York: Harper & Row, 1969. (See GA 79.)
  [Also GA 11: 31–50, "Der Satz der Identität (1957)" without GA 11: 29, "Vorwort" = "The Principle of Identity," revised by Jerome Veith. In *The Heidegger Reader*, edited by Günter Figal, 284–294. Bloomington: Indiana University Press, 2009.]
  - GA 11: 113–124, "Die Kehre (1949)" = "The Turning," translated by William Lovitt. In *The Question Concerning Technology and Other Essays*, edited by William Lovitt, 36–49. New York: Harper & Row, 1977. (See GA 79.)
  - GA 11: 125–140 (= GA 79: 81–96), "Grundsätze des Denkens (1957)" = "Basic Principles of Thinking: Freiburg Lectures 1957. Lecture I," translated by Andrew J. Mitchell. In *Bremen and Freiburg Lectures*, 77–91. Bloomington: Indiana University Press, 2012. (See GA 79.)
  [Earlier: "Principles of Thinking," translated by James G. Hart and John C. Maraldo. In *The Piety of Thinking*, 46–58. Bloomington: Indiana University Press, 1976.]
  - GA 11: 143–152, "Ein Vorwort. Brief an Pater William J. Richardson (1962)" = "Preface," translated by William J. Richardson, in his *Heidegger: Through Phenomenology to Thought*, viii–xxii. The Hague: Martinus Nijhoff, 1963; fourth expanded edition. New York: Fordham University Press, 2003.
  - GA 11: 153–161, "Brief an Takehiko Kojima (1963)" (not translated).

• GA 12: *Unterwegs zur Sprache*. Edited by Friedrich-Wilhelm von Herrmann, 1985; first edition 1959.
  - GA 12: 7–30, "Die Sprache" (1950) = "Language." In *Poetry, Language, Thought*, translated by Albert Hofstadter, 189–210. New York: Harper and Row, 1975.
  - GA 12: 33–78, "Die "Sprache im Gedicht. Ein Erörterung von Georg Trakls Gedicht" (1952) = "Language in the Poem: A Discussion on Georg Trakl's Poetic Work," translated by Peter D. Hertz. In *On the Way to Language*, 159–198. New York: Harper and Row, 1971.

参考文献

- GA 12: 81–146, "Aus einem Gespräch von der Sprache. Zwischen einem Japaner und einem Fragenden" (1953/54) = "A Dialogue on Language," translated by Peter Hertz. In *On the Way to Language*, 1–54. (See above.)
- GA 12: 149–204, "Das Wesen der Sprache" (1957–1958) = "The Nature of Language," translated by Peter Hertz. In *On the Way to Language*, 57–108. (See above.)
- GA 12: 207–225, "Das Wort" (1958) = "Words," translated by Joan Stambaugh. In *On the Way to Language*, 139–156. (See above.)
- GA 12: 229–257, "Der Weg zur Sprache" (1959) = "The Way to Language," translated by Peter Hertz. In *On the Way to Language*, 111–136. [Also in *Basic Writings*, rev. and exp. ed. by David Farrell Krell, 397–426. San Francisco: HarperSanFrancisco, 1993.]

- GA 13: *Aus der Erfahrung des Denkens*. Edited by Hermann Heidegger. Texts from 1910–1976.
  - GA 13: 7, "Abendgang auf der Reichenau" (1916) = "Eventide on Reichenau," translated by William J. Richardson. In *Heidegger: Through Phenomenology to Thought*, by William J. Richardson, 1. The Hague: Martinus Nijhoff, 1963; fourth exp. ed. New York: Fordham University Press, 2003.
  - GA 13: 9–13, "Schöpferische Landschaft: Warum bleiben wir in der Provinz? (1933)" = "Why Do I Stay in the Provinces?" translated by Thomas Sheehan. In *Heidegger: The Man and the Thinker*, edited by Thomas Sheehan, 27–30. Chicago: Precedent Publishing, 1981.
  - GA 13: 35–36, "Chorlied aus der Antigone des Sophocles (1943)" = [The First Choral Ode from Sophocles' *Antigone*, lines 279–330]. In *Introduction to Metaphysics*, translated by Gregory Fried and Richard Polt. New Haven, CT: Yale University Press, 2000; 2nd revised and expanded edition, 2014, 156.6–158.3.
  - GA 13: 37–74 (which mostly correspond to GA 77: 105.18–123.25; 138.16–153.19; and 156.13–157.10) = "Zur Erörterung der Gelassenheit. Aus einem Feldweggespräch über das Denken (1944/45)" = "Ἀγχιβασίη: A Triadic Conversation on a Country Path between a Scientist, a Scholar, and a Guide." In *Country Path Conversations*, translated by Bret W. Davis, 68.5–80.24; 90.1–100.25; 102.26–103.4. Bloomington: Indiana University Press, 2010. [Earlier: "Conversation on a Country Path about Thinking," translated by John M. Anderson and E. Hans Freund. In *Discourse on Thinking: A Translation of Gelassenheit*, edited by, John M. Anderson and E. Hans Freund, 58–90. New York: Harper & Row, 1966.]
  - GA 13: 75–86, "Aus der Erfahrung des Denkens (1947)" = "The Thinker as Poet". In *Poetry, Language, Thought*, translated by Albert Hofstadter, 1–14. New York: Harper and Row, 1975.
  - GA 13: 87–90, "Der Feldweg (1949)" = "The Pathway," translated by Thomas F. O'Meara, revised by Thomas Sheehan. In *Heidegger: The Man and the Thinker*, 45–67. (See above.)
  - GA 13: 93–109, "Zu einem Vers von Mörike. Ein Briefwechsel mit Martin Heidegger von Emil Staiger (1951)" = "The Staiger-Heidegger Correspondence," translated by Arthur A. Grugan. *Man and World* 14 (1981): 291–307.

理解海德格尔：范式的转变

- ◦ GA 13: 111, "Was heißt Lesen? (1954)" = "What Is Reading?" translated by John Sallis. In *Reading Heidegger: Commemorations*, 2. Bloomington: Indiana University Press, 1993.
- ◦ GA 13: 123–125, "Die Sprache Johann Peter Hebels (1955)" = "The Language of Johann Peter Hebel," translated by Jerome Veith. In *The Heidegger Reader*, edited by Günter Figal, 295–297. Bloomington: Indiana University Press, 2009.
- ◦ GA 13: 133–150, "Hebel—der Hausfreund (1957)" = "Hebel—Friend of the House," translated by Bruce V. Foltz and Michael Heim. In *Contemporary German Philosophy*, edited by Darrel E. Christensen, 3:89–101. University Park: Pennsylvania State University Press, 1983.
- ◦ GA 13: 185–198, "Adalbert Stifters 'Eisengeschichte' (1964)" = *Adalbert Stifter's "Ice Tale," by Martin Heidegger*. Translated by Miles Groth. New York: Nino Press, 1993.
- ◦ GA 13: 203–210, "Die Kunst und der Raum (1969)" = "Art and Space," translated by Jerome Veith. In *The Heidegger Reader*, edited by Günter Figal, 305–309. Bloomington: Indiana University Press, 2009.
  [Earlier, "Art and Space," translated by Charles Seibert, *Man and World* 6 (1973): 3–8.]
- ◦ GA 13: 221–224, "Gedachtes (1970)" = "Thoughts," translated by Keith Hoeller. *Philosophy Today* 20, no. 4 (1976): 286–290.
- ◦ GA 13: 229 (see GA 81: 289.1–14), "Sprache (1972)" = "Language," translated by Thomas Sheehan. *Philosophy Today* 20, no. 4 (1976): 291.
- ◦ GA 13: 231–235, "Der Fehl heilger Namen (1974)" = "The Want of Holy Names," translated by Bernhard Radloff. *Man and World* 18 (1985): 261–267.

- GA 14: *Zur Sache des Denkens*. Edited by Friedrich-Wilhelm von Herrmann, 2007; first edition 1962.
  - ◦ GA 14: 3–104 = *On Time and Being*. Translated by Joan Stambaugh, Chicago: University of Chicago Press, 2002; originally New York: Harper & Row, 1972.
  - ◦ GA 14: 105–119, "Beilagen" [not translated].
  - ◦ GA 14: 129–132: "Brief an Edmund Husserl vom 22. Oktober 1927" = "Heidegger's Letter and Appendices," translated by Thomas Sheehan. In *Psychological and Transcendental Phenomenology and The Confrontation with Heidegger (1927–1931)*, by Edmund Husserl, edited and translated by Thomas Sheehan and Richard E. Palmer, 136–139. Dordrecht: Kluwer Academic Publishers, 1997.
  - ◦ GA 14: 145–148: "Über das Zeitverständnis in der Phänomenologie und im Denken der Seinsfrage (1968)" = "The Understanding of Time in Phenomenology and in the Thinking of the Being-Question," translated by Thomas Sheehan and Frederick Elliston. *The Southwestern Journal of Philosophy* 10, no. 2 (Summer, 1979): 199–200.

- GA 15: *Seminare*. Edited by Curd Ochwadt, 1986. Parts of this were first published as *Heraclitus* (1970) and *Vier Seminare* (1977).
  - ◦ GA 15: 9–263 = *Heraclitus Seminar, 1966/67 with Eugen Fink*. Translated by Charles H. Seibert. Tuscaloosa: University of Alabama Press, 1979.

参考文献

- GA 15: 270–400 = *Four Seminars*. Translated by Andrew Mitchell and François Raffoul. Bloomington: Indiana University Press, 2003.
- GA 15: 425–429: "Zürcher Seminar" (6 November 1951): not translated.

- GA 16: *Reden und andere Zeugnisse eines Lebens, 1910–1976*. Edited by Hermann Heidegger, 2000. Texts from 1910–1976.
  - GA 16: 3–6 (no. 1), *"Per mortem ad vitam"* = *"Per mortem ad vitam,"* translated by John Protevi and John van Buren. In *Supplements*, edited by John van Buren, 35–37. Albany: State University of New York Press, 2002.
  - GA 16: 7–8 (no. 2), review of Fr. W. Förster, *Autorität und Freiheit*, translated by John Protevi. In *Becoming Heidegger*, edited by Theodore Kisiel and Thomas Sheehan, 13–14. Evanston, IL: Northwestern University Press, 2007.
  - GA 16: 9 (no. 3), review of Ad. Jos. Cüppers, *Versiegelte Lippen*, translated by John Protevi. *Graduate Faculty Philosophy Journal* 14–15 (1991): 495.
  - GA 16: 10 (no. 4), review of Johannes Jörgensen, *Das Reisebuch*, translated by John Protevi. *Graduate Faculty Philosophy Journal* 14–15 (1991): 495.
  - GA 16: 11–14 (no. 5), "Zur philosophischen Orientierung für Akademiker" = "On a Philosophical Orientation for Academics (*Der Akademiker* 3, No. 5 [March 1911]: 66–67)," translated by John Protevi. In *Becoming Heidegger*, 14–16. (See no. 2 above.)
  - GA 16: 16 (no. 7), "Auf stillen Pfaden (Juli 1911)" = "On Still Paths," translated by Allan Blunden. In *Martin Heidegger: A Political Life*, by Hugo Ott, translated by Allan Blunden, 68. London: Basic Books, 1993.
  - GA 16: 18–28 (no. 9), "Religionspsychologie und Unterbewusstsein" = "Psychology of Religion and the Subconscious," translated by John Protevi. *Graduate Faculty Philosophy Journal* 14–15 (1991): 503–517.
  - GA 16: 29–30 (no. 10), review of Jos. Gredt, *Elementa philosophiae aristotelico-thomisticae*, translated by John Protevi. *Graduate Faculty Philosophy Journal* 14–15 (1991): 517–519.
  - GA 16: 31 (no. 11), review of *Bibliothek wertvoller Novellen und Erzählungen*, edited by D. Hellinghaus, translated by John Protevi. *Graduate Faculty Philosophy Journal* 14–15 (1991): 519.
  - GA 16: 32 (no. 12), "Lebenslauf (Zur Promotion 1913)" = "Curriculum Vitae 1913," translated by Thomas Sheehan. In *Becoming Heidegger*, 6–7. (See no. 2 above.)
  - GA 16: 36 (no. 14), "Trost (1915)" = "Consolation," translated by Allan Blunden. In *Martin Heidegger: A Political Life*, by Hugo Ott, 88–89. (See no. 7 above.)
  - GA 16: 37–39 (no. 15), "Lebenslauf (Zur Habilitation 1915)" = "Curriculum Vitae 1915," translated by Thomas Sheehan. In *Becoming Heidegger*, 7–9. (See no. 2 above.)
  - GA 16: 41–45 (no. 17), "Vita (1922)" = "Vita," translated by Theodore Kisiel. In *Becoming Heidegger*, 106–109. (See no. 2 above.)
  - GA 16: 49–51 (no. 18), "Wilhelm Diltheys Forschungsarbeit und der Kampf um eine historische Weltanschauung" (Kasseler Vorträge, 16–25 April 1925) = "Wilhelm Dilthey's Research and the Current Struggle for a Historical Worldview,

(1925)," translated by Charles Bambach. In *Supplements*, edited by John Van Buren, 147–176. Albany: State University of New York Press, 2002. See GA 80.
- GA 16: 56–60 (no. 21), "Edmund Husserl zum siebenzigsten Geburtstag (8. April 1929)" = "For Edmund Husserl on his Seventieth Birthday (April 8, 1929)," translated by Thomas Sheehan. In *Psychological and Transcendental Phenomenology and the Confrontation with Heidegger*, by Edmund Husserl, edited and translated by Thomas Sheehan and Richard E. Palmer, 475–477. Dordrecht: Kluwer Academic Publishers, 1997.
- GA 16: 104 (no. 48), "Nach der Rede des Führers am 17. Mai 1933" = "Announcement from the University." In *German Existentialism*, edited and translated by Dagobert D. Runes, 48. New York: Philosophical Library, 1965.
- GA 16: 107–117 (no. 51), "Die Selbstbehauptung der deutschen Universität" = "The Self-Assertion of the German University," translated by Lisa Harries. In *Martin Heidegger and National Socialism: Questions and Answers*, edited by Günter Neske and Emil Kettering, 5–13. New York: Paragon House, 1990.
- GA 16: 125–126 (no. 59), "Arbeitsdienst und Universität" (14 June 1933) = "Labor Service and the University." In *German Existentialism*, edited and translated by Dagobert D. Runes, 21–22. (See no. 48 above.)
- GA 16: 156 (no. 80), "Hier ist es leider sehr trostlos (22. August 1933)" = "Letter to Carl Schmitt," no translator listed, *Telos* 72 (summer 1987): 132.
- GA 16: 184–185 (no. 101), "Zum Semesterbeginn vgl. Universitätsführer Wintersemester 1933/34) = "German Students," translated by William S. Lewis. In *The Heidegger Controversy*, edited by Richard Wolin, 46–47. New York: Columbia University Press, 1991.
- GA 16: 188–189 (no. 103), "Aufruf zur Wahl (10. November 1933)" = "German Men and Women!" translated by William S. Lewis. In *The Heidegger Controversy*, 47–49. (See no. 101 above.)
- GA 16: 190–193 (no. 104), "Ansprache am 11. November 1933 in Leipzig" = "Declaration of Support for Adolf Hitler and the National Socialist State (November 11, 1933)," translated by William S. Lewis. In *The Heidegger Controversy*, 49–52. (See no. 101 above.)
- GA 16: 227 (no. 121), "Das Geleitwort der Universität (6. January 1934)" = "A Word from the University," translated by William S. Lewis. In *The Heidegger Controversy*, 52–53. (See no. 101 above.)
- GA 16: 232–237 (no. 124), "Zur Eröffnung der Schulungskurse für die Notstandsarbeiter der Stadt an der Universität (22. January 1934)" = "National Socialist Education (January 22, 1934)," translated by William S. Lewis. In *The Heidegger Controversy*, 55–60. (See no. 101 above.)
- GA 16: 238–239 (no. 125), "Der Ruf zum Arbeitsdienst (23. Januar 1934)" = "The Call to the Labor Service (January 23, 1934)," translated by William S. Lewis. In *The Heidegger Controversy*, 53–55. (See no. 101 above.)
- GA 16: 372–394 (no. 180), "Das Rektorat 1933/34—Tatsachen und Gedanken (1945)" = "The Rectorate 1933/34: Facts and Thoughts," translated by Lisa Harries. In *Martin Heidegger and National Socialism*, 15–32. (See no. 51 above.)

参考文献

- GA 16: 397–404 (no. 182), "Antrag auf die Wiedereinstellung in die Lehrtätigkeit (Reintegrierung—4. November 1945)" = "Letter to the Rector of Freiburg University, November 4, 1945," translated by William S. Lewis. In *The Heidegger Controversy*, 61–66. (See no. 101 above.)
- GA 16: 423–425 (no. 189) "Was ist das Sein selbst? (12. September 1946)" = "The Basic Question of Being as Such," translated by Parvis Emad and Kenneth Maly. *Heidegger Studies* 2 (1986): 4–6.
- GA 16: 430–431.24 (no. 192), "Zu 1933–1945 (Brief an Marcuse, 20 Januar 1948)" = "Letter from Heidegger to Marcuse of January 20, 1948," translated by Richard Wolin. In *The Heidegger Controversy*, edited by Richard Wolin, 162–163. (See no. 101 above.)
- GA 16: 452–453 (no. 204), "Betr. die Notiz 'Hanfstaengl contra Heidegger' in der Münchner Süddeutschen Zeitung von Mittwoch, den 14. Juni 1950" = "On My Relation to National Socialism," translated by Frank Meklenberg. *Semiotext(e)* 4, no. 2 (1982): 253–254.
- GA 16: 517–529 (no. 224), "Gelassenheit (30. Oktober 1955)" = "Memorial Address," translated by John M. Anderson and E. Hans Freund. In *Discourse on Thinking*, edited by John M. Anderson and E. Hans Freund, 43–57. New York: Harper and Row, 1966.
- GA 16: 552–557 (no. 230), "Die Kunst und das Denken (18. Mai 1958)" = "Art and Thinking," translated by Hannah Arendt. In *Listening to Heidegger and Hisamatsu*, by Alfred L. Copley, 48–78. Kyoto: Bokubi Press.
- GA 16: 565–567 (no. 234), "Dank bei der Verleihung des staatlichen Hebelgedenkpreises (10. Mai 1960)" = "Acknowledgment on the Conferment of the National Hebel Memorial Prize," translated by Miles Groth. *Delos* 19/20, April 1997 (Summer-Winter 1994): 30–34.
- GA 16: 574–582 (no. 236), "700 Jahre Meßkirch (Ansprache zum Heimatabend am 22. Juli 1961)" = "Messkirch's Seventh Centennial," translated by Thomas Sheehan. *Listening: Journal of Religion and Culture* 1–3 (1973): 40–57.
- GA 16: 620–633 (no. 246) "Zur Frage nach der Bestimmung der Sache des Denkens (30. Oktober 1965)" = "On the Question Concerning the Determination of the Matter for Thinking," translated by Richard Capobianco and Marie Göbel. *Epoché: A Journal for the History of Philosophy* 14, no. 2 (Spring 2010): 213–223.
- GA 16: 650–651 (no. 252), "Grußwort an das Symposium über Heideggers Philosophie an der Duquesne-Universität in Pittsburgh 15./16. Oktober 1966 (20. September 1966)" = "A Letter from Martin Heidegger," translated by Arthur H. Schrynemakers. In *Heidegger and the Path of Thinking*, edited by John Sallis, 9–10. Pittsburgh: Duquesne University Press, 1970.
- GA 16: 652–683 (no. 253) "Spiegel-Gespräch mit Martin Heidegger (23. September 1966)" = "'Only a God Can Save Us': The *Spiegel* Interview (1966)," translated by William J. Richardson. In *Heidegger: The Man and the Thinker*, edited by Thomas Sheehan, 45–67. Chicago: Precedent Publishing, 1981. [Also "*Der Spiegel* Interview with Martin Heidegger," translated by Jerome Veith. In *The Heidegger Reader*, edited by Günter Figal, 313–333. Bloomington: Indiana University Press, 2009.]

- GA 16: 684–686 (no. 254), "Grußwort an das Heidegger-Symposium Chicago 11./12. November 1966 (20. Oktober 1966)" = "A Letter from Heidegger," translated by William J. Richardson. In *Heidegger and the Quest for Truth*, edited by Manfred S. Frings, 19–21. Chicago: Quadrangle.
- GA 16: 702–710 (no. 262) "Martin Heidegger im Gespräch" = "Martin Heidegger in Conversation," translated by Lisa Harries. In *Martin Heidegger and National Socialism*, 81–87. (See no. 51 above.)
- GA 16: 721–722 (269), "Gruß und Dank an die Teilnehmer der Heidegger-Konferenz in Honolulu auf Hawai 17.–21. November 1969" = "Letter from Heidegger," translated by Albert Borgmann. In "Introduction to the Symposium and Reading of a Letter from Martin Heidegger," edited by Winfield E. Nagley. *Philosophy East and West* 20 (1970): 221.
- GA 16: 744–745 (no. 279), "Ein Grußwort für das Symposium in Beirut November 1974" = "A Greeting to the Symposium in Beirut in November 1974," translated by Lisa Harries. In *Martin Heidegger and National Socialism*, 253–254. (See no. 51 above.)
- GA 16: 747–748 (282), "Neuzeitliche Naturwissenschaft und moderne Technik—Grußwort an die Teilnehmer des zehnten Colloquiums von 14.–16. Mai 1976 in Chicago (11. April 1976)" = "Modern Natural Science and Technology," translated by John Sallis. In *Radical Phenomenology*, edited by John Sallis, 1–2. Englewood Cliffs, NJ: Humanities Press, 1978.
- GA 16: 759–760 (no. 285) "Gedenkworte zu Schlageter (26. Mai 1933 vor der Universität)" = "Schlageter (May 26, 1933)," translated by William S. Lewis. In *The Heidegger Controversy*, 40–42. (See no. 101 above.)
- GA 16: 761–763 (no. 286), "Die Universität im Neuen Reich (30. Juni 1933)" = "The University in the New Reich," translated by William S. Lewis. In *The Heidegger Controversy*, 43–45. (See no. 101 above.)

2. 1919年至1944年间的课程讲稿

(1) 马堡大学时期, 1923年至1928年

- GA 17: *Einführung in die phänomenologische Forschung*. Edited by Friedrich-Wilhelm von Herrmann, 1994; lecture course, winter 1923–1924.
  - *Introduction to Phenomenological Research*. Translated by Daniel O. Dahlstrom. Bloomington, Indiana University Press, 2005.

- GA 18: *Grundbegriffe der aristotelischen Philosophie*. Edited by Mark Michalski, 2002; lecture course, summer 1924.
  - *Basic Concepts of Aristotelian Philosophy*. Translated by Robert D. Metcalf and Mark B. Tanzer. Bloomington: Indiana University Press, 2009.

- GA 19: *Platon: Sophistes*. Edited by Ingeborg Schüßler, 1992; lecture course, winter 1924–1925.
  - *Plato's Sophist*. Translated by Richard Rojcewicz and André Schuwer. Bloomington: Indiana University Press, 1997.

- GA 20: *Prolegomena zur Geschichte des Zeitbegriffs*. Edited by Petra Jaeger, 1979; lecture course, summer 1925.
  ◦ *History of the Concept of Time: Prolegomena*. Translated by Theodore Kisiel. Bloomington, Indiana: Indiana University Press, 1985.

- GA 21: *Logik. Die Frage nach der Wahrheit*. Edited by Walter Biemel, 1976; lecture course, winter 1925–1926.
  ◦ *Logic: The Question of Truth*. Edited and translated by Thomas Sheehan. Bloomington: Indiana University Press, 2010.

- GA 22: *Die Grundbegriffe der antiken Philosophie*. Edited by Franz-Karl Blust, 1993; lecture course, summer 1926.
  ◦ *Basic Concepts of Ancient Philosophy*. Translated by Richard Rojcewiz. Bloomington: Indiana University Press, 2008.

- GA 23: *Geschichte der Philosophie von Thomas v. Aquin bis Kant*. Edited by Helmut Vetter, 2006; lecture course, winter 1926–1927.

- GA 24: *Die Grundprobleme der Phänomenologie*. Edited by Friedrich-Wilhelm von Herrmann, 1975; lecture course, summer 1927.
  ◦ *The Basic Problems of Phenomenology*. Translated by A. Hofstadter. Bloomington: Indiana University Press, 1982.

- GA 25: *Phänomenologische Interpretation der Kants Kritik der reinen Vernunft*. Edited by Ingtraud Görland, 1977; lecture course, winter 1927–1928.
  ◦ *Phenomenological Interpretation of Kant's Critique of Pure Reason*. Translated by Parvis Emad and Kenneth Maly. Bloomington: Indiana University Press, 1997.

- GA 26: *Metaphysiche Anfangsgründe der Logik im Ausgang von Leibniz*. Edited by Klaus Held, 1978; lecture course, summer 1928.
  ◦ *The Metaphysical Foundations of Logic*. Translated by Michael Heim. Bloomington: Indiana University Press, 1984.

(2)弗莱堡大学时期,1928年至1944年

- GA 27: *Einleitung in die Philosophie*. Edited by Otto Saame and Ina Saame-Speidel, 1996; lecture course, winter 1928–1929.
  ◦ *Introduction to Philosophy*. Translated by Eric Sean Nelson and Virginia Lyle Jennings. Bloomington: Indiana University Press, forthcoming.

- GA 28: *Der deutsche Idealismus (Fichte, Schelling, Hegel) und die philosophische Problemlage der Gegenwart*. Edited by Claudius Strube, 1997; lecture course, summer 1929.
  ◦ *German Idealism*. Translated by Peter Warnek. Bloomington: Indiana University Press, forthcoming.

理解海德格尔：范式的转变

- GA 29/30: *Die Grundbegriffe der Metaphysik. Welt—Endlichkeit—Einsamkeit.* Edited by Friedrich-Wilhelm von Herrmann, 1983; lecture course, winter 1929–1930.
  - *The Fundamental Concepts of Metaphysics: World, Finitude, Solitude.* Translated by William McNeill and Nicholas Walker. Bloomington: Indiana University Press, 1995.

- GA 31: *Vom Wesen der menschlichen Freiheit. Einleitung in die Philosophie.* Edited by Hartmut Tietjen, 1982; lecture course, summer 1930.
  - *The Essence of Human Freedom: An Introduction to Philosophy.* Translated by Ted Sadler. London: Bloomsbury (Continuum), 2002.

- GA 32: *Hegels Phänomenologie des Geistes.* Edited by Ingtraud Görland, 1980; lecture course, winter 1930–1931.
  - *Hegel's Phenomenology of Spirit.* Translated by Parvis Emad and Kenneth Maly Bloomington: Indiana University Press, 1988.

- GA 33: *Aristoteles, Metaphysik Θ 1–3. Vom Wesen und Wirklichkeit der Kraft.* Edited by Heinrich Hüni, 1981; lecture course, summer, 1931.
  - *Aristotle's Metaphysics Θ 1–3: On the Essence and Actuality of Force.* Translated by Walter Brogan and Peter Warnek. Bloomington: Indiana University Press, 1995.

- GA 34: *Vom Wesen der Wahrheit. Zu Platons Höhlengleichnis und Theätet.* Edited by Hermann Mörchen, 1988; lecture course, winter 1931–1932.
  - *The Essence of Truth: On Plato's Cave Allegory and the Theaetetus.* Translated by Ted Sadler. London: Bloomsbury (Continuum), 2002.

- GA 35: *Der Anfang der abendländischen Philosophie: Auslegung des Anaximander und Parmenides.* Edited by Peter Trawny, 2011; lecture course, summer 1931.
  - *The Beginning of Western Philosophy: Anaximander and Parmenides.* Translated by Richard Rojcewiz. Bloomington: Indiana University Press, 2015, forthcoming.

- GA 36/37: *Sein und Wahrheit: 1. Die Grundfrage der Philosophie* (lecture course, summer 1933), *2. Vom Wesen der Wahrheit* (lecture course, winter 1933/34). Edited by Hartmut Tietjen, 2001.
  - *Being and Truth.* Translated by Gregory Fried and Richard Polt. Bloomington: Indiana University Press, 2010.

- GA 38: *Logik als die Frage nach dem Wesen der Sprache.* Edited by Günter Seubold, 1998; lecture course summer 1934.
  - *Logic as the Question Concerning the Essence of Language.* Translated by Wanda Torres Gregory and Yvonne Unna. Albany: State University of New York Press, 2009.

参考文献

- GA 39: *Hölderlins Hymnen "Germanien" und "Der Rhein,"* ed. Susanne Ziegler, 1980; lecture course, winter 1934–1935.
  ◦ *Hölderlin's Hymns "Germanien" and "Der Rhein,"* trans. William McNeill and Julia Ireland. Bloomington: Indiana University Press, 2014.

- GA 40: *Einführung in die Metaphysik.* Edited by Petra Jaeger, 1983; lecture course, summer, 1935; first edition 1953.
  ◦ *Introduction to Metaphysics.* Translated by Gregory Fried and Richard Polt. New Haven, CT: Yale University Press, 2000; 2nd revised and expanded edition, 2014.

- GA 41: *Die Frage nach dem Ding. Zu Kants Lehre von den transzendentalen Grundsätzen.* Edited by Petra Jaeger, 1984; lecture course, winter 1935–1936; first edition 1962.
  ◦ *What Is a Thing?* Translated by W. B. Barton and Vera Deutsch. Chicago: Henry Regnery, 1967.

- GA 42: *Schelling: Vom Wesen der menschlichen Freiheit (1809).* Edited by Ingrid Schüßler, 1988; lecture course, summer 1936; first edition 1971.
  ◦ *Schelling's Treatise on the Essence of Human Freedom.* Translated by Joan Stambaugh. Athens: Ohio University Press, 1985.

- GA 43: *Nietzsche: Der Wille zur Macht als Kunst.* Edited by Bernd Heimbüchel, 1985; lecture course, winter 1936–1937; first edition 1961: see GA 6.1.
  ◦ GA 43: 3–274.8 (= GA 6.1: 1–224.10) = *Nietzsche, Volume One: The Will to Power as Art.* Edited and translated by David Farrell Krell. New York: Harper & Row, 1979.

- GA 44: *Nietzsches metaphysische Grundstellung im abendländischen Denken: Die ewige Wiederkehr des Gleichen.* Edited by Marion Heinz, 1986; lecture course, summer 1937; first edition 1961: see GA 6.1.
  ◦ GA 44: 1–233 (= GA 6.1: 225–423) = *Nietzsche, Volume Two: The Eternal Recurrence of the Same.* Edited and translated by David Farrell Krell. New York: Harper & Row, 1984.

- GA 45: *Grundfragen der Philosophie. Ausgewählte "Probleme" der "Logik."* Edited by Friedrich-Wilhelm von Herrmann, 1984; lecture course, winter 1937–1938.
  ◦ *Basic Questions of Philosophy: Selected "Problems" of "Logic."* Translated by Richard Rojcewicz and André Schuwer. Bloomington: Indiana University Press, 1994.

- GA 46: *Zur Auslegung von Nietzsches II. Unzeitgemäßer Betrachtung "Vom Nutzen und Nachteil der Historie für das Leben."* Edited by Hans-Joachim Friedrich, 2003; lecture course, winter 1938–1939.

理解海德格尔：范式的转变

- GA 47: *Nietzsches Lehre vom Willen zur Macht als Erkenntnis.* Edited by Eberhard Hanser,1989; lecture course, summer 1939; first edition 1961.
  ◦ GA 47: 1–295 (= GA 6.1: 425–594) = "The Will to Power as Knowledge," translated by Joan Stambaugh and David Farrell Krell. In *Nietzsche, Volume Three: The Will to Power as Knowledge and as Metaphysics*, edited by David Farrell Krell, 1–183. New York: Harper & Row, 1987.

- GA 48: *Nietzsche: Der europäische Nihilismus* (1986); lecture course, second trimester 1940; first edition 1961.
  ◦ GA 48: 1–332.32 (= GA 6, 2: 23–229) = "European Nihilism," translated by Frank A. Capuzzi. In *Nietzsche, Volume Four: Nihilism*, edited by David Farrell Krell, 1–196. New York: Harper & Row, 1982.

- GA 49: *Die Metaphysik des deutschen Idealismus. Zur erneuten Auslegung von Schelling: Philosophische Untersuchungen über das Wesen der menschlichen Freiheit und die damit zusammenhängenden Gegenstände (1809).* Edited by Günter Seubold, 1991.

- GA 50: *1. Nietzsches Metaphysik (1941–42); 2. Einleitung in die Philosophie—Denken und Dichten (1944–45).* Edited by Petra Jaeger, 1990; lecture course preparations for courses never given; first edition of the first course, 1961.
  ◦ GA 50: 1–87 (= GA 6, 2: 231–300), "Die fünf Grundworte der Metaphysik Nietzsches" (1940) = "Nietzsche's Metaphysics," translated by Frank A. Capuzzi and David Farrell Krell. In *Nietzsche, Volume Three: The Will to Power as Knowledge and as Metaphysics*, edited by David Farrell Krell, 185–251. New York: Harper & Row, 1987.
  ◦ GA 50: 90–160 *Einleitung in die Philosophie—Denken und Dichten* = *Introduction to Philosophy—Thinking and Poetizing.* Translated by Phillip Jacques Braunstein. Bloomington: Indiana University Press, 2011.

- GA 51: *Grundbegriffe.* Edited by Petra Jaeger, 1981; lecture course, summer 1941.
  ◦ *Basic Concepts.* Translated by Gary Aylesworth. Bloomington: Indiana University Press, 1993.

- GA 52: *Hölderlins Hymne "Andenken."* Edited by Walter Biemel, 1982; lecture course, 1941–1942.
  ◦ *Hölderlin's Hymn "Andenken."* Translated by William McNeill and Julia Ireland. Bloomington: Indiana University Press, forthcoming.

- GA 53: *Hölderlins Hymne "Der Ister."* Edited by Walter Biemel, 1984; lecture course, summer, 1942.
  ◦ *Hölderlin's Hymn "The Ister."* Translated by William McNeill and Julia Davis. Bloomington: Indiana University Press, 1996.

- GA 54: *Parmenides.* Edited by Manfred S. Frings, 1982; lecture course, winter, 1942–1943.

- *Parmenides*. Translated by André Schuwer and Richard Rojcewicz. Bloomington: Indiana University Press, 1992.

- GA 55: *Heraklit. 1. Der Anfang des abendländischen Denkens* (lecture course, summer 1943), *2. Logik. Heraklits Lehre vom Logos* (lecture course, summer 1944). Edited by Manfred S. Frings, 1979.
  - GA 55: 252.28–270.13 = "*Logos* and Language", translated by Jerome Veith. In *The Heidegger Reader*, edited by Günter Figal, 239–252. Bloomington: Indiana University Press, 2009.

(3) 弗莱堡大学时期, 1919年至1923年

- GA 56/57: *Zur Bestimmung der Philosophie. 1. Die Idee der Philosophie und das Weltanschauungsproblem* (lecture course, War Emergency Semester, winter 1919); *2. Phänomenologie und transzendentale Wertphilosophie* (lecture course, summer 1919); *3. Anhang: Über das Wesen der Universität und des akademischen Studiums* (lecture course, summer, 1919). Edited by Bernd Heimbüchel, 1987.
  - *Towards the Definition of Philosophy: 1. The Idea of Philosophy and the Problem of Worldview; 2. Phenomenology and Transcendental Philosophy of Value; with a transcript of the lecture course "On the Nature of the University and Academic Study (Freiburg Lecture-courses 1919)*. Translated by Ted Sadler. New Brunswick, NJ: Bloomsbury (Athlone), 2000.

- GA 58: *Grundprobleme der Phänomenologie*. Edited by Hans-Helmut Gander, 1992; lecture course, winter 1919–1920.
  - *Basic Problems of Phenomenology: Winter Semester 1919/20*. Translated by Scott M. Campbell. London: Bloomsbury, 2013.

- GA 59: *Phänomenologie der Anschauung und des Ausdrucks*. Edited by Claudius Strube, 1993; lecture course, summer 1920.
  - *Phenomenology of Intuition and Expression*. Translated by Tracy Colony. London: Bloomsbury (Continuum), 2010.

- GA 60: *Phänomenologie des religiösen Lebens. 1. Einleitung in die Phänomenologie der Religion* (ed. Matthias Jung and Thomas Regehly; lecture course, winter 1920–1921); *2. Augustinus und der Neuplatonismus* (ed. Claudius Strube; lecture course, summer 1921); *3. Die philosophischen Grundlagen der mittelalterlichen Mystik* (ed. Claudius Strube; preparation for a course not given), 1995.
  - *Phenomenology of Religious Life: 1. Introduction to the Phenomenology of Religion; 2. Augustine and Neo-Platonism; 3. The Philosophical Foundations of Medieval Mysticism*. Translated by Matthias Fritsch and Jennifer Anna Gosetti-Ferencei. Bloomington: Indiana University Press, 2004.

- GA 61: *Phänomenologische Interpretationen zu Aristoteles. Einführung in die phänomenologische Forschung*. Edited by Walter Bröcker and Käte Bröcker-Oltmanns, 1985; lecture course, winter, 1921–1922.

理解海德格尔：范式的转变

- ○ *Phenomenological Interpretations of Aristotle: Initiation into Phenomenological Research*. Translated by Richard Rojcewicz. Bloomington: Indiana University Press, 2001.

- GA 62: *Phänomenologische Interpretationen ausgewählter Abhandlungen des Aristoteles zur Ontologie und Logik*. Edited by Günther Neumann, 2005; lecture course, summer 1922.
  - ○ GA 62: 345–375, "Phänomenologische Interpretationen zu Aristoteles (Anzeige der hermeneutischen Situation). Ausarbeitung für die Marburger und die Göttinger Philosophische Fakultät (Herbst 1922)" = "Indication of the Hermeneutical Situation," translated by Michael Baur, revised Jerome Veith. In *The Heidegger Reader*, edited by Günter Figal, 38–61. Bloomington: Indiana University Press, 2009. [Also "Phenomenological Interpretations with Respect to Aristotle: Indication of the Hermeneutical Situation," edited and translated by Theodore Kisiel. In *Becoming Heidegger*, edited by Theodore Kisiel and Thomas Sheehan, 155–174. Evanston, IL: Northwestern University Press, 2007.]

- GA 63: *Ontologie. Hermeneutik der Faktizität*. Edited by Käte Bröcker-Oltmanns, 1988; lecture course, summer 1923.
  - ○ *Ontology: The Hermeneutics of Facticity*. Translated by John van Buren. Bloomington: Indiana University Press, 1999.

3. 海德格尔一生中未曾发表的论文、会议稿以及其他思想著作

- GA 64: *Der Begriff der Zeit*. Edited by Friedrich-Wilhelm von Herrmann, 2004.
  - ○ GA 64: 3–103, "Der Begriff der Zeit (1924)" = *The Concept of Time: The First Draft of Being and Time*. Translated by Ingo Farin with Alex Skinner. London: Bloomsbury (Continuum), 2011.
  - ○ GA 64: 107–125, "Der Begriff der Zeit (Vortrag 1924)" = *The Concept of Time*. Translated by William McNeill. Oxford: Blackwell, 1992. [Also "The Concept of Time," translated by Theodore Kisiel. In *Becoming Heidegger*, edited by Theodore Kisiel and Thomas Sheehan, 200–213. Evanston, IL: Northwestern University Press, 2006.]

- GA 65: *Beiträge zur Philosophie (Vom Ereignis)*. Edited by Friedrich-Wilhelm von Herrmann, 1989; notes from 1936–1938.
  - ○ *Contributions to Philosophy: Of the Event*. Translated by Richard Rojcewicz and Daniela Vallega-Neu. Bloomington: Indiana University Press, 2012. [Earlier: *Contributions to Philosophy: (From Enowning)*. Translated by Parvis Emad and Kenneth Maly. Bloomington: Indiana University Press, 1999.]

- GA 66: *Besinnung*. Edited by Friedrich-Wilhelm von Herrmann, 1997; notes, 1938–1939.
  - ○ *Mindfulness*. Translated by Parvis Emad and Thomas Kalary. London: Bloomsbury (Continuum), 2006.

参考文献

- GA 67: *Metaphysik und Nihilism: 1. Die Überwindung der Metaphysik; 2. Das Wesen des Nihilismus*. Edited by Hans-Joachim Friedrich, 1999.

- GA 68: *Hegel*. Edited by Ingrid Schüßler, 1993.
  - *Hegel*. Translated by Joseph Arel and Niels Feuerhahn. Bloomington: Indiana University Press, 2015, forthcoming.

- GA 69: *Die Geschichte des Seyns*. Edited by Peter Trawny, 1998.
  - *History of Beyng*. Translated by Jeffrey Powell and William McNeill. Bloomington: Indiana University Press, forthcoming.

- GA 70: *Über den Anfang. 1. Die Geschichte des Seyns (1938/40); 2. KOINON. Aus der Geschichte des Seyns (1939/40)*. Edited by Paola-Ludovika Coriando, 2005.

- GA 71: *Das Ereignis*. Edited by Friedrich-Wilhelm von Herrmann, 2009; notes 1941–1942.
  - *The Event*. Translated by Richard Rojcewicz. Bloomington: Indiana University Press, 2013.

- GA 72: *Die Stege des Anfangs*. Edited by Friedrich-Wilhelm von Hermann; notes from 1944. Forthcoming.

- GA 73: *Zum Ereignis-Denken*. Edited by Peter Trawny; 2 volumes. 2013.
  - GA 73, 1: 710–712: "Die Armut" (27 June 1945) = "Poverty," translated by Thomas Kalary and Frank Schalow. In *Heidegger, Translation and the Task of Thinking*, 3–10. New York: Springer, 2011.

- GA 74: *Zum Wesen der Sprache und Zur Frage nach der Kunst*. Edited by Thomas Regehly, 2010.

- GA 75: *Zu Hölderlin. Griechenlandreisen*. Edited by Curt Ochwadt, 2000.
  - GA 75: 213–245, "Aufenthalte" = *Sojourns: The Journey to Greece*. Translated by John-Panteleimon Manoussakis. Albany: State University of New York Press, 2005.

- GA 76: *Leitgedanken zur Entstehung der Metaphysik, der neuzeitlichen Wissenschaft und der modernen Technik*. Edited by Claudius Strube, 2009; texts from 1935–1955.

- GA 77: *Feldwege-Gespräche 1944/45*. Edited by Ingrid Schüßler, 2007; first edition 1995.
  - *Country Path Conversations*. Translated by Bret W. Davis. Bloomington: Indiana University Press, 2010.
  - [GA 77: 105.18–123.25; 138.16–153.19; and 156.13–157.10 mostly correspond to GA 13: 37–74, an earlier translation of which = "Conversation on a Country Path about Thinking," translated by John M. Anderson and E. Hans Freund. In

419

理解海德格尔：范式的转变

Discourse on Thinking: A Translation of Gelassenheit, edited by John M. Anderson and E. Hans Freund. New York: Harper & Row, 1966.]

- GA 78: *Der Spruch des Anaximander*. Edited by Ingeborg Schüßler, 2010; text of a lecture course not given; presumably written in the summer 1942.

- GA 79: *Bremer and Freiburger Vorträge*. Edited by Petra Jaeger, 1994. Parts of this volume were first published in *Vorträge und Aufsätze*, 1954 (See GA 7.)
  ○ *Bremen and Freiburg Lectures: Insight into That Which Is and Basic Principles of Thinking*. Translated by Andrew J. Mitchell. Bloomington: Indiana University Press, 2012.
  [Earlier, from the lecture series *"Einblick in das was ist"* (1949):]
  ○ GA 79: 5–21 (= GA 7: 165–187), "Das Ding" = "The Thing." In *Poetry, Language, Thought*, translated by Albert Hofstadter, 165–186. New York: Harper & Row, 1971.
  ○ GA 79: 68–77 (= GA 11: 113–124), "Die Kehre" (1949) = "The Turning." In *The Question Concerning Technology and Other Essays*, translated by William Lovitt, 33–49. New York: Harper and Row, 1982.
  [Earlier, from the lecture series *"Grundsätze des Denkens"* (1957):]
  ○ GA 79: 81–96 (= GA 11: 127–140), "Grundsätze des Denkens" (1957) = "Principles of Thinking," translated by James G. Hart and John C. Maraldo. In *The Piety of Thinking*, edited by James G. Hart and John C. Maraldo, 46–58. Bloomington: Indiana University Press, 1976.
  ○ GA 79: 115–129 (= GA 11: 31–110), "Identität und Differenz (1957)" = "Identity and Difference." In *Identity and Difference*, translated by Joan Stambaugh, 23–41. Chicago: University of Chicago, 2002; originally New York: Harper & Row, 1969.

- GA 80: *Vorträge*. Edited by Hartmut Tietjen (forthcoming). Some of these addresses have been translated:
  ○ "Frage und Urteil" (10 July 1915) = "Question and Judgment," translated by Theodore Kisiel. In *Becoming Heidegger*, edited by Theodore Kisiel and Thomas Sheehan, 52–59. Evanston, IL: Northwestern University Press, 2007.
  ○ "Wahrsein und Dasein. Aristoteles, *Ethica Nicomachea* VI." (December 1924) = "Being-There and Being-True According to Aristotle," translated by Brian Hansford Bowles. In *Becoming Heidegger*, 216–237. (See previous.)
  ○ See GA 13: 9–13, "Schöpferische Landschaft: Warum bleiben wir in der Provinz? (1933)" = "Why Do I Stay in the Provinces?" translated by Thomas Sheehan. In *Heidegger: The Man and the Thinker*, edited by Thomas Sheehan, 27–30. Chicago: Precedent Publishing, 1981.
  ○ "Wilhelm Diltheys Forschungsarbeit und der Kampf um eine historische Weltanschauung" (Kasseler Vorträge, 16–25 April 1925) = "Wilhelm Dilthey's Research and the Current Struggle for a Historical Worldview (1925)," translated by Charles Bambach. In *Supplements*, edited by John Van Buren, 147–176. Albany: State University of New York Press, 2002.

○ "Phänomenologie und Theologie. I. Teil: Die nichtphilosophischen als positive Wissenschaften und die Philosophie als transzendentale Wissenschaft" (8 July 1927 (= GA 9: 45–78) = "Phenomenology and Theology." In *Pathmarks*, edited by William McNeill, 39–62. New York: Cambridge University Press, 1998.

- GA 81: *Gedachtes*. Edited by Paola-Ludovika Coriando, 2007; texts from 1910–1975.
  ○ GA 81: 325–328 (= GA 13: 221–224) = "Thoughts," translated by Keith Hoeller. *Philosophy Today* 20, no. 4 (1976): 286–290.

- GA 82: *Zu eigenen Veröffentlichungen: Anmerkungen zu "Vom Wesen des Grundes"* (1936); *Eine Auseinandersetzung mit Sein und Zeit* (1936); *Laufende Anmerkungen zu Sein und Zeit* (1936). Forthcoming.

- GA 83: *Seminare: Platon—Aristoteles—Augustinus*. Edited by Mark Michalski, 2012. Seminars from 1928–1952.

- GA 84: *Seminare: Leibniz—Kant, Teil 1: Sommersemester 1931 bis Wintersemester 1935/36*. Edited by Günther Neumann, 2013. (The first of two volumes.)

- GA 85: *Seminar. Vom Wesen der Sprache. Die Metaphysik der Sprache und die Wesung des Wortes. Zu Herders Abhandlung "Über den Ursprung der Sprache."* Edited by Ingrid Schüßler, 1999; seminar, summer 1939.
  ○ *On the Essence of Language: The Metaphysics of Language and the Essencing of the Word: Concerning Herder's "Treatise On the Origin of Language."* Translated by Wanda Torres Gregory and Yvonne Unna. Albany: State University of New York Press, 2004.

- GA 86: *Seminare: Hegel—Schelling*. Edited by Peter Trawny, 2011.
  ○ GA 86: 55–184 = *Heidegger on Hegel's "Philosophy of Right": The 1934–35 Seminar and Interpretative Essays*. Edited and translated by Peter Trawny, Marcia Sá Cavalcante Schuback, and Michael Marder. London: Bloomsbury, 2014.

- GA 87: *Nietzsche. Seminare 1937 und 1944. 1. Nietzsches metaphysische Grundstellung (Sein und Schein); 2. Skizzen zu Grundbegriffe des Denkens*. Edited by Peter von Ruckteschell, 2004; seminars, summer semesters 1937 and 1944.

- GA 88: *Seminare (Übungen) 1937/38 und 1941/2. 1. Die metaphysische Grundstellung des abendländischen Denkens. 2. Einübung in das philosophische Denken*. Edited by Alfred Denker, 2008.

4. 指示性文稿以及思想素描

- GA 89: *Zollikoner Seminare*, forthcoming. See below: "B. Heidegger's Texts from Outside the Gesamtausgabe," under *Zollikoner Seminare*.

理解海德格尔：范式的转变

- ◦ *Zollikon Seminars: Protocols, Conversations, Letters.* Edited by Medard Boss. Translated by Franz Mayr and Richard Askay. Evanston, IL: Northwestern University Press, 2001.

- GA 90: *Zu Ernst Jünger.* Edited by Peter Trawny, 2004.
  - ◦ GA 90: 235–239 and 253–260 = "On Ernst Jünger (1)" and "on Ernst Jünger (2)" (1939–1940), translated by Jerome Veith. In *The Heidegger Reader*, edited by Günter Figal, 189–206. Bloomington: Indiana University Press, 2009.

- GA 91: *Ergänzungen und Denksplitter.*

- GA 92: *Ausgewählte Briefe 1.*

- GA 93: *Ausgewählte Briefe 2.*

- GA 94: *Überlegungen II–VI (Schwarze Hefte 1931–1938).* Edited by Peter Trawny, 2014.

- GA 95: *Überlegungen VII–XI (Schwarze Hefte 1938–1939).* Edited by Peter Trawny, 2014.

- GA 96: *Überlegungen XII–XV (Schwarze Hefte 1939–1941).* Edited by Peter Trawny, 2014.

- GA 97: *Anmerkungen II–V.*

- GA 98: *Anmerkungen VI–IX.*

- GA 99: *Vier Hefte I—Der Feldweg. Vier Hefte II—Durch Ereignis zu Ding und Welt.*

- GA 100: *Vigilae I, II.*

- GA 101: *Winke I, II.*

- GA 102: *Vorläufiges I–IV.*

二、《全集》之外的海德格尔著作

"Aufzeichnungen zur Temporalität (Aus den Jahren 1925 bis 1927)," *Heidegger Studies* 14 (1998): 11–23.

"Dasein und Wahrsein nach Aristoteles" (manuscript)
　　Edited translation: *Becoming Heidegger: On the Trail of His Early Occasional Writings, 1910–1927*, edited by Theodore Kisiel and Thomas Sheehan, 218–234. Evanston, IL: Northwestern University Press, 2007.

参考文献

"Der Encyclopaedia Britannica Artikel: Versuch einer zweiten Bearbeitung." In Edmund Husserl, *Phänomenologische Psychologie: Vorlesungen Sommersemester 1925*. Edited by Walter Biemel. Husserliana IX: 256–263. The Hague: Nijhoff, 1968. Edited translation: Edmund Husserl, *Psychological and Transcendental Phenomenology and the Confrontation with Heidegger (1927–1931)*, edited and translated by Thomas Sheehan and Richard E. Palmer, Collected Works 6:107–116. Dordrecht: Kluwer, 1997.
[Also in *Becoming Heidegger: On the Trail of His Early Occasional Writings, 1910–1927*, edited by Theodore Kisiel and Thomas Sheehan, 306–313. Evanston, IL: Northwestern University Press, 2007.]
"Der Weg," manuscript. Available on request: tsheehan@stanford.edu.
"Die 'Seinsfrage' in *Sein und Zeit*," *Heidegger Studies* 27 (2011): 9–12.
Die Technik und die Kehre, Pfullingen, Germany: Günther Neske, 1962.
Être et Temps. Translated by Emmanuel Martineau. Paris: Authentica, 1985. http://t.m.p.free.fr/textes/Heidegger_etre_et_temps.pdf
Existence and Being. Edited by Werner Brock. Chicago: Regnery, 1949.
"Grundbegriffe der Metaphysik," lecture course 1929–1930. Nachschrift (verbatim transcript). Edited by Simon Moser, Simon Silverman Phenomenology Center, Pennsylvania State University Archives, State College, Pennsylvania. http://www.duq.edu/about/centers-and-institutes/simon-silverman-phenomenology-center/special-collections.
"Lettre à Monsieur Beaufret (23 novembre 1945)." In Martin Heidegger, *Lettre sur l'humanisme*, edited and translated by Roger Munier, new, revised edition, 180–185. Paris: Aubier, Éditions Montaigne, 1964.
Martin Heidegger/Elisabeth Blochmann, Briefwechsel 1918–1969. Edited by Joachim W. Storck. Marbach: Deutsches Literaturarchiv, 1989.
Schellings Abhandlung: Über das Wesen der menschlichen Freiheit (1809). Edited by Hildegard Feick, Tübingen: Max Niemeyer, 1971. (See GA 42.)
English translation: Martin Heidegger, *Schelling's Treatise on the Essence of Human Freedom*. Translated by Joan Stambaugh. Athens: Ohio University Press, 1985.
Überlieferte Sprache und technische Sprache. Edited by Hermann Heidegger. St. Gallen: Ecker, 1989.
"'Über Wesen und Begriff von Natur, Geschichte und Staat': Übung aus dem Wintersemester 1933/34." In *Heidegger-Jarhbuch 4–Heidegger under der Nationalsozialismus I, Dokumente*, edited by Alfred Denker and Holger Zaborowski, 53–88. Freiburg im Breisgau: Verlag Karl Alber, 2009.
Edited translation: Martin Heidegger, *Nature, History, State*, 1933–1934. Translated and edited by Gregory Fried and Richard Polt. With essays by Robert Bernasconi, Peter E. Gordon, Marion Heinz, Theodore Kisiel, and Slavoj Žižek. London: Bloomsbury, 2013.
Übungen im Lesen, winter semesters 1950–1951 and 1951–1952. Manuscript record by Ernst Tugendhat, Stanford University, Green Library Archives.
Zollikoner Seminare: Protokolle—Gespräche—Briefe. Edited by Medard Boss. Frankfurt am Main: Klostermann, 1987. (See GA 89.)

理解海德格尔：范式的转变

Edited translation: *Zollikon Seminars: Protocols, Conversations, Letters*. Edited by Medard Boss. Translated by Franz Mayr and Richard Askay. Evanston, IL: Northwestern University Press, 2001.
'Zum 'Brief' über den 'Humanismus,'" *Heidegger Studies* 26, 2010, 9–16.

其他引用文献

Aristotle. *Aristotelis opera*. Edited by Immanuel Bekker, Christian August Brandis, and Hermann Bonitz. 4 vols. Academia Regia Borussica [The Royal Prussian Academy]. Berlin: Georg Reimer, 1831.
———. *Aristotle's Metaphysics*: *A Revised Text with Introduction and Commentary*. Edited and translated by William David Ross. Oxford: Clarendon Press, 1924.
———. *Aristotle's Physics*. Translated by Hippocrates G. Apostle. Bloomington: Indiana University Press, 1969.
———. *Aristotle's Physics*. Translated by Richard Hope. Lincoln: University of Nebraska Press, 1961.
———. *Aristotle's Physics: A Guided Study*. Edited and translated by Joe Sachs. New Brunswick, NJ: Rutgers University Press, 1995.
———. *Physics*. Translated by. Philip H. Wicksteed and Francis M. Cornford. 2 vols. Cambridge, MA: Harvard University Press, 1934.
———. *Physics*. Translated by R. P. Hardie and R. K. Gaye. In *The Works of Aristotle*. Vol. 2. Great Books of the Western World, edited by Mortimer J. Adler. Chicago: Encyclopedia Britannica, 1952.
———. *Der Protreptikos des Aristoteles*. Edited and translated by Ingemar Düring. Frankfurt: Klostermann, 1969.
———. *The Works of Aristotle*. Edited by John Alexander Smith and William David Ross. 11 vols. Oxford: Clarendon Press, 1908–1952.
Beekes, Robert, with Lucien van Beek. *Etymological Dictionary of Greek*. 2 vols. Leiden: Brill, 2009.
Bekker, Immanuel, ed. *Suidae Lexicon*. Berlin: Georg Reimer, 1854.
Benjamin, B. V., et al. "Neurogrid: A Mixed-Analog-Digital Multichip System for Large-Scale Neural Simulations." In "Engineering Intelligent Electronic Systems Based on Computational Neuroscience," special issue, *Proceedings, IEEE* [Institute of Electrical and Electronics Engineers] 102, no. 5 (May 2014): 699–717. https://ieeexplore.ieee.org/stamp/stamp.jsp?tp=&arnumber=6807554.
Bradey, Ian. *The Annotated Gilbert and Sullivan*. 2 vols. Harmondsworth, UK: Penguin, 1984.
Braig, Carl. *Die Grundzüge der Philosophie: Abriß der Ontologie*. Freiburg im Breisgau: Herder, 1896.
Brock, Werner. "An Account of *Being and Time*." In *Existence and Being*, by Martin Heidegger. Chicago: Regnery, 1949.
Burckhardt, Jacob. *Griechische Kulturgeschichte*. 4 vols. 1898–1902. Reprint, Basel: Benno Schwabe, 1956–1957.
———. *The Greeks and Greek Civilization*. Edited by Oswyn Murray. Translated by Sheila Stern. London: HarperCollins, 1998.

参考文献

Carroll, Lewis (Dodgson, Charles). *Through the Looking Glass*. 1871. Reprint, Cincinnati: Johnson and Hardin, 1920.

Cicero. *De natura deorum*. Translated by H. Rackham. Cambridge, MA: Harvard University Press, 1956.

———. *Tusculan Disputations*. Edited and translated by J. E. King. Cambridge, MA: Harvard University Press, 1950.

Dahlstrom, Daniel. *Heidegger's Concept of Truth*. Cambridge: Cambridge University Press, 2001.

Damascius. *Dubitationes et solutiones de primis principiis, in Platonis Parmenidem*. Edited by Carolus Aemelius Ruelle. 2 vols. Paris, 1889. Reprint, Amsterdam: Adolf M. Hakkert, 1966.

———. *De Principiis* in *Traité des premièrs principles*. Edited by Leendert Gerrit Westerink. Translated by Joseph Combès. 3 vols. Paris: Les Belles Lettres, 1986–1991.

De Waelhens, Alphonse. *La philosophie de Martin Heidegger*. Louvain: Institut Supérieur de Philosophie, 1942.

Diels, Hermann, ed. *Die Fragmente der Vorsokratiker*. 9th revised ed. Edited by Walter Kranz. 3 vols. Berlin-Grunewald: Weidmann, 1960.

———. *Ancilla to The Pre-Socratic Philosophers*. Translated by Kathleen Freeman, Cambridge, MA: Harvard University Press, 1951.

Dreyfus, Hubert L., and Mark A. Wrathall, eds. *A Companion to Heidegger*. London: Blackwell, 2005.

Einstein, Albert. *Essays in Physics*. New York: Philosophical Library, 1950.

Eliot, T. S. *The Complete Poems and Plays of T.S. Eliot*. Edited by Valerie Eliot. London: Faber and Faber, 1969.

Feuerbach, Ludwig. *Grundsätze der Philosophie der Zukunft* (1843). Volume 9 of *Gesammelte Werke*. Edited by Werner Schuffenhauer, 9: 264–341. Berlin: Akademie-Verlag, 1970.

———. *Principles of the Philosophy of the Future*. Translated by Manfred H. Vogel. Indianapolis: Hackett, 1986.

Finley, John Huston. *Four Stages of Greek Thought*. Stanford: Stanford University Press, 1966.

Geyl, Pieter, Arnold Toynbee, and Pitirim A. Sorokin. *The Pattern of the Past: Can We Discern It?* Boston: Beacon, 1949.

Gibson, William Ralph Boyce. "From Husserl to Heidegger: Excerpts from a 1928 Freiburg Diary." Edited by Herbert Spiegelberg. *Journal of the British Society for Phenomenology* 2 (1971): 58–81.

Glare, P. G. W., ed. *Oxford Latin Dictionary*. Oxford: Clarendon, 1982.

Goethe, Johann Wolfgang, *Die Wahlverwandtschaften* (1809). Edited by Christoph Siegrist et al. Volume 9 of *Sämtliche Werke*, edited by Karl Richter, 286–529. Munich: Carl Hanser, 1987.

———. *Elective Affinities*. Translated by David Constantine. Oxford: Oxford University Press, 1994.

———. *Elective Affinities*. Translated by R. J. Hollingdale. Harmondsworth, UK: Penguin, 1971.

理解海德格尔：范式的转变

Grimm, Jacob, and Wilhelm Grimm, *Deutsches Wörterbuch*. Originally 32 vols. Leipzig: S. Hirzel, 1854–1971.
Gurwitsch, Aron. Review of *Le Cogito dans la Philosophie de Husserl*, by Gaston Berger. *Philosophy and Phenomenological Research* 7, no. 4 (1947): 649–654.
Haugland, John. "Truth and Finitude: Heidegger's Transcendental Existentialism." In *Heidegger, Authenticity and Modernity: Essays in Honor of Hubert L. Dreyfus*. Edited by Mark Wrathall and Jeff Malpas, 1: 43–77. Cambridge, MA: MIT Press, 2000.
Hegel, G. F. W. *Philosophie der Weltgeschichte* [1830–1831]. Vol. 9 of *Sämtliche Werke*. Edited by Georg Lasson. Leipzig: Felix Meiner, 1923.
———. *Wissenschaft der Logik*. Vol. 11 of *Gesammelte Werke*. Edited by Friedrich Hogemann und Walther Jaeschke. Hamburg: Felix Meiner, 1978.
———. *The Science of Logic*. Edited and translated by George di Giovanni. Cambridge: Cambridge University Press, 2010.
Herodotus. *Histories*. http://www.sacred-texts.com/cla/hh/
Hölderlin, Friedrich. *Selected Poems and Fragments* [German and English]. Translated by Michael Hamburger. Edited by Jeremy Adler. London: Penguin, 1994.
Husserl, Edmund. *Die Krisis der europäischen Wissenschaften und die transzendentale Phänomenologie*. Edited by Walter Biemel. Husserliana VI. The Hague: Martinus Nijhoff, 1954.
———. *The Crisis of European Science and Transcendental Phenomenology*. Translated by David Carr. Evanston, IL: Northwestern University Press, 1970.
Husserl, Edmund. *Ideen zu einer reinen Phänomenologie und phänomenologischen Philosophie*. Book 1. Edited by Karl Schuhmann. Husserliana III. The Hague: Martinus Nijhoff, 1976.
———. *Ideas Pertaining to a Pure Phenomenology and to a Phenomenological Philosophy: General Introduction to a Pure Phenomenology*. Translated by Fred Kersten. Collected Works, vol. 2. The Hague: Martinus Nijhoff, 1980.
Husserl, Edmund. *Ideen zu einer reinen Phänomenologie und phänomenologischen Philosophie* Book 3, *Die Phänomenologie und die Fundamente der Wissenschaften*. Edited by Marly Biemel. (Husserliana V). The Hague: Martinus Nijhoff, 1952.
———. *Ideas Pertaining to a Pure Phenomenology and to a Phenomenological Philosophy*. Book 3, *Phenomenology and the Foundations of the Sciences*. Translated by Ted E. Klein and William E. Pohl. The Hague: Martinus Nijhoff, 1980.
Husserl, Edmund. *Logische Untersuchungen*. Edited by Ursula Panzer. Husserliana XIX, Books 1 and 2. The Hague: Nijhoff, 1984.
———. *Logical Investigations*. Translated by J. N. Findlay. 2 vols. London: Routledge Kegan Paul, 1970.
Husserl, Edmund. *Phänomenologische Psychologie: Vorlesungen Sommersemester 1925*. Edited by Walter Biemel. Husserliana IX. The Hague: Nijhoff, 1968.
———. *Psychological and Transcendental Phenomenology and the Confrontation with Heidegger (1927–1931)*. Edited and translated by Thomas Sheehan and Richard E. Palmer. Collected Works, vol. 6. Dordrecht: Kluwer, 1997.
Husserl, Edmund. "Über psychologische Begründung der Logik." *Zeitschrift für philosophische Forschung*, 13 (1959): 346–348.

参考文献

———. "On the Psychological Grounding of Logic." Translated by Thomas Sheehan. In *Husserl: Shorter Writings*, edited by Peter McCormick and Fredrick Elliston, 146–147. Notre Dame, IN: Notre Dame University Press, 1981.
Jaeger, Werner, *Humanism and Theology*. Milwaukee, WI: Marquette University Press, 1943.
———. *Paideia: The Ideals of Greek Culture*. 3 vols. 2nd ed. New York: Oxford University Press, 1943–1945.
Jaran, François, and Christophe Perrin. *The Heidegger Concordance*. London: Bloomsbury, 2013.
Jaspers, Karl. *Notizien zu Martin Heidegger*. Edited by Hans Saner. Munich: R. Piper & Co., 1978.
———. *Philosophische Autobiographie*. Expanded ed. Munich: R. Piper & Co., 1977.
Joyce, James. *Ulysses*. New York: Modern Library, 1961.
Kant, Immanuel. *Critique of Pure Reason*. Edited and translated by Paul Guyer and Alan Wood. Cambridge: Cambridge University Press, 1998.
Kisiel, Theodore. "The Demise of *Being and Time*: 1927–1930." In *Heidegger's Being and Time*, edited by Richard Polt, 189–214. Lanham, MD: Rowman and Littlefield, 2005.
Kluge, Friedrich. *Etymologisches Wörterbuch der deutschen Sprache*. Edited by Walther Mitzka. 1883. Reprint, 18th edition, Berlin: Walter de Gruyter & Co., 1960.
Langan, Thomas. *The Meaning of Heidegger*. New York: Columbia University Press, 1959.
Locke, John. *Two Treatises of Government and a Letter Concerning Toleration*. Edited by Ian Shipiro. New Haven, CT: Yale University Press, 2003.
Luther, Wilhelm. *"Wahrheit" und "Lüge" im ältesten Griechentum*. Borna-Leipzig: Noske, 1935.
McDougall, Walter A. "'*C'est magnifique, mais ce n'est pas l'histoire!*': Some Thoughts on Toynbee, McNeill, and the Rest of Us." *Journal of Modern History* 58, no. 1 (March 1986): 19–42.
Mao Zedong. "On the Correct Handling of Contradictions Among the People." *People's Daily* (Beijing), 19 June 1957, p. 1. http://www.marxists.org/reference/archive/mao/selected-works/volume-5/mswv5_58.htm.
Marx, Karl. *Capital: A Critique of Political Economy*. Vol. 1. Edited by Frederick Engels. Translated by Samuel Moore and Edward Aveling. New York: International Publishers, 1967.
———. *Capital: A Critique of Political Economy*. Vol. 1. Translated by Ben Fowkes. New York: Vintage/Random House, 1976.
———. *Das Kapital: Kritik der Politischen Ökonomie, Erster Band* (Hamburg, 1867). In *Marx-Engels Gesamtausgabe* (MEGA), 2, 5 [= Zweite Abteilung, Band 5]. Berlin: Dietz, 1983.
Marx, Karl, and Friedrich Engels. *Marx Engels Gesamtausgabe* (MEGA). Berlin: Dietz, 1975–.
———. *Die deutsche Ideologie: Kritik der neuesten deutschen Philosophie in ihren Repräsentanten, Feuerbach, B. Bauer und Stirner, und des deutschen Sozialismus in seinen verschiedenen Propheten, 1845–1846*. Edited by V. Adortskij. Vienna: Vergag für Literatur und Politik, 1932.

理解海德格尔：范式的转变

Milton, John. "Paradise Lost." http://www.literature.org/authors/milton-john/paradise-lost/.
Müller, Max. *Existenzphilosophie im geistigen Leben der Gegenwart*. Heidelberg: Kerle, 1949.
Neske, Günther, ed. *Erinnerung an Martin Heidegger*. Pfullingen, Germany: Neske, 1977.
Neske, Günther, and Emil Kettering, eds. *Martin Heidegger and National Socialism: Questions and Answers*. Translated by Lisa Harries. New York: Paragon House, 1990.
Nietzsche, Friedrich. *Sämtliche Werke: Kritische Studienausgabe*. Edited by Giorgio Colli and Mazzino Montinari. Berlin: de Gruyter, 1980.
———. *The Will to Power*. Translated by Walter Kaufmann. New York: Random House, 1967.
Oxford English Dictionary, The Compact Edition. 2 vols. Glasgow: Oxford University Press, 1971.
Patrologia Graeca. http://graeca.patristica.net.
Patrologia Latina. http://latina.patristica.net.
Petzet, Heinrich Wiegand. *Auf einen Stern zugehen*. Frankfurt: Societät, 1983.
———. *Encounters and Dialogues with Martin Heidegger, 1929–1976*. Translated by Parvis Emad and Kenneth Maly. Chicago: University of Chicago Press, 1993.
Philoponus, Johannes. *In Aristotelis de anima*. Volume 15 of *Commentaria in Aristotelem Graeca*, edited by Michael Hayduck. Berlin: Reimer, 1897.
Pindar of Thebes. *The Works of Pindar*. Edited by Lewis Richard Farnell. 3 vols. London: Macmillan, 1932.
Plato. *Platonis opera*. Edited by John Burnet. 5 vols. Oxford: Clarendon, 1899–1906.
Plotinus. *Plotini opera*. Edited by Paul Henry and Hans-Rudolf Schwyzer. 3 vols. Paris: Desclée de Brouwer, and Brussels: L'Édition universelle, 1951.
———. *Enneads*. Translated by A. H. Armstrong. 7 vols. Cambridge, MA: Harvard University Press, 1966–1988, revised and corrected ed., 1989 and 1993.
Pöggeler, Otto. *Der Denkweg Martin Heideggers*. Pfullingen, Germany: Neske, 1963.
———. *Martin Heidegger's Path of Thinking*. Translated by Daniel Magurshak and Sigmund Barber, Atlantic Highlands, NJ: Humanities Press International, 1987.
Proclus. *The Elements of Theology: A Revised Text* (Greek and English). Edited and translated by E. R. Dodd. Oxford: Clarendon Press, 1933.
Prufer, Thomas. "A Protreptric: What Is Philosophy?" In *Studies in Philosophy and the History of Philosophy*, edited by John K. Ryan, 2:1–19. Washington, DC: The Catholic University of America Press, 1963.
Richardson, William J. *Heidegger: Through Phenomenology to Thought*. The Hague: Nijhoff, 1963.
Rorty, Richard. *The Consequences of Pragmatism: Essays, 1972–1980*. Minneapolis: University of Minnesota Press, 1982.
Ross, W. D. *Aristotle*. London: Methuen, 1923.
Rousselot, Pierre. *L'Intellectualisme de St. Thomas*. 2nd ed. Paris: Beauchesne, 1924.
———. *The Intellectualism of St. Thomas*. Translated by James E. O'Maloney. New York: Sheed and Ward, 1935.

Sartre Jean-Paul. *La nausée*. Paris: Gallimard, 1938.
———. *Nausea*. Translated by Lloyd Alexander. New York: New Directions, 1959.
Saffrey, Henri-Domenique. "Ἀγεωμέτρητος μηδεὶς εἰσίτω. Une inscription légendaire." *Revue des Études Grecques* 81 (1968): 67–87.
Schapiro, Meyer. "Nature of Abstract Art." *Marxist Quarterly* 1 (1937): 77–98.
———. "Abstract Art." In Meyer Schapiro, *Modern Art: 19th and 20th Centuries*, 185–232. New York: G. Braziller, 1978.
Sheehan, Thomas. "'Everyone Has to Tell the Truth': Heidegger and the Jews." *Continuum* 1, no. 1 (Autumn, 1990): 30–44.
———. "Heidegger and the Nazis." *New York Review of Books* 35, no. 10 (June 16, 1988): 38–47.
Specht, Friedrich. "Beiträge zur griechischen Grammatik." In *Zeitschrift für vergleichende Sprachforschung* (Vandenhoeck & Ruprecht), 59 1./2. (1931): 31–131.
Suárez, Francisco. Disputationes Metaphysicae. http://homepage.ruhr-uni-bochum.de/michael.renemann/suarez/index.html.
Textor, Mark. "States of Affairs." In *The Stanford Encyclopedia of Philosophy* (Summer 2012 ed.). Edited by Edward N. Zalta. http://plato.stanford.edu/entries/states-of-affairs/.
Thomas Aquinas. *Omnia Opera*. http://www.corpusthomisticum.org/iopera.html and http://www.dhspriory.org/thomas/.
Virgil. *P. Vergili Maronis Aeneidos*. http://www.thelatinlibrary.com/vergil/aen1.shtml.
———. *The Aeneid*. Translated by Robert Fagles. New York: Viking Penguin, 2006.
———. *Virgil, with an English Translation*. 2 vols. I: Eclogues, Georgics, Aeneid I–VI. Cambridge, MA: Harvard University Press, 1956.
Weekley, Ernest. *An Etymological Dictionary of Modern English*. 2 vols. 1921. Reprint, New York: Dover, 1967.
Whitman, Walt, *Leaves of Grass*. Edited by Malcolm Cowley. New York: Penguin, 1986.
Young-Bruehl, Elisabeth. *Hannah Arendt: For Love of the World*. New Haven, CT: Yale University Press, 1982.

德、英、拉丁文术语索引

Abgrund 离基 157注释9；Lichtung as 澄明之境 157注释9；der Sinnlosigkeit 丧失意义 162
absence 不在场：Abhandenheit 离手状态 205；Abwesen 不在场 38注释26，289注释63；Abwesenheit 不在场状态 76，205，265；Absenz 不在场 203；presence-by-absence 以不在场的方式在场 75，266，289注释63
abstraction("wresting")of essences 本质的"抽取"85—93；as Ersehen(productive seeing)创制性的看 88—89；as lumen naturale 自然之光 93。见voῦς
absurd/absurdity 荒谬/荒谬性 27，94，157，162—166，176
abweisen/Abweisung 拒绝 27，164，166
abyss/abyssus 深渊 76，143，159—167各处，274。见ἄβυσσος；χώρα
Aeschylus 埃斯库罗斯：*Prometheus Bound*《被缚的普罗米修斯》41
Anaximander 阿那克西曼德 178，252注释8，287，293
Angst(dread)畏 115，157，160，162—167各处，180，227，235，262，265；philosophers and despair 哲学家及其绝望 161注释24
animals 动物 104，139—143
anticipation 先行。见Vorlaufen
Apostle, Hippocrates Gorgias 希波克拉底·高尔吉亚·阿波斯尔 90
approaching 趋近。见ἀγχιβασίη/ἀγχιβατεῖν
Arendt, Hannah 汉娜·阿伦特 223注释134，273
Aristotle(texts other than *Metaphysics* and *Physics*)亚里士多德(《形而上学》和《物理学》之外的著作)：*De anima*《论灵魂》xiv，45注释70；*Categories*《范畴篇》48，106；*De interpretatione*《解释篇》78注释49，88注释100，150注释81；*Parts*

德、英、拉丁文术语索引

of Animals《论动物的部分》45注释70; Posterior Analytics《后分析篇》227注释156; Prior Analytics《前分析篇》228注释163, 228注释165; Topics《论题篇》45注释70

Armstrong, Arthur Hilary 亚瑟·希拉里·阿姆斯特朗 102注释160

Aufgang 涌现 79, 87, 89。见 φύσις

Augustine 奥古斯丁: Confessiones《忏悔录》101—102, 136注释16, 159注释15, 160注释20, 163注释31, 168; De Genesi ad litteram《论灵意与字句》60注释136, 74; De trinitate《论三位一体》192注释10; De vera religion《论真宗教》114注释12; De sermone domini in monte《论登山圣训》114注释12; Ennarrationes in psalmos《论诗篇》156注释8, 159注释19, 160注释20, 167; Epistula XCV《死神》XCV 156; Sololoquia《独语录》41注释46

ausstehen(sustain) 持守、经受 26注释142, 98注释145, 103, 194, 201, 233, 240

Austrag, as Lichten 拽出, 作为打开活动 234注释14

authentic/authenticity 本真/本真性 27, 135, 139, 144—145, 162注释28, 167—168, 169, 172—183, 211, 213, 262注释49, 263; as Ganzseinkönnen 整体能在 175。见 Gelassenheit; αὐθέντης

Baumgarten, Eduard 爱德华·鲍姆加滕 96注释134

Beaufret, Jean 金·博弗雷 137注释20

Becker, Oskar 奥斯卡·贝克 197

Bedeutung/Sinn/Bedeutsamkeit(meaning/sense) 赋义/意义/意蕴性 xi—xix各处, 26, 87注释96, 111—132各处; Bedeutungslehre, SZ as《存在与时间》作为意义学说 124, 130, 153; failure of meaning(Sinnlosigkeit) 丧失意义 157, 161—162; how meaning is assigned 意义如何被赋予 147; meaningful and true 意义与真 62; as Mich-Bezogenheit 向来我属性 121, 146—153; not experienced directly 无法直接经验 121, 123—125; Sinn des Seins/Sinn von Sein 存在的意义 xviii, 4, 9, 69注释12; Sinn des Seins vs. Bedeutung des Seienden 存在的意义对比存在者的意义 xvii—xviii

Befindlichkeit 现身情态 161; boredom 无聊 161; Grundstimmung(basic moods)基本情调 161。见 πάθος

Befragtes/Gefragtes/Erfragtes 问题对象/问题的选取视角/问题的解释结果 xvi, 13—22各处, 64, 219注释114, 275, 277, 290

begging the question(petere principium, petitio principii) 循环论证 228。见 τὸ κύκλῳ δείκνυσθαι

431

理解海德格尔：范式的转变

being 存在。见 Sein
bei-sich-sein 居于自身 103 注释 166, 141 注释 48; bei-sich-selbst einbehalten 保持在自身之中 103, 141 注释 48
Bekker, Immanuel 伊曼努尔·贝克尔 60 注释 136, 90—91
Bergson, Henri 亨利·柏格森 271, 285
Bernini, Gian Lorenzo 吉安·洛伦索·贝尔尼尼 96 注释 133
Bewandtnis(suitability) 适切性 21, 131, 147, 207, 238; unsuitable 不适切的 157
Bewegtheit(movement as being moved) 被推动的运动 26, 45—53 各处, 90—91, 101, 117, 130 注释 88, 141, 143, 150, 168—169, 178, 222。见 κινεῖ ὡς ἐρώμενον; κίνησις
Blochmann, Elisabeth 伊丽莎白·布洛赫曼 165 注释 39
Boethius 波伊提乌 254 注释 22
Braig, Carl 卡尔·布赖格 6 注释 30, 41 注释 46, 102 注释 161, 171 注释 55
Brock, Werner 沃纳·布洛克 151
Burckhardt, Jacob 雅各布·伯克哈特 254

calculation/calculative thinking 演算/演算思维 258, 279—281。见 λογισμός; λογιστικόν

Cassirer, Ernst 恩斯特·卡西尔 215
Cicero 西塞罗: *De natura deorum*《论神性》233 注释 11; *Tusculanae disputationes*《图斯库卢姆辩论》233 注释 11
circle 循环: circularity 循环性 32; hermeneutical 诠释学的 239; vicious 恶性的 148, 227—228。见 τὸ κύκλῳ δείκνυσθαι
conscience, call of 良知的呼声 157, 167—168, 169, 262, 264
consciousness 意识 64, 85, 100, 106, 128, 197, 209; intentionality 意向性 142, 148, 197, 221
Copleston, Frederick 弗里德里克·科普斯登 250
Cornford, Francis Macdonald 弗朗西斯·麦克唐纳·科恩福德 90—91

Da as the clearing, openness "此", 作为澄明之境、开敞状态 xvi, 98, 136—138, 145—153, 219, 227; as Seyn selbst 存有自身 138 注释 26
Dahlstrom, Daniel 丹尼尔·达尔斯特伦 62 注释 143
Damascius 达马斯基奥斯 227 注释 160
Dante Alighieri 但丁·阿利格耶里 20, 53, 165 注释 38
Dasein 绽出之生存。见 ex-sistence
death 死 27, 114, 139, 140, 157, 159, 163—164, 166—169, 178, 180, 182, 192; the teeth and nose of 死

德、英、拉丁文术语索引

之鼻牙180注释85。见mortal/mortality

Descartes, René 勒内·笛卡尔 106, 130, 134, 135, 201, 249, 257, 291

Differenz/Unterscheidung (difference) 差异/区分4注释11, 126注释72, 190, 198—201, 205, 207注释108, 217注释108, 219, 222—223, 226; transcendental/transcendence-related/transcendent 先验的/超越性的/超验的 198—200

discursivity 迂回性/话语性 xvii, 21, 26, 64, 80—81, 92, 100, 103—104, 124, 126, 150—151, 158, 162, 191, 209注释71, 227, 235, 241, 265—266。见Rede

dispensations 派定。见Seinsgeschick

distentio, animi 生命的延展 xvi n6, 101—102; est vita mea 我的生命即 168

distinctions/distinguishing 分类/分别 xvii—xviii, 101, 211, 222, 242, 245, 250。见διαίρεσις; διορίσωμεν

Dodgson, Charles Lutwidge (Lewis Carroll) 查尔斯·勒特威奇·道奇森(刘易斯·卡罗尔) 20

Dreyfus, Hubert 休伯特·德莱弗斯 46注释75

Eckhart, Meister 埃克哈特大师 101, 258注释31

ego 我: cogito 我思 130; historical 历史的 123; situational 处境的 123; transcendental 先验的 122

Einstein, Albert 阿尔伯特·爱因斯坦 193注释16

Eliot, Thomas Sterns 托马斯·斯特恩斯·艾略特 xix, 53, 114, 164—166

Emad, Parvis 帕维斯·伊迈德 284注释43

ens quod natum est convenire cum omni ente 就其本性而言, 这个实体(灵魂)适于与所有事物一同出现 192。见ψυχή

entdecken (dis-cover) 揭蔽 xvii, 17, 76—77, 146, 206

Enteignis 本有之隐藏 78

Entschlossenheit/Entschluss (resoluteness/resolve) 决断/决心 17, 26, 73, 76, 82, 134, 138, 157, 164—169, 178, 185, 237注释26, 257, 262—268, 290。见Ereignis, embrace of/entrance into/Einkehr in

entwerfen/Entwurf 抛投/开抛 76, 88, 103, 146—147, 200, 207—208, 210, 219, 231; Entworfenes 被抛者 208; jacere, jactum 抛投, 被抛 208; as understanding something 理解某个存在者 128注释79, 266; Wurf 抛投/被抛 208。见Geworfenheit/geworfen/der geworfene Entwurf

epoché 悬置: as phenomenological bracketing 现象学的悬置 129; as ἐποχή-2 (forgottenness of the clearing) 悬置二(澄明之境遭到

433

遗忘）255—267,283—292各处
Ereignis（appropriation/ap-propriation）本有/为己所有 xv, 19, 24, 26—28各处, 66, 153, 231—238, 241注释54, 271—293各处; appropriated clearing 本有的澄明之境 xii, xvi, xix, 22, 26, 27, 184, 190, 224—225, 245, 250, 255—256, 262, 268; cannot be gotten behind 无法抵达其背后 226—227; embrace of/entrance into/Einkehr in 承担/走入 156, 255, 257, 262, 264, 280, 290; and the end of metaphysics 形而上学的终结 264; of ex-sistence 绽出之生存 69, 78注释51, 94, 104, 135, 190, 219, 223, 226—227, 255, 266; forgotten/overlooked/ignored（Ereignissesvergessenheit）本有之遗忘/忽视/无视 251, 256, 259, 262, 265—266, 271, 282, 285, 286, 291—292; and Geworfenheit 被抛状态 236—237, 241注释54, 268; Greeks unaware of 古希腊人的无视 78, 252, 255; intrinsically hidden/absent 本然隐藏/不在场 69注释12, 75注释34, 255, 263, 265, 267, 289; and Kehre 转向 238—242; living things appropriated to possibility 生物本有地走入可能性 140; and ontological difference 存在论差异 222—223; and proprium 为己所有 239; retrieval of 重

演 185; as source of Lichtung 澄明之境的源头 69注释8—9; as Wahrheit 揭蔽 69注释12, 97注释134。见 Enteignis
Erschlossenheit 展开状态。见 Wahrheit
erstreckten/Sicherstrecken 延展/自身延展 102, 104, 130注释88, 144, 168—169; Ausgestrecktheit 延展状态 102注释160
eschatology 末世论 274; of being 存在的 261。见 ἔσχατον
exceed/excess/excessus 超出 112, 136
existentiel-personal 实存状态-个人层面的 xvi, 77, 87—89各处, 93—94各处, 102, 103—104各处, 113, 127, 138, 143, 146, 151, 156, 168—181各处
ex-sistence（Dasein/Da-Sein/Existenz）绽出之生存 xii, xvi—xvii, 11, 15, 19, 21注释126—127, 22, 28, 130, 135; as a burden 重担 159; exsistentia 实存 xvi注释6; Geheimnis des Daseins 绽出之生存的谜 75, 226, 265; in-break of 侵入 87; mineness 向来我属性 130
ex-stasis/ex-static（ekstatisch）绽出/绽出的 xvii, 98, 146, 177, 202—205; as schema-forming 构型 203。见 ἔκστασις

faktisch/Faktizität（factical, facticity）实际的, 实际性 76, 121, 130, 141, 159, 161, 164, 166, 177, 179, 181,

224注释138; factum 实事 144, 159, 171注释60, 233—234
fate 命运。见 schicken/schicklich/Schicksal; μοίρα
Feuerbach, Ludwig 路德维希·费尔巴哈 294
finite/finitude 有限的/有限性 27, 94, 101, 126, 139, 155, 157注释9, 158—159, 163, 167, 168, 173注释65, 181—183, 191—192, 210—212各处, 241—242, 251, 259, 266, 273, 292
Finley, John 约翰·芬利 43, 117
formal indication 形式显示 xii, xv—xviii各处, 14, 16—23各处, 32, 104, 199注释31, 229
Foucault, Michel, and "economy" of technology 米歇尔·福柯和科技"经济" 277
Frege, Gottlob 戈特洛布·弗雷格 xvii—xviii
Fried, Gregory 格雷戈里·弗里德 37注释22, 272注释6, 272注释7

Gadamer, Hans-Georg 汉斯-格奥尔格·伽达默尔 197
Gaye, R. K. R. K. 盖伊 90
Gefahr 危险 265, 288—289
Gegend 事域 97注释137, 222。见 Lichtung
Gegenschwung (oscillation) 映振 200注释33, 239—242各处, 245
Gegenwärtigen 当前化 85注释87, 102, 148注释74, 150, 152, 153注释87, 174, 203
Gelassenheit 泰然任之 257, 262注释49, 265
Geschehen 发生 76注释42, 104注释171, 168注释51, 178, 247注释73, 287
Geschichte 历史。见 Seinsgeschichte
Geschichtlichkeit (existence's historicity) 绽出之生存的历史性 26, 134, *135*, 172, 178—183, 246; Erbe (heritage) 遗产 179
Geschick (dispensation) 派定。见 Seinsgeschick
Gestell (world of exploitation) 集置（盘剥世界）255—265, 271, 281—290。见 Gestellung
Gestellung 置身活动 90, 257—58; Gestellnis (forma) 让自身前置 258注释31。见 μορφή
Geworfenheit/geworfen/der geworfene Entwurf (thrownness/thrown-openness) 被抛状态/开抛活动 xii, xv—xvii各处, 26, 66, 103, 144, 152, 158, 208, 236—237, 241注释54, 267—268; Übernahme der 承担 168, 172—173, 236—237
Geyl, Peter 彼得·戈耶尔 292
Gibson, William Ralph Boyce 威廉·拉夫·博伊斯·吉普森 206
Gilbert, William Schwenck 威廉·施文克·吉尔伯特 156注释6
God 神 32, 33, 52—53, 59, 93, 99,

435

100—102各处, 126, 136, 158, 159, 169, 174注释68, 192, 199, 241, 268, 275, 292, 294; divine ideas 神圣的理念46注释41, 133; the infinitely distant man 无限延展的人 193; man as capax dei 人作为神的容身之所 192。见 θεὸς πῶς; νόησις

god, last 最后的上帝 261, 263, 268; gods 诸神 87, 114, 117, 261, 263, 282

Goethe, Johann Wolfgang von 约翰·沃尔夫冈·冯·歌德: *Iphigenie auf Tauris*（sich seinen Helden wählen）《在陶里斯的伊菲革涅亚》(拣选自己的英雄) 181; *Die Wahlverwandtschaften*（fortgewähren）《选择的亲缘关系》(永久允诺) 286

Gregory of Nyssa 尼撒的格雷戈瑞 136。见 ἐπέκτασις

Grundfrage（basic question）基础问题 xvi, 13, 15—17各处, 22, 24, 25, 67—70各处, 85, 101, 105, 106, 125注释67, 133, 145注释66, 184, 191, 213

Gurwitsch, Aron 阿伦·古尔维奇 10

habere/habitus 习惯 203注释44, 279注释28。见 ἕξις; ἔχω

Haneke, Michael 迈克尔·哈内克 273注释10

Hardie, Robert Purves 罗伯特·普威斯·哈迪 90

Haugland, John 约翰·豪格兰 4注释11

Hegel, Georg Wilhelm Friedrich 格奥尔格·威廉·弗里德里希·黑格尔 xix; *Grundlinien der Philosophie des Rechts*《法哲学原理》292; *Philosophie der Weltgeschichte*《世界历史哲学》136; *Wissenschaft der Logik*《逻辑学》193注释15, 254注释23, 292, 294

Heidegger, Martin 马丁·海德格尔: anti-modern, anti-Semite 反现代, 反犹 260; and Nazism 纳粹 260—261, 263, 272—273, 274—275; Heidegger I and II 海德格尔一与二 185, 217, 223, 264; Ur-Heidegger 元海德格尔 225

Heidegger, Martin, texts 马丁·海德格尔的著作: *Being and Time*《存在与时间》133—185（§69c 第六十九节c部分 202—207; fundamental flaw of 基本缺陷 196; left incomplete 未能完成 206; no need to get further 无须向前推进 184; outlined 概述 134, 135, 144—145, 148; SZ I.3, first draft burned《存在与时间》第一部第三篇被烧毁的初稿 198; SZ I.3, second chapter《存在与时间》第一部第三篇第二章 198; topics of SZ I.3《存在与时间》第一部第三篇的主题 196—197); *Beiträge*

德、英、拉丁文术语索引

（*Contributions to Philosophy*）
《哲学论稿》xii, 275; "Concept of Time in the Science of History" 《历史学中的时间观念》(1915) 101; *Encyclopaedia Britannica* ("Phenomenology") 《不列颠百科全书》("现象学") 106—107, 128; "The End of Philosophy and the Task of Thinking"《哲学的终结与思之任务》99; "On the Essence of Truth"《论真理的本质》223—228; *Four Seminars*《四个讨论班》9; *Kant and the Problem of Metaphysics*《康德与形而上学疑难》185; "Letter on Humanism" 《关于人道主义的书信》194, 224—225; "The Question of Being" 《关于存在的追问》67—105; "The Question of Technik"《关于技艺的追问》271—290; "The Turn"《转向》263—266; "Der Weg"《道路》128注释78, 218—219; "What Is Metaphysics？"《形而上学是什么？》69, 161—167, 224

Heidegger Concordance（Jaran and Perrin）《海德格尔术语一致性研究》(雅兰和佩兰) 287

Heraclitus 赫拉克利特 3, 46, 66, 78—79, 227注释161, 252—255, 287

Herausfordern（provocation）促逼 281, 285

hermeneutics/hermeneutical 诠释学/诠释学的 124, 125, 129, 135, 144—145, 159, 238, 239, 254; as-structure "作为"结构 87, 102, 104, 197, 238; hermeneutical intuition 诠释学直观 123; pan-hermeneutical 全然诠释学的 104, 112, 130; ur-ἑρμηνεία 源始的诠释者 105。见 ἑρμηνεία

Herodotus 希罗多德 41注释43, 168注释46

Herkunft 源头、来源 200; von Anwesen 意义显现的 189

Herrmann, Friedrich-Wilhelm von 弗里德里希-威廉·冯·赫尔曼 216注释106, 217; changes to SZ《存在与时间》中的改动 124注释63

history in general 一般的历史 27—28, 70, 99, 100, 106—107, 135, 178—179, 183, 246, 274, 281—282, 287—288, 290—292各处; Heidegger's devolutionary theory of 海德格尔的式微论 28, 249—267各处, 282

Hitler, Adolf 阿道夫·希特勒 274, 291

historicity 历史性。见 Geschichtlichkeit

Historie/historisch（history/historical）历史学/历史学的 28, 145, 178, 250, 254, 287

history of being 存在之历史。见 Seinsgeschichte

Hölderlin, Friedrich 弗里德里希·荷尔德林 263, 289, 290

homelessness 无家可归状态 160,

437

167—168, 168注释45。见 ὑψίπολις ἄπολις

Homer 荷马 43, 87, 117; *Iliad*《伊利亚特》102注释161; dormitat 沉睡的 237

Hope, Richard 理查德·奥普 90

horizon/horizonal 境域/境域的 xviii, 13, 24, 28, 98, 124, 131, 134, 145—146, 178, 184, 190, 191, 195, 196, 200—207各处, 213, 218—223, 243—244, 249, 268, 292

Husserl, Edmund 埃德蒙·胡塞尔 xviii, 13, 24, 25, 62—64, 84—85, 93, 106, 117, 122—123, 127—129, 136, 197, 206, 210, 275注释17; on God 论 神 193; and phenomenological reduction 现象学还原 128; texts, 著作: *Krisis*《危机》193; *Ideen* I《观念 一》123; *Ideen* III《观念 三》112注释3; *Logical Investigations*《逻辑研究》xviii, 4注释4, 24, 25, 28, 62—64; *Phänomenologische Psychologie*《现象学的心理学》128注释77, 129注释81, 129注释83

In-der-Welt-Sein (In-der-Bedeutsamkeit-sein) 在世界之中存在(在意蕴性之中存在) 11, 26, 123—127, 130—132, 143—153, 161注释26, 194, 241, 267

infinity/infinitude 无限性/无限 192, 241及以后; bad 坏的 193

intuition, 直观: divine intellectual 神圣的理智 126; hermeneutical 诠释学的 123; intellectual 理智的 63, 100; sensuous and categorial 感性的和范畴的 24, 62—64, 147

Jaeger, Werner 沃纳·耶格尔 42, 54注释114

Jaspers, Karl 卡尔·雅斯贝尔斯 xix, 274

Jews 犹太人: Heidegger on 海德格尔的看法 260注释40; Heidegger's Jewish students 海德格尔的犹太裔学生 274; emancipation of 解放 293

Joyce, James 詹姆斯·乔伊斯 55, 88注释99, 113注释7, 263注释57, 284注释42

Jünger, Ernst 恩斯特·荣格 275

Kant, Immanuel 伊曼努尔·康德 12, 63, 77注释48, 106, 116, 126, 135, 148, 158注释13, 183, 195注释19, 201, 219及以后, 242, 249; Ding an sich 物自身 63

Kapitalismus 资本主义 288

Kehre 转 向 27, 195, 200注 释33, 201, 210—211, 224注释140, 231, 238—247, 265

Kierkegaard, Søren 索伦·克尔凯郭尔 136注释86

Kisiel, Theodore 西奥多·克兹尔 173注释65, 197注释26, 198

Langan, Thomas 托马斯·兰恩 153
Leitfrage 主导问题 13, 14, 15, 25, 67—71, 133, 191
Lichtung(clearing) 澄明之境 xii, xv—xviii 各处, 4, 19—20, 69, 99, 132, 134, 190, 219; as Abgrund 深渊 157 注释 9; for being 为了存在 97 注释 139; Bezug to as the same as 同一关联 240 注释 49; and brauchen/nötigen/Not 亟需/紧迫/急难 113 注释 10, 153, 219 注释 114, 240 注释 46, 240 注释 48; and ex-sistence as one 与绽出之生存是同一个东西 113, 219 注释 114—115, 240 注释 47; as free space, open domain 自由开敞的场域 127, 149—153; hiddenness/absence/withdrawnness of (Enteignis/Entzug) 隐藏状态/离场/退隐 27, 69 注释 12, 75 注释 34, 76, 78, 78 注释 51, 85, 223—228, 244, 285, 289 (见 λανθάνω; λήθη; λήθομαι); Lichten of 照亮、澄明 9 注释 76, 103 注释 168, 190, 208 注释 67, 234 注释 14; reification of 具象化 225, 229, 233, 235, 237, 239, 263, 266; as seiender than things 比事物更存在 6 注释 20; as Seyn 存有 43 注释 59; thinking as corresponding to 与之相符的运思 254 注释 18; thrownness of 被抛状态 148 注释 76, 236 注释 21, 236 注释 24; traversing (durchgehen) 穿

梭 21, 101, 117, 142, 285; as Wahrheit/ἀλήθεια 真理 69 注释 12; as Welt 世界 101 注释 156; as Verstehbarkeit 可理知性 9 注释 76; as Zeit 时间 97
Lichtungsvergessenheit 澄明之境的遗忘 28, 251
Locke, John 约翰·洛克 34

Macquarrie-Robinson 麦夸里-鲁宾逊 76, 88, 97, 150, 172, 174, 178 注释 80, 181, 183 注释 98, 198 注释 28
Maly, Kenneth 肯尼斯·马里 284 注释 43
das Man (crowd-self) 常人(众人-自身) 144, 167, 180, 262
Mao, Zedong 毛泽东 9
Martineau, Emmanuel 伊曼努尔·马蒂诺 172 注释 61, 174 注释 71, 181 注释 92
Marx, Karl 卡尔·马克思 50 及以后, 210, 281; and Engels 和恩格斯 289 注释 57, 294 注释 76
McNeill, William 威廉·麦克尼尔 173 注释 65
mediation 中介 101, 126; unmediated 无中介的 60
meta-metaphysics 元形而上学 14—18 各处, 68—71 各处, 148, 251, 266, 291—292
metaphysics/metaphysical 形而上学/形而上学的 xii, xvii, 5, 9, 10—28 各处, 31—33, 47, 55, 61, 66,

439

67—71,85,99,122,133,136,155, 158,189,216—222各处,244,246, 249—268,287; beginning of 开端 255; destruction/dismantling of 解构/拆解 135,158,184,249,293; end/overcoming of 终结/克服 23, 263—264; first philosophy 第一哲学 431; Heideggerian crypto-metaphysics 海德格尔的原型-形而上学 237,263; history of 它的历史 255—257; metaphysica generalis/specialis 一般/特殊的形而上学 68,251注释6; metaphysica naturalis 自然的形而上学 148,158,251; philosophy, as knowing essence 探究本质的哲学 31; sub specie metaphysicae 经由形而上学的形式 281

metontology 后存在论 xix,27,242注释58,266

Milton, John 约翰·弥尔顿 xix

mortal/mortality 有死的/有死性 27, 94,113—115,134,140,156—157, 166,250,251,266—267,283,292。见 death

Moser, Simon 西蒙·莫泽 6注释31, 104注释169,104注释170

movement 运动。见 Bewegtheit

nascendo et moriendo 对抗有死性 114

Nazis/Nazism 纳粹/纳粹主义 260, 261,263,272—273,274

Nichts (no-thing) 无 161—167各处,196注释23,224注释139; Hineingehaltenheit in 沉浸于 165; das Nichts nichtet 无之无化 166; nichtig/Nichtigkeit 不的/不性 159; Nichtsein 非存在 38注释26; Nichtung 无化 166; nihil absolutum 绝对的虚无 161注释26,164; nihilate 无着 166; nihil negativum 消极的"无" 164

Nietzsche, Friedrich 弗里德里希·尼采 24,28,46,53,99,106,133, 249,256注释27,291,294

nihilism 虚无主义 259

Noe, inebriatus (Genesis 9:21) 醉酒的诺亚(《圣经·创世记》9:21) 237

obiectum materiale quod 实质对象 13

occurrence 发生。见 Ereignis

onto-theology 存在-神-逻辑学 15, 251。见 ontology, fundamental

ontology 存在论: dismantling/destruction of 拆解/解构 135,184,287; fundamental 基础的 27,134,184注释102,210—218,244

operari (operatio) sequitur esse 运动从属并源于本质 102,168,173,208

Parmenides 巴门尼德 43,44注释64, 53,66,69,78—79,99,106,134, 196,252—255,267,287,291

perfectio 完善 209

perfection 完成 45—46,50—52

Petzet, Heinrich Wiegand 海因里希·韦根·佩茨 224注释140, 260注释40, 272注释5, 273注释8, 274注释11, 282注释38

Pfänder, Alexander 亚历山大·普凡德尔 123注释55

phenomenology/phenomenological 现象学/现象学的 xii, 73, 105—106, 198; Aristotle's proto-phenomenology 亚里士多德的原初现象学 12, 106, 117; correlation research 关联研究 121; description 描述 276; phenomenality 现象性 117; phenomenological correlation 现象学关联 92, 267; phenomenological eyes 现象学的眼睛 106; phenomenological turn (Gurwitsch) 现象学转向（古尔维奇）115; reduction 还原 118, 127—130, 189

Philoponus, Joannes 约翰内斯·菲罗波努斯 10注释78

Pindar 品达 139注释32, 155

Plato, texts of 柏拉图的著作：*Euthyphro*《游叙弗伦》31; *Meno*《美诺》31, 77注释46; *Parmenides*《巴门尼德》40注释40, 44注释62; *Phaedo*《斐多》44注释63; *Phaedrus*《斐德罗》35注释13, 42注释53, 283注释40, 289注释62; *Philibus*《菲利布》42注释53; *Protagoras*《普罗泰戈拉》4注释4, 136注释15, 231注释3;

Republic《国家篇》18注释113, 35注释13, 42注释53, 68注释7, 107注释184, 145注释66; *Seventh Letter*《第七封信》4注释4, 271注释3; *Sophist*《智者》3注释1—2, 5注释14, 44注释62, 106注释182; *Symposium*《会饮》95注释128; *Theaetetus*《泰阿泰德》35注释13, 63注释151, 162注释28; *Timaeus*《蒂迈欧》42注释53, 95注释128

Platzhalter des Nichts 无的持守者 167注释42, 267

Plotinus 普洛丁 43, 44注释64, 60注释136, 72, 102, 134注释4, 156, 160注释24, 171注释57, 228注释162

Poggeler, Otto 奥托·珀格勒 3, 151

Polt, Richard 理查德·波尔特 37注释22, 272注释6, 272注释7, 290注释65

Pope, Alexander 亚历山大·蒲柏 xi

potenziert 二阶 148注释77, 220

Preetorius, Emil 埃米尔·普雷托尤斯 275

presence 显现，现前：praesens intelligibile 理智显现 10注释80, 100注释153; praesentia 现前 95注释126; Praesenz 现前 203—205

presupposition (prae-sub-positum) 前设 201。见 προϋποκείμενον

Proclus 普罗克鲁斯：*Elements of Theology*《神学的要素》103注释166

441

Procopius of Gaza 加沙的普罗科皮乌斯 87注释94
proprietas 特性 233
providential/providere/prudentia 向前看/明智 280注释32。见 φρόνησις
Prufer, Thomas 托马斯·普鲁弗 31

quod quid erat esse 曾其所是 171注释56, 286

Rafael, "School of Athens" 拉斐尔, 《雅典学院》227注释156
reci-proci-ty(reciprocitas) 来回运作 239—241
Rede (as λόγος) 话语(作为逻各斯) 26, 150—153
reditio completa in seipsum 已完成的返回自身活动 126, 130注释86, 174注释68。见 ἐπιστρεπτικόν
reflexive, faux 反身代词 38, 225
rerum cognoscere causas 认知事物的始因 227注释157
resolve 决断。见 Entschlossenheit/Entschluss; Vorlaufen
Retten (rescue) 拯救 262
das Revolutionäre 变革者 183注释99
Richardson, William J. 威廉·J. 理查德森 xi, xiii, 3, 22及以后, 99注释147, 115注释13, 116, 118注释26, 151, 178注释80, 183注释98, 217, 223, 225, 239, 240注释45, 246, 246注释70, 258注释33
Roquentin, Antoine 安托万·洛根丁 162, 163
Rorty, Richard 理查德·罗蒂 xii, 292
Ross, William David 威廉·大卫·罗斯 49, 54注释113, 60注释136
Rousselot, Pierre 皮埃尔·鲁斯洛 192注释10

Sachs, Joe 乔·萨克斯 90及以后
Saffrey, Henri-Dominique 亨利-多米尼克·萨弗勒 10注释78
Sartre, Jean-Paul 让-保罗·萨特 94; Nausea《恶心》162, 194
Schapiro, Meyer 梅耶尔·夏皮罗 260注释41
schema 构型 184, 203。见 σχῆμα
schicken/schicklich/Schicksal 指派/派定的/命运 182—183, 250, 282, 288
Scotch, more 续杯苏格兰威士忌 131
Sein (being) 存在: actualitas/actus 实现 52; actus essendi 存在活动 14; analogy of 类比 9, 24, 47—49, 52, 61, 65, 126注释73; entitas 实体 34注释11; esse 是 xiv, 14, 14注释98, 15, 25, 34, 102, 133, 168, 173, 208, 250, 286; essentia 本质 34, 42, 95, 124, 129, 133, 201; existentia 实存 11, 124, 127, 133, 201; jeweiliges Sein 各自存在 21, 88, 146, 209, 238; never without beings 无法脱离存在 18; non-essential 非本质的 56; as producibility/consumability

生产性/消费性 283; of proper proportionality 合适的比例 141（见 πρὸς ἕν; πρός τι）; the question of 问题 9, 67; Seinkönnen 能存在 144, 159; Seinlassen 让存在 94注释123; Seinsdenken 存在之思 218, 231; Sein selbst（two meanings）存在本身（两种意思）18—20; Seinsverständnis 存在之领会 190。见 τὸ τί ἦν εἶναι

Seinsgeschichte（history of being）存在之历史 27—28, 70, 99, 155, 178, 201, 226, 233, 247, 249—268各处, 293; Anwesenlassen 让显现 18, 25, 189; es gibt 兹有 285; as Vergessenheitsgeschichte 遗忘之历史 28

seinsgeschichtlich 存在历史的 184, 200, 211, 246

Seinsgeschick 存在之派定 28, 200—201, 249—268各处, 282, 285, 286; es gibt 兹有 285; as granting（fortgewähren）允诺 286, 289, 289注释60

Seinsvergessenheit 存在之遗忘 99, 225, 244, 250—251, 256—263各处。见 Seinsgeschichte

Sein-zum-Tode, zum-Ende 向死存在，向终结存在 14, 157, 167, 213

Selbst 自身: Selbstcharakter 自身特征 141注释48; Selbst-erhaltung 保留于自身 140, 141注释46; Selbst-ermöglichung 实现自身 140;

Selbstsorge 操心自身 115注释13, 204

Shockley, William 威廉·肖克利 276

Sich-vorweg-sein 先行于自身 102, 145, 149; als Zurückkommen 作为返回活动 145—148各处, 174

Silesius, Angelus 安哥拉思·西勒辛思 155

situation 处境 175及以后, 180注释88, 262

Socrates 苏格拉底 31, 44

Sophocles 索福克勒斯 168注释45, 252注释11; *Ajax*《埃阿斯》96; *Antigone*《安提戈涅》210

Sorge 操心 115, 168, 170, 175, 211; Besorgen（concern about）操劳 115; Fürsorge（concern for）操持 115; Selbstsorge 操心自身 115注释13, 204

soul and its powers 灵魂及其能力 *278*, 279—281

space/spatiality 空间/空间性 190, 197

Stambaugh, Joan 琼·斯坦博 76, 88, 97, 150, 172, 174, 178注释80, 181, 183注释98

subject/subjective/subjectivity 主体/主体的/主体性 158, 195, 207, 209, 210, 219及以后; turn to 转向 107, 134; vs. e-ject 对比向外-被抛 134, 158

substance/substantia/substo 实体、显现 34, 95, 127

Swegler, Albert 阿尔伯特·施韦格勒

443

54注释114
synthesize, synthesis 综合 58, 101, 126, 222。见 σύνϑεσις; σύνϑετα

Technik 技艺 257—261, 271—293。见 τέχνη
teleology 目的论 51
Textor, Mark 马克·特克斯特 56注释124
Tezuka, Tomio 手冢富雄 5, 11, 12
Thomas Aquinas 托马斯·阿奎那 xiv, 126, 136; *Commentaria in libros Physicorum*《〈物理学〉评注》72注释25, 90; *Expositio libri Peryermeneias*《〈解释篇〉阐释》150注释81; *Quaestiones de veritate*《论真之辩论的问题》74注释30, 77注释48, 193注释12; *Scriptum super sententiis*《意见评论集》10注释80, 45注释71, 100注释153, 158注释11; *Sententia libri metaphysicae*《〈形而上学〉评注》34注释11, 171注释56; *Summa contra gentes*《反异教大全》54注释116, 126注释72; *Summa theologiae*《神学大全》54注释116, 59注释131, 72注释46, 93注释120, 102注释164, 103注释166, 126注释72, 174注释68
Thomism/Thomists 托马斯主义/托马斯主义者 10, 93, 250
thrown open 开抛。见 Geworfenheit/geworfen/der geworfene Entwurf

"time" "时间"。见 Zeit/Zeitlichkeit
Toynbee, Arnold 阿诺德·汤因比 292
transcend 超越 26, 68, 76注释40, 134, 148, 174, 197, 199—201, 244, 293; transcendens schlechtin 完全超越 222注释130; transcendental 先验的、超越的 27, 190—195各处, 218—223; transcendental difference 先验的区分 199; transcendental ego 先验自我 122; transcendental perfect 先验的已完成 171; transzendenzhafte (transcendence-related) 超越性的 199—201; trans-transcendental 先-先验的 148, 222

Überlieferung, Sichüberliefern (freeing up) 释放, 释放自身 172注释64, 181及以后
Übermaß 过量 63注释152
Übernahme der Er-eignung 本有活动的承担 237
Übernahme der Geworfenheit 被抛状态的承担 168, 172及以后, 237
Überschuss (surplus) 溢出, 盈余 63
Überwindung 克服: of horizon 境域的 200; of metaphysics 形而上学的 23
umkehren/Umkehr 转换 194, 200, 245, 290注释65
Umsicht 前瞻 280
Ungegenwärtigen (being un-present) 非当前化 203, 205

Ungesagtes(unsaid)未尽之言 11,105
Urfaktum 原初事实 234 注释 16
Urphänomen 原初现象 20,70
Ur-Sache 原初实事 20 注释 122,70

Vargas,Michael 迈克尔·瓦尔加斯 xx
Vereignung 本有化 235 注释 18
Verfallen(fallenness)沉沦 116,161,177,249,257,261 及以后,264,287; errancy 谬误状态 265 注释 68
Verweisung 指向 147
Virgil 维吉尔: *Aeneid*《埃涅阿斯纪》233; *Georgics*《农事诗》227 注释 157
vivere moriendo(living mortally)向死而生 156,168,262
vorhanden/Vorhandenheit 现成的/现成状态 xvi,11,37,129
Vorlaufen(anticipation)先行 27,46,143,167—170 各处,*175*,176—177,180—182
vorrufender Rückruf 唤上前来的唤回 168—170,180
vorstellen/Vorstellung 表象 210,221
Vorzeichnung(schematic pre-indication)图式指引 204
vox significativa(φωνὴ σημαντική)附带意义的声音流 150

Waehlens, Alfonse de 阿尔方斯·德·伟伦 151—153
Wahrheit(disclosedness/"truth")揭蔽/"真理" xvii, xviii,4,5,26,36,41,54—64,71—85,104,133,155,201,205,224,259,272; adaequatio intellectus et rei 理智与实在的充分符合 61,73—74; veritas,真理,71
Wales, Scott 斯科特·维尔茨 xx
Walther, Gerda 格尔达·瓦尔特 123 注释 55
Wandel des Denkens, des Fragens 思想/问题的转换 27,211 注释 77
Wandlung 转换 210,211 注释 77,246,264 注释 60
Weg-von-sich 出离自身 103,141
Welt(the world of meaning)意义世界 123—127,130—132,143—153; as Bedeutsamkeit 意蕴性 118; equivalent to being itself 等同于存在本身 118 注释 26; ereignet sich Welt 世界本有发生 265; es weltet 世界化 118; as ex-sistence 绽出之生存 125,130—132; Umwelt 周围世界 118; Welten von Welt 意义世界重新敞开 118,262,265; worldhood 世界性 132; world-open 世界之开敞 75
Wendung des Denkens 思想之转变 184,210,211 注释 77,239,242,245—247
Whitman, Walt 沃尔特·惠特曼 9
whole 整体 118,161
Wicksteed, Philip H. 菲利普·H. 威克斯第德 90—91
wiederholen(retrieve)重演 12,105,183,213,249; zurückholen 回到

168
wonder of all wonders 一切奇迹的奇迹 112
Wrathall, Mark 马克·拉索尔 46注释74

Zeit/Zeitlichkeit("time"/"temporal") 时间/时间性 95—105, 134, 145, 169—185, 203, 249; is-as-having-been 持续到现在的存在 171—172; perfect(a priori ontological, transcendental) 已完成(先天存在论的、先验的) 171; schon-sein-in 已经在其中存在 149。见 δαίω; διάστασις ζωῆς; παρουσία; τανύω; χρόνος
Zeitigung/Sich-zeitigung 到时 79, 97, 139及以后, 153, 191, 202注释41, 234注释16
Zugehörigkeit 归属状态 153, 240及以后, 266注释73, 289注释60
Zurückkommen 返回 103, 145, 174, 176
Zu-sein 去-存在 113, 140, 143及以后, 170

古希腊文术语索引

ἄβυσσος 深渊 159
ἀγαθόν 好、善 23 注释 135, 279 注释 27; τὸ ἀνθρώπινον ἀγαθόν 人的善 280
ἀγένητον 非生成的 44 注释 65
ἀγεωμέτρητος 不懂几何学者 10 注释 78
ἀγνοεῖν 未理知 60
Ἀγχιβασίη (the 1945 text)《趋近》(1945 年的文章) 221—223
ἀγχιβασίη/ἀγχιβατεῖν 趋近 46, 53, 279 注释 26
ἄδηλα 被隐藏 96
ἀδύνατα 不可能的 57
ἀεί 始终 40—41; ἀεί συγκείμενα 本质谓述 56, 57—59。见 Sein, jeweiliges Sein
ἀΐδιος 永恒的 40
αἰσθάνεσθαι 感觉 72
αἴσθησις 感性 80, 83, 115, 142, 278
αἰσθητικόν 感觉能力 278
αἰσθητόν 感觉对象 83, 142

αἰτία 原因 227; αἰτίαν γιγνώσκειν 理知某个原因 227 注释 156; αἰτίαι 诸多原因 15 注释 100
ἀκροτάτι 最严格的、最高的 15 注释 100
ἀλήθεια 揭蔽、真理 xvii, 61—62, 71—85; ἀλήθεια εὔκυκλος 圆满的 "真理" 53; ἀλήθεια and εἶναι 揭蔽与存在 24, 54。见 Wahrheit
ἀληθεύω 正确地揭示 56, 82, 277, 279 注释 25
ἄλογον 无逻各斯的 278, 279
ἀναγωγή 引回、转回 47
ἀνάμνησις 回忆 94
ἀναφέρω 追溯、回溯 47
ἀνθρώπινον 人的 280
ἄνθρωπος 人 xvi, 280 注释 29
ἀνώλεθρον 非毁灭的 44 注释 64
ἀπειράκις 无限 40
ἁπλῆ οὐσία 单一的实体、存在 56
ἀποφαίνεσθαι "从" 其自身 74, 209
ἀποφάναι 否定 279 注释 26

447

ἀπόφανσις 陈述句 74
ἀποφαντικός 陈述的 59
ἀρεταί ἠθικαί, διανοητικαί 伦理德性、理智德性 278, 279, 279注释27
ἀρχή, ἀρχαί 始因 15注释15, 47, 82注释68
ἀσύνθετα 非复合的 56
ἀτέλεστον 无终结的 44注释64
ἀτελής 未完成的 46
ἀτρεμές 不动的 44注释64
αὐθέντης 本己的 168注释46
αὔξεσθαι 生长活动 278
ἀφαινομενολέγητος 不会现象学还原的 10
ἀφαίρεσις 抽象 93注释120
βαίνω 碰巧走 56
βίος 生命 139
ὃ μὴ γένοιτο 非生成的存在者 22
γένος 属 47
γιγνώσκειν 知道 227注释156
γινώσκω 认知 72
γνῶθι σεαυτόν 认知你自己 231
γνωστέον 应该知道 134注释4
δαίω 分离 102注释161
δείκνυσθαι 归因。见 τὸ κύκλῳ δείκνυσθαι
διαιρεθῆναι 可分 57
διαίρεσις 分类 60, 100, 104, 207
διάλογος (ὁ μὲν ἐντὸς τῆς ψυχῆς) 对话 106注释182
διανοητικαί 理智的 278, 279注释27
διάνοια 理智 54, 61, 106注释182, 279注释27

διάστασις ζωῆς 生命的延展 102
διαφανές 透明者 88注释99
διορίσωμεν 区分、分类 xii, 3, 207, 242
δόξα 光辉 43, 45
εἶδος 形式、种 41—45, 50—53各处, 85—95; εἶδος εἰδῶν 可被理知的形式 92; εἶδος προαιρετόν 事先选定的形式 281
εἴδωλον 影像 44, 65
ἕκαστος 每一个 54注释116
ἔκστασις 绽出 xvi注释6, xvii
ἐκφανέστατον 最耀眼的显现 289
ἔκφορον 显出 228注释162
ἔμψυχον 有灵魂的生物 278
ἕν "一" 47
ἐνέργεια 实现 45, 52
ἐντελέχεια 被完全地实现 52
ἐξαίφνης 突然地 40注释40
ἕξις 德性 203注释44, 279注释28
ἔξω [τῆς διανοίας] 位于（理智）之外 10
ἔξω ὂν καὶ χωριστόν 位于理智之外并与之分离 10, 189
ἐπαφή 触及 60注释136
ἐπέκεινα τῆς οὐσίας 实体的盈余、超出 18, 68, 136
ἐπέκτασις 超越 136
ἐπιθυμητικόν 欲望能力 178, 279
ἐπιστήμη 科学 192, 278
ἐπιστημονικόν 科学能力、思辨能力 278
ἐπιστρεπτικόν 能返回的 103注释166
ἐπόρεξις 朝……伸展 145

ἐποχή 悬置 255—264各处
ἔργον 作品 52
ἑρμηνεία 能表义的 xiv,150注释81
ἔρως 爱欲、欲求 136
ἔσχατον 最极端的 261
εὔνοια 友善、善意 72
ἔχω/ἔχειν 居有 52,203注释44,279注释28
ζητεῖν 探求 134注释4
ζωή 生命 139,*278*,279
ἠθικαί 伦理的 *278*,279注释27
ἦθος 伦理、习俗 279注释27
θαυμάζειν 惊诧 162,227注释157
θεὸς πῶς 神的容所 192
θιγγάνειν 触到 60,82注释68
θιγεῖν 触及 60,82注释68,227注释157
θρεπτικόν 营养能力 *278*
καινότης ζωῆς 崭新的生命 262
καταφάναι 肯定 279注释26
κατάφασις 肯定命题 60
κατήκοον 顺从 279注释27
κείμενον 位于 227注释160
κηρύσσειν 揭示、廓清 158
κινεῖ ὡς ἐρώμενον 完全被本性所欲求 50,136
κίνησις 运动 53注释109,102,130,143,153。见Bewegtheit
κινούμενα 被推动者 91
κοινόν 共同的 45,47
κυριώτατα 最严格的 24,54
λανθάνω 未注意、忽视 72,72注释25
λεγόμενον 被言说者 12,53,81,82

λήθη/Λήθη 遗忘者、隐藏者 4,225—226,244注释66,250,289
λήθομαι 被遗忘、被隐藏 72
λήθω 遗忘、隐藏 72
λογισμός 筹谋的 278
λογιστικόν 筹谋能力 278
λόγος 逻各斯：κατὰ τὸν λόγον 依照逻各斯 13,90—93；λόγον ἔχον 有逻各斯的 92,94,142注释53,209,*278*,279；μετὰ λόγου 根据逻各斯 92,280；λόγος ἀποφαντικός 陈述命题 59,74（见ἀπόφανσις）；ὁ λόγος τὸν ἄνθρωπον ἔχων 人具有的逻各斯 209
μέθοδος 逐步的探寻 283
μέρος 部分 51注释101
μεταβολή 变化 140
μηδὲν ἄγαν 适可而止 136
μοίρα 命运 294
μορφή 赋型 39,257,258注释31
νόησις 思想 115；νόησις νοήσεως 思其自身的思想 53,59注释131,126
νοῦς 努斯 278；νοῦς ποιητικός, ὁ νοῦς τῷ πάντα ποιεῖν 能动的努斯即创制万物的努斯 87,93
ὅλον 整体 50—51
ὁμοίωσις 类似 77。见παθήματα τῆς ψυχῆς
ὄν 是：ὂν ᾗ ὄν 是其所是 15；μὴ ὄν 不是 44；ὄντως ὄν 真正的实在 42,46；τί τὸ ὄν 什么是一般实在 33；τί τὸ ὂν ᾗ ὄν 什么是存在者之所是 67

ὄνομα 名称 52 注释 103
τὸ ὀρεκτικόν 欲求能力 278
ὀρεκτόν 被欲求的对象 50
ὄρεξις 欲求 50,*278*
οὗ ἕνεκα 为何之故 23,194,229
οὐσία（and "time"）存在、实体 95—105；τίς ἡ οὐσία 存在本身是什么 67
παθήματα τῆς ψυχῆς 灵魂所拥有的关于事物的"印象" 78
πάθος 遭受、刺激感受 72
πᾶν ἄγαν 全然的超出者 136
πάντα πῶς 一切存在者的容所 192
παντελῶς ὄν 完全实现自身的存在 42 注释 53
παρόν 显现自身 116
παρουσία 意义显现 25,95—105
πειθαρχικόν 说服 279 注释 27
πέρας 界限 39—40
περιάγειν/περιαγωγή 主体转向 107,107 注释 184,145 注释 66
ποίησις 创制活动 86—89,277—278
πόλεμος 斗争 11,114
πολιτικός 政治的、城邦的 280 注释 29
πρᾶγμα 事物 4 注释 4,78,128,144
πρᾶξις 行动、实践 20—21,128,*278*,280
προϋποκείμενον 在先的基底 227
πρὸς ἕν 归于"一" 9,46,141
πρός τι 先天趋向 46,52
πρότερον τῇ φύσει 本质上在先的 171
πρότερον 在……之前 50
πρῶτον 最初的 227

σαφέστερα τῇ φύσει 经由本性而更为清晰 171 注释 60
σοφία 智慧 *278*,279
στάσις 站立、稳定 39 注释 34
συγκείμενα 聚在一起 56—57
συμβεβηκά 偶然的 56
συμπλοκή 结合 54 注释 117
συνεχές 集聚 44 注释 64
συνεπεκτεινομένη 渴求完满 136 注释 16
συνεστῶτον 持存 45,53
σύνθεσις 复合、综合 60,100,207,222
σύνθετα 复合存在者 56
συνιστάμενον 聚立 45,53
σχεῖν 有。见 ἔχω/ἔχειν
σχῆμα 图型、图式 203 注释 44
τανύω 延展 102 注释 161
τέλος 终点、目的 51
τέλει ὄν 已达至终结的存在者 51,89
τέχνη 技艺 *278*,280—281
τεχνικός 技艺纯熟的 283 注释 40
τεχνίτης 工匠、技师 50
τόδε τι 这一个 46,49,90
τὸ κύκλῳ δείκνυσθαι 循环归因 228 注释 165
τόπος 地点 xviii,9 注释 76；τόπος εἰδῶν 显现活动发生的所在地 92
τὸ τί ἦν εἶναι 曾其所是 171,286；τὸ ὡς ἦν εἶναι 如其曾是 172
τρέφεσθαι 营养活动 *278*
ὕλη 质料 62,90,101；μὴ ὕλην ἔχει 尚未实现的潜能 53,101
ὑποκείμενον 基底 49,57

ὑπόστασις 绽出 39 注释 34
ὑψίπολις ἄπολις 本质上无家可归 168 注释 45
φαίνεσθαι 显现活动 79, 92
φαινόμενον 被显现者 43, 79
φάναι 言指 60
φανερώτατα 最显而易见的 129 注释 80
φάσις 命题 60
φρόνησις 明智 278, 280
φύειν 照亮、发光 37, 92, 96
φύσις 自然、涌现: φύσει ὄν 自然物 38, 89; εἰς τὴν φύσιν 直至自然本身 68; κρύπτεσθαι φιλεῖ 偏好隐藏 253; μετὰ τὰ φυσικά 在自然物之后 68, 147; μετὰ τὴν φύσιν 在自然本身之后 68
φυτικόν 滋生能力 278
φυτόν 植物 278
φωνὴ σημαντική 附带意义的声流。见 vox significativa
φῶς 光 88 注释 99
χρεόν 神谕 252 注释 8
χρόνος 时间 96; ὁ παρελθών, ὁ παρεληλυθώς 一次过去时, 过去完成时 305
χώρα 源头 76, 222 注释 129
χωριστόν 被分离的 10
ψεύδεσθαι 误认 56
ψυχή 灵魂 14, 142

译者附记

托马斯·希恩教授乃是当代海德格尔思想研究的佼佼者,师承威廉·J.理查德森先生。他历经五十余载,精读过已经出版的《海德格尔全集》中的绝大多数卷次。目前所译的这部著作集中展现了希恩教授与海德格尔及相关思想家对话的研究成果。

近些年来,学界掀起了"后-海德格尔"思想热潮。海德格尔后学中的代表人物,比如伽达默尔、列维纳斯等,日益受到学界重视,关于"后-海德格尔"的思想研究方兴未艾。希恩教授却对此保持警惕。他认为,海德格尔学界目前正处于严峻的危机之中:对外面临来自洛克莫尔、沃林、弗里切与费耶的猛烈抨击,他们对海德格尔的哲学提出质疑;对内则陷入这样一种窘境,即关于海德格尔究竟在表达什么,如何表达,又有多少思想一以贯之,学界内部仍无法达成共识。因此,现在就提"后-海德格尔"为时尚早。学界以往的研究大都基于理查德森、奥托·珀格勒以及弗里德里希-威廉·冯·赫尔曼所确立的问题范式之上,这些范式对于廓清上述问题并无裨益。这部著作立足于海德格尔本人的思想文本,旨在探讨一种全新的研究范式,尝试阐明海德格尔思想的真正要核,同时避免一些毫无必要的误解、争议。有鉴于此,它不仅仅是一篇关于海德格尔思想研究的二手文献,毋宁说,它应被看作一

译者附记

部富有原创思想价值的哲学专著。它为海德格尔学界描绘了一张全新的研究"地图",那些人们争论已久的关键问题,比如存在及其意义、转向、本有、思想分期等,都被赋予了独具特色的全新定位,同时成为清晰的思想路标,继而引发深思。

这部著作涉及多门语言,译者在一些重要的中文译名后面附上了原文,还在译文的最后部分整理了重要术语的各门语言对照表,方便同人核查。

最后,感谢希恩教授的信任,授权译者转译佳作。感谢宋继杰教授引荐、促成了这项翻译事宜。感谢译林出版社刘静编辑的鼎力支持与辛勤付出。感谢刘鑫老师在若干拉丁文术语的转译方面给予的指导、帮助。还要感谢所有曾赠与本人宝贵建议的学界同人。由于译者水平所限,误译、偏译等不足在所难免,遂不揣浅陋,恳请方家不吝赐正!

邓　定
2020年夏
于清华园

人文与社会译丛

第一批书目

1.《政治自由主义》(增订版),[美]J.罗尔斯著,万俊人译　118.00元
2.《文化的解释》,[美]C.格尔茨著,韩莉译　89.00元
3.《技术与时间:1.爱比米修斯的过失》,[法]B.斯蒂格勒著,
　裴程译　62.00元
4.《依附性积累与不发达》,[德]A.G.弗兰克著,高铦等译　13.60元
5.《身处欧美的波兰农民》,[美]F.兹纳涅茨基、W.I.托马斯著,
　张友云译　9.20元
6.《现代性的后果》,[英]A.吉登斯著,田禾译　45.00元
7.《消费文化与后现代主义》,[英]M.费瑟斯通著,刘精明译　14.20元
8.《英国工人阶级的形成》(上、下册),[英]E.P.汤普森著,
　钱乘旦等译　168.00元
9.《知识人的社会角色》,[美]F.兹纳涅茨基著,郏斌祥译　49.00元

第二批书目

10.《文化生产:媒体与都市艺术》,[美]D.克兰著,赵国新译　49.00元
11.《现代社会中的法律》,[美]R.M.昂格尔著,吴玉章等译　39.00元
12.《后形而上学思想》,[德]J.哈贝马斯著,曹卫东等译　58.00元
13.《自由主义与正义的局限》,[美]M.桑德尔著,万俊人等译　30.00元

14.《临床医学的诞生》,[法]M. 福柯著,刘北成译　　　　　55.00元
15.《农民的道义经济学》,[美]J. C. 斯科特著,程立显等译　42.00元
16.《俄国思想家》,[英]I. 伯林著,彭淮栋译　　　　　　　35.00元
17.《自我的根源:现代认同的形成》,[加]C. 泰勒著,韩震等译
　　　　　　　　　　　　　　　　　　　　　　　　　128.00元
18.《霍布斯的政治哲学》,[美]L. 施特劳斯著,申彤译　　　49.00元
19.《现代性与大屠杀》,[英]Z. 鲍曼著,杨渝东等译　　　　59.00元

第三批书目

20.《新功能主义及其后》,[美]J. C. 亚历山大著,彭牧等译　15.80元
21.《自由史论》,[英]J. 阿克顿著,胡传胜等译　　　　　　89.00元
22.《伯林谈话录》,[伊朗]R. 贾汉贝格鲁等著,杨祯钦译　　48.00元
23.《阶级斗争》,[法]R. 阿隆著,周以光译　　　　　　　　13.50元
24.《正义诸领域:为多元主义与平等一辩》,[美]M. 沃尔泽著,
　　褚松燕等译　　　　　　　　　　　　　　　　　　　24.80元
25.《大萧条的孩子们》,[美]G. H. 埃尔德著,田禾等译　　27.30元
26.《黑格尔》,[加]C. 泰勒著,张国清等译　　　　　　　135.00元
27.《反潮流》,[英]I. 伯林著,冯克利译　　　　　　　　　48.00元
28.《统治阶级》,[意]G. 莫斯卡著,贾鹤鹏译　　　　　　　98.00元
29.《现代性的哲学话语》,[德]J. 哈贝马斯著,曹卫东等译　78.00元

第四批书目

30.《自由论》(修订版),[英]I. 伯林著,胡传胜译　　　　　69.00元
31.《保守主义》,[德]K. 曼海姆著,李朝晖、牟建君译　　　58.00元
32.《科学的反革命》(修订版),[英]F. 哈耶克著,冯克利译　58.00元

33.《实践感》,[法]P.布迪厄著,蒋梓骅译　　　　75.00元
34.《风险社会:新的现代性之路》,[德]U.贝克著,张文杰等译 58.00元
35.《社会行动的结构》,[美]T.帕森斯著,彭刚等译　80.00元
36.《个体的社会》,[德]N.埃利亚斯著,翟三江、陆兴华译　15.30元
37.《传统的发明》,[英]E.霍布斯鲍姆等著,顾杭、庞冠群译 68.00元
38.《关于马基雅维里的思考》,[美]L.施特劳斯著,申彤译　78.00元
39.《追寻美德》,[美]A.麦金太尔著,宋继杰译　　68.00元

第五批书目

40.《现实感》,[英]I.伯林著,潘荣荣、林茂、魏钊凌译　78.00元
41.《启蒙的时代》,[英]I.伯林著,孙尚扬、杨深译　35.00元
42.《元史学》,[美]H.怀特著,陈新译　　　　　　89.00元
43.《意识形态与现代文化》,[英]J.B.汤普森著,高銛等译　68.00元
44.《美国大城市的死与生》,[加]J.雅各布斯著,金衡山译　78.00元
45.《社会理论和社会结构》,[美]R.K.默顿著,唐少杰等译 128.00元
46.《黑皮肤,白面具》,[法]F.法农著,万冰译　　58.00元
47.《德国的历史观》,[美]G.伊格尔斯著,彭刚、顾杭译　58.00元
48.《全世界受苦的人》,[法]F.法农著,万冰译　　17.80元
49.《知识分子的鸦片》,[法]R.阿隆著,吕一民、顾杭译　59.00元

第六批书目

50.《驯化君主》,[美]H.C.曼斯菲尔德著,冯克利译　68.00元
51.《黑格尔导读》,[法]A.科耶夫著,姜志辉译　　98.00元
52.《象征交换与死亡》,[法]J.波德里亚著,车槿山译　68.00元
53.《自由及其背叛》,[英]I.伯林著,赵国新译　　48.00元

54.《启蒙的三个批评者》,[英]I.伯林著,马寅卯、郑想译　　48.00元
55.《运动中的力量》,[美]S.塔罗著,吴庆宏译　　23.50元
56.《斗争的动力》,[美]D.麦克亚当、S.塔罗、C.蒂利著,
　　李义中等译　　31.50元
57.《善的脆弱性》,[美]M.纳斯鲍姆著,徐向东、陆萌译　　55.00元
58.《弱者的武器》,[美]J.C.斯科特著,郑广怀等译　　82.00元
59.《图绘》,[美]S.弗里德曼著,陈丽译　　49.00元

第七批书目

60.《现代悲剧》,[英]R.威廉斯著,丁尔苏译　　45.00元
61.《论革命》,[美]H.阿伦特著,陈周旺译　　59.00元
62.《美国精神的封闭》,[美]A.布卢姆著,战旭英译,冯克利校　68.00元
63.《浪漫主义的根源》,[英]I.伯林著,吕梁等译　　49.00元
64.《扭曲的人性之材》,[英]I.伯林著,岳秀坤译　　22.00元
65.《民族主义思想与殖民地世界》,[美]P.查特吉著,
　　范慕尤、杨曦译　　18.00元
66.《现代性社会学》,[法]D.马尔图切利著,姜志辉译　　32.00元
67.《社会政治理论的重构》,[美]R.J.伯恩斯坦著,黄瑞祺译　72.00元
68.《以色列与启示》,[美]E.沃格林著,霍伟岸、叶颖译　　128.00元
69.《城邦的世界》,[美]E.沃格林著,陈周旺译　　85.00元
70.《历史主义的兴起》,[德]F.梅尼克著,陆月宏译　　48.00元

第八批书目

71.《环境与历史》,[英]W.贝纳特、P.科茨著,包茂红译　　25.00元
72.《人类与自然世界》,[英]K.托马斯著,宋丽丽译　　35.00元

73.《卢梭问题》,[德]E.卡西勒著,王春华译　　　　　39.00元
74.《男性气概》,[美]H.C.曼斯菲尔德著,刘玮译　　28.00元
75.《战争与和平的权利》,[美]R.塔克著,罗炯等译　25.00元
76.《谁统治美国》,[美]W.多姆霍夫著,吕鹏、闻翔译　35.00元
77.《健康与社会》,[法]M.德吕勒著,王鲲译　　　　35.00元
78.《读柏拉图》,[德]T.A.斯勒扎克著,程炜译　　　68.00元
79.《苏联的心灵》,[英]I.伯林著,潘永强、刘北成译　59.00元
80.《个人印象》,[英]I.伯林著,覃学岚译　　　　　88.00元

第九批书目

81.《技术与时间:2.迷失方向》,[法]B.斯蒂格勒著,
　　赵和平、印螺译　　　　　　　　　　　　　　59.00元
82.《抗争政治》,[美]C.蒂利、S.塔罗著,李义中译　28.00元
83.《亚当·斯密的政治学》,[英]D.温奇著,褚平译　21.00元
84.《怀旧的未来》,[美]S.博伊姆著,杨德友译　　　85.00元
85.《妇女在经济发展中的角色》,[丹]E.博斯拉普著,陈慧平译　30.00元
86.《风景与认同》,[美]W.J.达比著,张箭飞、赵红英译　68.00元
87.《过去与未来之间》,[美]H.阿伦特著,王寅丽、张立立译　58.00元
88.《大西洋的跨越》,[美]D.T.罗杰斯著,吴万伟译　108.00元
89.《资本主义的新精神》,[法]L.博尔坦斯基、E.希亚佩洛著,
　　高铦译　　　　　　　　　　　　　　　　　　58.00元
90.《比较的幽灵》,[美]B.安德森著,甘会斌译　　　79.00元

第十批书目

91.《灾异手记》,[美]E.科尔伯特著,何恬译　　　　25.00元

92.《技术与时间:3.电影的时间与存在之痛的问题》,
　　[法]B.斯蒂格勒著,方尔平译　　　　　　　　65.00元
93.《马克思主义与历史学》,[英]S.H.里格比著,吴英译　78.00元
94.《学做工》,[英]P.威利斯著,秘舒、凌旻华译　　　68.00元
95.《哲学与治术:1572—1651》,[美]R.塔克著,韩潮译　45.00元
96.《认同伦理学》,[美]K.A.阿皮亚著,张容南译　　　45.00元
97.《风景与记忆》,[英]S.沙玛著,胡淑陈、冯樨译　　78.00元
98.《马基雅维里时刻》,[英]J.G.A.波考克著,冯克利、傅乾译108.00元
99.《未完的对话》,[英]I.伯林、[波]B.P.-塞古尔斯卡著,
　　杨德友译　　　　　　　　　　　　　　　　　65.00元
100.《后殖民理性批判》,[印]G.C.斯皮瓦克著,严蓓雯译　79.00元

第十一批书目

101.《现代社会想象》,[加]C.泰勒著,林曼红译　　　　45.00元
102.《柏拉图与亚里士多德》,[美]E.沃格林著,刘曙辉译　78.00元
103.《论个体主义》,[法]L.迪蒙著,桂裕芳译　　　　　30.00元
104.《根本恶》,[美]R.J.伯恩斯坦著,王钦、朱康译　　78.00元
105.《这受难的国度》,[美]D.G.福斯特著,孙宏哲、张聚国译39.00元
106.《公民的激情》,[美]S.克劳斯著,谭安奎译　　　　49.00元
107.《美国生活中的同化》,[美]M.M.戈登著,马戎译　　58.00元
108.《风景与权力》,[美]W.J.T.米切尔著,杨丽、万信琼译78.00元
109.《第二人称观点》,[美]S.达沃尔著,章晟译　　　　69.00元
110.《性的起源》,[英]F.达伯霍瓦拉著,杨朗译　　　　85.00元

第十二批书目

111.《希腊民主的问题》,[法]J.罗米伊著,高煜译　　48.00元
112.《论人权》,[英]J.格里芬著,徐向东、刘明译　　75.00元
113.《柏拉图的伦理学》,[英]T.埃尔文著,陈玮、刘玮译　118.00元
114.《自由主义与荣誉》,[美]S.克劳斯著,林垚译　　62.00元
115.《法国大革命的文化起源》,[法]R.夏蒂埃著,洪庆明译　38.00元
116.《对知识的恐惧》,[美]P.博格西昂著,刘鹏博译　　38.00元
117.《修辞术的诞生》,[英]R.沃迪著,何博超译　　48.00元
118.《历史表现中的真理、意义和指称》,[荷]F.安克斯密特著,
　　　周建漳译　　58.00元
119.《天下时代》,[美]E.沃格林著,叶颖译　　78.00元
120.《求索秩序》,[美]E.沃格林著,徐志跃译　　48.00元

第十三批书目

121.《美德伦理学》,[新西兰]R.赫斯特豪斯著,李义天译　　68.00元
122.《同情的启蒙》,[美]M.弗雷泽著,胡靖译　　48.00元
123.《图绘暹罗》,[美]T.威尼差恭著,袁剑译　　58.00元
124.《道德的演化》,[新西兰]R.乔伊斯著,刘鹏博、黄素珍译　65.00元
125.《大屠杀与集体记忆》,[美]P.诺维克著,王志华译　　78.00元
126.《帝国之眼》,[美]M.L.普拉特著,方杰、方宸译　　68.00元
127.《帝国之河》,[美]D.沃斯特著,侯深译　　76.00元
128.《从道德到美德》,[美]M.斯洛特著,周亮译　　58.00元
129.《源自动机的道德》,[美]M.斯洛特著,韩辰锴译　　58.00元
130.《理解海德格尔:范式的转变》,[美]T.希恩著,
　　　邓定译　　89.00元

第十四批书目

131.《城邦与灵魂:费拉里〈理想国〉论集》,[美]G.R.F.
　　费拉里著,刘玮编译　　　　　　　　　　　58.00元
132.《人民主权与德国宪法危机》,[美]P.C.考威尔著,曹
　　晗蓉、虞维华译　　　　　　　　　　　　58.00元
133.《16和17世纪英格兰大众信仰研究》,[英]K.托马斯著,
　　芮传明、梅剑华译　　　　　　　　　　　168.00元
134.《民族认同》,[英]A.D.史密斯著,王娟译　55.00元
135.《世俗主义之乐:我们当下如何生活》,[英]G.莱文编,
　　赵元译　　　　　　　　　　　　　　　　58.00元
136.《国王或人民》,[美]R.本迪克斯著,褚平译(即出)
137.《自由意志、能动性与生命的意义》,[美]D.佩里布姆著,
　　张可译　　　　　　　　　　　　　　　　68.00元
138.《自由与多元论:以赛亚·伯林思想研究》,
　　[英]G.克劳德著,应奇等译　　　　　　　58.00元
139.《暴力:思无所限》,[美]R.J.伯恩斯坦著,李元来译　59.00元
140.《中心与边缘:宏观社会学论集》,[美]E.希尔斯著,
　　甘会斌、余昕译　　　　　　　　　　　　88.00元

第十五批书目

141.《自足的世俗社会》,[美]P.朱克曼著,杨靖译　58.00元
142.《历史与记忆》,[英]G.丘比特著,王晨凤译　　59.00元
143.《媒体、国家与民族》,[英]P.施莱辛格著,林玮译　68.00元
144.《道德错误论:历史、批判、辩护》,

[瑞典]J.奥尔松著,周奕李译　　　　　　　　58.00元

145.《废墟上的未来:联合国教科文组织、世界遗产与和平之梦》,
[澳]L.梅斯克尔著,王丹阳、胡牧译　　　　88.00元

146.《为历史而战》,[法]L.费弗尔著,高煜译　　98.00元

147.《语言动物:人类语言能力概览》,[加]C.泰勒著,
赵清丽译(即出)

148.《我们中的我:承认理论研究》,[德]A.霍耐特著,
张曦、孙逸凡译　　　　　　　　　　　　62.00元

149.《人文学科与公共生活》,[美]P.布鲁克斯、H.杰维特编,
余婉卉译　　　　　　　　　　　　　　　52.00元

150.《美国生活中的反智主义》,[美]R.霍夫施塔特著,
何博超译　　　　　　　　　　　　　　　68.00元

第十六批书目

151.《关怀伦理与移情》,[美]M.斯洛特著,韩玉胜译　　48.00元

152.《形象与象征》,[罗]M.伊利亚德著,沈珂译　　　　48.00元

153.《艾希曼审判》,[美]D.利普斯塔特著,刘颖洁译　　49.00元

154.《现代主义观念论:黑格尔式变奏》,[美]R.B.皮平著,郭东辉译
(即出)

155.《文化绝望的政治:日耳曼意识形态崛起研究》,[美]F.R.斯特
恩著,杨靖译　　　　　　　　　　　　　98.00元

156.《作为文化现实的未来:全球现状论集》,[印]A.阿帕杜拉伊著,
周云水、马建福译(即出)

157.《一种思想及其时代:以赛亚·伯林政治思想的发展》,[美]
J.L.彻尼斯著,寿天艺、宋文佳译(即出)

158.《人类的领土性:理论与历史》,[美]R.B.萨克著,袁剑译(即出)

159.《理想的暴政:多元社会中的正义》,[美]G.高斯著,范震亚译(即出)

160.《荒原:一部历史》,[美]V.D.帕尔马著,梅雪芹译(即出)

有关"人文与社会译丛"及本社其他资讯,欢迎点击 www.yilin.com 浏览,对本丛书的意见和建议请反馈至新浪微博@译林人文社科。